JN437077

개정판

사회복지실천기술론

고명수 · 신경희 공저

도서출판 두남

개정판 머리말

21세기에 이른 현대사회는 핵가족화와 고령화 사회로 접어들면서 새로운 사회적 위험들을 증가시키고 있다. 이에 따라 다양한 욕구와 문제를 지닌 새로운 클라이언트를 양산하고 있다. 이러한 상황에서 사회복지실천을 효과적으로 수행하기 위해서는 좀 더 다양한 전문지식과 기술을 지닌 역량 있는 사회복지사가 절대적으로 필요하게 되었다. 특히 사회복지사는 자기 자신을 도구로 개입하는 휴먼서비스 전문가이기 때문에 높은 윤리의식과 가치관, 심오한 전문지식과 창의적인 문제해결 능력을 지닌 전문가가 되어야 한다. 그러므로 사회복지사가 '차가운 머리'와 '뜨거운 가슴'을 지닌 종합예술가가 될 때 삶의 질곡에서 고통 받는 클라이언트를 좀 더 잘 도울 수 있을 것이다. 따라서 '사회복지실천기술론'은 사회복지를 공부하는 학생들에게는 구체적인 현장에서 요구되는 기술들을 배우는 너무나도 중요한 과목이라 할 수 있다.

그러나 사회복지실천을 위한 지식과 기술의 효용성을 가늠하기란 참으로 어려운 일이다. 수많은 사회복지실천을 위한 모델들이 개발되어 있으나, 실제상황에 적용하기란 결코 쉬운 일이 아니기 때문이다. 수많은 모델들을 다 소개할 수는 없으므로 본서에서는 가장 핵심적인 이론과 모델들을 선별하여 소개하였다. 3부에서는 개인을 대상으로 하는 다양한 치료모델들 중 비교적 효과적이라고 평가받는 몇 가지 모델들을 소개하였고, 가족을 대상으로 하는 사회복지실천 부분에서도 해결중심 가족치료와 이마고 부부치료 등을 특별히 다루었다.

본서를 출간한지 어느새 5년이 되었다. 그 동안 사회복지실천기술론을 강의하면서 발견된 오탈자를 바로 잡고 불필요한 부분은 일부 덜어내었다. 특히 이번 개정판에서는 제1부에서 practice를 삽입하여 학생들이 실제적인 연습을 해 보도록 하였고, 제3부의 경우에는 모델들의 실제 적용사례를 첨부하여 학생들이 이론을 실제사례에 적용할 때 발생하는 제반 문제들에 대하여 성찰해보도록 하였다. 아무쪼록 이 책이 사회복지실천기술을 공부하는 학생들에게 좋은 지침이 된다면 더 이상 바랄 바가 없을 것이다.

촉박한 기간에도 불구하고 이를 예쁜 책으로 만들어주신 도서출판 두남의 전두표 사장님과 이승구 상무님, 그리고 편집부 여러분들의 노고에 깊은 사의를 표하며, 앞으로 강의를 해 나가면서 미진한 부분은 다시 수정하고 보완해 나갈 것을 약속드린다.

2015년 2월 유난히 따뜻한 겨울
양평에서 고명수 씀

머리말

사회복지를 공부하는 학생들이 기본적으로 알아야 할 사회사업실천의 기본 지식과 가치 그리고 기술을 제시해주는 과목이 '사회복지실천론'과 '사회복지실천기술론'이다. '사회복지실천론'이 사회복지실천에 관한 보다 일반적인 내용을 포함하는 기초과목이라면, '사회복지실천기술론'은 '사회복지실천론'을 선수과목으로 하는 고급과목이다.

이 책은 필자들이 대학에서 사회복지실천방법을 연구하고 강의하면서 그간의 교육경험을 토대로 사회복지학 전공 학생들이 숙지해야 할 내용과 실제 사회복지실천의 현장에서 적용 가능한 이론들을 소개하는 데 중점을 두었다.

따라서 이 책은 '사회복지실천론'에서 배운 기본적인 지식과 이론을 기반으로 다양한 사회복지 실천 현장에서 개인, 집단, 가족에게 효과적으로 개입하기 위한 구체적인 실천기술과 기법을 윤리적 고려와 함께 다룬다. 그러므로 이 책의 내용은 개인과 가족, 집단에 개입하기 위한 실천지식과 가치, 기술을 포함하고 있을 뿐만 아니라 실제상황에 적용 가능한 보다 실제적인 내용을 다루고 있다. 또한 한국사회복지교육협의회에서 제안하는 교과목 지침을 반영하고 국가시험에도 대비하도록 하며 '사회복지실천기술론'의 교재로 쓸 수 있도록 하였다.

제1부의 제1장에서는 전반적인 사회복지실천기술을 개관하고, 제2장에서는 가치와 윤리 문제를 윤리적 딜레마와 함께 다룬다. 제3장에서는 현대사회에서 예술가로서, 혹은 과학자로서 활동해야 하는 사회복지사의 다양한 역할을 다룬다.

제2부에서는 주로 대상별 사회복지실천기술을 다룬다. 제4장에서는 개인중심의 사회복지실천기술의 기초기술과 개입기술을, 제5장에서는 집단중심 사회복지실천기술의 이론과 단계별 사회복지실천기술을 다루고, 제6장에서는 가족중심 사회복지실천기술의 기본개념과 접근방법, 그리고 다양한 가족치료의 모델들을 소개한다.

제3부에서는 사회복지실천의 모델에 따른 개입기술들을 다룬다. 제7장에서는 정신분석치료모델, 제8장에서는 인지행동치료모델, 제9장에서는 인본주의 치료모델, 제10장과 11장에서는 현실치료모델과 게슈탈트 치료모델을 다룬다.

제4부에서는 사회복지실천기술의 기록과 평가에 대해서 제12장에서는 기록의 중요성과 목적, 그 종류와 특성, 유의사항 등을 다루고, 제13장에서는 평가 및 종결의 기술과 유의사항 등을 다룬다.

아직 미비한 부분들은 강의를 해 나가면서 발견하는 대로 보완해 나가기로 한다. 늦어진 원고를 인내심을 가지고 기다려준 도서출판 두남의 전두표 사장님을 비롯한 이승구 상무님, 그리고 예쁜 책으로 만들어주신 편집부 여러분들에게 고마운 마음을 표한다.

2010년 8월 유난히 무더운 여름

양평에서 고명수 씀

차례

제1부 사회복지실천기술의 이해

제2부 대상별 사회복지 실천기술

제 1 부

사회복지 실천기술의 이해

제 1 장

사회복지실천기술 개관

1. 사회복지실천기술 개관

사회복지실천기술에 대한 학자들의 정의를 살펴보면, 스몰리(Smally, 1967)는 "사회복지사가 특정 프로그램이나 서비스의 목적을 달성하기 위해서 원조과정을 진행하는 데 필요한 방법을 사용할 수 있는 능력"이라고 하였으며, 핸리(Henry, 1981)는 "특정 시간에, 특정 목적을 위해서, 특정 방식으로 사회복지사가 사용하는 일련의 행동 혹은 과업"으로 설명하였나. 모랄레스(Morales)와 쉐포어(Sheafor, 1997; 서울대사회복지실천연구회 역, 1998)는 "지식과 개입기법을 효과적으로 사용할 수 있는 능력"이라고 정의하고 있다. 이처럼 사회복지사는 다양한 상황에 처해있는 클라이언트를 대상으로 그들의 욕구나 문제를 해결하기 위해 원조를 하게 되며, 이러한 원조과정은 다양한 이론적 이해와 실천기술을 필요로 한다.

사회복지실천은 실천현장에서 사회복지사와 클라이언트가 만나 나누는 대화를 통해 시작된다. 이러한 대화를 면담이라고 하며 이는 클라이언트의 욕구나 문제를 파악하기 위한 정보수집, 클라이언트의 욕구나 문제해결을 위한 과업수행 등의 목적을 갖고 진행되는 시간 제한적인 대화이다. 이러한 목적 지향적이며 시간 제한적인 대화를 통해 형성되는 관계를 전문적 원조관계라고 부른다. 사회복지사와 클라이언트 사이에 전문적인 원조관계가 확고하게 형성되어야 향후 사회복지실천의 전 과정이 순조롭게 진행될 수 있다.

사회복지사가 사회복지와 관련된 전문지식과 가치를 잘 갖추고 이해한다고 해도 클라이언트와 협력적으로 문제를 해결해 나가는 과정에서 투입할 수 있는 기술이 결여돼 있다면 사회복지의 궁극적인 목적인 클라이언트의 문제해결을 돕는 과정이 제대로 이루어지기 힘들 것이다. 따라서 사회복지사는 개인, 가족, 집단, 지역사회 등과 함께 일을 할 때 각 상황에 필요한 기술들을 준비하고 있어야 한다.

엄명용(2008)은 사회복지실천의 기초기술에 대해 다음과 같이 설명하고 있다.

- ·**면담기술** : 의사소통 및 관여기술, 관계형성기술
- ·**사정기술** : 개인과 환경의 상호작용 맥락에서 문제나 어려움 발견
- ·**개입기술** : 문제나 어려움 해결 기술
- ·**팀워크기술** : 문제해결을 위해 다른 전문직과 합동으로 노력하는 기술
- ·**지지망구축기술** : 개입효과의 지속성을 유지함으로써 클라이언트의 자립유도
- ·**협상기술** : 클라이언트의 복지와 관련된 주변체계와의 협상기술
- ·**평가 및 종결 기술** : 클라이언트와 사회복지사의 협력적 노력의 결과를 평가하고 클라이언트의 자립 생활을 위해 종결하는 기술

미국사회복지사협회(NASW, 1981: 17-18)는 사회복지사가 사용할 수 있는 기술로서 다음의 12가지를 제시하고 있다.

- 전문가로서의 이해와 목적을 가지고 다른 사람의 말을 경청하는 기술
- 사회력(social history)과 사정 및 보고서를 준비하기 위해 관련 정보를 끌어내고 관련 사실들을 수집하는 기술
- 전문적인 원조관계를 형성, 유지하고 그 관계 속에서 자신을 활용하는 기술
- 언어적·비언어적 의사소통을 관찰하고 해석하며, 성격이론과 사정방법에 관한 지식을 활용하는 기술
- 클라이언트(개인, 가족, 집단, 지역사회)가 스스로 자신의 문제를 해결하고, 신뢰를 얻을 수 있도록 관여하는 기술
- 민감한 정서적 문제들을 위협적이지 않은 지지적 방식으로 토론하는 기술
- 클라이언트의 욕구에 대한 혁신적 해결책 만들어 내는 기술
- 치료적 관계의 종결시기와 방법을 결정하고 실행하는 기술
- 조사연구의 수행과 결과의 해석 혹은 전문적 문헌을 해석하는 기술

- 갈등을 보이는 당사자들을 중재하고 협상하는 기술
- 조직간 연계서비스를 제공하는 기술
- 후원자, 대중, 입법관계자 등에게 사회적 욕구를 해석하고 전달하는 기술

Trevithich(2000)는 사회복지실천을 위한 50가지 일반적 실천과 개입기술들을 다음과 같이 제시하였다(우국희 외 공역, 2002, 42-44).

<표 1-1>사회복지실천을 위한 50가지 핵심기술

면접 계획 및 준비	설득 및 지시하기
라포형성 및 관계수립	구체적·물질적 원조 제공하기
환영 기술	지지제공하기
감정이입과 동정	케어제공하기
자기인식과 직관의 역할	모델링 및 사회기술훈련
개방형 질문	재구조화
폐쇄형 질문	해석제공하기
'무엇'을 묻는 질문	적응
순환형 질문	상담 기술
다른 말로 바꾸어 하기	불안억제
명확화 하기	임파워먼트와 인애블링 기술
요약하기	협상 기술
피드백 주고받기	계약 기술
인터뷰의 요지와 목적 고수하기	연계망 기술
촉구하기	파트너쉽 갖고 일하기
탐색하기	중재 기술
침묵을 허용하고 활용하기	옹호 기술
자기노출하기	주장 기술
인터뷰 종결하기	도전과 직면
케이스를 종료하고 관계를 종결하기	적대감, 공격성, 폭력다루기
조언하기	보호제공 및 통제하기
정보제공하기	전문적 경계 관리하기
설명하기	기록유지 기술
격려와 확증 제공하기	반성적이고 효과적인 실천
재보증하기	수퍼비전을 창조적으로 활용하기

이러한 기술들은 사회복지실천의 상황에 따라 각각 별도로 활용되기도 하지만 통합적으로 혼합되어 사용되는 경우가 많으며, 사회복지사와 클라

이언트 간에 협력적 작업관계 또는 원조관계 형성에 긍정적인 영향을 주고 이것이 다시 실천의 성과물에 영향을 준다.

2. 전문적인 원조관계

1) 전문적인 원조관계 형성의 중요성

전문적인 원조관계 형성은 사회복지사와 클라이언트 사이의 의사소통으로 시작된다. 이 과정에서 사회복지사가 갖고 있는 클라이언트의 삶에 대한 진지한 관심, 클라이언트의 문제해결을 돕고자 하는 의도, 클라이언트가 처한 상황에 대한 이해 등이 클라이언트에게 정확히 전달될 때 원만한 전문적 원조관계가 형성되게 된다. 따라서 자신의 생각과 의도를 클라이언트에게 정확히 전달할 수 있는 언어 및 비언어적 표현능력과 기술을 갖추어야 하며, 이렇게 전달되는 내용들은 클라이언트와 사회복지사 간의 신뢰관계 형성에 큰 영향을 준다.

◆practice 1

1. 전문가나 주변 사람들에게 도움을 받았을 때를 떠올려 보고, 그들이 어떤 방법으로 여러분을 도왔는지, 그 사람이 무엇을 하고 무엇을 하지 않았는지, 그리고 그것이 여러분의 삶에 어떻게 영향을 주었는지 기술해보세요.

2. 여러분이 살아오면서 남을 돕는 역할을 한 적이 있다면 언제였는가? 도움 받은 이들이 어떤 방법으로 보답하였으며 그 때 여러분의 마음은 어떠하였는지 기술해보세요.

3. 여러분의 인생에서 누군가를 도우려고 애를 썼지만 상대방이 기꺼워하지 않는 듯하여 난처한 경험이 있었는지, 혹은 누군가가 여러분을 돕는다고 애를 썼으나, "기꺼이 받아들일 만한(welcomed) 도움"이 아니어서 난감했거나 불편했던 경험이 있으면 기술해보세요(C. C. Poindexter 외, 이윤로 외역, 2003).

Miller는 성공적으로 전문적인 관계가 형성되면 다음과 같은 다섯 가지 좋은 점이 발생한다고 지적하였다.

· 잘 형성된 관계는 문제해결 과정에 있어 생기와 활력을 불어넣어 준다.
· 임파워먼트된 느낌과 행동을 취할 능력이 있다는 느낌을 갖게 한다.
· 클라이언트와 사회복지사 모두 자신 및 타인에 대한 이해의 폭이 넓어진다.
· 자신의 가치에 대해 높이 평가하게 되어 자신감과 능력의 향상을 가져온다.
· 타인을 접촉하고 관계를 형성하려는 욕구가 이전보다 강해진다.

이러한 점에서 잘 형성된 원조관계는 문제해결과 변화의 촉진제 역할 뿐만 아니라 사회복자사와 클라이언트의 자아성장을 도모할 수 있는 계기를 제공해 준다.

여기서 한 가지 주의해야 할 점은 클라이언트와 사회복지사 간에 형성되는 원조관계가 반드시 유쾌하기만 한 것이 아니라는 것이다. 삶의 문제, 고통, 불안 등 여러 문제들을 함께 나누고 풀어 가야 하기 때문에 사회복지사와 클라이언트의 관계는 여러 가지 면에서 고통스러운 관계가 될 수도 있다. 따라서 사회복지사는 힘들지만 궁극적으로는 클라이언트의 고통이 감소되거나 해결되는 결과를 가져올 수 있는 원조관계를 기대하고 있어야 할 것이다.

◆ practice 2

텔(Tell)은 26세로 지방정부의 보건소로부터 임산부 보호를 받고 있는 백인 기혼여성이다. 그녀에게는 6세인 에이미(Amy)와 4세인 로렌(Loren)이라고 하는 2명의 유치원에 다니는 자녀가 있다. 텔은 감정의 조절이 어려운 조울증이라는 정신장애로 약을 복용해 왔다. 현재 그녀는 임신 중이므로 임신 기간 동안 약물 복용을 중지한 상태이고 출산 후에도 아이에게 돌아올 영향을 알고 있으므로 모유 수유를 할 동안은 계속 약물 복용을 하지 않을 계획이다.

텔은 산전관리를 해주는 보건소의 간호사에게 약물중단으로 인해 명확한 사고가 어렵고 우울하고 기운이 없고 에이미와 로렌에게도 화를 낸다고 했다. 이러한 우울 때문에 텔은 K-마트에서 일하던 것을 그만 두었다. 그녀의 남편은 37세의 백인으로서 불법약물을 사용한 경력이 있으며 현재 일하고 있지 않다. 텔의 가족은 결국 친정 곁으로 이사를 했는데, 자주 싸움을 하였다. 텔의 엄마는 장애연금을 받고 있고 일은 하지 않는다. 아버지는 조그만 자영업을 한다.

1) 텔이 지니고 있는 또는 활용이 가능한 자원과 강점은 무엇인가?
2) 텔의 가족은 어떠한 어려움과 도전에 직면하고 있는가?
3) 텔의 가족에게 사회복지사로서 직접적으로 제공할 수 있는 도움은 무엇인가?
4) 텔의 가족 구성원 각각의 개인에게 제공되어야 하는 서비스는 무엇인가? (C. C. Poindexter 외, 이윤로 외역, 2003)

2) 전문적인 원조관계 형성의 요소

사회복지사와 클라이언트의 관계는 상호신뢰를 바탕으로 상대방을 인정하며, 문제해결 과정에서 적극적으로 참여하는 상호의존성을 갖는다.

Brill은 관계형성의 특성으로 ① 수용적, ② 역동적, ③ 정서적, ④ 의도적 시간·제한적, ⑤ 현실적·책임성·솔직성, ⑥ 권위적이라고 하였다.

(1) 공감에 바탕을 둔 의사소통

공감(empathy)에 바탕을 둔 의사소통은 클라이언트가 경험하고 있는 상황과 그 상황에서 비롯된 감정을 내가 경험하고 있듯이 공감하는 것이며 또한 공유하는 감정과 지각을 클라이언트에게 적절히 전달하는 것을 의미한다.

① 감수성 훈련

감수성 훈련을 위한 첫 번째 단계는 우리가 생활하면서 겪는 일상적 정서를 이해하는 연습을 하는 것이다.

두 번째 단계는 클라이언트가 사회복지사에게 보내는 메시지 속에 숨어 있는 감정을 예리하게 파악한 후 적절히 반응하는 연습을 하는 것이다.

◆ practice 3

다음에 제시되는 혼자 생활하는 거동이 불편한 70대 남성 노인의 표현에서 나타나는 감정들을 찾아내보자(엄명용 외, 2005).

"우리 아이들은 바빠요. 내가 아파도 아들에게 연락도 안 해요.……지금도 이루 말할 수 없이 온몸이 아파요. ……내 아들하고 손자들을 못 본 지가 벌써 몇 해나 됐어요. 처음엔 전화라도 하더니 요즘엔 전화조차 안 해요. (긴 한숨을 쉬며 먼 하늘을 바라본다.) ……바쁜 줄은 알지. ……짐만 되고 있으니 빨리 죽어야지요.(다시 한숨, 눈에 눈물이 핑 돈다).

② 의사소통 훈련

Hepworth & Larsen 은 감정이입적 의사소통의 수준을 다음의 다섯 단계로 나누어 제시하였다.

수준 1 클라이언트가 나타내는 두드러진 감정도 알아차리지 못함. 부적절하고 거친 반응을 보임. 대화의 주제를 상황에 맞지 않게 멋대로 바꿈. 논쟁을 벌이거나 조급한 충고 또는 해결책을 제시함. 눈빛, 자세, 몸짓 등의 비언어적 반응이 클라이언트의 기분과 상황에 맞지 않음.

수준 2 클라이언트가 전하는 표면적인 언어표현은 이해하나 거기에 담긴 감정은 놓침. 메시지 속에 숨어 있는 실체는 파악하지 못함. 감정 파악이 부정확하거나 부분적으로 이해를 함.

수준 3 클라이언트의 언어표현 속에 담긴 사실과 표면적 감정상태를 비교적 정확히 파악하고, 그에 대해 언어적・비언어적으로 적절히 반응함. 하지만 언어표현 속에 숨겨진 감정은 잘 파악하지 못함. 클라이언트가 말로 표현하지 않은 감정을 잘 집어 내지 못함.

수준 4 클라이언트의 말에 숨겨진 내면의 감정, 숨겨진 문제양상을 집어 냄. 클라이언트가 정확히 표현하지 못한 미묘한 기분, 미묘하게 포장되거나 가려진 감정, 몸짓이나 표정의 의미, 특정 행동의 목적 등을 찾아냄.

수준 5 클라이언트의 감정의 순간순간 흐름을 미묘한 수준까지 파악함. 표면적인 감정은 물론 내면적 감정의 흐름의 강도와 폭 등을 충분히 파악함.

(2) 긍정적 존중

긍정적 존중은 클라이언트가 현재 갖고 있는 모든 것을 긍정적인 시각으로 보면서 존중하는 것을 의미한다. 긍정적 존중을 실천하기 위한 한 방법은 사회복지사가 클라이언트를 처음 만나 대화하는 순간부터 클라이언트로부터 인생, 생각, 가치, 상황 등에 대해 배우려는 자세를 갖고 대화를 이끌어 가는 것이다.

(3) 온화함

사회복지사는 클라이언트를 대할 때 정다운 웃음과 부드러운 말씨, 상냥한 태도, 자연스러운 몸짓 등이 조화를 이룰 수 있도록 노력해야 하며, 다정하고 편안한 태도에서 온화함이 나타난다.

(4) 진솔성

사회복지사가 클라이언트에게 진실하고 솔직하게 대할 때 클라이언트는 사회복지사를 신뢰하게 되고 이를 바탕으로 효율적인 원조관계가 형성될 수 있다. 그리고 사회복지사와 클라이언트 사이에 진솔한 인간적 교류가 일어날 수 있도록 배려하는 것이 사회복지사의 책임이다.

다만 진솔성과 관련하여 Hepworth & Larsen은 다음의 두 가지를 조심해야 한다고 했다.

① 비록 진정한 느낌을 표현하는 경우라 할지라도, 마찰을 일으키지 않도록 주의한다.

② 자신의 경험이나 느낌을 표현하는 것에 도취되어 클라이언트의 욕구보다는 자신의 경험이나 느낌을 이야기할 필요가 있는 경우라 할지라도 가급적 클라이언트의 욕구 쪽으로 주의를 돌리도록 노력해야 한다.

어느 유형의 자기노출이든 적절한 정도가 되어야 원만한 원조관계 형성을 촉진할 수 있다. 특히, 클라이언트가 성격장애나 정신장애를 갖고 있을 경우에는 사회복지사가 자기노출을 가급적 삼가는 것이 좋다.

Hepworth & Larsen은 진솔하게 반응하기 위한 네 가지 지침을 다음과 같이 제시하고 있다.

① '나는' '저는' 등의 단어로 시작하여 나 자신의 생각, 느낌, 의견 등에 초점을 맞추어 서술 한다.

② 다양한 깊이를 갖고 있는 감정을 헤아려 나눈다.

③ 중립적이고 구체적인 묘사 용어를 사용하여 어떤 상황이나 행동을 기술·설명한다.

④ 클라이언트의 행동이나 결정 등이 클라이언트 자신 또는 다른 사람에게 주는 구체적인 영향을 찾아내어 클라이언트가 이를 인식할 수 있도록 돕는다.

(5) 강점 및 좋은 면의 발견

사회복지사가 클라이언트의 긍정적인 속성, 강점, 가능성 등의 일부분이라도 사회복지사가 발견해 내어 확인시켜 줄 경우, 이는 클라이언트의 문제해결의 촉진제로 작용할 수 있다.

◆practice 4 부모에 반항하며 불량친구와 어울리는 중학생 사례

학교 가기 싫어하고 학교 밖의 불량친구와 어울리면서 부모와 갈등을 빚고 있는 중학생이 담임선생님의 의뢰로 학교사회복지사와 면담을 갖게 되었다. 이 남자 중학생은 3학년으로 집에서 부모의 훈계와 지시를 전혀 따르지 않을 뿐만 아니라 연락도 없이 집에 들어오지 않는 날이 많았다. 마지못해 학교에 가기는 하나 학교에서 어울리는 친구가 거의 없고 선생님들로부터는 불량학생 취급을 받거나 무시당하는 경우가 많았다. 부모는 중·상류층 가정을 이루고 있다. 이 남학생이 집안의 유일한 자녀이기 때문에 어머니가 아들에게 대해 갖고 있는 관심과 기대는 지나칠 정도로 높다. 학교사회복지사와의 첫 만남에서 학생은 마음의 문을 열지 않고 계속 만화책만 뒤적이면서 성의 없이 대답을 하다가 돌아갔다. 이번이 두 번째 만남이다.

학생은 오늘도 20분이나 늦게 와서 인사를 하는 둥 마는 둥 하고 앉아서 지난번과 같은 태도를 보이고 있다. 여러분이 학교사회복지사라면 이러한 클라이언트에 대해 관계형성을 촉진하기 위해 어떻게 하면 좋겠는가? 진솔하게 반응하는 네 가지 지침(p.19)에 의거하여 반응해 보세요.

위 사례에서 중학생의 장점을 찾아 반응해 본다면? (엄명용 외, 2005)

3. 사회복지사 자신의 이해

1) 사회복지사의 자세

사회복지사는 전문인이기 이전에 한 개인으로서 자신의 삶의 여러 가지 상황들에 대해 어떤 태도나 마음가짐을 갖고 있는가를 스스로 점검해 볼 필요가 있으며, 이는 전문인으로 성장하기 위해 매우 중요한 과정이다. 나아가 사회복지사는 자신의 자세를 살펴봄으로써 자신에 대해 깊게 이해할 수 있다.

하지만 사회복지사 자신에 대해서 잘 모르고 있을 경우 클라이언트의 문제를 해결하거나 변화를 촉진하는 데 제약이 있을 수 있으며, 사회복지사는 종종 클라이언트나 동료에게 자신의 문제를 투사할 가능성이 있기 때문에 자신이 돕고자 하는 사람을 오히려 해롭게 할 수 있는 감정, 또는 행동양상을 무의식중에 노출시킬 수 있다는 것이다.

사회복지사의 자세향상을 위한 질문들

1. 나는 나 자신에 대해 어떻게 생각하고 느끼고 있는가?
2. 나는 나 자신의 기본적인 욕구를 어떻게 다루고 있는가?
3. 나의 가치관은 어떤 것이 있으며, 이것이 나의 행동 및 타인과의 관계를 어떻게 규정하고 있는가?
4. 나는 내가 살고 있는 사회와 직장과 어떻게 관계하고 있는가?
5. 나의 생활양식은 어떠한가?
6. 나의 기본적인 철학관은 무엇인가?
7. 나는 내가 상대하는 사람들에게 나 자신을 어떻게 보여 주고 있는가?

Brill은 휴먼서비스에 종사하는 전문가들의 신체적 · 정신적 · 사회적 · 영적 · 지적 욕구를 강조하면서 다음과 같은 질문에 답해 보도록 권하고 있다. 다음과 같은 질문에 스스로 답해 봄으로써 사회복지사들은 자기분석 및 고찰을 통해 자신의 장단점, 한계점, 앞으로 극복해야 할 과제들을 점검해 볼 수 있을 것이다.

(1) 자신에 대해 어떻게 생각하고 느끼는가를 점검

사회복지사가 자신의 자아존중감을 점검해 보아야 하는 이유는 사회복지실천 과정에서 사회복지사들은 많은 경우 클라이언트의 자아존중감 향상, 사회적 기능 향상, 권한부여 등을 위해 노력하기 때문이다. 따라서 사회복지사는 자신의 자아존중감의 정도를 주의 깊게 살펴보고, 만일 낮은 자아존중감을 갖고 있다면, 이것이 어디에서 파생되었으며, 이것을 향상시키기 위해서는 어떤 노력을 해야 할 것인가를 곰곰이 생각해 봐야할 것이다.

(2) 자신의 욕구 다루기

사람은 누구나 충족시키고 싶은 욕구를 가지고 있는데 이러한 욕구는 크게 안정의 욕구와 성장의 욕구로 나누어 볼 수 있다. 사회복지사들은 이들 안정욕구와 성장욕구 중 어떤 것들을 얼마나 갖고 있으며, 이들 욕구는 얼마나 충족된 상태인지 살펴볼 필요가 있다. 또한 이러한 욕구들을 충족시키기 위해 어떤 방법과 수단들을 동원하여 노력하고 있는가를 살펴보아야 한다.

◆practice 5

1) 나에게 가장 결핍된 욕구 3가지는 무엇인가?
2) 비교적 잘 충족된 욕구 3가지는 무엇인가?
3) 결핍된 욕구를 충족시키기 위한 나의 노력은 어떤 것이 있는가?
4) 그 방법은 건전하고 긍정적인가?

2) 사회복지사의 자세 구성요소

사회복지사의 자세는 크게 ① 적극적인 관심과 참여, ② 클라이언트의 변화가능성에 대한 긍정적인 태도, ③ 자신 및 클라이언트의 수용, ④ 따뜻한 인간미, ⑤ 적절한 대인관계 기술, ⑥ 비차별적인 태도, 사고 및 행동, ⑦ 비심판적인 태도, ⑧ 인간의 존엄성 및 클라이언트에 대한 존경 등을 포함한다.

3) 사회복지사 자기인식

다양한 클라이언트들을 대하는 사회복지사는 각각의 클라이언트가 보이는 성격과 특성, 문제에 대해 민감성, 유연성, 적절성, 직관력을 가지고 반응해야 한다. 그러므로 사회복지사의 선입견이나 편견, 자신의 경험 등을 이해하고, 이것이 클라이언트에게 서비스를 제공하는데 있어 어떤 방해가 되는지 이해하는 것을 포함하여 사회복지사는 자기인식을 통해 자신에 대한 이해와 함께 사회복지 관련 기술, 지식, 가치 및 개인적 경험을 의도적으로 활용하여 자신의 업무를 향상시키는 것을 의미한다. 자기인식을 통해 사회복지사는 필요 이상으로 클라이언트에게 개입하는 것을 예방할 수 있으며, 클라이언트와 전문적인 관계를 형성할 수 있고, 어떠한 상황에서 적절한 전문적인 경계선을 유지토록 도우며 사적인 반응과 전문적인 역할의 구분을 명확히 해준다.

(1) 사회복지사 주변 상황의 파악

사회복지사 본인에게 믿음과 가치 행동에 가장 큰 영향을 주는 것은 가족이다. 그리고 가족뿐만 아니라 주변 환경 역시 사람의 행동, 가치, 믿음의 형성에 많은 영향을 준다. 이러한 개인의 주변 환경이 어떠한가를 파악할 수 있는 도구가 바로 생태도이다. 생태도를 통해서 자기 자신을 파악하는데 다음과 같은 점을 유의하여 보아야한다.

◆practice 6

① 현재 자신의 생각, 가치관, 행동 등에 영향을 준 주변 환경 체계는 무엇인가?
그들 체계가 어떤 방식으로 자신의 현재 모습에 영향을 주었는가?

② 주변 환경 중에서 사회복지사가 되고자 하는 생각에 영향을 준 요인은 무엇인가?
어떤 경험이 자신으로 하여금 사회복지사가 되는데 영향을 주었는가?

③ 주변 체계들과의 상호작용 양상은 어떠했는가? 상호작용의 밀도 면에서 그것은 활발했는가 아니면 소원했는가? 상호관계의 내용 면에서는 그것이 자신에게 도움이 되는 것이었는가? 아니면 갈등, 충돌, 투쟁적이었는가?

④ 자신의 삶을 힘겹게 만든 주변 환경체계는 무엇이었으며, 자신의 삶을 수월하게 만든 주변 환경체계는 무엇이었는가?

⑤ 주변 환경체계와의 경험에서 고마웠던 부분과 원망스러웠던 부분 그리고 바뀌었으면 하고 바랐던 부분은 무엇이었는가?

⑥ 주변 환경체계 중 자신의 도움, 지지, 에너지를 필요로 했던 체계는 무엇이었나?
그러한 주변 체계에 어떻게 도움을 제공했는가?

(2) 타인의 수용

사회복지사와 클라이언트는 클라이언트의 문제해결을 위해 함께 노력하는 과정에서 각자 상대방의 독특한 특성에 민감하게 반응하게 된다. 이러한 상호반응 과정에서 서로의 행동양식이 잘 조화되지 않을 경우 발생할 수 있다. 크게는 두 가지로 보는데 첫째:여러 가지 면에서 너무 다른 클라이언트를 이해하고 받아들이는데 어려움을 겪는 경우, 둘째:클라이언트와 유사한 성격을 갖고 있는 다른 사람과의 과거 교류에서 사회복지사가 경험했던 감정이 사회복지사 자신도 모르게 현재의 클라이언트에게 옮겨 가는 경우다. 이러한 경우를 대비하여 사회복지사는 자신의 성격 속에 내재되어 있는 성향 중에서 특정 특성을 갖고 있는 클라이언트를 상대함에 있어 장점이 될 만한 자신의 특성과 단점이 될 만한 자신의 특성들을 살펴볼 필요가 있다.

◆practice 7

① 상대하기 편한 클라이언트의 성격이나 행동양식은 무엇인가?

② 상대하기 거북한 클라이언트의 유형은 어떤 것인지 생각해 보고 그 이유를 살펴보자.

③ 다양한 성격 및 행동양식을 가진 클라이언트에게 자신의 행동양식이

어떤 식으로 영향을 줄 수 있는지 생각해 보자.

④ 클라이언트와 상호교류에 있어 선호하는 것이나 거북함으로부터 자유로워지기 위해 자신이 노력할 수 있는 부분들을 생각하여 네 가지만 열거해 보자.

(3) 비차별적 · 비심판적 행동과 태도

사회복지사는 클라이언트와 자신이 갖고 있는 다양한 차이점과 공통점을 이해하되, 차이점으로 인해 클라이언트를 차별해서는 안 된다.

예) 클라이언트가 알코올중독자, 노숙자, 가정폭력 자해자 등과 같이 사회적으로 인정받지 못하는 집단에 속해 있는 사람들과의 차이점으로 인해 클라이언트를 이해하는 데 한계를 가질 수 있고, 이들을 심판적인 태도로 바라보아서는 안 된다. 이러한 비차별적·비심판적인 태도는 인간에 대한 기본적인 존엄성의 가치를 인정하고 클라이언트를 한 인격체로서 존중하는 것에서 비롯된다.

사회복지사는 다른 사람의 독특한 행동, 생각, 태도 및 가치들에 관계없이 그들을 있는 모습 그대로 받아들일 수 있는지 살펴보고, 근거 없이 어떤 현상에 대해 어느 쪽으로 치우친 생각의 편견은 버려야 한다. 또한, 개인이 소지한 어떤 특성에 근거해서 개인을 부당하게 취급하는 차별도 없어야 할 것이다.

편견과 차별에 대한 자신의 태도나 행동을 살펴보기 위해 다음을 고려해 볼 필요가 있다.

◆practice 8

① 현재 자신이 갖고 있는 편견과 차별적 행동을 찾아내 보자.

② 자신의 성장 배경과 사회화 과정을 뒤돌아보아 현재 자신이 갖고 있는 편견이나, 차별적 행동에 대한 부리를 찾아보도록 하자.

③ 차별적 행동과 편견이 극심하게 발동하는 상황이나 대상을 확인해 보고 그 이유를 곰곰이 생각해 보자. 이러한 차별행동과 편견이 자신이 받아들일 만한 수준인지 아닌지를 판단해 보자.

④ 자신이 갖고 있는 편견이나 차별이 자신의 일상생활에 어떻게 영향을 주고 있는지를 생각해 보자. 또한 확인된 편견이나 차별적

태도가 사회복지사로서 일하게 될 때 자신의 일에 어떻게 영향을 줄 수 있는지를 생각해 보도록 하자.

⑤ 누군가에 의해 자신이 진정으로 온전히 받아들여진 적이 있는가? 있다면, 그때의 느낌은 어떠했는가? 또한 받아들여져 본 적이 한 번도 없다면 현재의 느낌은 어떠하며, 그 이유는 무엇이라고 생각하는가? 온전히 받아들여진 경험 또는 받아들여져 본 적이 전혀 없는 경험 등이 자신의 행동에 어떤 영향을 주고 있다고 생각하는가? 등에 대해 생각해 보자.

⑥ 누군가를 조건 없이 온전히 받아들인 적이 있는가? 어떻게 그렇게 할 수 있었는가?
그런 적이 없다면 그 이유는 무엇인가? 에 대해 생각해 보자.

⑦ 남에 대해 참을성이 없는 사람을 보면 당신은 어떤 느낌이 들며 그 사람에 대해 어떻게 행동하나에 대해 생각해 보자.

(4) 자기주장

많은 사람이나 사회복지사들은 자신이 동의하지 않는 부분에 대해 동의하지 않는다고 말하는 것, 상대방과 다른 자신의 관점을 표현하는 것, 남의 요청을 거절하는 것, 감정에 개입된 문제를 차분히 이야기하는 것, 건설적인 방향에서 '아니요'라고 분명히 말하는 것 등에 어려움을 겪고 있다. 자기주장은 자신이 갖고 있는 지식, 의견, 감정 등을 자신의 권리와 타인의 권리를 모두 존중하면서 표현하는 것을 말한다.

(5) 자기통제

자기통제는 자신의 말, 행동, 감정 등을 적절하게 조절하는 것을 말한다. 자신의 언어적 표현, 비언어적 표현 그리고 몸가짐을 조심스럽게 통제할 필요가 있다. 자기통제는 사람을 상대로 일하는 전문인들이 갖추어야 할 가장 중요한 자질 중 하나다.

(6) 직관력

사회복지실천을 위해서는 사회복지사의 직관, 상상력 그리고 경험이 중요하다. 직관력은 단순히 이성적 사고나 지능으로 얻어지는 지식 혹은 인식이 아니며, 묵시적인 인식이다. 사회복지사의 생각, 본능적인 반응이나 느낌, 인상, 통찰력, 충동 혹은 추측으로부터 오는 여러 가지 막연한 의사소통의 형태를 이해하는 것을 의미한다.

(7) 자기노출하기

자기노출은 사회복지사가 자신에 대한 고찰과 경험, 역사를 활용하여 특정 상황에 효과적인 행동을 취하고자 할 때 활용하는 기술이다. 일반적으로 사회복지사는 클라이언트에게 도움이 되지 않는 이상 절대 자신의 개인정보를 노출시켜서는 안 된다. 사회복지사는 클라이언트에게 도움이 되는 상황에 한해 자기노출을 할 수 있지만 자신의 과거문제나 경험을 지나치게 노출하는 것은 클라이언트에게 도움이 되지 못한다.

(8) 전문적인 경계선 유지하기

전문적인 경계선은 일상 업무에서 한계를 긋는 것과는 다른 것이다. 경계선은 전문 역할과 그렇지 않은 것을 구분하는 것이지만 한계선을 긋는 것은 수용할 수 있는 것과 그렇지 못한 것을 구분하는 것이다. 경계선을 분명히 하는 것 가운데 하나는 면담을 제 시간에 시작하고 끝맺는 것이다. 분명한 경계선을 긋는 데는 몇 가지 유용한 점이 있다.

첫째 : 사회복지사는 자신의 역할, 업무, 책임을 분명하게 규정하게 되어 그 이외의 영역에 관여하지 않게 된다. 둘째 : 시간과 자원을 효율적으로 활용할 수 있게 된다. 셋째 : 실질적인 배려를 공식화함으로써 업무의 목적과 계약을 분명히 할 수 있다.

4) 가계도를 활용한 사회복지사의 가족관계 이해

개인이 속했던 원가족의 속성은 개인의 심리적, 행동적, 사회적 특성에 강력한 영향을 미친다. 어린 시절 경험은 개인의 태도, 말씨, 생각, 사회적 역할, 가치, 성격, 행동양태 등에 직·간접의 영향을 주는 것이 사실이다. 이러한 영향은 부모를 통해 부모의 원가족의 특성의 일부가 전해내려 오면서 형성된 것이라고 볼 수 있다. 사회복지사는 자신이 속했던 또는 속해 있는 원가족의 특성과 그 가족 내에서 자신도 모르게 형성된 가치, 태도, 행동양식, 주요역할 등을 면밀히 검토해 볼 필요가 있다. 몇 대에 걸친 가족의 역사, 가족의 특성, 가족 내에 존재하는 독특한 역할 등에 대해 추적해 볼 수 있는 좋은 도구가 바로 사회복지사 자신의 가계도를 작성해 보는 것이다. 자신을 중심으로 위로 보통 3대에 걸친 가족 내력을 조사하면 충분하다.

(1) 총체적 가족 상호관계 양상

사회복지사 자신의 가족이 총체적으로 사람 중심적이거나 과정 중심적인지, 아니면 과제 중심적이거나 목적 중심적인지를 살펴본다. 사람 중심적이나 과정 중심적인 가정에서는 가족구성원끼리의 상호작용이 비교적 활발하고 많은 감정의 표현, 공유, 공감 등이 활발하다. 이러한 가정에서는 가족구성원끼리 함께하는 시간과 놀이가 비교적 많으며 가족구성원들이 갖고 있는 문제나 어려움 등을 서로 나누며 걱정해 주고 위로해 주는 경우가 많다. 반면, 과제 중심적이거나 목적 중심적인 가족에서는 가족구성원들의 교류가 일을 중심으로 이뤄지는 경향이 있어 가족 상호 간 감정의 교류 및 공유가 비교적 적을 수 있다. 따라서 이러한 가족의 구성원들은 각자가 갖고 있는 마음의 고통이나, 상처, 감정을 나누는데 어색해하며 상대방의 정서적 아픔에 대해 비교적 냉담한 편이다. 이런 가정에서는 대화의 양도 적을 수밖에 없다. 하지만 일 중심적이고 목적 중심적이어서 현재보다는 미래에 희망을 두고 열심히 노력하며, 또 그렇게 하도록 서로를 격려하고 채찍질할 수 있다. 대화의 내용도 감정의 표현이나 공유보다는 공부, 일, 진로, 성적, 미래 계획 등에 대한 것이 많은 부분을 차지한다.

사회복지사는 자신의 원가족에서 기쁨, 슬픔, 분노, 두려움, 속상함 등의 감정표현이 얼마나 자유로웠는가, 이들 감정이 차분하고 조용하게 안전한 분위기에서 표현되었는가 아니면 불안정한 상태에서 격한 상태로 폭발적으로 표현되었는가, 한 가족구성원이 감정을 표출했을 때 다른 가족구성원들은 이를 진지하게 공감하고 받아 주는 편이었는가, 아니면 무시하고 비난하는 편이었는가, 가정 밖의 사회에서 경험한 어려운 감정들이 집안에서 어떤 식으로 처리되거나 해결 되었는가 등에 대한 상황을 점검해 볼 필요가 있다.

(2) 가족구성원 간 관계양상 파악

가계도상의 가족구성원들 중에서 특별히 친밀한 관계, 특별한 갈등 관계, 무관심할 만큼 먼 관계, 한때는 매우 가깝다가 단절된 관계 또는 반대로 단절되어 있다가 절친해진 관계, 매우 가깝지만 항상 충돌하는 관계 등이 존재했었는지 그리고 현재도 존재하고 있는지를 확인한다. 그런 후에 가계도를 통해 드러난 이러한 관계양상들 및 사건들이 현재 가족 내에서 생활하고 있는 사회복지사 본인의 행동, 생각, 감정 등에는 어떻게 영향을 주고 있는가를 탐색해 본다.

(3) 가족 내 역할 규명

가족구성원들은 각자 어떤 공식적·비공식적 역할을 수행했거나 하고 있는지를 살펴본다. 공식적인 역할은 누가 가족의 소득을 창출하는 사람이며 누가 가사를 책임지는 사람인가 하는 문제에서와 같이 모든 가족 구성원들이 공감하고 인정하는 역할분담 내용이 이다. 비공식적 역할은 그 역할을 부여한 사람은 없지만 가족생활 속에서 자연스럽게 갖게 된 역할들이다. 이러한 역할을 맡은 사람은 화해자, 위기 관리자, 아이 역할을 하는 사람, 집안의 통솔자 등이 있을 수 있다.

(4) 가정 내 자녀 훈육방식

한 가정에서 자녀가 어떤 식으로 훈육되었는가 하는 것은 그 가정이 중시하는 기본 가치나 인생 철학 그리고 가족전통을 나타낸다. 어떤 가정에서는 가족 이외의 사람들은 대할 때 일단 의심하고 인간관계를 시작할 것을 가르치는 반면, 다른 가정에서는 일단 신뢰하면서 시작할 것을 가르친다. 또 어떤 가정에서는 다른 가정의 관습과 가치를 존중하며 수용할 것을 가르치는 반면, 다른 가정에서는 자기 가정의 고유한 가치와 관습을 가장 우수한 것으로 강요한다. 사회복지사 자신은 친구나 동료와의 인간관계를 신뢰에서 출발하는가 아니면 경계심으로부터 출발하는가, 타인을 쉽게 신뢰하고 가까이 다가가는 편인가? 아니면 경계하면서 약간의 거리를 두고 사귀는 편인가 등에 대해 탐색해 본다.

(5) 가족의 강점 및 약점 탐색

자신의 가족이 갖고 있는 강점과 약점을 파악해 보고, 그 강점과 약점이 자신의 행동에 어떤 식으로 부정적 또는 긍정적 영향을 주고 있는지를 확인해 본다.

(6) 사회복지사의 자신에 영향을 주는 가족의 특성 분석

자신의 가족의 특성 중 자신이 사회복지사로 활동하는 데 부정적 또는 긍정적인 방향으로 영향을 줄 수 있는 요소를 찾아내 본다. 이와 같은 행동양식들이 사회복지사로 활동하는데 어떤 식으로 방해 또는 도움이 되는지를 생각해 본다.

(7) 가족 비밀의 탐색

공개적으로 표현하거나 발설하지 말아야 하는 숨은 이야기나 주제 또는 인물들을 갖고 있을 수 있다. 사회복지사 자신은 이러한 숨은 이야기들에 대해 어떤 생각을 갖고 있으며 그로 인해 자신의 행동 및 생각이 어떻게 제약을 받고 있는지 또는 그렇지 않은지를 살펴본다.

4. 사회복지사의 가치

사회복지실천의 본질적 3대 요소는 사회복지 전문직의 가치, 전문적 활동에 필요한 지식, 그리고 이러한 가치와 지식을 현장에 옮기는 과정에서 필요한 기술 또는 기법이다. 이러한 3대 요소를 갖추기 위해 노력하는 것이 사회복지 전문직의 훈련과정이 것이다. 이 훈련과정 중에서 가장 먼저 점검해 보아야 할 것이 사회복지사 개인의 가치다. 사회복지 전문직에서 요구되는 가치, 클라이언트가 갖고 있는 가치 그리고 사회복지사 개인이 갖고 있는 가치 등이 서로 혼합된 상황에서 전문지식과 기술·기법들이 활용되는 것이기 때문이다. 이들 가치의 조화 또는 상충은 사회복지실천의 오랜 시간에 걸쳐 가족, 집단, 사회, 문화 등의 영향을 받아 형성된 것이기 때문에 쉽게 변하지 않는 속성을 갖고 있다. 현제 우리 사회는 가치의 혼돈 속에 놓여 있다고 해도 과언이 아니다. 이러한 현상의 결과로 우리 사회는 이미 다양한 가치를 지닌 다양한 사람들이 함께 어울려 사는 사회가 된 것이다.

표준적 가치 또는 합의된 사회 규범이 존재하지 않는 사회 속에서는 누구의 가치는 더 옳고 다른 누구의 가치는 바람직하지 않다라고 판단하는 것도 역시 가치의 문제이다. 따라서 타인이 갖고 있는 가치를 판단하는 것은 매우 어렵다. 타인의 가치와 자신의 가치를 동시에 존중하기 위해서는 이들 모두에 대한 정확한 인식이 있어야 할 것이다.

자신이 갖고 있는 가치를 확인해 보기 위해서는 먼저 자신이 갖고 있는 가치관에 대해 당당해질 필요가 있다. 사회복지 전문직의 가치는 일단 접어 두고, 자연인으로서의 개인 가치에 대한 자기인식에 초점을 맞춰 보도록 한다.

1) 전반적인 가치

(1) 자립/의존에 대한 가치

모든 사람은 스스로 자립할 수 있는 능력을 갖추어야 한고 또 그것을 위해 노력해야 한다고 생각하는가?

(2) 책임/권리에 대한 가치

자신의 권리를 주장하기 위해서는 책임이나 의무를 다해야 한다고 행각하는가 아니면, 책임 또는 의무를 수행하지 못하는 사람이라 할지라도 누려야 할 권리는 다 누려야 한다고 생각하는가?

(3) 도움을 주고받는 것에 대한 가치

클라이언트 중에 도움을 받을 만한 가치가 있는 사람과 도움을 받을 만한 가치가 없는 사람이 있다고 보는가?

(4) 융통성과 준법성에 대한 가치

사회구성원 모두의 생존을 위해 사회의 법과 윤리를 유연하게 적용하는 것이 바람직하다고 생각하는가 아니면, 사회가 정한 법규나 윤리적 규범, 약속들을 철저히 지켜야 한다고 생각하는가?

(5) 일명'님비즘'에 대한 가치

혐오시설 등이 자신들의 생활공간 안으로 들어오는 것을 반대하는 현상을 일명, '님비즘'이라 한다.

2) 구체적인 상황에서의 가치

(1) 나태와 불성실한 근무태도로 인한 실직/열심히 일했으나 구조조정으로 인한 실직

실직자를 위한 서비스를 제공하려 할 경우 전 근무지에서 근무 성적을 고려하여 열심히 일하다 실직한 사람과 나태와 불성실로 인하여 실직한 사람 사이에 서비스의 우선권, 서비스의 내용에 차별을 둘 것인가?

(2) 혼전성관계로 인한 미혼모

집에서 일하며 고소득을 올릴 수 있는 자활프로그램에 많은 신청자들이 몰렸다. 이들 중 같은 나이 또래의 두 소녀가 있다고 하자. 한쪽은 소녀가장이고, 한

쪽은 혼전 성관계로 인한 미혼모다. 둘 다 가족 부양에 대한 책임을 지고 있다. 누구에게 서비스의 우선권을 제공하겠는가? 그 이유는 무엇인가?

(3) 가정폭력 피해자를 위한 서비스

가정폭력 피해여성을 위한 임시 거주 장소인 임대아파트에 입주할 피해여성을 선발한 후 사후 서비스를 계획하는 일을 맡고 있다고 하자. 한쪽은 아내의 혼외정사를 눈치 챈 남편이 아내에게 폭력을 행사한 경우이고 다른 한쪽은 맞벌이 부부가 가계부를 작성하던 중 남편의 골프비용이 과다함을 지적한 후 골프를 중지할 것을 요구한 아내에게 남편이 폭력을 행한 경우다. 어떻게 서비스를 계획할 것인가?

(4) 동성연애로 인한 구직의 어려움

사회복지사가 직업훈련과 직업 찾아주기를 담당하는 업무를 맡고 있다고 하자. 한쪽은 동성연애자라는 이유 때문에 번번이 취직을 거부당하고 있다. 다른 한쪽은 별 다른 이유 없이 취직을 하지 못하고 있다. 어떻게 처리하겠는가?

(5) 가출청소년

가출청소년을 위한 청소년쉼터에서 일하고 있다고 하자. 쉼터에 있는 청소년 중 한 명의 행동이 통제 불가능할 정도로 산만하다. 상황을 있는 그대로 받아들이고 일하고자 하나 누군가에 대한 원망 또는 동정이 자꾸 스며든다. 누구를 원망하고 누구를 동정하겠는가?

3) 사회복지 전문직의 가치

(1) 개인의 존엄성과 독특성에 대한 존중

인간은 어떤 조건과 위치에서 태어났든지 상관없이 인간 그 자체로서 존엄한 존재이다. 또한, 어떤 독특한 특성을 갖고 있고, 독특하게 행동을 한다고 하더라도 그것이 타인이나 전체 사회에 해를 끼치지 않는다면 사람은 있는 그대로 인정하고 받아들여져야 한다.

◆practice 9 다음 사례를 읽고 여러분의 생각을 써 보세요.

지난 2개월 동안 34세의 편모로서 세 명의 학령기 자녀를 두고 있는 리즈 맥키니(Liz McKinney)는 성적 학대를 받은 사람들로 구성된 지지그룹에 참여해 왔다. 그녀는 참여자 중 복지혜택을 받는 유일한 여성이었다. 다른 사람들은 직장을 다니거나 생활비를 조달하는 배우자가 있었다. 한번은 리즈가 자신은 집에 돌아가서 두꺼운 티본스테이크를 요리해서 멋진 접시에 담아 아스파라거스 장식을 하고 예쁜 샐러드도 준비할 것이라고 말했다.

이 이야기를 들은 두 명의 여성은 자신들이 힘들게 일할 때 일도 안 하고 정부로부터 푸드 스탬프(미국 정부의 식료품 보조 쿠폰)를 받으면서 그렇게 잘 먹고 살 수 있냐며 분노를 금치 못했다. 그때 집단 진행자인 수잔이 말했다. “리즈, 나도 스테이크를 무척 좋아해요. 그렇지만 난 비싼 고기를 살 능력이 없어요. 어떻게 푸드 스탬프를 이용해서 그렇게 비싼 고기를 살 수 있게 되었는지 이해할 수 있도록 좀 설명해 주세요.” 리즈는 방어적이지 않은 태도로 대답했다. “네, 여러분이 아시다시피 아이들을 영화관에 한 번 데려갈 돈도 없어요. 또 아기 돌볼 유모를 고용할 수도 없죠. 나는 쇼핑 갈 돈도 없어요. 내 자신과 아이들을 위해 뭔가 해야 할 필요가 있을 때 내가 할 수 있는 것은 아무것도 없어요. 내가 할 수 있는 것은 오직 푸드 스탬프를 어떻게 쓸지 계획하거나 그것을 쓰는 일뿐이므로 난 특별한 음식을 사기로 한 거예요. 비록 월말에는 쌀과 콩만 먹을지도 모르지만요. 그래도 우리는 우리들도 무언가 정상적이고 신나는 것을 할 수 있다는 것을 기억할 필요가 있다고 생각해요.”

1) 리즈가 푸드 스탬프로 매우 비싼 음식을 준비하러 간다는 말을 들었을 때 여러분의 처음 반응은 어떠했나요? 그런 방법으로 푸드 스탬프를 사용한다는 것에 대해 어느 정도 비판적인 느낌을 가졌나요?
2) 수잔의 질문에 대한 리즈의 설명을 들은 후 여러분의 반응은 어떠했나요? 리즈가 그렇게 한 이유를 좀 더 이해할 수 있었나요?
3) 여러분은 사람들이 이미 만들어 놓은 결정 또는 기준 때문에 그 사람을 존경하거나 지지할 수 없다는 느낌이 든 경험이 있었나요? 이때 그들의 입장이 되어 공감할 수 있는 방법을 생각해 보세요(C. C. Poindexter 외, 이윤로 외역, 2003).

(2) 자기결정의 원리

자기결정권이라 함은 클라이언트가 자신과 관계된 일에 대한 결정은 자신이 스스로 내려야 한다는 것을 의미한다.

◆practice 10 다음 사례를 읽고 여러분의 생각을 써 보세요.

레나(Lena)는 가족건강센터의 가정방문담당 사회복지사이다. 마크(Mark)는 32세의 아시안계 남성으로서 몇 차례의 조직검사와 두 번의 수술, 6개월 간의 임파선 치료를 위한 약물요법을 받아 왔다. 마크의 의사는 또 다른 약물요법 과정을 시작할 것을 제안했다. 마크는 가정방문을 나온 레나에게 자신은 암과 싸우는 일이 너무 힘들고 지쳐 있으며 더 이상의 치료를 받고 싶지 않다고 말했다. 그는 안식을 위해 한방에서 쓰는 약초요법을 원했으며 더 이상의 양약을 사용하고 싶진 않다고 하였다. 마크는 자신이 회복되지 못한다는 사실을 알고 있다고 하였으며 이보다 더 지독한 치료를 받으며 삶을 연장하느니 더 이상의 변화 없이 죽음을 기다리는 편이 낫겠다고 했다. 마크는 그의 결정을 설명하며 조금씩 울고 있었다. 레나는 "아니예요. 그래선 안 돼요."라고 말하고 싶었지만 마크를 안고 그의 결정을 존중하며 잘 되길 바란다고 말했다.

1) 클라이언트가 여러분이 동의할 수 없는 결정을 내린다면 어떤 느낌이겠는가? 여러분에게 이런 일이 일어난다면 여러분은 어떻게 할 것인가요?
2) 여러분은 여러분의 인생에 의미 있는 누군가(예: 부모님)가 동의하지 않는 결정을 내려 본 적이 있나요? 그때 그들은 어떻게 반응하던가요? 여러분은 어떤 반응을 원했나요? (C. C. Poindexter 외, 이윤로 외역, 2003)

(3) 사회적 형평성의 원리

개인의 잠재력을 최대한 실현하기 위해 필요한 자원과 기회에 동등한 접근을 보장해야 한다. 모든 개인은 자신의 신분, 지위, 계층, 배경 등에 관계없이 개인의 잠재력을 최대한 실현하기 위해 필요하다고 생각되는 모든 기회와 지원에 접근할 수 있는 기회를 동등하게 가질 수 있어야 한다.

(4) 개인의 복지에 대한 사회와 개인 공동의 책임

각 개인은 전체 사회의 요구와 개인과 사회의 균형 속에서 자신의 복지향상을 위해 최대한 노력할 책임을 갖고 있다는 것이다.

4) 사회복지사의 자기결정

자신과 다른 가치체계를 갖고 있는 동료 사회복지사들에게도 사회복지사가 클라이언트에게 하는 것과 동등한 존경, 존엄, 자기결정의 원리 등을 적용해야 한다. 사회복지사는 다양한 가치관과 인생의 형상들 가운데서 자기 자신의 가치관을 명료하게 인식하고, 자신의 가치관이 형성된 배경, 자신의 가치관에서 비롯된 행동과 결정, 자신의 가치관이 다른 사람에게 미치는 영향 등을 지속적으로 검토하고 확인해야 할 것이다. 자신의 가치체계를 확인한다 함은 생각과 행동이 일치된 상태의 가치체계를 의미한다.

사회복지사 윤리강령

* 전문

사회복지사는 인본주의·평등주의 사상에 기초하여, 모든 인간의 존엄성과 가치를 존중하고 천부의 자유권과 생존권의 보장활동에 헌신한다. 특히 사회적·경제적 약자들의 편에 서서 사회정의와 평등·자유와 민주주의 가치를 실현하는데 앞장선다. 또한 도움을 필요로 하는 사람들의 사회적 지위와 기능을 향상시키기 위해 저들과 함께 일하며, 사회제도 개선과 관련된 제반 활동에 주도적으로 참여한다. 사회복지사는 개인의 주체성과 자기결정권을 보장하는 데 최선을 다하고, 어떠한 여건 에서도 개인이 부당하게 희생되는 일이 없도록 한다. 이러한 사명을 실천하기 위하여 전문적 지식과 기술을 개발하고, 사회적 가치를 실현하는 전문가로서의 능력과 품위를 유지하기 위해 노력한다.

이에 우리는 클라이언트·동료·기관 그리고, 지역사회 및 전체사회와 관련된 사회복지사의 행위와 활동을 판단·평가하며 인도하는 윤리기준을 다음과 같이 선언하고 이를 준수할 것을 다짐한다.

윤리기준

☐ 사회복지사의 기본적 윤리기준

1. 전문가로서의 자세

1) 사회복지사는 전문가로서의 품위와 자질을 유지하고, 자신이 맡고 있는 업무에 대해 책임을 진다.
2) 사회복지사는 클라이언트의 종교·인종·성·연령·국적·결혼상태·성 취향·경제적 지위·정치적 신념·정신, 신체적 장애·기타 개인적 선호, 특징, 조건, 지위를 이유로 차별 대우를 하지 않는다.
3) 사회복지사는 전문가로서 성실하고 공정하게 업무를 수행하며, 이 과정에서 어떠한 부당한 압력에도 타협하지 않는다.
4) 사회복지사는 사회정의 실현과 클라이언트의 복지 증진에 헌신하며, 이를 위한 환경 조성을 국가와 사회에 요구해야 한다.
5) 사회복지사는 전문적 가치와 판단에 따라 업무를 수행함에 있어, 기관 내외로부터 부당한 간섭이나 압력을 받지 않는다.
6) 사회복지사는 자신의 이익을 위해 사회복지 전문직의 가치와 권위를 훼손해서는 안 된다.
7) 사회복지사는 한국사회복지사협회 등 전문가단체 활동에 적극 참여하여, 사회정의 실현과 사회복지사의 권익옹호를 위해 노력해야 한다.

2. 전문성 개발을 위한 노력

1) 사회복지사는 클라이언트에게 최상의 서비스를 제공하기 위해, 지식과 기술을 개발하는 데 최선을 다하며 이를 활용하고 전파할 책임이 있다.
2) 클라이언트를 대상으로 연구하는 사회복지사는 저들의 권리를 보장하기 위해, 자발적이고 고지된 동의를 얻어야 한다.
3) 연구과정에서 얻은 정보는 비밀보장의 원칙에서 다루어져야 하고, 이 과정에서 클라이언트는 신체적, 정신적 불편이나 위험·위해 등으로부터 보호되어야 한다.
4) 사회복지사는 전문성을 개발하기 위해 노력하되, 이를 이유로 서비스의 제공을 소홀히 해서는 안 된다.
5) 사회복지사는 한국사회복지사협회 등이 실시하는 제반교육에 적극 참

여하여야 한다.

3. 경제적 이득에 대한 태도

1) 사회복지사는 클라이언트의 지불능력에 상관없이 서비스를 제공해야 하며, 이를 이유로 차별대우를 해서는 안 된다.
2) 사회복지사는 필요한 경우에 제공된 서비스에 대해, 공정하고 합리적으로 이용료를 책정해야 한다.
3) 사회복지사는 업무와 관련하여 정당하지 않은 방법으로 경제적 이득을 취하여서는 안 된다.

□ 사회복지사의 클라이언트에 대한 윤리 기준

1. 클라이언트와의 관계

1) 사회복지사는 클라이언트의 권익옹호를 최우선의 가치로 삼고 행동한다.
2) 사회복지사는 클라이언트에 대하여 인간으로서의 존엄성을 존중해야 하며, 전문적기술과 능력을 최대한 발휘한다.
3) 사회복지사는 클라이언트가 자기결정권을 최대한 행사할 수 있도록 도와야 하며, 저들의 이익을 최대한 대변해야 한다.
4) 사회복지사는 클라이언트의 사생활을 존중하고 보호하며, 직무 수행과정에서 얻은 정보에 대해 철저하게 비밀을 유지해야 한다.
5) 사회복지사는 클라이언트가 받는 서비스의 범위와 내용에 대해, 정확하고 충분한 정보를 제공함으로써 알 권리를 인정하고 존중해야 한다.
6) 사회복지사는 문서·사진·컴퓨터 파일 등의 형태로 된 클라이언트의 정보에 대해 비밀보장의 한계·정보를 얻어야 하는 목적 및 활용에 대해 구체적으로 알려야 하며, 정보 공개 시에는 동의를 얻어야 한다.
7) 사회복지사는 개인적 이익을 위해 클라이언트와의 전문적 관계를 이용하여서는 안 된다.
8) 사회복지사는 어떠한 상황에서도 클라이언트와 부적절한 성적관계를 가져서는 안 된다.
9) 사회복지사는 사회복지 증진을 위한 환경조성에 클라이언트를 동반자로 인정하고 함께 일해야 한다.

2. 동료의 클라이언트와의 관계

1) 사회복지사는 적법하고도 적절한 논의 없이 동료 혹은, 다른 기관의 클라이언트와 전문적 관계를 맺어서는 안 된다.
2) 사회복지사는 긴급한 사정으로 인해 동료의 클라이언트를 맡게 된 경우, 자신의 의뢰인처럼 관심을 갖고 서비스를 제공한다.

⊡ 사회복지사의 동료에 대한 윤리기준

1. 동 료

1) 사회복지사는 존중과 신뢰로서 동료를 대하며, 전문가로서의 지위와 인격을 훼손하는 언행을 하지 않는다.
2) 사회복지사는 사회복지 전문직의 이익과 권익을 증진시키기 위해 동료와 협력해야 한다.
3) 사회복지사는 동료의 윤리적이고 전문적인 행위를 촉진시켜야 하며, 이에 반하는 경우에는 제반 법률규정이나 윤리기준에 따라 대처해야 한다.
4) 사회복지사가 전문적인 판단과 실천이 미흡하여 문제를 야기시켰을 때에는, 적절한 조치를 취하여 클라이언트의 이익을 보호해야 한다.
5) 사회복지사는 전문직 내 다른 구성원이 행한 비윤리적 행위에 대해, 제반 법률규정이나 윤리기준에 따라 조치를 취해야 한다.
6) 사회복지사는 동료 및 타 전문직 동료의 직무 가치와 내용을 인정·이해하며, 상호간에 민주적인 직무관계를 이루도록 노력해야 한다.

2. 수퍼바이저

1) 수퍼바이저는 개인적인 이익의 추구를 위해 자신의 지위를 이용해서는 안 된다.
2) 수퍼바이저는 전문적 기준에 의해 공정하게 책임을 수행하며, 사회복지사·수련생 및 실습생에 대한 평가는 저들과 공유해야 한다.
3) 사회복지사는 수퍼바이저의 전문적 지도와 조언을 존중해야 하며, 수퍼바이저는 사회복지사의 전문적 업무수행을 도와야 한다.
4) 수퍼바이저는 사회복지사·수련생 및 실습생에 대해 인격적·성적으로 수치심을 주는 행위를 해서는 안 된다.

☐ 사회복지사의 사회에 대한 윤리기준

1) 사회복지사는 인권존중과 인간평등을 위해 헌신해야 하며, 사회적 약자를 옹호하고 대변하는 일을 주도해야 한다.
2) 사회복지사는 필요한 사회서비스를 개발하기 위한 사회정책의 수립·발전·입법·집행에 적극적으로 참여하고 지원해야 한다.
3) 사회복지사는 사회환경을 개선하고 사회정의를 증진시키기 위한 사회정책의 수립·발전·입법·집행을 요구하고 옹호해야 한다.
4) 사회복지사는 자신이 일하는 지역사회의 문제를 이해하고, 그것을 해결하는 일에 적극적으로 참여해야 한다.

☐ 사회복지사의 기관에 대한 윤리기준

1) 사회복지사는 기관의 정책과 사업 목표의 달성·서비스의 효율성과 효과성의 증진을 위해 노력함으로써, 클라이언트에게 이익이 되도록 해야 한다.
2) 사회복지사는 기관의 부당한 정책이나 요구에 대하여, 전문직의 가치와 지식을 근거로 이에 대응하고 즉시 사회복지윤리위원회에 보고해야 한다.
3) 사회복지사는 소속기관 활동에 적극 참여함으로써, 기관의 성장발전을 위해 노력해야 한다.

사회복지사 선서

나는 모든 사람들이 인간다운 삶을 누릴 수 있도록,
인간존엄성과 사회정의의 신념을 바탕으로,
개인·가족·집단·조직·지역사회·전체사회와 함께한다.
나는 언제나 소외되고 고통받는 사람들의 편에 서서,
저들의 인권과 권익을 지키며, 사회의 불의와 부정을 거부하고,
개인이익보다 공공이익을 앞세운다.
나는 사회복지사 윤리강령을 준수함으로써,
도덕성과 책임성을 갖춘 사회복지사로 헌신한다.
나는 나의 자유의지에 따라 명예를 걸고 이를 엄숙하게 선서합니다.

▶참고문헌◀

1) 엄명용·노충래·김용석(2005), 사회복지 실천기술의 이해, 학지사.

2) B.셰퍼·C.호레이시·G.호레이시(1998), 사회복지실천 기법과 지침, 김혜란 감수, 서울대 사회복지실천연구회 역, 나남출판.

3) 사회복지윤리강령(2001).

4) C. C. 포인덱스터 외, 이윤로 외역(2003), 사회사업실천기술론, 학현사.

제 2 장

사회복지실천의 가치와 윤리

1. 사회복지실천의 가치

사회복지를 언급함에 있어서 가치개념은 매우 중요한 의미를 갖는데, 그것은 사회복지의 실천이 가치를 기반으로 동기화되거나 기능화되기 때문이다. 일반적으로 가치란 '인간에 관하여 그리고 인간을 다루는 적절한 방법에 대하여 전문직이 갖는 신념'을 의미하고 있다. H. Bartlett에 의하면 "가치는 선(good)이며 바람직한(desirable) 것이다. 가치는 질적인 판단이며 경험적으로 증명되는 것은 아니다. 가치는 정서를 가지며 사회복지의 전문가들이 지향해야 할 목적이나 목표를 제시해 준다. 가치의 진수는 무엇이 보다 나은 것인가와 관련이 있다"라고 제시하였다.

사회복지에서 가장 기본적인 가치는 인간에 대한 확고한 신념이며 신뢰이다. 모든 인간을 가치적 존재로서 인정하는 데에서 사회복지의 실천서비스가 제공되어지는 것이다. 특히, 클라이언트는 각종의 문제들을 안고 있다. 또한 때로는 공격적 행동이나 일탈행동, 부정직, 불성실, 자기 파괴적 행동 등으로 하나의 가치적 인간으로 수용하거나 자기결정의 권리를 인정하기란 용이한 일이 아닌 듯한 착각을 일으키기도 한다. 인간의 본성을 악의 존재로 보아야 할 것인가 하는 의문이 생겨날 수도 있는 것이다. 그러나 아무리 좋은 종자도 가시덤불에서는 올바로 생장할 수 없는 것과 마찬가지로 인간이 생존해 나가기 위해서는 생존에 적절한 물리적·정신적·사회적 제반 환경이나 상황이 갖추어져야 하는 것이다. 여기에 사회복지가 인간을 가치적 존재로 받아들여야 하는 타당성을 확신케 한다.

2. 가치와 윤리

1. 가치와 윤리의 개념

1) 가치

가치는 지식 및 기술과 함께 사회복지실천의 3대 중심축의 하나이다. 가치는 믿음과 같은 것으로 좋고 바람직한 것에 대한 지침이며 적합한 행동의 선택에 대한 지침이다.(Lowenberg, 1988:12) 즉, 가치가 믿음이라면 윤리는 판단이다.

사회복지의 기본가치는 Friedlander의 인간의 존엄성, 인간의 자율성, 기회의 균등성, 사회적 책임성으로 전제되고 있으며, 사회복지실천에 있어 전문적 가치는 다양한 형태로 설명되고 있다. 가장 많이 거론되는 가치로는 '개인의 가치와 존엄성', '개인에 대한 존경', '개인의 변화가능성에 대한 가치', '클라이언트의 자기결정권', '비밀보장과 사생활보장', '적절한 자원과 서비스 제공', '클라이언트에게 권한부여', '동등한 기회보장', '비차별성', 그리고 '다양성의 존중' 등이다.(NASW, 1995:894)

(1) 전문직 가치의 범위

레비(Levy, 1973)는 실천가치에 우선하는 사회복지 전문직 자체의 가치를 3가지로 구분하여 설명하고 있다.

첫째, '사람우선가치' : 전문직 수행의 대상인 사람 자체에 대해 전문직이 갖추고 있어야 할 기본적 가치관이다. 클라이언트를 하나의 개별화된 인간으로 보고, 능력을 인정해주며, 그에 따라 권한을 인정해 주는 가치관이다. 이는 사회복지실천의 기본철학과 같은 것이다.

둘째, '결과우선 가치' : 사람에 대해 서비스를 제공했을 때 초래하는 결과에 대한 가치관이다. 이는 사회가 개인의 발전을 위해 사회참여에 대한 기회를 동등하게 제공해야 한다는 사회적 책임에 대한 믿음이다.

셋째, '수단우선 가치' : 서비스를 수행하는 방법 및 수단과 도구에 대한 가치관이다. 사람은 존경과 존엄으로 다루어져야하며, 자기결정의 권리를 가져야 하고, 사회변화에 참여하도록 복 돋워져야 하며, 독특한 개인으로 인정되어야 한다는 믿음과 같은 것이다. 인간의 자율성으로 요약될 수 있는 수단우선 가치는 사회복지실천과정에서 매우 중요한 가치체계이다.

2) 윤리

사회복지실천에서 전문적 가치는 실무현장에서 윤리적 원칙들을 정립하는 지침을 제시한다. 윤리란 어떤 행동의 옳고 그름에 대한 판단으로, 사회복지 가치 기준에 맞는 실천을 하였는가에 대한 판단기준을 제시한다(양옥경 외, 1995: 29).

윤리란 도덕철학이다. 즉, 실질적인 결정을 내릴때 필수적인 것으로 옳고 그른 행동에 대한 사회적 태도를 가리킨다. 가치란 하나의 가정적 개념이어서 인간의 생각 속에서 그치지만 윤리는 행동으로 나타나는 것으로 윤리적 판단에 따른 행동수행에 있어 규범적 기준이 필요하게 된다.

따라서 윤리란 인간의 행동을 통제하거나 규제하는 기준이나 원칙까지 포함하는 개념으로 일반적으로 타인에 대한 책임감에서 우러나오는 인간에 대한 기대를 말한다(문인숙 외 역, 1985: 117).

2. 역사적 배경

1) 가치의 발전

사회복지는 사회정의와 공정성에 뿌리를 둔 규범적인 전문직이며(Reamer, 1999:5), 가치실천의 역사는 여러 단계를 거쳐 발전해왔다.

리머(Reamer, 1999)는 4단계로 나누어 설명하고 있다.

① 1단계 : 19C말 사회복지실천이 하나의 전문직으로 선언하고 나섰던 때 / 자선조직협회를 통해 중산층의 도덕이 빈곤한 자들에게 강요되던 시기

② 2단계 : 인보관 운동의 발전으로 시작 / 빈곤한 자의 도덕성 결여보다 사회의 불공평함에 빈곤의 문제가 있음을 주장하면서 빈곤을 인식하는 사회가치의 변화를 주장

③ 3단계 : 1940-1950년대 중심 / 클라이언트 중심의 가치체계에서 전문직과 전문가의 가치체계로 중심이 옮겨짐 / 클라이언트를 대하는 전문가의 가치관에 의문을 제기하면서 전문직 가치체계에 입각한 실천을 하도록 하는 윤리적 지침을 생각하게 됨.

④ 4단계 : 1960년대 / 미국사회복지사 협회에서 첫 번째 윤리강령을 공식적으로 채택하면서 시작됨.

2) 윤리의 출현

사회복지실천의 윤리가 본격적으로 시작된 것은 1970년대이며, 이때 윤리가 각광받게 된 이유는 아래와 같이 요약할 수 있다.

① 과학과 기술의 발전으로 다양한 형태의 윤리적 결정을 해야 하는 상황(장기이식, 안락사, 성감별을 통한 유산 등)에 놓이게 되며 이 상황에 사회복지사들의 개입이 필요하게 되었다.

② 사회가 성숙함에 따라 환자의 권리, 피의자의 권리, 죄수의 권리 등을 인정하는 사회분위기에 힘입어 사회복지 대상자의 권리를 인정하자는 사회분위기의 영향도 있다. 사회복지 대상자의 권리인정으로 인한 다양한 형태의 윤리적 갈등에 발생하게 되고 이를 해결하기 위하여 윤리적 지침의 필요성이 대두되었다.

3. 실천윤리의 철학적 배경

어떤 결정을 내리는 것이 윤리적으로 합당한가에 관해 과학적으로 설명할 수 있는 뚜렷한 이론은 없다. 다만 윤리적 사고라는 것이 철학에 그 근본을 두고 있으므로 고대의 기본인 상대주의와 절대주의 철학적 배경(양옥경 외, 1995)의 개념만 간단히 살펴보도록 하겠다.

1) 윤리적 상대주의

윤리적 상대주의는 어떤 종류의 정해진 도덕률도 부인하는 것으로 선과 악이나 옳고 그름도 주관적이고 상대적인 것이지 절대적인 가치란 없다는 것을 말한다. 모든 고정불변의 도덕률을 부인하면서, 행동을 하게 된 동기보다 행동이 초래한 결과를 중시하게 된다. 절대적인 기준을 가진 보편적이면서 불변하는 기본가치는 존재하지 않으며, 단지 어떤 행위의 결과가 얼마나 옳고 얼마나 선한가의 정도에 따라 판단 및 결과의 기준이 정해진다. 그 시대 그 사회 내에서의 사회문화적 보편성이 전제되어야 윤리적 보편성이 기대되고 인정된다.

2) 윤리적 절대주의

윤리적 절대주의에서 '절대'의 개념에 신격화된 신학에서의 절대가 아닌 인간, 즉 인간의 의식과 사유에 그 절대권을 주고 있다. 이미 정해진 고정불변의 도덕률을 강조하는 것으로 선과 악이나 옳고 그름도 그 행위의 결과와는 별개로 판단하는 것을 말한다. 이 이론이 주장하는 도덕률은 모든 상황에서 절대적으로 적용된다는 것을 전제로 하고 있다.

3. 사회복지실천과 가치

1. 사회복지의 가치성

인간의 행동에는 반드시 일정한 목표가 있다. 그 목표는 가끔 자신이 속해 있는 집단이나 조직의 목표와 일치할 수도 있고 그렇지 않을 수도 있다. 인간은 누구나 장구한 시간과 특정한 공간을 거쳐 성장해 온 사고방식과 생활양식을 기준으로 자신의 행동이 나타나게 된다. 이와 같은 사고방식과 생활방식은 자신이 속해 있는 기존의 가치체계와 유관하다. 서구사회에 있어서 인간과 사회를 보는 가치관의 근원을 살펴보면 아래의 4가지로 요약할 수 있다(박용순, 1999).

① 인간의 기본적 가치로서 이웃에 대한 책임성을 원칙으로 하는 기독교의 교리이고, ② 모든 인간은 평등하며 자유와 행복추구의 권리를 강조하는 민주주의 이념이고, ③ 환경을 무시하고 인격만을 주장하며 근면한 사람을 도덕적 인간으로 보고 쾌락을 죄악시하는 청교도의 논리이며, ④ 자연의 진화과정에서 강자는 생존하고 약자는 도태할 수밖에 없기 때문에 강자의 사회가 출현한다는' '사회진화론' 등에 입각하고 있다.

이러한 가치체계에서 인간의 존엄성, 자유와 평등을 긍정적인 가치로 인정하는 대신에, 청교도의 논리나 사회진화론 등의 가치는 부정적인 것으로 생각하기 쉽다. 오늘날 이러한 가치는 서방국가의 발달적 원동력이 되고 있다. 즉 적극적이든 소극적이든 간에 어떠한 가치체계가 강하게 뒷받침함으로써 국가발전은 물론, 인간과 그들의 사회관계가 지속되며 사회질서와 사회정의가 구현되는 것이다.

따라서 사회복지의 가치는 인간을 존중하며 인간의 복지를 어떻게 중요시하고 있는가를 결정하는 그 나라의 유력한 철학과 불가분의 관계에 있다. 이러한 맥락에서 유럽과 미국의 사회복지철학을 네 가지로 제시하면, ① 인간의 존엄성, ② 자기결정권, ③ 균등한 기회, ④ 사회적 책임(박용순, 1999) 등에 대한 확고한 신념으로 나타나고 있다. 또는 ① 인간의 존엄성 확보 ② 인간의 건강한 성장과 발달의 보장 ③ 정상화 ④ 사회적 통합(김만두·한혜경, 2000)을 사회복지의 중요한 가치이자 목적으로 삼고 있다.

Friedlander는 사회복지사업의 기본적 가치성을 다음과 같이 제시하고 있다. ① 개인존중의 원리로서 모든 사람은 인간으로서의 가치, 품위, 존엄 등을 가지며, ② 자발성 존중의 원리로서 개인이 무엇을 요구하고 그것을 어떻게 충족할 것인가의 결정권리를 가지며, ③ 기회균등의 원리로서 모든 인간에 대해 균등한 기회를 제공하며, ④ 사회연대의 원리로서 사람들은 자기 자신, 가족 및 사회 등에 대해 책임을 진다는 것이다.

이상에서 제시한 사회복지의 가치는 우선적으로 '모든 인간의 가치와 존엄'이고, 다음으로는 '자기결정, 자기충족 및 자기실현' 등으로 점차 구체화하고 있다. 따라서 사회복지의 가치는 개인주의적인 측면을 강하게 반영하고 있으며, 사회복지가 사회의 복지이기 이전에 개인의 사회적 복지임을 깊이 인식해야 한다고 강조하고 있다.

2. 사회복지실천의 가치관

- 개인은 사회의 기본적인 관심의 대상이 되어야 한다.
- 개인에 있어서 자주성 내지 독립성을 존중해야 한다.
- 인간의 공통욕구를 충분히 인식하되, 각 개인에 따라 독특하고 다르다는 것을 알아야 한다.
- 인간은 상호관심을 가지고 다른 사람을 보살펴야 할 사회적 책임을 가지고 있다.
- 각 개인은 자신의 문제에 대처할 수 있는 충분한 잠재력을 가지고 있으며 이는 최대한 개발되고 동원되어야 한다.
- 사회는 각 개인의 자아실현에 방해가 되는 장애물을 제거시켜 주어야 할 책임이 있다(조휘일·이윤로, 2000).

3. 사회복지실천과 가치전제

1) 개인의 존엄성과 독특성에 대한 존중

(1) 클라이언트의 존엄성에 관해 의사소통하는 내용을 민감하게 인식할 것
(2) 클라이언트를 스테레오타이프화 하지 말 것
(3) 클라이언트가 그들의 장점을 발견하여 활용하도록 도와 줄 것
(4) 문제해결에서 클라이언트의 참여를 기대할 것

(5) 클라이언트의 필요한 것(needs)보다 바라는 것(wants)에 초점을 둘 것 등 이다(장인협, 1999).

2) 클라이언트의 자기결정에 대한 신념

(1) 자기결정에는 여러 가지 대안들이 요청된다.
(2) 사회복지사의 중요 책임은 의사결정을 위한 클라이언트의 기회를 극대화 하는 것이다.
(3) 사회복지사는 클라이언트에게 자신의 견해를 제공할 의무를 갖는다.
(4) 클라이언트의 가치가 목표달성을 위한 노력을 방해하거나 다른 사람의 복지를 침해하여 클라이언트가 그러한 가치를 변화시키는 노력에 동의한다면, 클라이언트의 가치를 수정하려는 노력은 자기결정의 개념과 반드시 일치하지 않는 것은 아니다.
(5) 클라이언트의 자기결정과 사회복지사의 자기결정은 구별되어야 한다.

4. 사회복지에서의 가치적 요소

H. M. Bartlett(1970: 66-67)는 가치적 요소에서 클라이언트에 대한 세 가지 확고한 신념을 유지해야 한다고 했다. 사회복지에 가장 오랫동안 널리 유지되어 온 가치는 모든 인간의 가치와 존엄의 주장이라고 해도 좋을 것이다. 가령 자기충족, 자기실천 등으로 표명된 가치들이 점점 중요시되어 오고 있다. 가치를 "각 개인이 지니고 있는 발달의 가능성을 생애를 통해 최대한으로 실현하는 일이다"라고 표현하고 있다.

1) 잠재적 가능성(Potential)

이 개념은 오늘날 가치에 관한 논의에서 특히 강조되고 있다. R. Dubos (1965: 196)가 지적한 바와 같이 인간은 선택, 집합, 결정 및 창조할 수 있는 존재이다. 인간은 자유로워질 때 바람직한 방향으로 성장·발달해 나갈 수 있다는 신념은 아마도 인간의 존엄에 관한 신념을 보다 고도로 표현한 말일 것이다 (Gordon, 1981: 36). 이와 같이 인간의 잠재적 가능성의 달성을 가치를 표하는 명제로 삼는다면 그 자체가 선이 될 것이다(Bartlett, 1970: 66).

2) 성장(Growth)

사회복지사들이 선택하는 가치 중 두 번째 중요한 테마는 성장이다. 끊임없이 성장해 감으로써 개인은 자기가 가지고 있는 충분한 잠재적 가능성을 달성할 수 있다. 사회복지사는 '변화를 일으키는 사람'이라고 호칭한다. 아무리 클라이언트가 처한 상황이 한계점에 도달해 있거나 폐쇄적인 상황에 있더라도 그는 변화하고 성장할 가능성이 있다는 신념을 갖는 것이 사례연구자이며 사회복지사인 것이다. 즉 성장하며 변화해 갈 수 있다는 신념이 사례연구자나 사회복지실천의 본질임을 명심해야 하겠다.

3) 미래가능성(Future Directed)

사회복지의 가치지향에서 또 하나의 중요한 특질은 성장과 잠재적 가능성이 미래를 지향하고 있다는 사실이다. 앞에서 말한 성장과 변화는 미래와 단절해서 생각할 수는 없는 것이다. 클라이언트는 현재의 어려움이 앞으로도 계속 이어진다고 생각한다면 자포자기하거나 절망에 빠질지 모른다. 그러나 클라이언트에게 자기의 소망이나 가능성이 실현될 수 있는 미래가 있다고 전제할 때 모두 문제해결을 가능케 할 수 있을 것이다. 미래를 본 사람은 아무도 없을 것이다. 그러나 사실과 현실을 그대로 받아들여 그것에 변화와 개선이 이루어질 수 있다는 미래지향적인 신념을 확고히 해야 할 것이다.

5. 토착적인 사회복지가치

우리나라는 서구사상의 급격한 유입으로 기존 가치관의 변동은 물론 이러한 수용과정에서 다소 혼란이 야기된 것이 사실이다. 현실적으로 부적절한 가치는 배제되어야 하겠지만, 바람직한 가치는 계속 전승시켜 나가야 한다. 사회복지의 관점에서 상부상조, 인간존중 등의 가치관은 계승·발전시켜 나가야 하며, 평등사상, 복지사상, 효율성 등의 가치관은 적절히 수용하여 토착적인 가치로 발전시켜 나가야 할 것이다. 우리들이 계승해야 할 몇 가지 토착적인 사회복지의 가치관을 제시해 보면 다음과 같다.

1) 인간존중의 사상

한국민족사에 있어서 고조선시대의 환웅이 홍익인간이념으로 고조선을 건국한 것과, 고구려의 이도흥치(以道興治), 신라의 광명이세(光明理世), 화랑도의 세속오계 중 살생유택(殺生有擇), 그리고 불교 및 유교의 생명존중사상과 동학의 인내천사상(人乃天思想) 등에서 인간존중의 사상을 엿볼 수 있다. 인간존중사상은 헌법 제10조에서 "모든 국민은 인간으로서 존엄과 가치를 가지며 행복을 추구할 권리를 갖는다. 국가는 개인이 가지는 불가침의 기본적 인권을 확인하고 이를 보장할 의무를 진다"라고 명시되어 있다.

2) 상부상조의 공동체의식

한국사에서 상부상조의 유형을 보면 두레, 품앗이, 계(契), 향약 등이 있다. 즉 '두레'란 고래(古來)로 촌락단위에 조직된 농민들의 상호협동체이며, '품앗이'란 부락내 농민들이 노동력을 서로 차용하고 교환하는 노동협력의 양식이고, '계'는 부락주민들이 전통적 빈곤을 극복하기 위한 자생적 조직이고, '향약'이란 지역주민들의 순화(醇化), 덕화(德化), 교화(敎化)를 목적으로 한 지식인들 간의 자치적인 협동조직(성종25년)이다. 이러한 상호부조의 공동체의식은 우리나라의 전통적 가치관으로서 현존 사회복지의 가치체계에도 잘 반영되어야 한다.

3) 자유와 평등사상

헌법에 명시된 바와 같이 자유와 평등은 사회복지체계의 초석이다. 이것은 국가존립이 개인의 자유와 평등을 보장하는 것을 그 기본으로 하고 있다. 자유는 경제적, 정치적으로 어떠한 구속함이 없이 자발적으로 활동하는 반면, 사회적인 측면에서 타인의 경제적, 정치적 자유에 침입하지 않는 의무를 지닌다. 평등이란 헌법 제11조 1항에서 "모든 국민은 법 앞에 평등하다"와 같이 모든 개인이 동등한 대우를 받는다는 의미이다. 이에 사회복지는 자유와 평등 위에 비로소 성립될 수 있으므로, 자유와 평등의 이념은 사회복지체계의 핵심적 기반이 될 수 있다.

4) 복지국가주의의 목표

복지국가의 이념은 자유민주주의를 바탕으로 하는 사회복지체계의 기본적인 이념인 것이다. 국가는 적극적으로 국민의 복지증진을 위해 노력해야 함을 의미한다. 따라서 복지국가주의는 개인적 자유와 평등의 이념간에 갈등적인 것이 아니라, 오히려 자유와 평등을 실질적으로 개선하기 위해 적극적으로 개인생활에 개입하는 것을 의미하며 중요한 가치영역이다.

5) 국가적 효율성의 가치

국가가 전반적인 분야에 걸쳐서 지속적인 발전과 번영을 이루어 나갈 때, 국민 각자의 복지증진도 동시에 실현될 수 있음을 의미한다. 예컨대, 우리나라는

60년대 초기에 절대빈곤으로부터 해방을 지향하면서 시작한 경제개발정책으로 상당한 경제적 성장과 물질적 풍요를 이룩하였다. 그러나 한편으로는 사회적 계층간의 불평등이 심화되고 다양한 사회문제가 야기됨으로써 국가적 차원의 낭비와 비효율성을 증대시켰다. 따라서 미래지향적인 사회복지정책의 수행으로 국민들에게 최저한의 생활수준을 유지시켜 주는 동시에, 국가적 효율성을 높여 다시금 국민의 복지증진에 기여할 수 있어야 한다.

3. 사회복지실천과 가치 및 윤리갈등

1. 사회복지사의 가치기준

1) Morales & Sheafor

(1) 인간의 선호하는 개념으로서의 가치

① 사회복지사는 모든 사람들의 선천적 가치와 존엄성의 가치를 믿어야 한다.
② 개개인은 선천적 재능을 가지고 있으며 인생을 보다 풍요롭게 만들어 줄 수 있는 변화를 향해 나아간다.
③ 각 개인은 그 자신과 사회를 포함한 그의 동료 인간들에 대한 책임을 갖고 있다.
④ 사람들은 어딘가에 속해야 될 필요가 있다.
⑤ 개개인에게 공통적인 인간의 욕구가 있다.

(2) 인간을 위해 선호하는 결과로서의 가치

① 사회는 반드시 자신의 충분한 잠재성을 각자가 인식할 수 있도록 할 성장과 기회를 제공해야 한다.
② 사회는 반드시 사람들로 하여금 자신의 필요를 알게 하고, 배고픔, 불충분한 교육, 차별, 방치된 질병, 부족한 주택공급 같은 문제를 피할 수 있도록 도울 수 있는 자원과 서비스를 공급해야 한다.
③ 사람들은 사회를 구성하는데 동등한 참여기회를 가져야 한다(김융일·조흥식·김연옥, 2000).

(3) 인간을 다루기 위해 선호하는 수단으로서의 가치

이 수준에서의 가치는 사회복지사들이 클라이언트들을 다루는데 선호하는 가치와 관련된다. 기대되는 것처럼, 사회복지사들은 모든 사람들이 존경과 존엄으로 다루어져야 하고, 그들의 인생의 지향을 결정할 최대의 기회를 갖도록 하며, 욕구에 대해 사회적 반응을 세우는데 다른 사람들과 상호작용 할 수 있도록 해야 한다. 또 특별한 개성이나 인생경험 때문에 상투적인 것보다 독창적인 개성을 인식해야 한다는 것을 믿고 있다. 사회복지실천의 방법은 이것을 반영한다.

2) Abbott

Abbott는 사회복지사의 가치가 심리학자의 가치와 유사하지만 교사, 물리학자, 그리고 간호사와 다르고 사업체와 기업에 고용된 사람들과는 상당히 다르다는 것을 지적했다. 사회복지실천은 가치차원을 갖는 이론적 준거틀과 개입을 사용하는 것을 포함하거나 기본적으로 가치를 고려하여 개입방법을 선택하기 때문에 사회복지사는 흔히 이런 네 가지 기본적 가치들에 대한 자신의 헌신성을 자주 검토할 필요가 있다.

(1) 기본적 권리에 대한 존중

모든 인간은 생활에서 목표를 달성하고, 문제를 예방하거나 경감시키며, 그리고 인간으로서 완전한 잠재력을 실현시키는 데 도움이 될 자원과 서비스에 관해 동등한 접근성을 가져야 한다.

(2) 사회적 책임감

가족, 교육, 정보, 그리고 사회복지와 같은 사회적 제도는 인간의 욕구에 관해 인간적이고 반응적이어야 한다.

(3) 개인적 자유에 관한 헌신성

사람들 사이에는 상당한 편차가 있다는 것을 인식하고, 사회는 그 성원들에게 사회적 통제를 최소화해야 한다.

(4) 자기결정에 대한지지

사람들은 자기자신이 선택을 할 권리를 가져야 하며, 자신의 삶을 선택할 자유를 갖지 못한 사람들은 가능한 언제든지 선택을 할 수 있도록 능력을 고취시켜야 한다.

2. 사회복지실천에서의 가치갈등 문제

1) 실천 중 고려되어야 할 가치갈등

사회복지실천 과정에서 사회복지사들은 가치갈등을 지니게 되는 경우가 많이 있다. 가령 공적부조를 담당한 워커는 생활보호대상자에게 "밑 뚫린 항아리에 물 붓기"식의 도움을 계속 주어야 하는가, 배울 능력이 전혀 없는 아동을 계속 도와주며 가르쳐 주어야 하는가, 환자가 죽는 것이 환자 자신을 위해서 뿐 아니라 가족을 위해서 오히려 낫다고 생각하면서도 끝까지 그 생명을 구하여야 할 것인가, 하는 등의 가치갈등이나 모순이 생겨날 수 있다. 자율성을 인정받는 전문직 의사나 사회복지사들의 경우 이러한 해답을 스스로 찾고 도움의 결정을 지속해야 하는 것이다.

따라서 가치갈등이나 모순에서 벗어나기 위해서는 사회복지사는 부단히 자기훈련과 자기경험을 쌓아 나가야 할 것이다. 사회적 기능에 기본적으로 바람직한 가치는 무엇이며, 자신의 개인적 가치관은 무엇인지 분별할 수가 있어야 한다. 항시 사회의 법이나 도덕, 사회규범 등에 익숙해 있어 갈등이나 모순에 대한 올바른 가치판단을 내릴 수 있어야 할 것이다. 즉 사회복지실천가들은 나의 가치는 무엇이며, 그것이 어떻게 나의 행동을 규제하며 대인관계에 영향을 미치는가를 항상 염두에 두어야 한다.

2) 가치관에 대한 자기인식

Naomi I. Brill(1985: 32)은 사회복지사로서 가치관에 대한 인식을 명확히 함이 바람직하다는 것을 다음과 같이 요약하고 있다.

① 자신의 가치관이 그 존재를 거의 지각할 수 없을 정도로 깊숙이 내면화되어 있음을 깨달아 그 기준에는 자신의 감정적 요소가 다분히 개입되어 있음을 인식해야 한다.

② 자신의 편견이 무엇인지 의식하는 데 최선을 다해야 한다.

③ 자기 자신과 스스로의 가치관을 객관적이고도 현실적으로 평가하도록 노력해야 한다.

④ 이러한 평가에 근거하여 변화가 필요한 가치관은 변화하도록 노력하며 클라이언트의 욕구를 충족시켜줄 수 있다면 클라이언트 자신의 자유로운 생활양식을 허용하고 워커 자신의 생활양식과는 서로 다르다는 사실을 분별해야 할 것이다.

또한, 사회복지사는 문학, 예술, 음악과 개인의 생활경험을 통해 가능한 한 여러 부류의 사람들과 접해 보고 그들의 생활양식, 가치관을 이해하도록 노력해야 한다.

3. 사회복지실천상의 윤리적 문제

전반적인 사회복지실천을 검토해보면 사회복지실천의 원칙에는 윤리적 원칙을 포함하고 있거나 또는 그것에 기반하고 있음을 알게 될 것이다. 사회복지실천에서 윤리적 문제(ethical problems)는 주로 현대사회의 특징인 가치의 중복성과 모순성에 기인한다. 윤리적 문제를 거론하면 할수록 사회복지실천상의 윤리적 딜레마(ethical dilemmas) 혹은 윤리적 측면을 보다 정확하게 인식할 수 있을 것이다. 과거에는 윤리적 이슈들이 단지 사회복지사와 클라이언트의 양자관계에서 비롯되거나 혹은 그 관계에 국한하는 것으로 생각하였다. 최근의 윤리적 관심은 사회복지사와 클라이언트의 양자관계를 기반으로 하지만 그 이외의 다른 관계들을 포함하는 발전된 실천모형도 중요하게 다루고 있다. 사회적 목표에 대한 합의도출의 어려움, 사회복지 자원의 고갈, 새로운 테크놀로지의 발전은 전통적인 윤리적 딜레마를 심화시켰을 뿐 아니라 기존에 없던 윤리적 이슈들을 만들어 냈다.

1) 상충되는 가치

실천가들이 두 가지 이상의 상충되는 가치, 예를 들어 정의와 평등 혹은 비밀보장과 사생활보호에 직면하게 되면 윤리적 딜레마가 발생한다. 또한 예산감소로 파생된 재정적인 어려움은 '클라이언트를 위해 최선을 다해야 하는 사회복지사의 원칙'과 상충될 수 있다. 실천가들은 이러한 상황에서 효율성과 효과성의 문제를 생각하게 된다. 어떤 사회복지사들은 그것이 비록 현실적인 대안이 될 수 없다고 하더라도 두 가지 가치 모두에 똑같은 책임을 느끼기도 한다.

2) 상충되는 충성심

경쟁과 갈등상태에 있는 집단들이 제각기 사회복지사의 충성심(loyalties)을 요구하는 경우에 윤리적 딜레마가 발생한다. 그 예로는 사회복지사가 각기 상이한 요구를 하는 기관과 클라이언트 모두를 대표해야 하는 경우이다. 또 다른 예로는 사회복지사가 친척과 친구로부터 각각 우선적 처우를 해달라는 요청을 받는 경우이다. 또한 사회복지사가 여러 클라이언트 체계와 일할 때 상충되는 충성심으로 인해 윤리적인 문제가 발생하기도 한다. 이러한 상황에서 누구에게 혹은 어떤 대상에게 우선적인 관심을 두어야 하는지를 밝히는 것은 매우 중요한 윤리적 이슈가 된다.

3) 다중적 클라이언트 체계

사회복지사는 다른 사람보다는 클라이언트에게 우선순위를 두려고 한다. 이는 일상적으로 사회복지사가 비밀보장의 원칙을 지켜야 하는 것과 같은 것이다. 그러나 사회복지사는 클라이언트의 가족을 비롯한 다른 사람들에게도 책임이 있다. 이때 사회복지사는 일차적으로 누구에게 책임을 가져야 하는지를 결정할 필요가 있다.

4) 가치딜레마

클라이언트에게 집중적으로 서비스를 제공하는 동안에는 사회복지사가 그 상황에 내포된 가치들이 무엇인지 잘 인식하지 못한다. 사회복지사는 가능한 진실을 말해야 하며, 자신의 개인적인 가치가 클라이언트에게 영향을 미치지 않도록 주의해야 한다. 이러한 실천적 문제를 예방하는 방법은

① 사회복지실천상의 모든 결정에는 윤리적 측면이 있다는 것을 사회복지사들이 인식하는 것이다.

② 사회복지사들이 윤리적 결정을 하기 위해서는 윤리적 측면을 정확히 이해하는 지식과 기술이 필요하다는 것이다.

4. 사회복지실천과 윤리강령

H. M. Bartlett(1970)는 사회복지실천에서의 본질적 3대 요소인 가치, 지식, 기법 중 가치적 요소를 중시했다. 사회복지 전문직은 어떠한 지식이나 개입방법만으로는 충족될 수 없으며 어떠한 뚜렷한 가치나 신념이 선행되어야 함을 시사하고 있다. 전문직 속성에서 가치를 전제로 삼는 윤리강령을 중시함도 이에 연유한다고 보겠다.

1) 사회복지실천의 전문성

어떤 전문직업에도 직업윤리, 직업적 전문지식, 전문기술의 3가지 요소가 필수적으로 요구된다. 사회복지실천의 전문성은 〈그림〉과 같이 표시할 수 있다(김만두, 1993: 256).

<그림 2-1> 사회복지실천의 직업윤리와 전문성

기초지식은 관련분야의 지식과 일반적인 교양으로 구성되는 기본적인 부분이고, 직업윤리와 가치는 인권옹호, 자립원조의 시각, 클라이언트의 비밀보존의 의무 등을 요구한다. 전문적인 지식을 위해서는 각종 사회복지제도와 관련분야에 대한 지식을 포괄적이고도 체계적으로 갖출 필요가 있다. 그리고 전문기술로는 개별사회복지, 집단사회복지, 지역사회조직사업 등의 전문적 원조기술을 활용할 수 있는 능력을 갖추지 않으면 안 된다. 기초지식을 기반으로 하여 전문적인 지식과 전문적인 기술을 충분하게 자기의 것으로 만들고, 그 위에 윤리관에 적합한 실천을 수행해 가는 것이 오늘날의 사회복지실천 전문성의 구도인 것이다.

2) 사회복지활동의 가치와 윤리

사회복지실천은 클라이언트 중심, 이타주의의 가치를 중요한 요소로 삼는 전문직이기 때문에 윤리성이 크게 강조된다. 윤리란 사회적 관계에서 사람으로서 마땅히 행하거나 지켜야 할 도리이다. 이러한 맥락에서 볼 때 사회복지실천 전문직의 윤리는 전문인으로서 행하거나 지켜야 할 도리이며, 이것이 바로 전문직 행동의 기준이 되고 원칙이 되는 것이다(문인숙, 1991: 41). 사회복지실천이 인간의 존엄성을 유지하고 사람답게 살 수 있도록 직접적인 도움을 줄뿐만 아니라 그것을 뒷받침할 수 있는 제반조건을 정비하는 것이라면 그것에는 개인과 사회의 가치가 반영된다. 특히 사회복지실천은 사회적으로 취약한 사람을 대상으로 하는 전문직이기에 클라이언트의 인격성과 인권을 존중하는 윤리성이 강하게 요청되는 것이다.

3) 사회복지사의 윤리강령

모든 전문직은 가치체계를 지니고 있다. 전문가가 지니는 가치관은 인간에 대해서 지니고 있는 믿음과 인간을 위한 최선의 목표와 인간을 상대로 하는데 필요한 최선의 방법에 대한 믿음이다. 이러한 가치관으로부터 전문직의 윤리강령이 발달된다. 윤리강령은 전문가로서 다른 사람의 생활에 개입할 때 따르는 책임감, 즉 자신의 행위에서 지켜야 되는 일은 무엇인가 하는 것을 문서화한 것이다. 윤리강령은 인간을 위해서 짊어지고 있는 의무를 표현한 것이다.

사회복지실천의 고유한 윤리를 추구하는 작업은 전문직 단체의 확립이 다른 나라보다 일찍 행해졌던 미국에서 가장 먼저 이루어졌다. 즉 미국 사회복지사들의 단체는 1921년에 설립된 후에 1951년에 윤리강령을 발표하고 있다. 그후 1955년에는 미국사회복지사협회(NASW)가 결성되고 사회복지사의 전문성과 함께 그 존재의의와의 관련하에서 윤리문제가 논의되고, 1996년 새로운 윤리강령을 발표하고 있다.

영국에서도 1975년 영국사회복지사협회가 사회복지실천의 이용자의 출신, 지위, 성별, 연령, 신념, 사회적 공헌도 여하를 막론하고 모든 인간의 가치와 존엄성을 강조하는 윤리강령을 공포한 바 있다.

우리나라에서도 1982년 1월 15일 사회복지사 윤리강령 제정 후 2001년 12월 15일 3차 개정을 통하여 한국사회복지사의 윤리강령을 채택하였다. 즉 인간의 존엄성, 정의, 공평 등의 가치를 추구하면서 균등하고 차별 없는 서비스를 받을 클라이언트의 권리와 사회복지사 개인의 이익을 배제하고 전문적 지식과 기술 개발을 위해 계속해서 노력할 것과 팀워크, 전문인으로서의 책임성 등을 강조하고 있다(김만두, 1993: 257-258).

5. 윤리적 딜레마 해결을 위한 준거틀

1) Loewenberg와 Dolgoff의 준거틀(EPS:Ethical Principles Screen)

Loewenberg와 Dolgoff(1996)는 다음과 같은 일정한 순서에 기초한 윤리적 의사결정 접근방법을 제시했다. 수직적인 구조를 따르는 이러한 해결책이 더 나은 윤리적 행태를 보장한다는 증거는 없지만, 이러한 준거틀은 모두 논리적으로 윤리적 기준을 구성하고 사회복지사로 하여금 체계적이고 신중한 의사결정과정에 참여하도록 돕는 것은 분명하다.

EPS는 윤리적 선택을 할 때 우선순위를 정하는 것으로부터 도출되며, 기본적으로 이것은 7가지 규준 원칙을 서열화하는 것이다. 원칙1이 가장 중요한 것이고 원칙7은 7가지 의무 가운데 가장 덜 중요한 것이다. 비록 사회복지사가 개인적으로 부가적인 원칙을 확인하거나 우선순위를 매기는 다른 방법을 개발할 수 있지만, Loewenberg와 Dolgoff는 유용한 출발점을 제시한다.

윤리원칙 1 : 생명보호의 원칙
윤리원칙 2 : 평등과 불평등의 원칙
윤리원칙 3 : 자율성과 자유의 원칙
윤리원칙 4 : 최소한 손실의 원칙
윤리원칙 5 : 삶의 질의 원칙
윤리원칙 6 : 사생활보호와 비밀보장의 원칙
윤리원칙 7 : 진실성과 정보개방의 원칙

2) Mattison의 준거틀

Mattison(1997)이 제시한 준거틀은 사회복지사가 윤리적 딜레마를 해결하는데 더욱 쉽게 채택하여 사용할 수 있도록 단계별 과정을 상세히 기술했다. 이 준거틀의 장점은, 윤리적 딜레마의 분석과 해결을 이끄는 보다 실용적인 준거틀로서 윤리적 의사결정과정은 가치와 선호도에 매우 민감하다는 끊임없는 자각을 반영하고 있다. 의사결정의 각 진행단계마다 사회복지사는 분석도구의 상호의존도와 개인의 의사결정과정 수행에 주의를 기울여야 한다.

(1) 1단계 : 사례이면의 사실과 사례의 세부사항에 대한 수집·평가

윤리적 의사결정과정은 사례의 세부사항과 이면에 대한 명석한 이해로부터 시작한다. 사회복지사는 클라이언트와 클라이언트체계에 관계하면서 특별히 사례상황을 수집·평가해야 한다. 사실을 수집·평가하는 것은 결코 가치 중립적인 과정은 아니다. 특정한 사실을 포함하거나 누락시키고 책임질 클라이언트를 누구로 결정할 것인가 등은 각각 의사결정자에 따라 다를 수 있다.

(2) 2단계 : 실천에 대한 고려와 윤리적 요소의 구분

사회복지사가 윤리적 딜레마의 요구에 얼마나 잘 응하는가는 윤리적 문제를 사회복지실천상의 문제에서 구별하고 있는지, 그리고 사회복지사가 윤리적 문제를 고려하는 방법을 어떻게 배웠는지에 따라 달라진다. 실천에 대한 고려를 가치문제와 구별하지 않은 채, 사회복지사는 실천원리에 근거한 일련의 행동을 선택하는 위험을 감행한다. 실천에 대한 고려와 윤리적 고려 모두 의사결정자의 선택을 궁극적으로 정당화하기 위해서 평가되어야 한다.

(3) 3단계 : 가치갈등에 대한 확인

· 자기결정권과 전문가 온정주의
· 비밀보장과 '전문가의 의무상의 이유'에 입각한 비밀누설
· 법적 의무와 이성적으로 판단되는 '더 큰 선행'
· 기관정책에 대한 책임과 자유재량에 의한 판단
· 클라이언트의 자기결정권과 개인적 가치에 따라 이루어진 판단
· 개인의 권리와 가족체계의 복지

(4) 4단계 : 사례에 영향을 미치는 윤리강령 원칙들의 확인

사회복지사는 그들이 책임져야 할 윤리적 기준을 이해하기 위해, 그리고 어떤 기준에서 자신의 행동이 판단될 지 이해하기 위해 NASW 윤리강령(1996)을 참조해야 한다.

(5) 5단계 : 가능한 행동양식 결정

사회복지사는 주어진 사례에 관련된 법·규칙·정책 혹은 각각의 잠재적 위험과 혜택을 동시에 고려하면서 가능한 행동양식을 판단해야 한다. 윤리적 딜레마가 그러하듯, 어떤 가능한 행동양식은 동시에 유익하기도 하고 해롭기도 한 결과를 낳는다. 의사결정자는 클라이언트체계, 사회복지사, 더 넓은 사회에서의 유익과 해로움을 고려해야 한다.

(6) 6단계 : 어떤 의무가 우선적인지 평가하고 행동의 선택을 정당화함

의사결정자는 모든 수준에서 의무를 고려해 왔으며, 이제는 어떠한 우선순위와 의무, 가치를 다른 것보다 중시해야 할지 결정해야 한다. 궁극적으로 행동의 우선순위는 실천원칙, 법적 임무, 유사한 성격의 사례에서의 다른 사회복지사의 경험과 기관의 규칙·의무수행·전문가의 온정주의, 의사

결정자의 추측·편견·선호도, 기관 안에서의 사회복지사의 역할, 그리고 기타 사항에 대한 고찰 등에 근거할 수 있다. 의사결정자는 무슨 근거로 이러한 판단을 했는지에 대해 명확히 함으로써 행동의 선택을 정당화해야 한다.

(7) 7단계 : 해결과 반성

서로 경합되는 대안들 중에 어떤 가치, 윤리원칙에 우선권을 두었는지를 보면서 사회복지사는 자신의 가치선호도에 대해 알게 된다. 과거의 사례들을 현재의 윤리적 결정과 비교하면서 사회복지사가 사례들에 대한 자신들의 윤리적 의사결정을 평가할 때 자신들의 대응양상을 확인하게 될 것이다. 이러한 피드백은 사회복지사가 윤리적 딜레마에 대한 자신의 개별화된 접근방법에 대해 깨닫게 하고, 미래의 의사결정을 예측할 수 있게 한다.

6. 가치관과 철학의 확립

우리는 사회복지를 이해하고 관여하기 위해 기존의 전통적 가치는 물론, 급격한 사회변동으로 요구되는 여러 가치들을 총체적으로 내면화시켜서 자신의 가치관을 확립해야 한다. 이와 같은 모든 가치와 철학의 바탕 위에 전문적 지식과 기술을 적용하여 현재의 사회문제를 해결하는 데 충분히 반영한다면, 사회복지의 전문성은 더욱 확고히 정립될 것이다.

사회복지사들이 다루는 사례들은 다양하고 독특하다. 그 가운데 가치 갈등적 상황에서 사회복지사가 기억해야 할 것은 관계된 모든 사람들의 복지와 권리를 고려하여 책임 있는 선택을 하여야 한다는 것이다. 그리고 자신의 내면에 사회복지적 가치를 확고히 마련하여 가치 갈등적이지 않은 새로운 대안을 창출할 수 있어야 할 것이다.

▶참고문헌◀

엄명용 외(2005), 사회복지실천의 이해, 학지사.

B.셰퍼C. 호레이시·G.호레이시, 서울대사회복지실천연구회역(2000), 사회복지실천기법과 지침, 나남출판.

Frank M. Loewenberg·Ralph Dolgoff, 서미경·김영란·박미은 역(2000), 사회복지실천윤리, 양서원.

김기태·박병헌·최송식(2000), 사회복지의 이해, 박영사.

김만두·한혜경(2000), 현대사회복지개론, 홍익재.
김융일·조흥식·김연옥(2000), 사회복지실천론, 나남출판.
박용순(1999), 사회복지개론, 학지사.
장인협(1999), 사회복지실천론, 서울대학교출판부.
전재일 외 8명(1999), 사회복지개론, 형설출판사.
조휘일·이윤로(2000), 사회복지 실천론, 학지사.

제 3 장

사회복지사의 역할

1. 사회복지사와 현대사회

인간은 조직 속에서 사회적 역할을 수행하면서 그 사회의 조직구성원들과 원만한 관계를 형성하고 조직구성원들과 기능적인 삶을 살아가면서 사회생활을 영위한다. 특히, 현대사회에서는 놀라운 속도의 정보화와 급진적인 산업화, 그리고 도시화로 인하여 인간의 생활이 복잡 다양해졌다. 그에 따라 모든 종류의 직업은 나름대로 일련의 직업역할을 수행하도록 기대된다. 예를 들면 내과 의사로서 기능을 수행할 때 환자의 상태를 진단하기 위해 검사하고, 치료방법을 처방하고, 결과를 점검한다. 이와 유사하게 사회복지사로서 기능을 수행할 때 어떠한 지식의 기반이 있으며, 어떠한 역할이 있는지에 대해서 알아보기로 한다.

2. 사회복지사의 다양한 역할들

1) 사회복지사의 현황

사회복지의 공적, 민간부문 인적자원의 중심은 전문 사회복지사(social worker)이다. 그러나 사회복시사의 자격과 역할은 항상 논란이 되어 왔다. 1947년 최초로 이화여자대학교에 기독교사회사업학과가 개설되어 1951에 졸업생을 배출하였으나, 우리나라의 사회복지사 자격증 제도는 이보다는 뒤늦은 1970년에 이르러 법으로 규정되었다. 1970년 1월에 제정 공포된 사회복지사회법 제5조에 보건복지부장관은 사회복지에 관한 전문 지식과 기술을 가진 자에게 사회복지사업 종사자 자격증을 교부할 수 있다고 규정하였다. 이 제도는 학력과 실무경험을 중시하여 초등학교 이하의 학력소유자라 할지라도 사회복지사업에 7년 이상 근무한 경험이 있거나 8개월 이상 사회사업에 관한 훈련을 이수하면 자격증을 받을 수 있었다.

그 후 사회복지사업 종사자 자격증에 대한 전문성을 강화하고 사회적인 인정도를 높이기 위해 1983년 5월 사회복지사업법 개정시에 사회복지사로 개정하고 시행령에서는 자격기준을 강화하고 사회복지사를 1,2,3,급으로 구분하였다. 동법 시행령 제11조에 규정된 사회복지사의 자격기준은 이전의 입법에 비교하면 학력을 중시하고 경력은 하위등급에서 상위등급으로 승급하는 요건과 또는 정규교육과정을 거치지 않고 자격증을 취득하는 단기교육 훈련을 받기 위한 요건으로 인정하는 등 현재의 사회복지사 자격증 제도는 사회복지사업법 제11조 및 동법 시행령(1998. 7.16 개정)제2조에 규정되어 있다.

사회복지사 자격증 제도를 통하여 사회복지사 자격증 제도를 통하여 2014년 2월말 현재 사회복지사 자격을 취득한 사람의 숫자는 총 655,023명으로 70만 명에 육박하고 있다. 이 중 1급 자격증 소지자는 110,675명으로 16.90%, 2급자격증 소지자는 531,591명으로 81.16%, 3급자격증 소지자는 12,757명으로 1.93%를 차지하고 있으며, 성별로는 남성이 26.22%, 여성이 73.38%를 차지하고 있다.

이러한 상황에서 사회복지사의 전문 인력이 부족하다는 것은 기우에 불과하다. 따라서 현실적으로 볼 때 다양하고 복잡한 사회복지수요에 따라 사회복지사의 역할분담이 보다 구체적으로 제시되어야 하겠다.

2) 사회복지실천 지식의 기반

사회복지실천이론은 다른 학문, 특히 사회학, 사회심리학 그리고 심리학으로부터 지식을 차용해 왔다. 클라이언트의 사회적 기능을 향상시키고 사회문제를 예방하기 위해서 사회복지사는 자신의 사생활과 전문가적 생활을 적절히 조화해야 한다. 뿐만 아니라 자신의 개인적 특성, 창조적 능력, 사회적 관심을 전문적 지식과 결합시켜야 한다. 그리하여 전문가 교육은 사회복지를 배우는 사람들이 효과적인 실천을 위해 필요한 지식(이나 과학)을 기본적으로 이해할 수 있도록 도울 수 있다. 이렇게 개인의 예술과 전문직의 과학을 융합, 조화하려는 노력이 사회복지 교육 프로그램에서 시도되고 있지만, 사회복지 지식이 계속적으로 확대되고 인생경험을 통하여 사회복지사가 지속적으로 변화함에 따라 이런 융합 및 조화는 생애 전반에 걸친 활동이 된다.

1. 지식의 개념

사회복지 지식이란 사회복지사가 효과적인 사회복지실천을 하는데 있어서 알아야 하거나 알고 있을 필요가 있는 것이다.

1) 일반적 사회복지 지식

① 사회복지 정책 및 서비스 분야: 사회문제 및 서비스 격차와 사회적 쟁점과 같은 사회문제를 예방하고 대처할 수 있는 사회적 서비스에 대한 내용, 사회복지 정책이 어떻게 형성되며, 정책에 영향을 미치는 힘, 정책을 분석하고 변화하는 방법, 정책형성에서 사회복지사의 역할 등에 대한 내용
② 인간행동과 사회환경: 인간성장과 인격발달에 대한 내용(정상 및 비정상), 문화적 가치 및 규범에 대한 내용, 지역사회 자원에 대한 내용, 개인 및 집단의 사회적 기능에 영향을 미치는 다른 측면에 대한 내용
③ 사회복지실천방법: 개별사회사업, 집단사회사업, 지역사회조직사업에 있어서 개입전략에 대한 내용, 사회복지조사연구 및 행정에 대한 내용
④ 사회계획의 개념과 기법에 대한 지식
⑤ 슈퍼비전의 이론과 개념 및 사회복지실천가의 전문적 슈퍼비전에 대한 지식
⑥ 인사관리의 이론과 개념에 대한 지식
⑦ 심리 사회적 사정과 개입 및 진단 이론과 방법에 대한 지식
⑧ 조직 및 사회 체계의 이론과 행동에 대한 지식
⑨ 위기개입 이론과 기법에 대한 지식
⑩ 옹호 이론과 기법에 대한 지식

2) 클라이언트 개개인에 대한 지식

① 클라이언트 개개인이 직면한 구체적인 개인적 문제 혹은 사회적 문제
② 연령, 유아기의 발달, 가족관계, 학력, 직업, 다른 기관과 접촉, 건강 등과 같은 클라이언트 개개인에 대한 배경정보
③ 재정적 곤란, 동료와 불화, 학교 혹은 직장관계, 가정불화, 윤리적 요인, 친구관계, 생활목표, 취미, 의미있는 활동 등에 영향을 미치는 요인
④ 문제에 대한 클라이언트 자신의 인식 및 정의
⑤ 이러한 문제에 영향을 미치는 클라이언트의 가치관 및 도덕관념
⑥ 이러한 문제에 대처하는데 있어서 클라이언트의 장·단점

⑦ 자신의 문제를 개선하고자 하는 클라이언트의 동기
⑧ 클라이언트 개개인의 독특한 문제에 대한 가능한 치료전략에 대한 지식

2. 예술가로서 사회복지사

1) 동정과 용기

효과적이 사회복지실천의 필수조건은 사회복지사의 동정(compassion)이다. 동정이란 단어는 다른 사람과 함께 괴로워하는 것을 의미하는 동시에 비탄에 빠졌거나 괴로움을 겪는 사람들의 고통에 하나가 되거나 몰입하려는 의지를 말한다. 비록 대부분의 사람들이 자신에 대해 동정을 갖고 있다고 할지라도, 높은 수준의 동정은 보통 사람들이 갖는 전형적인 특성과 다르다. 사실상 다른 사람의 고통에 관여하지 않기를 원하는 것은 자연스런 일이다. 동정이 결여된 사회복지사는 자신과 클라이언트의 관심사 사이에 거리를 둘 가능성이 있다.

또한 사회복지는 개인적인 용기를 필요로 한다. 이런 용기는 단순히 대담무쌍한 감각을 말하는 것이 아니라 그보다는 일상적으로 발행하는 인간의 고통과 혼란, 그리고 흔히 인간의 부정적이고 파괴적인 행동에 대해서도 직면할 수 있는 것을 의미한다.

2) 전문적 관계

사람들이 어려운 인간의 경험, 즉 변화의 위험을 감수하려는 의지가 생기기 전에 신뢰감을 형성해야 한다. 그래서 협상의 가장 기본적인 도구는 전문적인 관계를 활용하여 사람들이 변화의 가능성에 관해 개방적이 되도록 하고, 적극적으로 변화과정에 참여하도록 돕는 것이다.

예) “만일 당신이 다른 사람을 이해하고 싶다면 먼저 그의 짚신을 신고 1마일을 걸어야 한다.” 즉 그 사람의 사고, 신념, 생활경험 속으로 들어가야 한다는 것이다. 이렇게 다른 사람의 관점을 받아들이는 능력이 감정이입이다.

3) 창의성

Heus & Pincus는 “창의적인 일반사회복지사가 전문사회복지사보다 사회복지가 처하는 도전들에 더 잘 직면한다.” 창의성은 각 클라이언트의 상황이 독특하고 항상 변화하기 때문에 중요하다.

융통성도 창의성의 차원이다. 다른 사람이 변화하도록 돕기 위해서는 영향을

받는 모든 사람의 관점에서 그 상황을 이해하는 능력이 필요하고, 계획을 세우고 결정을 내리기 전에 지속적으로 수정, 적용하는 것이 필요하다. 예를 들면 위탁보호 배치를 하는 사회복지사는 친부모, 위탁부모, 아동, 법원, 기관, 심지어 지역사회 주민의 다양한 관점을 이해할 수 있는 융통성이 있어야 한다.

4) 희망과 에너지

변화가 불안을 초래하거나 고통스럽게 보일 때 클라이언트에게 변화를 위한 활동에 동기와 의지를 가질 수 있도록 하기 위해서 사회복지사는 클라이언트와 상호협력으로 클라이언트의 문제 상황이 개선될 수 있다는 전망을 전달할 수 있는 의사소통 능력이 있어야 한다. 클라이언트의 동기를 증진시키는 데 결정적으로 중요한 사회복지사의 두 가지 특성은 희망과 에너지이다.

5) 판단

클라이언트 상황을 사정하고, 대안적인 해결책을 제시하고, 원조과정을 계획하고, 변화활동을 수행하며, 서비스를 종료할 때를 결정하는 것을 포함해서 사회복지사는 판단을 내리기가 어렵다. 원조한다는 것은 클라이언트에게 필요한 서비스가 사회복지사의 능력을 벗어나는지에 대한 판단을 내리는 것도 포함된다. 궁극적으로 전문가의 판단은 사회복지사의 명확하고 날카로운 사고력에 달려 있다.

사회복지사는 다년간의 인간서비스 제공경험을 통해 실천에서 현명한 결정을 내리는 능력을 검증하고 정교화할 기회를 갖는다. 그러나 사회복지사는 단지 반복적인 경험을 통해서만 통찰력을 얻는 것이 아니다. 실천 지혜 속에서 성숙하기 위해서 사회복지사는 분석적이고, 반성적이어야 하며, 성공뿐만 아니라 실패로부터의 학습에도 개방적이어야 한다.

6) 개인적 가치

전문적 사회복지를 특징짓는 가치들, NASW윤리강령, CSWE에서 확인한 가치들

(1) 기본적 권리에 대한 존중

: 모든 인간은 생활에서 목표를 달성하고, 문제를 예방하거나 경감시키며, 그리고 인간으로서 완전한 잠재력을 실현시키는 데 도움이 될 자원과 서비스에 관

해 동등한 접근성을 가져야 한다.

(2) 사회적 책임감

: 가족, 교육, 정보, 그리고 사회복지와 같은 사회적 제도는 인간의 욕구에 관해 인간적이고 반응적이어야 한다.

(3) 개인적 자유에 관한 헌신성

: 사람들 사이에는 상당한 편차가 있다는 것을 인식하고, 사회는 그 성원들에게 사회적 통제를 최소화해야 한다.

(4) 자기결정에 대한 지지

: 사람들은 자기 자신이 선택을 할 권리를 가져야 하며, 자신의 삶을 선택할 자유를 갖지 못한 사람들은 가능한 언제든지 선택을 할 수 있도록 능력을 고취시켜야 한다.

7) 전문가 스타일

스타일은 사회복지사가 클라이언트와 관계를 맺는 방법 즉, 그들의 에너지, 창의성, 지혜, 그리고 판단뿐만 아니라 특정한 사회적 이슈에 대한 그들의 열정과 헌신성에서 표현된다. 게다가 그들의 독특성은 의복, 헤어스타일, 자세, 언어, 그리고 그들이 누구이고 자신과 타인에 관해 어떤 생각을 하고 있는지에 대한 메시지를 전달하는 여러 가지 다른 선택과 행동을 통해 표현된다.

예) 정장차림의 사회복지사는 길거리의 사람들과 신뢰관계를 형성하는 데는 어려움이 있지만, 부랑인을 위해 필요한 서비스를 만드는 시의회를 설득하는 데는 효과적이다. 또한 캐주얼차림의 사회복지사는 아동 및 가족과 활동할 때는 효과적이지만 그들의 권익을 위해 법정에 설 때는 정장을 해야 한다.

3. 과학자로서 사회복지사

사회복지사는 클라이언트와 상호작용을 하고 서비스를 제공하기 위해 가슴과 머리를 모두 활용해야 한다. 기본적으로 예술적 능력을 갖고, 기초지식을 끌어내고 다양한 기법을 활용하는 사회복지사는 학습을 하면서 전문가적 능력을 쌓아 간다. 전문직은 그 지식과 실천의 발전 속에서 과학적 방법을 활용할 때 과학적인 것으로 간주된다.

사회복지사는 다음과 같은 방법을 활용할 때 과학적이 된다고 말 할 수 있다.

(1) 사람들의 사회적 기능을 나타내는 자료들을 수집하고, 조직화하고 분석한다.
(2) 새로운 기법을 만들고, 새로운 실천지침을 형성하고, 새로운 프로그램과 정책을 개발하기 위해 관찰, 경험, 그리고 공식적 연구를 활용한다.
(3) 사회복지 개입을 안내하는 계획과 개념적 준거틀을 세우기 위해 기초가 되는 자료를 활용한다.
(4) 개입과 개입이 사람들의 사회적 기능수행에 미치는 영향을 객관적으로 검토한다.
(5) 전문직에서 다른 사람들이 설명하는 아이디어, 연구, 그리고 실천을 교환하고 비평적으로 평가한다.

1) 사회적 조건과 사회문제에 관한 지식

사회복지실천과 관련된 사회적 프로그램 그리고 서비스는 특히 국가적 수준에서 이루어지는 결정의 영향을 받는다. 예를 들면 미국에서 실천을 할 때, 사회복지사는 미국사회와 정부, 정치, 경제체제의 신념, 가치, 그리고 조직을 이해해야 한나.

2) 사회정책과 사회적 프로그램에 관한 지식

사회적 프로그램들은 현존하는 사회정책을 반영하고, 정책은 그런 정책을 입안한 사람들의 가치, 신념, 그리고 판단을 반영한다. 예를 들면 만일 어떤 사회정책과 프로그램이 개발되었다면 인간의 문제들은 다룰 개인의 가치에 관한 신념, 사람들이 서로에 관해 갖는 책임감, 그리고 지역사회와 정부의 역할이 결정된다.

사회복지는 서비스와 혜택을 전달하는 유일한 전문직이다. 교사, 심리학자, 의사, 간호사, 그리고 다른 전문직들은 광범위한 인간서비스를 제공한다. 각각은 자신의 초점을 갖고 있지만 중첩되는 영역도 있다. 각 전문직의 능력을 이해하는 것뿐만 아니라 팀워크와 전문가간 협조의 역동성은 사회복지사의 지식기반에 중요한 측면이다.

3) 사회적 현상에 관한 지식

환경 속 개인의 상호작용 성과로써 사람들의 사회적 기능수행에 초점을 두는 경우, 사회복지사는 특히 사람들 사이의 상호작용, 사람과 사회적 프로그램을 전달하는 체계 사이의 상호작용에 관심을 둔다. 그러므로 사회복지사는 사회적 현상과 다양한 수준의 환경 속의 인간 상호작용에 관해 이해해야 한다.

사회복지사는 클라이언트와 지역사회의 다른 성원이 이런 조직들을 어떻게 보는지 그리고 사람들이 조직의 행동에 의해 어떤 영향을 받는지에 관해 이해해야 한다. 기관이나 프로그램 내에서 효과적으로 활동하기 위해 사회복지사는 조직 개발, 구조, 수행방법, 그리고 의사소통 패턴에 관해 이해해야 한다. 참으로 사회복지사는 그들이 활동하는 사람과 조직에 관해 구체적인 지식을 소유할 필요가 있다.

4) 사회복지 전문직에 관한 지식

사회복지사가 NASW에 가입했을 때는, 전문직의 윤리강령 내에서 실천할 것을 맹세하는 것이다. 전문직이라는 요건중 하나가 윤리강령이 있는 것인데 윤리강령에 따라 행동을 해야 하는 것이다.

5) 사회복지실천을 위한 지식

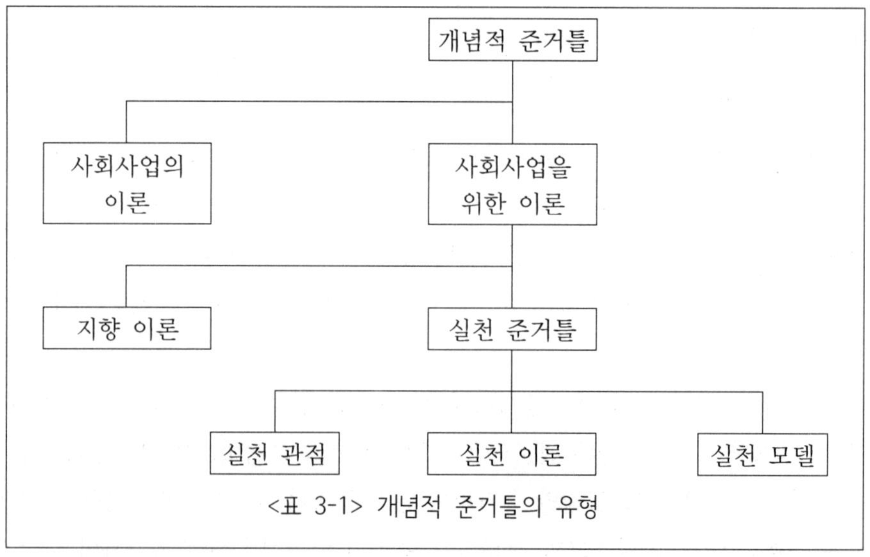

<표 3-1> 개념적 준거틀의 유형

결국 사회복지실천의 지식기반은 사회복지사가 실천현장에서 활용되는 모든 기술의 근원이라고 할 수 있다. 이러한 사회복지실천의 지식기반은 무엇이고 그 범위는 어디까지인가에 대해서 생각해야 할 것이다.

사회복지실천의 지식기반은 사회복지의 목적을 달성하기 위하여 필요한 모든 지식`을 포함한 것이며 그 범위도 그 속에 있다. 사회복지실천에서 필요한 지식의 범위는 사회복지 목적을 달성하기 위한 인간에 대한 지식과 환경에 대한 지식의 범위 내에 있는 것이다. 그렇다면 인간에 대한 지식은 어디까지인지, 환경에 대한 지식은 어디까지인지, 그 한계는 없다. 왜냐면 인간과 환경은 늘 변화하기 때문이다.

지식이란 그 속성상 변화하고 발전하며 새로운 지식에 대해 개방성을 가지는 것과 더불어 오랫동안 축적되어져 온 것이다. 이런 면에서 볼 때, 사회복지실천의 지식기반은 지금까지 축적되어져 온 지식과 변화되고 있는 알려지지 않은 지식까지 포함해야 한다. 또한 인간과 환경은 서로 분리된 것이 아니라 서로 영향을 주고받는 상호작용의 관계이기 때문에, 그리고 다양한 인간과 변화하는 환경에 대한 지식은 역동성을 가지기 때문에 사회복지의 목적을 달성하기 위해서는 인간과 환경에 대한 통합적 모색을 필요로 한다. 왜냐하면 사회복지대상이 처한 상황이 복잡하고 다양한 접근을 요구하기 때문이다.

3) 사회복지사의 역할 분류

사회복지사의 역할은 사회가 복지서비스를 필요로 해서 사회정책과 제도를 만들어 사회복지사에게 부여할 때 발생하는 과업의 체계이며, 이 과업을 수행함으로써 역할과 지위에 대한 사회적 인정을 받게 되는 것이다. 사회복지사는 다양한 개인과 집단을 대상으로 활동하며, 계속 변화하는 주민들의 욕구에 따라 임무를 수행해야 하기 때문에 다양한 실천역할을 수행해야만 한다.

따라서 **사회복지사의 역할**을 나열하면 다음과 같다(M. Cohen. 1974;박용순, 1996:4페이지에서 재인용). 1)의사전달자 2)해석자 3)촉진자 4)카리스마적 지도자 5)협상자 6)매개자 7)전문가 8)대변자 9)조력자 10)사회치료자 11)감독자 12)중재자 13)주창자 14)원조자 15)안내자 16)계획가 18)훈련가 19)교육자 20)행정가 21)평가자

이상에서 사회복지사가 어떤 역할을 강조할 것이냐는 이들의 훈련, 교육, 이념, 가치관 등에 따라 결정될 것이며, 그가 활동하고 있는 지역사회의 상황에 따라서 결정되어 진다. 이러한 역할은 이미 언급한 바와 같이 사회복지사가 활동하는 배경, 후원기관, 기타 상황에 따라 달라지지만 어떻게 그러한 역할을 수행할 것이냐 하는 것은 그들의 기술과 스타일, 경험의 문제이다. 더욱 중요한 것은 역할이 문제의 상황과 그들이 달성하고자 하는 목표에 적합성여부를 인식

하고 수행하는 일이다.

4) 사회복지사의 구체적 역할

직업역할과 관련하여 많은 직무기능들은 구체적인 역할 내에서 수행하는 과제나 활동으로 가장 잘 설명할 수 있다. 사회복지사들은 많은 실천역할을 수행한다. 그러나 개인의 선호도, 재능, 직무 등이 전문화된 실천을 이끌기 때문에 보다 제한된 역할과 기능을 수행하기도 한다. 사회복지를 잘 평가하기 위해서는 사회복지사가 전형적으로 수행하는 역할과 수행하도록 기대되는 직무기능을 이해하는 것이 중요하다.

사회복지사는 주로 사회복지사업법에서 규정하고 있는 다양한 사회복지서비스를 제공하고 있는데, 사회복지사의 역할은 전문영역과 속해 있는 사회복지 기관/시설의 특성에 따라서 매우 다양하다.

1. Hepworth & Larsen가 정의한 사회복지사의 역할은

1) 직접서비스 제공 - 주로 상담을 제공, 촉진자, 교육자, 정보제공자, 중재자의 역할
2) 클라이언트 환경의 다양한 체계와 연결- 중개자, 조정자, 중재자, 옹호자의 역할을 한다.
3) 체계유지 및 개발 - Ct의 환경에 개입, 간접서비스를 제공, 조직진단자 역할을 한다.

2. Sheafor, Horejsi, & Horejsi는 사회복지사의 역할을 아래와 같이 10가지를 제시한다.

1) 중개인, 2) 옹호자, 3) 교사, 4) 상담가(임상가), 5) 사례관리자, 6) 업무량 관리자, 7) 직원개발자, 8) 행정가, 9) 사회변화 대행자, 10) 전문가

3. Zastrow(1999)는

1) 가능케 하는 사람(enabler), 2) 중개인(broker), 3) 옹호자(advocate), 4) 권능부여자(empowere), 5) 행동가(activist), 6) 중재인(mediater, 중재자), 7) 협상자(negotiator), 8) 교육자(educator), 9) 제안자(initiator), 10) 조정자(coordinator), 11) 조사연구자(researcher), 12) 촉진자(facilitator: 집단촉진자 group facilitator), 13) 대중강연자(public speaker)로 구분을 하였다.

4. Miley와 동료가 제시한 사회복지사의 역할
(개입수준과 기능별로 분류한 사회복지사의 역할)

1) 미시적 차원 - 조성자, 중개자/ 옹호자, 교사의 역할

- 클라이언트가 처한 문제를 잘 극복할 수 있도록 상담을 비롯한 문제해결과정에 참여하여 클라이언트가 문제해결능력을 기르고 서비스나 자원을 확보할 수 있도록 돕는 역할을 한다.

① 조성자(enabler)

- 욕구를 파악하고 문제를 명확히 규명하며 해결방안을 탐색하고 전략을 선택하여 보다 효과적인 문제해결능력을 개발하고 향상시키도록 돕는 역할이다.
- 개인이나 가족을 원조하는 과정에서 가장 빈번히 수행하는 역할
- 단순히 서비스 제공자나 치료자가 아닌 동반자로서 클라이언트를 격려하고 지지하며 안내하는 역할을 담당하기 위해 전문적 관계 형성에 필요한 능력과 기술을 갖추어야 한다.

② 중개자(broker)

- 직접적 개입이나 의뢰를 통해 클라이언트에게 적합한 자원과 서비스를 연결하는 역할로서 사례관리의 핵심적 기능을 수행한다.
- 지역사회 자원에 대한 정보와 이를 연결시키는 데 필요한 지식과 기술을 갖추어야 한다.

③ 옹호자(advocate)

- 클라이언트 개인이나 가족의 권리를 옹호하고 정책적 변화를 모색하기 위한 활동을 한다.
- 대상자들이 적절한 서비스를 받을 수 있는 권리를 확보하거나 유지하도록 기관내 프로그램이나 정책을 변화시키기 위한 적극적인 역할을 수행한다.

④ 교사(teacher)

- 적절한 정보를 제공하며 적응기술을 익히도록 클라이언트를 가르치는 역할이다.
- 많은 전문지식과 정보, 대인적 실천기술, 의사소통기술이 필요하다.

2) 기관이나 조직차원 – 촉진자, 중재자, 훈련가의 역할

- 기관내부의 상호작용이나 기관간의 연결망을 강화하며 조직차원에서 전문성 개발을 위한 교육을 담당하는 역할이다.

① 촉진자(facilitator)

- 기관이나 조직의 차원에서 조직의 기능이나 상호작용, 직원들 간의 협조나 지지, 정보교환을 촉진시키며, 조직간의 연결망을 강화시키는 역할로서 효과적인 기관업무를 기획하고 실행하는데 행정가로서의능력이 강조된다.

② 중재자(mediator)

- 기관이나 조직의 차원에서 자원개발을 위해 관계망 내의 조직이나 집단을 모으며, 공동의 목표나 문제해결을 위해 기관간 또는 기관내의 의사소통의 갈등이나 의견차이를 조정한다.
- 중립적인 입장에서 서로의 입장을 명확히 밝히고 의사소통 문제를 인식하게 함으로써 상대방을 이해시키는 역할을 담당한다.

③ 훈련가(trainer)

- 기관이나 조직의 차원에서 전문가적 계발을 위한 직원 오리엔테이션, 세미나 워크숍, 수퍼비전 등의 활동에 참여하여 교육이나 훈련을 담당한다.

3) 거시적 차원 – 계획가, 행동가, 현장개입가의 역할

- 지역사회문제를 해결하고 사회적 불평등을 줄여나가기 위한 적극적인 역할로서, 정책수립과 프로그램의 개발, 사회변화를 위한 연대적 활동, 홍보, 교육활동 등이 포함된다.

① 계획가(planner)

- 주민전체의 욕구를 파악하며 지역사회성원들이 필요로 하는 서비스를 개발하고 기존의 서비스를 개선해 나가는 데 필요한 목표나 정책을 수립하며 프로그램을 계획하는 역할이다.

② 행동가(activist)

- 사회적 불평등이나 문제점을 인식하고 인간으로서 기본적 권리를 행사할 수 있는 사회로의 변화를 위한 활동에 참여한다.

- 지역사회의 욕구조사 및 분석, 지역사회활동의 조직, 대중의 이해와 지원을 활성화하기 위한 노력을 한다.

③ 현장개입가(outreach)

- 서비스를 필요로 하는 개인들을 파악하고 서비스 대상자가 적절한 서비스를 찾을 수 있도록 원조하기 위해 지역사회에 들어가 활동한다.
- 사회문제를 예방하거나 그 심각성을 인식시켜 주기 위해 홍보활동과 교육을 함으로써 서비스에 대한 지역사회의 전반적인 욕구와 접근성을 높이는 역할을 한다.

4) 전문가 집단의 차원 - 동료, 촉매자, 연구자/학자의 역할

- 이론적, 실천적으로 전문직의 발전과 서비스의 개선을 이루기 위한 활동을 포함하고 있다.

① 동료(colleague)

- 건전한 사회사업실무나 전문직으로 발전을 위해 전문가로서의 윤리나 기준을 지키고 전문가 조직의 참여를 통해 동료간의 지지를 제공하는 역할이다.

② 촉매자(catalyst)

- 보다 효과적인 서비스 전달체계의 발전을 위해 타 전문직에 협조를 구하며 전문가 조직을 통한 국가적 또는 국제적 활동을 하기도 한다.

③ 연구자/학자(researcher/scholar)

- 전문직 이론을 발전시키고 사회사업실무나 프로그램을 향상시키는 역할로, 프로그램이나 서비스와 관련된 자료를 기록하고 관리하며 효과성을 평가하는 전문적 기술이 필요하다.

5. Siporin은 사회복지사의 역할을 상담가, 충고자, 가능케 하는 사람, 노련한 문제해결자, 분쟁해결의 조정자, 중개인, 의뢰자, 촉진자, 중재자, 토의 리더, 안내자, 자원자, 조정자, 행정가, 사업경영자, 자문을 하는 사람 등으로 예시한 바 있다(Siporin, 1975: 43-44 김기태 외, 1999: 37 재인용).

이처럼, 사회복지사의 역할은 매우 다양하고 학자들에 따라서 강조점에서 차이가 있지만, 가장 중점을 두고 생각해야 할 점은 “사회복지사는 세상을 바꾸는 사람”, “행복한 세상을 만드는 사람”이라는 점을 강조하고자 한다. 즉, 자본주의의 성숙과 함께 전통사회의 가족과 시장이 가진 요보호시민의 보호기능이 크게 약화되었고, 지역사회의 공동체 기능이 약화되면서 생긴 시민의 복지욕구와 사회문제를 '복지공동체'의 구축을 통해서 해결하고자 할 때, 사회복지사는 상담가, 복지교육자, 조정자, 자원제공자 등의 역할을 통해서 행복한 세상, 복지공동체를 만드는 사람이 되기 때문이다.

사회복지사의 주요 역할 비교

차원	밀리와 동료들	페데리코
미시적 차원의 역할 (개인/가족)	조성자(enabler) 중개자(broker) 옹호자(advocate) 교사(teacher)	서비스제공자(care giver) 행동변화유발자(behavior changer) 촉진자(mobilizer)/조성자(enabler) 중개자(broker)/옹호자(advocate) 교사(teacher)
중범위차원 역할 (조직/공식적 집단)	촉진자(facilitator) 중재자(mediator) 훈련가 (rtainer)	행정가(administrator) 자문가(consultant)
거시적 차원 역할 (지역사회/사회)	계획가 (planner) 행동가 (activist) 현장개입가(outreach)	계획가(community planner) 현장개입가(outreach)
전문가 차원 역할 (사회복지전문가집단)	동료(collegue) 촉매자(catalyst) 연구자(researcher) 학자(scholar)	자료관리자(data manager) 평가자(evaluator)
	쉐퍼 등	제스트로
미시적 차원 역할 (개인/가족)	상담가/임상가 사례관리자/중개자 옹호자/교사	조성자(enabler)/교육가(educator) 집단촉진자(group facilitator) 중개자(broker)/옹호자(advocate)
중범위 차원역할 (조직/공식적 집단)	행정가/업무량관리자 직원개발자	중재자(mediator)/협상가(negotiator) 조정가(coordinator)
거시적 차원 역할 (지역사회/사회)	사회변화대행자	주창자(initiator)/행동가(activist)
전문가 차원 역할 (사회복지전문가집단)	전문가	연설가(public speaker) 연구자(researcher)

3. 사회복지 전문직으로서의 정체성 확립

복지의 욕구가 증대함에 따라 사회복지사의 역할 정립이 요구되고 있다. 이러한 역할정립을 위해서는 사회적인 조건보다 사회복지사 스스로가 주체적 조건 속에서 발전해야 된다고 본다. 그리고 사회복지사의 전문직적 정체성과 위상을 확립하고 그 전문성을 발휘할 수 있는 능력과 자질을 갖추는 일이 무엇보다도 중요하다.

결론적으로 사회복지의 효과성과 효율성을 높이기 위해서는 현실적으로 요구되는 사회복지사들의 질적인 향상이 우선되어야 한다. 따라서 사회복지욕구의 증대에 따라 직접적, 간접적인 실천 활동에 참여해야 할 사회복지사의 자원을 확보해야 하며, 현존 사회요구의 다양화나 고도화에 대응할 수 있는 종합적인 예술가로서의 사회복지사를 배출하는 것이 중요한 과제이다.

제 2 부

대상별 사회복지 실천기술

제 4 장

개인중심 사회복지실천기술

I. 사회복지실천의 기초기술

1. 면담 준비단계의 기술

Sue(1977)의 연구에 의하면(17개 정신건강센터에서 서비스를 받은 약 14,000명에 대한 조사 연구), 소수인종에 속한 정신건강 서비스 신청자의 약 50%가 첫 방문 이후 클라이언트로 전환되지 않았으며 백인 클라이언트보다 중도 탈락률이 상당히 높았다. 여기에 다양한 요인이 작용하겠지만 첫 면담을 충분히, 효과적으로 준비하지 못한 것이 그 한 요인이다(김인숙·김용석 역, 2002: 143)

1) 면담 준비단계의 의의와 과제

면담 준비단계는 사회복지실천에 효과를 향상시키는 초석을 놓는 것과 같다. 이 단계는 사회복지사와 클라이언트가 만나기 전에 사회복지사 입장에서 클라이언트가 사회복지사를 만나러 오면서 갖게 되는 생각, 감정을 미리 헤아려서 가급적이면 클라이언트의 상황에 사회복지사 자신을 맞추려는 준비활동이 일어나는 단계를 의미한다.

면담과정이 반드시 준비된 대로 진행되는 것은 아니므로 개방적이면서 유연하게 진행될 수 있도록 할 필요가 있다.

Trevithick(2000)은 면담 계획 및 준비는 매우 중요한 과제로서 다음과 같은 욕구와 기대를 고려하여 준비할 필요가 있다고 강조하였다.

① 도움을 요청하는 클라이언트 개인 혹은 집단의 욕구와 기대

② 클라이언트와 관계하는 중요한 타인들의 욕구와 기대

③ 실무자로서 사회복지사가 바라는 개인적인 기대와 전문적인 기대

④ 기관의 정책과 절차, 실천지침, 자원, 기관을 대표하는 사람으로서의 자격 요건

⑤ 클라이언트 개인 혹은 집단과 관계하고 있는 타 전문가

2) 면담 준비의 방법

① 반영적 접근법(reflective approach)

정보를 수집하는 방법은 체계적이지 못하지만 공감적이면서 직관적인 방법을 활용하는 것이다 면담에 응하는 사람의 사고, 감정, 공포감, 기대, 공상 등을 통해 타인의 내면적 세계를 상상해서 들여다보는 방법을 의미한다.

② 면담 점검표 작성

이들 두 가지 방법 모두 활용이 가능하지만 사회복지사는 면담을 성공적으로 이끌기 위해서는 최근에 진행되었던 사례일지나 최근사건, 사건과 관여된 사람들 등에 대해 숙지하고 면담에 임해야 할 것이다 특히 사회복지사에게 도움을 요청하는 사람들은 전문가에 대한 막연한 두려움이나 불안감을 가질 수 있으므로 클라이언트가 요청하는 도움과 문제의 근본이 무엇인지를 정확하게 이해하는 것은 매우 중요한 실천기술이다.

3) 면담 준비기술

Cournoyer(2000; 김인숙 · 김용석 역, 2002, p. 143에서 재인용)는 사회복지사가 면담준비를 위해 활용할 수 있는 기술 여덟 가지를 제시하였다.

① 사전 검토(preparatory review)

클라이언트의 이전 기록과 기관의 정보를 검토하고 클라이언트의 기본적 배경(예:교육 정도)을 검토하고 파악하는 기술이다. 이러한 사전 검토를 하지 않는 것은 전문적 태만이라고 할 수 있다.

* 실제적인 측면/휠체어를 타거나 맹도견을 데리고 다닐 경우 충분한 공간 마련이 필요

② 사전 탐색(preparatory exploring)

접수나 초기 면담을 담당한 사람과 클라이언트의 의뢰자에게서 클라이언트 및 그의 상황에 대한 질문을 통해 정보를 수집하는 것이다. 그러나 사생활과 비밀보장에 대한 권리 및 선호를 침해하지 않는 범위 내에서 이루어지도록 해야

한다. 그리고 이전에 서비스를 제공했던 동료 사회복지사로부터 정보를 수집하는 것도 이에 해당한다.

③ 사전 협의(preparatory consulting)

클라이언트를 비롯한 여타 사람들을 처음 접촉하는 것과 관련해 슈퍼바이저나 동료에게서 조언을 구하는 것을 의미한다.

④ 사전 정리(preparatory arranging)

첫 면담을 위해 체계적인 물리적인 준비를 의미하는 것이다.

약속시간을 확인하는 것, 면담실의 충분한 시간 확보, 면담실의 사전예약, 가구배치, 교통편의, 대기실에서 읽을거리와 음료수, 아동의 발달연령과 사회문화적 배경에 맞는 장난감과 그림 등을 비치할 수 있다. 그리고 사회복지사의 의복이나 외모, 심지어 위생까지도 사전정리 기술에 포함된다.

⑤ 사전 공감(preparatory empathy)

사전 공감은 "자신을 클라이언트의 신발에 맞추고 클라이언트의 눈으로 세상을 보는 것"이다. 즉 클라이어트가 겪을 수 있는 느낌이나 현재의 문제 및 상황에 민감하게 반응할 수 있도록 사전 공감을 실천해 보는 것이다.

⑥ 사전 자기탐색(preparatory self-exploration)

자기분석의 한 형태로서 사회복지사 자신의 개인력을 파악하고, 자신의 특징, 욕구, 편견, 정서적 약점, 행동 양상 등을 이해하는 것이다. 그리고 자기탐색의 목적은 이러한 것이 클라이언트에 어떤 영향을 미칠 것인지 확인하는 데 있다.

⑦ 집중적 자기관리

사회복지사의 개인 사정이 전문가로서의 의무와 서비스 전달에 방해가 되지 않도록 개인의 사고, 느낌, 신체적 감각 등을 조직화하는 것이다.

* 스트레스를 감소시키는 활동 : 긍정적 독백, 가시화 해보기, 근육이완, 일기쓰기, 명상

⑧ 사전 계획 및 기록(preliminary planning)

사회복지사가 면담 전에 면담의 목적과 목표를 검토하고 면담에서 논의할 주요 과제를 임시적으로 설정하는 것을 의미한다.

Kadushin(1983)에 의하면, "사회복지실천에서 대부분의 인터뷰의 목적은 정보를 수집하는 것(사회조사를 하는 것), 진단하는 것(어떤 평가에 이르는 것), 치료하는 것(변화를 가져오는 것) 등을 설명할 수 있다. 이들은 분석을 위해서만 구분되는 것일 뿐, 똑같은 인터뷰가 하나 이상의 목적을 위해 사용될 수 있고 또 흔히 그렇게 사용되고 있다."

면담에는 면담의 목적에 따라 ㉠ 정보 수집을 위한 면담, ㉡ 정보제공을 위한 면담, ㉢ 사정을 위한 면담, ㉣ 변화를 위한 면담이 있지만 모든 면담이 반드시 이러한 분류로 구분될 수 있는 것은 아니며 서로 중복되는 면담이 많다. 클라이언트가 '지금 여기서' 얻기를 원하는 것이 무엇인지를 정확히 파악하고 그에 대한 해결방안을 강구해 봄으로써 면담의 목적을 명료하게 할 필요가 있다.

㉠ 정보 수집을 위한 인터뷰 : 자신에 대한 그들의 견해, 감정, 선호하는 것과 강점, 문제와 목표, 처한 상황 등을 말할 수 있도록 장려한다. ㉡ 정보 제공을 위한 인터뷰 : 필요하거나 유용한 지식을 나누는데 요청이 있거나 욕구를 인식하면 프로그램이나 정책 혹은 자원에 관한 정보를 제공한다. ㉢ 사정을 위한 인터뷰 : 사정을 위한 인터뷰의 목적은 사정, 진단, 평가 혹은 결론에 이르는 데 있다. ㉣변화를 위한 인터뷰 : 표적체계 어딘가에 변화를 가져오도록 하는 것으로 변화는 개인 내부 혹은 그가 속한 집단 혹은 다른 사회체계와의 상호작용 과정에서 일어날 수도 있다.

2. 면담 시작기술

1) 첫 면담에 대한 불안

사회복지실천 과정에서 첫 면담은 사회복지사와 클라이언트 모두에게 다양한 감정과 반응을 불러일으킨다. 더욱이 누군가에게 도움을 요청한다는 측면에서 클라이언트는 도움요청에 대한 양가감정을 갖게 되며 어디서부터 문제 상황을 설명해야 할지 당황해하고 혼돈을 경험하게 된다.

첫 면담은 사회복지사와 클라이언트 모두 상대방에게 첫인상을 심어준다는 측면에서 후속 면담 및 관계형성 그리고 문제해결 및 서비스의 효과성에 많은 영향을 줄 수 있다. 또한 성공적인 첫 면담은 조기종결이나 중도탈락을 예방할 수 있는 기회를 제공할 뿐만 아니라 비자발적이거나 참여 의지가 미약한 클라이언트의 참여 동기를 강화할 수 있기 때문에 매우 중요하다.

2) 면담의 시작

시작과 관련된 기술을 잘 활용하면 면담이 긍정적이고 생산적으로 될 수 있다. 이들 기술은 또한 다른 사람들과 처음 만날 때도 아주 유용하게 사용될 수 있다. 만남의 초기에 사용될 수 있는 시작 기술에는 다음과 같은 것들이 포함된다.

① 자기소개, ② 클라이언트에게 클라이언트 자신 및 동행인에 대한 소개를 요청하기, ③ 첫 면담의 목적 설명, ④ 클라이언트의 역할 설명하기, ⑤ 기관의 정책 및 윤리적 요건에 대해 설명하기, ⑥ 피드백 요청하기 등과 같은 과업을 수행하게 된다.

(1) 자기 소개 기술

자기소개는 사회복지사의 사무실이나 면담실 또는 대기실에서 이루어질 수도 있고 사회복지사는 자신의 성명, 소속기관 및 부서 직위 등에 대해 간략하게 소개한다. 사무실에서 클라이언트를 만날 때는 자신의 학위와 전문 자격증이 소개 과정에 도움이 될 수 있다.

(2) 클라이언트에게 클라이언트 자신 및 동행인에 대한 소개를 요청하기

자기소개가 끝나면 클라이언트에게 클라이언트 자신 및 함께 온 동행인에 대해 소개해 줄 것을 요청한다. 문화적 특성상 대체로 연령을 고려하여 연장자의 순으로 인사를 나누는 것이 상례다. 경우에 따라서는 클라이언트와 동행인을 어떻게 부를 것인지 확인하는 것도 필요하다.

(3) 첫 면담의 목적 설명

간단명료하게 목적을 설명해야 한다. 면담의 목적 설명을 통해 클라이언트로 하여금 적절한 기대를 갖게 하고 불필요한 혼동과 막연한 불안을 해소할 수 있으며 목적 설명은 가급적 직접적이고 분명하면서도 부드럽게 진행되어야 한다. 어려운 전문용어나 현학적인 표현은 가급적 피하도록 해야 한다.

(4) 클라이언트의 역할 설명하기

사회복지사가 클라이언트의 역할과 클라이언트의 기대를 설명하면서 사회복지사는 클라이언트와 기본사항을 점검할 수 있다. ① 면담을 위해 시간약속을 꼭 지킬 것. ② 시간약속을 취소할 경우에는 반드시 24시간 이전에 사전 통보해 줄 것. ③ 합의된 상담료를 납부해 줄 것, ④ 클라이언트의 상황변화를 사회복지사에게 알려 줄 것. 특히 문제 상황에 진전이 있거나 해결의 가능성이 있을 때 이를 함께 논의해 줄 것. ⑤ 사회복지사가 활용하는 이론적 접근방법에 따라 클라이언트에게 과제를 내줄 수 있으므로 이를 성실히 수행해 달라고 요청할 수 있다. 이러한 점에서 클라이언트의 역할 및 기대 설명은 클라이언트의 사회화(socialization)라고 하기도 한다.

(5) 기관의 정책 및 윤리적 요건에 대해 설명하기

윤리적 요소들 가운데는 비밀보장이 가장 중요한 과제일 수 있다. 외국에서는 사회복지사의 비밀보장이 지켜질 수 없는 경우를 ① 아동학대가 발생하는 경우, ② 클라이언트가 자해(예: 자살시도)의 위험이 있는 경우, ③클라이언트가 타인을 해칠 위험이 있는 경우, ④ 클라이언트가 사회복지사와 기관을 대상으로 소송을 제기했을 경우로 제한하고 있으며, 아동학대, 자살 혹은 타인에 해를 끼칠 경우에는 생명존중과 안전의 원칙에 따라 해당기관이나 당사자에게 알려 줄 의무를 갖고 있다(Hersen & Van Hasselt, 1998).

(6) 피드백 요청하기

사회복지사는 클라이언트와 일하는 전 과정을 통해 주기적으로 피드백을 받아야 하는데, 이것이 시작단계에서 특히 중요함을 알아야 한다.

3) 면담 관련 염두사항

(1) 악수하기

악수와 같은 간단한 관습에서도 사회복지사는 자신의 직관력을 활용할 수 있다. 이는 첫 만남이나 모임에서처럼 클라이언트의 상황을 알지 못할 때에도 클라이언트를 사정하기 때문이다(Trevithick, 2000). 상대방의 손의 감촉을 파악할 수 있고(예: 막노동자의 손과 사무직 근로자의 손의 감촉 차이) 공식적으로 면담을 시작한다는 메시지를 간접적으로 전달할 수 있으며, 이를 통해 클라이언트를 환영하는 몇 마디의 말을 제공할 수 있는 기회도 갖게 된다.

(2) 신체적 접촉

비언어적 의사소통 가운데 강력한 영향력을 보일 수 있으며 긍정적으로 활용되었을 때 사회복지사는 클라이언트에게 지지를 보여 줄 수 있지만 그렇지 못한 경우 전문적 관계에 치명적인 손상을 가져올 수 있다. 특히 클라이언트가 아동학대 혹은 성희롱과 같은 경험이 있다면 신체적 접촉은 더욱 주의를 요하는 의사소통의 방법이다.

(3) 비공식적 대화의 시작

날씨 혹은 기관에 찾아오는 과정에서의 어려움(예: 주차문제, 교통편의 등)과 같은 주제를 택하여 비공식적인 대화로써 시작하는 것이다 사회복지사의 입장에서의 비공식적 대화는 클라이언트에게 어려운 문제나 도움 요청과 같은 주제를 말할 수 있는 기회를 제공하는 것이 된다.

3. 사회복지실천의 기초기술들

1) 의사소통기술

사회복지사로서 활동하기 위해서는 전문 인력에 어울리는 적절한 의사소통기술을 필요로 하며 사회복지사로서 활동하면서 같은 기관의 동료와 상사, 다른 기관의 관련 인사들, 회의나 발표회의 참석자들과 정확한 의사소통을 할 수 있는 기술을 포함하고 있다.

* Scheafor 등 (1997)의 좋은 의사소통의 기초가 되는 태도.

① 모든 사람은 주변의 사건이나 정보를 그들 나름대로의 독특한 방식으로 받아들이는 경향이 있으므로 모든 의사소통에서는 어느 정도의 오해가 있을 수 있음을 예상하고 그러한 오해나 잘못된 의사소통이 최소화될 수 있도록 하기 위한 조치를 준비해야 한다.

② 다른 사람이 이해하기 쉽도록 자신의 생각을 가다듬어 효율적으로 표현하고자 하는 의지

③ 다른 사람이 하고자 하는 말을 있는 그대로 듣기 위해서 자신의 방어기제를 낮추려고 하는 의지

④ 자신에게 말하고 있는 사람의 말을 주의 깊게 들으려는 의지

⑤ 자신의 생각, 느낌, 행동에 대해 책임지고자 하는 의지

⑥ 상대방을 이해하고 이해시키기 위한 충분한 시간을 확보하고자 하는 의지

사회복지사의 의사소통에서 전달되는 메시지는 변화과정의 단계(접수, 사정, 개입 계획, 개입, 종결), 면담이나 만남의 단계(초반, 중반, 종반), 클라이언트가 처한 상황 그리고 클라이언트의 문제에 대한 사회복지사의 임시적 가설에 따라 다르다. 사회복지사는 자신이 전달하려는 메시지가 상황과 원조과정의 단계에

부합될 수 있도록 노력해야 한다.

2) 언어적·비언어적 의사소통

대체로 언어적 표현이 전체 의사소통의 3분의 1을 차지한다고 할 때 비언어적 표현이 3분의 2를 차지하고 있어(Brill, 1997) 비언어적 의사소통의 중요성을 무시할 수 없다.

비언어적 의사소통은 특히 클라이언트가 언어적 표현이 제한되어 있을 때 매우 중요한 의사소통의 수단이 되며 인지적인 면보다는 주로 감정적인 면이 더욱 많이 표현된다. 소위 오감을 활용할 수 있어야 한다. 음성의 고저, 얼굴표정, 침묵, 신체자세 및 움직임, 외모와 청결 정도, 신체에서 나는 소리(예: 배에서 나는 꼬르륵 소리, 트림 소리 등), 신체적 접촉, 물리적 환경 등이 포함된다.

언어적 표현은 클라이언트의 사고과정, 생각, 감정, 인지능력을 나타내는 중요한 수단이 되며 적절한 단어의 선택과 유머의 활용 그리고 속어 및 은어의 활용도 함께 고려할 필요가 있다. 특별히 **신체언어**인 자세, 얼굴 표정, 눈 맞춤, 걸음걸이를 비롯한 신체의 포지션은 강력한 의사소통의 형태들로써 사회복지실천에서 신체언어는 사회복지사의 말로 하는 언어와 일치해야 한다.

3) 질문기술

질문을 하는 것은 이에 대한 답을 얻기 위한 것이며 사회복지사가 클라이언트가 말하는 내용이나 생각, 감정에 귀를 기울이고 있고 이들이 중요함을 질문을 통하여 표현할 수 있다 질문하기는 반영적 고찰(self-reflection)을 자극하는 한 방법이 된다.

질문은 '언제(when)' '어디서(where)' '누가(who)' '무엇을(what)' '왜(why)' '어떻게(how)'의 육하원칙에 따라 하게 된다.

(1) 개방질문

클라이언트에게 선택의 자유를 주고 자신의 생각이나 감정을 자유롭게 표현할 수 있도록 한다. 클라이언트가 하고 싶은 말을 자율적으로, 충분히 하게 함으로써 많은 정보를 수집할 수 있는 장점이 있다.

면담 초기에는 개방질문을 많이 사용하는 것이 좋다 하지만 개방질문은 자신의 생각이나 감정을 언어로 표현하는데 익숙하지 않은 클라이언트들에게는 오히려 위협이 되거나 불안감을 야기할 수 있다.

(2) 폐쇄질문

폐쇄질문은 '예-아니오'로 답할 수 있거나 혹은 이름, 주소, 연령 등과 같은 아주 간략한 답을 할 수 있는 질문이다.

장점 : 시간이 제약된 상황에서 사실이나 자세한 정보를 얻고자 할 때
위기적인 상황에서 신속하게 정보를 얻고자 할 때
사회복지사가 클라이언트에 대한 구체적인 정보를 필요로 할 때나
클라이언트가 당황하거나 정신이 혼미하여 말에 초점이 없을 경우 구술의 초점과 방향을 유도하기 위한 어느 정도의 구조가 필요할 경우 자신감이 결여되어 있는 클라이언트를 대상으로 활용하기 유리

단점 : 쉽게 지치고 문제를 다양하게 탐색해 볼 기회가 줄어듬
질문에 대해서 클라이언트가 매우 제한된 범위 내에서 응답 함
클라이언트가 마치 심문당하는 느낌을 갖게 하므로 조심해서 사용

따라서 초기보다는 종반에서 지금까지 언급되지 않은 중요 정보를 확인해서 정리할 때 사용하는 것이 바람직하다. 또 다른 약점은 특정 주제에 지나치게 집중함으로써 면담의 방향을 전혀 다른 방향으로 이끌 수 있다는 점이다(Trevithick, 2000). 그리고 '왜'라는 질문은 클라이언트를 추궁 받는 느낌을 갖게 하므로 피해야 할 필요가 있으며 같은 질문이라 하더라도 면담자의 목소리, 질문시기, 질문하는 단어의 선택 및 배치에 따라 다른 의미를 전달 할 수 있으므로 주의를 요한다.

예) 개방질문 : "당신 아이들에 대해 이야기해 주십시오"
폐쇄질문 : "당신 아이의 이름은 무엇입니까?"

(3) '무엇'질문하기

가장 큰 이점은 '무엇'을 구성하는 요소가 매우 불특정하기 때문에 클라이언트가 원하는 문제나 주제에 관해 자유로이 선택, 논의할 수 있다는 점이다(Trevithick, 2000). 또한 과거보다는 현재에 초점을 두면서 필요한 경우에 한해서 과거에 관한 질문을 할 수 있다는 점에서 매우 큰 이점이 있다(Lishman, 1994). 반면 면담시간이 충분하지 않을 때는 '무엇' 질문기법을 통해 과거를 탐색해 볼 수 있는 시간이 적기 때문에 이 기법은 유용하지 못할 수 있다.

(4) 질문에서의 주의점

① 폐쇄질문의 사용

② 유도질문의 사용

일정방향으로의 응답을 유도하기 위해 질문하는 것을 말하며 질문자는 자신이 원하는 대답을 클라이언트가 할 수 있도록 질문을 구성하게 된다. 이 질문은 상당히 위협적이며 모욕적일 수 있으므로 회피하여야 한다.

예를 들어 "당신은 그게 잘못됐다고 생각하지 않아요?" 혹은 "나는 당신이 상관한테 당신이 일을 빼먹은 이유를 설명했을 거라고 생각합니다", "당신이 싸우고 싶은게 사실이죠?" 하는 식이다.

③ '왜' 질문의 사용

본질적으로 '왜'라는 질문은 클라이언트가 자신의 행동을 정당화하도록 요청하는 것이고 이는 방어적 태도를 만드는 경향이 있다.그리고 책임을 추궁하거나 몰아세우는 인상을 주며 모르는 상황에 대해서 답변을 강요할 수 있으므로 가급적 피해야 한다.

④ 이중 혹은 중첩질문의 사용

질문을 쌓는 것(stocking questions)은 한꺼번에 여러 가지 질문을 하는 것으로 바람직하지 못하다.

⑤ 모호한 질문의 사용

모호한 질문은 대명사를 많이 사용하거나 혹은 상황에서 벗어난 질문을 할 때 많이 발생한다. 특히 대인관계가 복잡한 상황에서 누가 누구와 어떤 관계 속에서 문제가 발생하였는지 파악할 때 많이 발생한다. 따라서 이러한 문제를 피하기 위해서 질문은 구체적일수록 좋다.

4) 라포 형성과 관계형성기술

사회복지사와 클라이언트 간에 형성되는 전문적 관계와 라포는 상호 간의 존경과 신뢰를 바탕으로 이루어진다(Gambrill, 1997). 사회복지에서 **라포는 '조화로운 상태, 호환성 및 공감대를 의미하는 것으로 클라이언트와 사회복지사의 상호간의 이해와 전문적 관계를 형성할 수 있도록 해 준다'**(Barker, 1995). 라포 형성은 클라이언트가 사회복지사의 개인성 및 전문성에 신뢰감을 갖는 것에서 출발한다.

Kadushin(1990)은 라포와 관계형성을 위한 기술을 다음과 같이 열거한다.① 클라이언트의 자기결정권 문제에 대해 관심을 보인다. ② 클라이언트의 문제에 관심을 보이고, 따뜻함을 전하며, 신뢰분위기를 조성한다. ③ 클라이언트의 개별성에 대해 존경심을 보인다. ④ 클라이언트 개인에 대한 수용의 태도를 보인다. ⑤ 공감적인 이해를 보인다. ⑥ 진실성과 믿음을 보인다. ⑦ 어떤 정보를 비밀로 보장할 것인지 그렇지 않은지에 대한 전문적인 판단능력을 보인다.

특히 비자발적인 클라이언트와의 관계형성은 사회복지사의 인내심과 함께 클라이언트에 대한 개방적인 태도 및 수용을 전제로 하고 있기 때문에 사회복지사 자신의 부단한 노력을 필요로 한다.

5) 공감 및 동정

공감이란 사회복지사가 클라이언트의 입장에 서서 클라이언트가 느끼는 감정, 사고, 행동, 동기 등과 같은 클라이언트의 경험을 민감하게 그리고 주의 깊게 이해하는 것이다.

* Shulman(1984)은 공감과 관련된 기술을 세 가지로 분류하였다.

① 클라이언트의 감정에 도달하기 : 클라이언트 입장에서 감정을 경험해 보는 것을 의미한다.

② 클라이언트의 감정을 이해했음을 보여 주기

말이나 몸짓, 표현 등을 같은 방법을 통해 클라이언트가 표현한 감정을 이해하였음을 보여주는 것 ③ 클라이언트의 감정을 언어로 표현하기

* 동정(sympathy)은 인간으로서 느끼는 감정으로 클라이언트에게 느끼는 감정을 의미하며 클라이언트와 함께 느끼는 감정인 공감(empathy)과는 비교된다.

6) 경청기술

(1) 경청과 적극적 경청

경청기술은 ① 클라이언트가 하는 말을 주의 깊게 듣는 것뿐만 아니라, ② 클라이언트의 비언어적 제스처나 자세를 관찰하고, ③ 클라이언트가 자유로이 표현할 수 있도록 적극 격려하고, ④ 사회복지사와 클라이언트 양자간의 대화내용

을 기억하는 것을 포함한다(Cournoyer, 2000).

경청의 목적은 첫째 사정과 계획에 필요한 정보를 모을 수 있고, 둘째 클라이언트로 하여금 더 좋은 느낌을 갖도록 해주는데 긴장과 불안을 감소시키고 안전감과 행복감을 고조시키고 희망과 낙천성을 촉진. 셋째 클라이언트로 하여금 자신을 자유롭고 온전히 표현하도록 장려. 넷째 클라이언트에게 사회복지사의 가치를 고양시켜줌. 다섯째 클라이언트의 자기 이해 자존감 문제해결 능력을 긍정적으로 변화시키는데 기여한다.

적극적 경청(active listening)은 이들에 더하여 사회복지사가 클라이언트의 메시지를 정확하게 받아들여 이해하고 있음을 끊임없이 클라이언트에게 전달해 줌으로써 클라이언트가 자신이 정확히 이해받고 있다는 생각을 갖도록 하는 행위까지를 포함한다. 피드백 과정의 일부라고 볼 수 있다.

(2) 적극적 경청기술의 단계

제 1단계 : 주의를 끄는 초대의 단계(inviting)로 신체적 자세와 얼굴표정, 목소리, 어투 등의 준비 자세를 의미하며 클라이언트가 편안한 마음으로 말할 수 있도록 분위기를 조성하는 것

제 2단계 : 경청의 단계(listening)로 클라이언트의 말을 듣고, 관찰하고, 격려하고, 기억하는 등의 과정으로 클라이언트의 메시지를 수용하고 보유하기 위해 귀와 두뇌를 활용하는 것

제 3단계 : 반영의 단계(reflecting)로 '제3의 귀를 사용하라'(Brill, 1997. p. 79)라는 말로 대신할 수 있는데 클라이언트가 하는 진실한 말속에 숨겨져 있는 의미를 파악해 내는 것을 의미한다.

(3) 적극적 경청의 구분

① 내용 반영하기(reflecting contents)

클라이언트가 말한 내용을 부연하고 다시 클라이언트에게 표현하는 것을 의미한다.

Evans(1998; 성숙진 역, 2000에서 재인용)는 부연 설명할 때 ㉠ 클라이언트의 말 속에 담긴 주된 생각을 재진술하고, ㉡ 클라이언트 말의 의미에 덧붙이거나 의미를 바꾸지 않으며, ㉢ 클라이언트의 말을 앵무새처럼 따라하지 않도록 제안하고 있다.

부연설명을 하는 것은 ㉠ 사회복지사가 클라이언트의 이야기를 경청하고 이해하는 노력을 보여주는 것이고, ㉡ 클라이언트와 사회복지사간에 신뢰관계를 형성하는데 도움이 되며, ㉢ 클라이언트의 이야기를 잘 이해했는지 점검하는 기회를 주고, ㉣ 클라이언트가 자신의 생각을 구체화시켜 볼 수 있는 기회를 제공한다.

② 감정반영하기(reflecting feelings)

클라이언트가 표현한 감정을 사회복지사가 이해하고 반응하는 것을 의미한다. Evans(1998; 성숙진 역, 2000, p. 101에서 재인용)는 클라이언트의 감정을 파악할 때 ㉠ 클라이언트 이야기의 정서적 부분에 주의를 기울일 것과, ㉡ 클라이언트의 행동(예: 자세, 어조, 말 속도, 태도 등)에 주의를 기울일 것, ㉢ 감정을 적절히 표현하기 위해 감정과 관련한 광범위한 단어를 사용할 것, ㉣ 클라이언트의 감정 전부를 파악할 것

클라이언트의 감정을 반영할 때는 ㉠ 적절한 표현 방식으로 클라이언트가 느끼는 감정을 명확하고 간결하게 요약할 것, ㉡ 혼재된 감정을 반영해 줄 것, ㉢ 클라이언트의 말을 그대로 되풀이하지 않을 것(하지만 상황에 따라서는 필요할 수 있다), ㉣ 현재 시제를 사용하면서 현재 감정에 초점을 둘 것, ㉤ 몇 가지 표현 구절만을 계속 사용하지 말고 폭넓은 표현방식을 사용할 것

사회복지사의 감정반영을 통해 클라이언트는 ㉠ 자신이 느끼는 것을 깨닫는 기회를 가지고 , ㉡ 자신의 감정을 받아들이고 살펴보게 되며, ㉢ 클라이언트가 경험하고 있는 것을 상담자가 이해하고 있다는 것을 보여주게 되고, ㉣ 사회복지사와 클라이언트 사이에 탄탄한 관계형성이 이루어진다.

③ 감정과 의미 반영하기(reflecting feeling and meaning)

사회복지사가 감정과 의미를 반영할 때는 클라이언트의 경험과 일치시켜야 하지만 의미를 부여하거나 해석하지는 않는다.

(4) 적극적 경청기술 활용시 주의점

첫째, 사회복지사는 클라이언트가 한 말을 너무 많이 사용해서 사회복지사의 반영이 오히려 클라이언트를 흉내 내는 것처럼 들릴 때가 있다. 이것은 자신이 무시되거나 사회복지사가 전문성이 결여되어 있다고 느끼기 쉽다.

둘째, 사회복지사는 종종 자신도 모르게 똑같은 서두 문구를 사용할 때가 있다. 클라이언트는 일상적인 겉치레라고 생각하기 쉽다.

셋째, 클라이언트의 진술내용보다는 자신의 생각과 사고에 더 집중하게 되어 사회복지사 자신의 전문적 판단에 더 초점을 두는 오류를 범하게 된다.

넷째, 클라이언트의 진술내용과 상황보다는 사실이나 생각에만 반응하거나, 느낌이나 감정에만 반응하여 전체적인 맥락과 흐름보다는 일부분에 반응을 보일 수 있고 면담과정의 흐름을 사회복지사가 중단시키는 경우도 발생하기 때문에 적절한 시기와 기회를 포착할 수 있어야 한다.

7) 명료화기술

클라이언트가 표현을 분명하게 할 수 있도록 격려함과 동시에 클라이언트가 말한 내용을 사회복지사가 잘 이해하고 있는가를 확인하기 위한 질문을 말한다. 클라이언트가 한 말을 사회복지사가 보다 이해하기 쉬운 말과 생각으로 정리를 하는 것으로 특히 클라이언트가 겪고 있는 가장 중요한 문제나 어려움을 파악하고, 확인하고, 순위를 정할 때 사용된다.

장점은 사회복지사가 클라이언트의 이야기를 주의 깊게 경청하고 있으며 한편으로는 이야기에 중요성을 부여하고 있음을 보여 주는 것이다. 하지만 면담의 흐름을 방해할 수도 있다는 점에서 그리고 클라이언트가 혹시 잘못 설명하고 있을 수 있다는 점을 암시할 수 있다는 측면에서 주의해서 활용해야 할 필요가 있다.

8) 언어의 재구성

클라이언트가 한 말을 다른 말로 다시 표현하여 반응하는 것을 말한다.

9) 요약기술

지금까지 클라이언트가 한 말의 내용과 그 속에 담겨 전해진 감정들을 전체적으로 묶어 정리하는 것을 의미한다.

* Trevithick(2000)은 요약기술의 유용한 점을 지적하고 있다.

① 사회복지사는 지난 면담시간 내용을 요약함으로써 새로운 면담기술을 시작할 수 있다.

② 이 기술은 이제까지 논의된 핵심적인 내용을 간략하고 정확하게 부분적으로 혹은 상세하게 정리해 준다.

③ 클라이언트와의 면담에서 방향을 잃었을 때 혹은 주제에서 벗어났을 때

한 주제를 정리하고 새로운 주제로 옮겨 갈 수 있도록 해 준다.
④ 이 기술은 면담시간을 만족스럽게 마감할 수 있도록 돕는다.

10) 침묵의 활용

간단한 침묵의 경우 사회복지사는 조용히 인내를 갖고 조심스러운 침묵을 지키는 것이 좋다 하지만 침묵이 길어질 경우 그 원인을 파악하여 대응할 필요가 있다. 긴 침묵의 경우 클라이언트는 대답하기 힘든 질문에 대해 적절한 내용의 답을 발견해 내지 못하고 있는 경우이거나 답을 하기에 너무 감정이 격해있는 경우 혹은 질문상황 또는 면담상황 전체에 불만을 갖고 저항하고 있을 수도 있다. 이럴 때는 클라이언트의 비언어적 의사소통 행위를 정확히 파악하여 진솔하게 대응하는 것이 필요하다.

창의적인 침묵(creative silence) : 클라이언트가 자신의 생각과 감정에 '행복하게' 깊이 빠져 있는 상태
문제성 침묵(troubled silence) : 클라이언트가 불안, 초조, 혼돈상태에 빠져 있는 것을 의미하거나 중요한 정보를 알리지 않고 숨기려는 것일 수 있다 (Trevithick, 2000).

침묵을 다루기 위해 염두에 두어야 할 몇 가지 사항 첫째, 사회복지사와 클라이언트가 모두가 침묵하고 있어야 한다. 둘째, 침묵을 통해 전달하는 의사소통의 내용이 무엇인지 파악하는 것이 중요하다. 셋째, 클라이언트가 침묵하고 있을 때 사회복지사는 잠시 그동안 논의된 주제나 생각을 정리할 시간으로 활용할 수 있으며 클라이언트가 모르는 상태에서 실제로 침묵이 어느 정도 흐르고 있는지 시계를 보면서 확인해 볼 필요가 있다.

11) 부연설명기술

클라이언트가 한 말 가운데 핵심적인 말을 반복하여 말하는 것으로 반드시 똑같아야 하는 것은 아니다. 사회복지사는 이를 사회복지사 자신의 말과 생각으로 정리하는 기회가 되며 클라이언트는 똑같은 내용을 사회복지사의 말과 생각을 통해 다시 듣게 됨으로써 자신의 말과 문제를 새로운 관점에서 들을 수 있는 기회를 갖게 된다. 클라이언트는 사회복지사의 부연설명을 수용하거나, 확인해주거나, 수정하거나, 변경할 수 있다.

12) 피드백 주고받기

장점으로는 첫째, 분명하고 솔직한 피드백은 합의된 목표를 성취하는 데 있어 일련의 행동이 제대로 수행되고 있음을 확인하는 한 방법이 되는 것이며 둘째, 의사소통에 있어 말뿐만 아니라 감정적인 내용을 짚고 넘어갈 수 있도록 돕는다.

주의해야 할 점 : 자신의 고통이나 어려움에 대해 진심어린 말이라기보다는 겉치레로 말한다고 생각할 수 있다. 따라서 피드백을 제공할 때 클라이언트의 반응이 어떨지를 고려해 보는 것이 필요하다. 또한 설명적이고 해설적이기보다 기술적인 피드백이 보다 초점이 있고 덜 논쟁적이게 된다.

13) 초점유지 및 탐색기술

(1) 초점 및 면담의 목적유지기술

이 기술은 유용한 기술이지만 때로 강압적인 면을 갖고 있다. 라포 및 신뢰관계에 방해를 주지 않으면서 주제와 면담의 목적을 유지하는데 활용된다. 이렇게 하는 이유를 살펴보면

① 이제까지의 논의가 특정문제에 지나치게 초점을 둔 나머지 다른 문제에 대해서는 다루지 못하였을 수 있다.
② 논의 내용이 소진되어 같은 내용이 반복적이다.
③ 논의 내용이 주변적이거나 관련성이 없어 핵심에서 벗어나 있다.
④ 어려운 주제에서 벗어나 이 주제에 다시 초점을 맞출 필요가 있다.
⑤ 논의 내용으로 인해 격한 정서적 감정을 불러일으켜서 진정하고 균형을 유지할 필요가 있다(Trevithick, 2000).

(2) 촉구기술

① 클라이언트가 말을 시작하거나 계속하도록 할 때 활용하는 것으로 추가로 설명할 것을 권하는 방법, ② 한 가지 진술내용과 다른 진술내용을 연결시킴으로써 계속해서 말을 할 수 있도록 하는 방법, ③ 중단된 문장이나 말을 끝맺도록 촉구하는 방법 등이 있다(Trevithick, 2000).

(3) 탐색기술

보다 자세하고 구체적인 정보 혹은 특정정보에 대해 자세하게 알고자 할 때 활용하며 특히 의사소통 과정에서 종종 주제에서 벗어나는 말을 하는 클라이언트를 대상으로 정확한 정보를 수집할 때 활용할 수 있다.

Kadushin & Kadushin(1997)의 탐색기술 구분

① 명료화 탐색 : 보다 자세한 설명을 위한 탐색

② 완결을 위한 탐색 : 빠트리거나 다루지 못한 혹은 지나쳐 버린 내용을 탐색

③ 반응적 탐색 : 클라이언트의 생각과 감정에 초점을 두면서 클라이언트의 정서적 깊이를 향상시키기 위한 탐색

클라이언트가 자칫 방어적이거나 숨기려는 태도를 보일 수 있으며 이 기술을 잘못 사용하면 마치 클라이언트를 심문(혹은 반대심문)하는 느낌을 줄 수 있기 때문에 주의를 요하며 또한 사회복지사는 적극적이지만 클라이언트는 수동이 되는 단점도 가지고 있다(Kadushin & Kadushin, 1997).

14) 계약기술

클라이언트와 사회복지사가 각자의 역할, 책임, 기대 및 수행 할 업무의 목적을 공식화하고 구조화하는 것이다(양옥경 외, 2000).

계약은 클라이언트의 욕구에 기반하기 때문에 말로써 혹은 문서로써 합의되며 때로는 편지의 형식을 띠기도 한다. 합의사항은 가급적 문서로 보관하는 것이 중요하며 계약서에는 충분한 정보를 담고 있어야 한다. 예를 들어 상담시간 및 기간, 장소, 기본적인 수칙, 비밀보장 및 사례기록 절차, 상담시간에 누가 참여하는지, 주요 염려나 문제의 요약, 응급시 연락해야 할 사람, 업무의 목적과 목표 및 성취방법 그리고 계약 파기 요건 등을 명시할 필요가 있다.

필요한 경우 계약서가 재작성 될 수 있음을 표기하는 것도 좋다.

계약서를 작성하는데 익숙하지 않은 클라이언트에게는 계약서가 하나의 사슬처럼 느껴질 수 있기 때문에 계약서 작성과 관련된 클라이언트의 반응을 잘 살펴볼 필요가 있으며 클라이언트의 참여를 촉구할 필요가 있다.

2. 개인중심 사회복지실천 개입기술

1. 중간단계의 개입기술

클라이언트의 문제나 고통, 어려움을 해결하기 위해 필요한 기술은

① 문제해결능력이나 적응능력을 향상시키기 위한 기술 - 개인/집단/가족

② 클라이언트의 성장과 발달을 위해 클라이언트의 능력을 향상시키고 회복시키는 기술 - 개인/집단/가족

③ 지역사회체계로의 연결기술 – 사례관리

④ 사회적 정의 및 권익회복, 소외된 자들이 기회를 가질 수 있도록 돕는 기술 – 권익옹호 및 임파워먼트

⑤ 지역사회체계의 효과적 기능을 향상시킬 수 있는 기술 – 지역사회조직사업

⑥ 새로운 서비스 개발, 기존 서비스 및 자원체계 개선, 향상할 수 있도록 개입하는 기술 – 사회복지 연구조사 정책 및 행정 개설 변화

이러한 구분이 반드시 명확하게 나타날 수도 있지만 다체계적인 개입이 강조되는 최근 동향을 볼 때 이들 기술이 다양한 체계에 동시 적용되어 활용될 수 있을 것이다. 이장에서는 이들 기술 가운데 처음 네 가지에 대해 집중적으로 살펴본 다음 어려운 클라이언트를 대상으로 개입할 수 있는 기술에 대해 살펴보고자 한다.

1) 조언기술

조언은 클라이언트가 해야 할 것을 추천하거나 제안하는 사회복지사의 진술을 의미한다. Sheafor 등과 Trevithick은 조언기술이 초기단계에서 사회복지사가 클라이언트를 대상으로 클라이언트의 문제를 명확하게 파악할 수 있도록 돕거나 문제해결을 위한 해결책을 파악할 수 있도록 돕는데 활용된다고 주장하였다. 나아가 이 기술은 더 이상 다른 선택이나 개입의 여지가 없을 때 최후의 수단으로 활용될 것을 권하고 있다. 특히 단순하게 조언을 해 주는 것으로 끝나는 것이 아니라 사회복지사가 조언을 하게 되는 배경이나 논리적 근거를 분명하게 제시할 것을 요구하고 있다. 조언하기에 대한 지침은 다음과 같다.

① 조언하기 전에, 누군가가 당신에게 조언을 해 주었을 때 당신이 어떻게 느끼는지를 생각해 봐야 한다.

② 조언이 적절한가의 여부는, 클라이언트와 사회복지사가 상호작용 하는 목적에 주로 달려있다.

③ 클라이언트가 당신의 조언을 원한다고 판단되지 않으면, 조언을 제공하지 않는다.

④ 조언을 해 줄 때 “나는 이렇게 했는데” 또는 “다른 사람은 이렇게 했었는데”와 같이 표현한다.

⑤ 당신이 클라이언트에게 조언을 했고 이후에 당신이 추천한 결과 때문에 클라이언트가 개인적·재정적으로 불리한 고통을 겪게 된다면 법적 책임

성의 문제를 고려해야한다.

⑥ 일이 잘 되지 않을 때 당신에게 책임을 지우는 조종적인 클라이언트에게 조언을 하는 경우에 주의를 해야 한다.

조언기술은 많은 한계점을 가지고 있으므로 매우 신중하고 제한적으로 활용할 필요가 있다. 이는 사회복지사의 조언으로 인해 클라이언트의 행동에 부정적인 결과가 발생했을 때 이에 따른 책임이 사회복지사에게 있을 수 있기 때문이다. 그리고 클라이언트의 사회복지사에 대한 의존성을 높일 수 있으며 이미 문제를 경험하고 있는 클라이언트가 스스로 문제를 해결하기보다는 사회복지사에게 더욱 의존하게 되므로 클라이언트 자신에 대해 비관적이게 된다. 또한 사회복지사도 조언기술을 활용하는데 혹시 잘못된 조언을 하지 않을까 불안해 할 수 있기 때문에 클라이언트에게 알고 있는 것과 알지 못하는 것을 솔직하게 말하고, 특정상황의 구체적인 조언을 위하여 관련법과 규정, 자원을 정확하게 이해하고 활용할 수 있는 전문능력을 갖추어야 한다.

2) 정보제공기술

정보제공은 사회복지사가 클라이언트에게 의사결정이나 과업수행에 필요한 정보를 제공하는 것으로 실천의 효과와 업무량의 효율을 증가시키기 위해 다양한 형태의 정보기술을 사용한다. 사회복지사는 클라이언트가 필요한 정보제공을 위해 이들 정보를 제공하는 기관의 위치와 연락처 그리고 담당자에 대해 알고 있어야 하며, 최신정보를 갖고 있어야 한다. 정보제공은 문제해결과 의사결정 과정에 있어 매우 중요한 기술이다. 특히 타 기관으로 의뢰할 경우, 클라이언트의 동의하에 의뢰되는 기관과 사전 조율을 할 필요도 있다.

그리고 사람들의 개인차가 있기 때문에 클라이언트에게 정확하게 정보를 제공하고 이를 충분히 이해했는지 확인할 필요가 있다.

Sheafor 등(1997)은 정보제공에 있어 다음과 같은 지침을 제공하고 있다.

① 클라이언트의 현재 심리상태를 주의 깊게 고려해야 한다.

② 정보나 지시를 논리적, 체계적, 단계적으로 제공한다.

③ 복잡하고 다단계적인 지시사항은 서면으로 한다.

④ 대명사의 사용에 조심하고, 분명하고 명확하게 이해할 수 있도록 한다.

3) 설명기술

설명기술은 사회복지 실천기술의 핵심기술 가운데 하나이면서 잘못 활용되기 쉽다. 설명기술은 클라이언트에게 특정 사건이나 상황에 대해 분명하게 이해할 수 있도록 돕거나 상황을 해석해 주는 것을 포함하고 있다. 특히 클라이언트가 잘 이해할 수 있도록 새로운 시각을 제시해주지만 사회복지사가 자신의 가치관, 전문지식, 기술에 근거해 클라이언트의 문제나 상황을 설명하는 것은 잘못 활용되는 하나의 예이다.

Trevithick(2000)은 설명기술을; ① 예를 들어 설명하는 방법 ② 실제 시범을 보이는 방법 ③ 말로써 설명하는 것 또한 그는 클라이언트의 문제 상황에 대한 이해를 돕기 위해 사회복지사는 ① 클라이언트의 생각과 감정을 민감하게 고려 ② 흥미롭게 그리고 분명하게 잘 구조화된 방식으로 설명 ③ 학습과 이해를 최대한 향상할 수 있는 방법으로 설명하는 것이 좋다고 주장한다. 특히 클라이언트가 이해한 바를 사회복지사에게 다시 설명할 수 있도록 함으로써 이해여부를 확인하는 것도 좋은 방법이다.

4) 지지기술

사회복지사는 클라이언트의 감정, 내적 강점이나 반응방식, 혹은 의사결정 사항이나 행동, 그리고 관계 등과 같은 다양한 영역으로 어떤 면을 지지할 것인지 결정해야 한다.

여기에서는 지지기술이 정서적지지, 격려하기, 인정하기, 재보증하기 기술을 포괄한다고 가정하고 이들을 차례로 검토해 보고자 한다.

(1) 정서적 지지

심리적 고통이나 스트레스 혹은 위기를 경험할 때 누군가에게 의지하려는 욕구에 반응하는 것이다. 이를 통해 클라이언트는 문제나 상황에 대처할 수 있는 것이다.

정서적 지지를 제공할 때 사회복지사는 클라이언트에게 어떠한 도움이 얼마 동안 그리고 어떤 목적으로 제공될 것인지에 대해 분명하게 설명할 필요가 있다. 또한 그러한 지지가 실제로 의도한 바대로 제공받고 있는지 그리고 도움이 되는지 확인할 필요가 있다.

(2) 격려기술

초기단계에서는 명담을 활성화하기 위해 사용된다. 클라이언트에게 말을 하도록 격려하기 위해서는 사회복지사는 클라이언트를 수용하는 자세를 보여주고 클라이언트가 판단되지 않을 것이라는 관점을 나타내야 한다. 이에 비해 중간단계에서는 클라이언트가 특정한 행동이나 경험 혹은 생각으로부터 벗어나도록 하거나 그런 쪽으로 행동을 취할 수 있도록 도움을 주는 것을 의미한다. 예를 들면 "지난 6개월간 당신의 업무수행도를 근거로 본다면, 당신은 두려워하지만 나는 당신이 새로운 책임을 질 수 있다고 생각합니다."

이 기술의 장점은 사회복지사로부터 자신의 행동이나 사고, 감정에 대해 인정받으면서 자신감을 가질 뿐 아니라 일부 위험한 행동을 중단하거나 긍정적인 행동을 취하는 계기가 되기도 한다. 반면 단점은 클라이언트의 의존감을 지속하거나 자기결정권을 침해할 것이라는 우려 때문에 사회복지사가 활용을 꺼려할 수도 있다.

(3) 인정기술

클라이언트가 어떤 행동을 취하거나 벗어난 이후에 이에 내해 긍정적인 평가를 내려 주는 것을 의미한다. 이 기술은 클라이언트가 자신의 결정이나 독자적인 행동을 취하는 데 자신감이 결여되어 있을 때 도움이 되고 사회복지사가 이 기술을 사용할 때는 과장된 표현이 아닌 진실하고 솔직한 표현이 될 수 있도록 해야 한다.

(4) 재보증기술

자신의 능력이나 자질에 대해 회의적인 클라이언트를 대상으로 이들의 자신감을 향상시키기 위해 활용하는 기술이다. 또한 클라이언트의 불안감이나 불확실한 감정을 줄이고 편안한 감정을 가질 수 있도록 돕기 위해 사용하는 기술이다. 특히 클라이언트가 자신의 삶에서 경험하는 사건이나 문제들로 인해 자신의 문제를 객관적으로 바라보지 못하거나 판단이 흐려질 때 매우 유용하게 활용 될 수 있다. 나아가 적시에 재보증기술을 사용하면 사회복지사는 클라이언트에게 희망과 지지를 갖도록 도울 수 있다.

Woods & Hollis(1990)는 재보증을 "섬세하게 차별화하여 사용하여야만 한다."고 경고한다. 관계를 형성하기 위하여 또는 사회복지사가 클라이언트의 불안감을 견딜 수 없기 때문에 재보증을 지나치게 사용하는 것은 클라이언트로 하여금 사회복지사가 불안감이나 죄책감의 원인을 제대로 이해하지 못하였거나 도덕적인 분별력이 부족하여 사물을 판단할 능력이 없는 사람이라는 느낌을 갖게 할 뿐이다. 따라서 이 기술은 사회복지사가 클라이언트의 판단에 확신을 갖고 확인해 주는 것으로 사회복지사가 클라이언트의 상황 판단에 확신이 없으면 이 기술을 사용해서는 안된다.

5) 환기기술

클라이언트의 억압된 감정, 특히 부정적인 감정인 분노, 증오, 슬픔, 죄의식, 불안 등이 문제해결을 방해하거나 감정 자체가 문제가 되는 경우, 이를 표출하도록 함으로써 감정의 강도를 약화시키거나 해소시키는 기술이다. 나아가 해소되어야 할 감정이 표면으로 표출될 수 있도록 하는 방법이며 이러한 감정을 탐색하고 고려해 볼 수 있는 기회를 제공한다.

우리나라 문화적 특성상 감정보다는 행동이 앞서 종종 문제를 악화시키는 경우가 많은데 사회복지사 클라이언트가 갖고 있는 특히 억압된 감정이 적절한 언어로 표현될 수 있도록 도움으로써 문제해결능력 및 대처능력을 강화할 수 있도록 도울 필요가 있다.

6) 재명명기술

특정 문제에 대해 클라이언트가 부여하는 의미를 수정해 줌으로써 클라이언트의 시각을 긍정적인 방향으로 변화시키는 기술이다. 이는 인지행동 접근법에서 많이 활용되는 기술로서 인지 및 사고과정과 행동의 변화에 목표를 두고 있다. 장점은 문제 상황이나 행동을 보다 긍정적이면서 다른 각도에서 조명해 볼 수 있는 기회를 제공한다는 것이다.

이 기술은 클라이언트의 자아존중감이 낮거나 자신감이 결여되어 있을 때 혹은 자기 비판적이면서 자책할 때 매우 유용하게 활용될 수 있다. 사용할 때는 매우 구체적인 사실을 가지고 재명명하되 새로운 시각의 해석이 신뢰성 있고 클라이언트가 이해할 수 있는 것이어야 한다.

7) 해석

정신역동이론에서 널리 활용되고 있는 기술이다. 클라이언트가 말한 내용을 확인하거나 명료화하거나 부연설명하는 것과는 달리 이 기술은 사회복지사의 이론적 지식과 직관력, 사고적 유추가 통합되어 클라이언트의 상황, 특히 산재

해 있는 행동과 사고, 감정 등의 유형을 클라이언트에게 설명하는 것으로 충분한 타당성을 확보한 상태에서 이루어져야 한다. 예를 들면, 사랑을 숨기면서 숨을 할딱거리고 얼굴이 붉어진다. 또 미운감정을 숨기고 있기 때문에 말이나 행동이 불친절, 공격적, 부정적인 태도를 취할 수 있다.

정신역동이론에 근거한 심리치료에서는 해석을 통해 클라이언트의 무의식적 갈등, 특히 무의식적 성적·공격적 충동과 동기를 의식할 수 있도록 도움으로써 클라이언트가 자신의 문제 상황에 대한 통찰력을 습득하도록 초점을 두고 있다. 하지만 인지행동이론에 근거한 해석은 클라이언트가 사건에 대해 어떻게 해석 혹은 잘못 해석하고 있는가에 초점을 두고 있기 때문에 종종 클라이언트가 인식하고 있지 못한 행동이나 사고, 감정에 중요성을 부여할 때 사용된다.

사회복지 실천현장에서 사회복지사는 수시로 하나의 사건과 다른 사건을 서로 연관지으려 한다. 또한 비슷한 유형을 보이는 행동에 대해서도 클라이언트에 따라서는 그 의미와 경험이 다르기 때문에 똑같은 해석이 내려질 수 없으며, 클라이언트도 사회복지사의 해석을 자신의 관점에서 독특한 방식으로 받아들이게 된다. 이러한 점에서 사회복지사는 해석을 제공하기 위한 정보와 이론적 근거를 충분히 검토한 후 언제, 어떤 방법으로 해석을 제공할 것인지 결정하는 것이 중요하다. 이를 위해 클라이언트의 문제 상황을 임시적인 가설로 설정하고 보다 덜 위협적이거나 불안을 덜 야기시키는 해석을 먼저 제공함으로써 클라이언트의 반응을 살펴볼 수 있다.

해석과 직면을 비교하면, c : 지난밤에 저는 꿈에 아버지와 사냥을 갔는데, 제가 글쎄 사슴인 줄 알고 쏘았는데, 나중에 가까이 가 보니까 아버지가 죽어 있었습니다. 그래서 깜짝 놀라 잠을 깨었습니다. '디어 헌터'라는 영화를 본 지 며칠 안 되어서 그런 꿈을 꾸었는지 모르겠어요.

해석 : "부모님에게 효도해야 한다는 동양문화권에서 볼 때 그런 꿈을 꾸었다는 사실에 자네 마음이 심란하기도 하겠지, 그리고 한편으로는 권위적 존재에 대한 적개심을 간접적으로나마 인정하고 표현했다는 점도 중요하겠지."

직면 : "너무 권위적이고 무관심한 아버지가 혹시 일찍 사고로 세상을 떠났으면 하는 생각이 마음 구석에 있었는지도 모르겠군."

8) 도전과 직면기술

면담과정이 항상 순조로운 것은 아니다. 사회복지사는 종종 클라이언트의 특정 행동에 대해 직면해야할 때가 있다. 한편 사회복지사는 때로 기관의 잘못된 정책이나 실천방법에 문제가 있을 때는 이에 대해 도전하고 직면하여 클라이언트에게 보다 나은 서비스를 제공해 줄 수 있도록 노력해야 한다.

클라이언트에게서 보이는 불일치나 왜곡, 문제의 부인, 비합리성 등에 대해 사회복지사는 자신의 반응을 먼저 인식하고 다룰 수 있어야 한다. 나아가 이러한 자신의 반응이 전문적 관계에 손상을 주지 않으면서 클라이언트의 문제 상황을 다룰 수 있어야 한다.

(1) 도전기술

종종 클라이언트가 자신의 문제해결에 있어 상충되거나 왜곡된 것 혹은 불일치하는 상황을 다룰 때 혹은 클라이언트가 문제를 부정하거나 회피하고 합리화할 때 활용되는 기술이다.

예를 들면, 어떤 서비스 이용자들은 왜 자신들이 다른 사람을 거스르는지, 자신의 어떤 행동들이 얼마나 불쾌하며, 또한 왜 다른 사람들을 자신들에 대해 적대적이 되게 하는지를 이해하지 못한다 할 때 이루어진다.

클라이언트가 상충되는 상황을 충분히 인식하고 있지 못할 때 이 기술을 사용하면 때로 사회복지사의 개입은 강압적이고 미숙한 개입방법이 되어 전문적 관계를 훼손할 수 있지만, 적시에 적절한 방법으로 활용되면 사회복지사와 클라이언트의 전문적 관계는 강화된다.

도전의 사용이 정당화되는 여러 행동들을 제시하면 다음과 같다.

① 문제를 인정하지 못함 ② 문제를 해결 가능한 용어로 정의하지 못함 ③ 결정적인 경험, 행동 및 감정에 대한 잘못된 해석 ④ 회피, 왜곡 및 게임하기 ⑤ 행동의 결과를 확인하거나 이해하지 못함 ⑥ 새로운 관점에 따라 행동하는데 대한 주저나 거부

(2) 직면기술

Sheafor 등(1997)은 주로 클라이언트의 행동이 자기에게도 도움이 되지 않으면서 타인에게 위협이 될 때 이를 재인식하도록 돕기 위해 쓰인다고 하였다.

양옥경 등(2000)은 변화를 방해하는 부정적인 감정, 생각, 행동들을 클라이언트가 인식하도록 돕는 매우 직접적인 방법이라고 지적하였다.

Kadushin & Kadushin(1997)은 일시적으로 클라이언트에게 불안정을 유발한다고 지적하였다.

Brill(1997)은 상담가와 클라이언트는 동의하는 문제영역만을 해결하려고 하기 때문에 직면기술은 이러한 합의점을 찾는 데 중요한 기술이라고 지적한다.

클라이언트가 방어적이면서 숨기지 않도록 직면하는 것은 고도의 기술을 요하면서 한편으로는 인내와 수용이 필요하다. 나아가 사회복지사는 직면기술을 자신의 분노나 화, 초조함을 표현하는 방법으로 사용해서는 안된다.

예를 들면, "가인아, 네가 좋은 성적을 받기를 원한다고 하면서도 공부를 많이 하고 있지 않다고 말하는구나, 공부를 하는데 시간을 보내기는 싫어하면서 좋은 성적을 받으려고 하는지 이해하기 어렵구나", "정혁아, 집단에서 이루고 싶어하는 많은 목표를 네가 스스로 정했다. 그들 중 일부는 여기에 있는 대부분의 사람들이 얻을 수 있는 것도 있지만, 과거에 네가 성취하였던 것을 볼 때, 이번 목표가 너무 모호한 것처럼 보인다. 어떻게 생각하니? 달성하기에 불가능한 목표를 두고 있지 않니?" 처럼 말하는 것은 바람직하지 않다.

직면기술은 다음과 같은 단계를 거쳐 활용될 수 있다.

① 클라이언트와 직면하고자 하는 문제나 상황을 클라이언트가 의식할 수 있도록 돕는다.

② 클라이언트가 문제나 상황에서 어떻게 불일치하거나 일관성이 없는지 사회복지사의 입장에서 설명하도록 한다.

③ 클라이언트와 왜 이 시점에서 이 문제를 고려해 보아야 하는지 그리고 이것이 클라이언트의 문제나 상황과 어떤 관련이 있는지 분명하게 설명한다.

④ 사회복지사가 말한 내용에 대해서 클라이언트가 반응할 수 있는 시간을 충분히 주도록 한다.

⑤ 후속조치를 취한다.

직면은 정서적 부담이 크므로 사회복지사는 상황을 정확히 평가하여 성원에게 거부되지 않으리라는 확신이 있을 때 이를 사용해야 한다. 그리고 직면했다고 해서 클라이언트의 행동에 즉각적인 변화가 있을 것이라고 예측하는 것은 잘못된 것이다. 오히려 직면하기는 클라이언트가 자신의 행동에 변화가 필요 하는 점을 인식하는 계기를 마련해주며, 자신을 점검해 보는 기회를 제공해 주는 것이다.

도전과 직면기술을 사용할 때 유의할 점은 자신의 인생에서 자주 '비방'이나 굴욕을 경험한 사람들은 어떤 종류의 도전에도 극도로 예민할 수 있으며, 따라서 가장 경미한 반박도 감당하기 어려운 것으로 받아들일 수 있다. 때로 특정 종류의 질문도 비판으로 생각할 수 있으며, 이것은 여러 가지로 반응으로 나타날 수 있다. 어떤 사람들은 더 위축되어 침묵하게 되는 반면, 어떤 사람들은 흥분하거나 심지어 공격적이 되기도 한다. 좀 더 관심을 가지고 민감한 개입을 시도함으로써 동일한 결과를 성취할 수도 있을 것이다. 인간의 기본적인 존엄성을 무시하는 행위에 대해서는 대인관계기술을 활용하여 클라이언트의 행동을 수정할 수 있도록 도울 필요가 있다. 그리고 사회복지사는 클라이언트가 도전하거나 직면하면서 느끼는 분노와 화를 적절한 방법으로 표출하여 기분을 전환할 기회를 제공할 필요가 있다.

9) 협상기술

협상과 다음에 제시되는 중재기술은 주로 갈등관계에 있는 당사자 간에 합의점이나 타협 혹은 차이점을 조정하거나 이해를 도모하기 위해 활용된다. 하지만 협상에서 사회복지사는 중립을 지키지 않는 반면 중재에서는 당사자들 사이에서 중립을 지키는 점이 커다란 차이라 할 수 있다. 협상기술은 ① 클라이언트와 직접적인 일을 하는데 있어 의사결정 및 협조를 공유한다는 측변에서 파트너십의 핵심개념 ② 합의점을 찾지 못할 때 상호 간에 유연하게 협상을 할 수 있다는 측면에서 중요한 기술이라 할 수 있다.

협상을 성공적으로 이끌어 내기 위해서 사회복지사는 사실에 입각한 정보를 잘 활용하고, 협상에 참가하는 구성원들이 어떤 관점에서 나올지 파악하고 나아가 여러 가지 지지체계를 파악하여 다각도로 상황에 접근할 수 있도록 한다. 그리고 협상을 통해 결정된 사안이 클라이언트에게 가져올 이점을 부각시키는 것이 필요하다. 한편 상대편의 정서에 호소하기보다는 공정성을 강조하도록 한다.

성공적인 협상가의 중요한 특성에는 적응유연성, 협상을 성공적으로 이끌어 내겠다는 강한 의지, 설득기술 등이 있다.

10) 중재기술

서로 다른 당사자들간에 의사소통이 이루어지도록 하는 것은 실천에서 중요한 기술이다. 이 과정에서 중재기술은 갈등 시에 당사자들이 '차이를 조정하고 타협점을 찾거나 서로 만족할 만한 합의에 이르도록 돕는' 데 특별한 역할을 담당한다. 중재는 다른 편에 대해 한 편의 입장을 취하는 것이라기보다는 '상반된 당사자들(예를 들면 가족성원들) 사이에서 중립적인 역할을 취하는 것'을 포함한다. 중재기술이 요청되는 일반적인 상황의 예로 "이웃간의 갈등상황 혹은 이혼하는 부모간의 분쟁"을 들 수 있다.

성공적인 '중재자'가 되기 위해서는 양측 혹은 모든 관련 당사자들로부터 어느 정도의 신뢰를 얻을 수 있어야 한다. 이것은 사람들을 모두 한 자리에 모으는 것을 포함할 수도 있고 그렇지 않을 수도 있다. 중재자에게 요구되는 이러한 중립성은 한 측이 다른 상대에 비해 좀 더 분명하고 강력한 경우 유지하기 어려운 역할일 수 있다. 그것은 마치 다른 사람의 위협이나 협박을 눈감아주는 것처럼 느껴질 수 있다. 그러나 중재자의 역할을 벗어나 옹호자와 같은 다른 역할로 이끌려 가는 것은 심각한 결과를 초래할 수 있다. 왜냐하면, 한 번 방향을 잃게 되면 다시는 중립성을 회복할 수 없을지도 모르기 때문이다. 이러한 위험을 피할 수 있는 한 가지 방법은 계속 활동적이 되는 것이다.

예를 들면 우리는 양측으로 하여금 우리를 통해 서로에게 자신의 코멘트를 전달하도록 할 수 있다. 이렇게 되면 우선 그들이 논의하는 문제들 중에서 덜 논쟁적이고 좀 더 쉽게 합의에 이를 수 있는 주제들을 제안하거나 주장하게 될 것이다. 그 다음 우리의 역할은 다른 측에 대한 한 측의 코멘트를 다루고 그 대답을 같은 식으로 피드백 해주되 양측이 직접 이야기하는 것이 가능해보일 때까지 그렇게 하는 것이다. 이러한 과정에서 어떤 코멘트는 재구조화가 도움이 될 수 있다. 즉 동일한 '틀'을 유지하되 말한 내용에서 '가시'들을 뽑아내는 것이다. 이것은 사람들이 자신들의 말을 이런 식으로 재구조화하는 것에 대해 편안하게 느낄 수 있는 경우에만 가능하다.

만약 이러한 노력이 실패하고 우리가 우리 자신의 역할에서 벗어났다고 느낀다면, 일단 면담을 중단하고 지난 사건들을 되돌아보며 필요한 경우 원조를 요청하고 상황을 만족스러운 해결로 이끌어나가는데 어떤 단계들을 밟아야 할지를 검토하는 것이 현명하다. 이러한 예들이 보여주듯이, 중재는 '고도로 숙련된 활동'이다. 사회복지사가 중재기술을 활용하여 해당 클라이언트 간의 갈등을 중재할 수도 있지만, 한편으로는 중재훈련 프로그램을 클라이언트에게 제공해 줄 수도 있다.

11) 자기주장기술

사회복지실천에서 많이 활용되는 중요한 기술이자 훈련프로그램으로 인정받고 있다. 자기주장이란 자신과 타인의 권리를 동등하게 존중하면서 자신의 사고, 감정, 원하는 것, 성취하고자 하는 것, 의견 등을 단호하게 요구하거나 표현하는 것을 의미한다. 자기주장은 사람들이 '아니오'라고 말할 수 있고, 자신을 방어하며, 결과적으로 더 이득이 되고 성공적인 방법으로 불평하는 것을 학습하도록 도와준다. 주장기술과 관련된 일련의 기술과 과제는 다음과 같다.

① 문제의 범위에 대한 이해를 얻기 위한 사정
② 클라이언트가 주장, 거짓이나 강제적 동조 및 공격간의 차이를 학습하도록 원조하는 구별 훈련절차
③ 단계적이고, 서로 다른 환경에 적합한 주장의 정도를 클라이언트에게 보여주고, 격려와 확신을 제공하면서 그 기술들을 연습하도록 격려하는 모델링과 연습 요소
④ 당황스러운 상황에 클라이언트를 노출시킴으로써 공포를 제거하도록 원조하는 둔감화 요소
⑤ 학습된 기술을 실제상황에 연관시킴으로써 매일 매일의 경험과 문제에 일반화될 수 있도록 보증하는 일반화

사람들이 자신의 생각, 감정, 선택 혹은 욕구를 공개적으로 직접적으로 주장할 수 있는 능력의 중요성은 강조되어 지나침이 없겠지만, 이는 비단 서비스 이용자들에게만 한정되는 것은 아니다. 실천가로서 우리 역시 다른 사람의 욕구와 권리 또한 우리의 견해와 관점, 개인적, 전문적 욕구를 주장하고 대변할 수 있어야 한다.

12) 모델링

특정상황에서 행동에 대해 시범을 보임으로써 다른 성원들이 모방할 수 있게 하는 것을 의미한다. 이는 주로 의도적인 모델링과 우연적인 모델링의 기법으로 나눌 수 있는데 의도적인 모델링은 클라이언트가 다른 사람을 관찰함으로써 얻어지는 모델링이며, 주로 부모나 타인을 관찰하면서 얻어지는 것이다. 이에 비해 우연적인 모델링은 특정 문제행동이나 불안감 등을 교정하거나 줄이기 위한 것으로 주로 사회복지사들이 제시한다.

13) 사회성기술훈련

사회학습의 원칙에 기반하고 있으며 클라이언트가 취약하거나 사회적으로 소외되거나 혹은 특정 기술을 익혀야할 때 제공된다. 이 훈련은 모델링이나 직접

적인 지시를 통해 이루어지며, 비디오와 행동 시연, 역할극, 숙제, 코칭, 촉구, 프로그램 변화 등의 방법으로 제시된다. 이는 기본적으로 개인이 겪는 문제나 어려움이 특정 기술이 결핍되어 있기 때문이라고 여기고 이에 대한 적절한 기술을 습득할 수 있도록 훈련시키는 것이다.

사회성기술 훈련프로그램은 또한 집단프로그램으로 널리 활용되며, 매우 구조화되어 있기 때문에 활용도가 높다. 하지만 집단에 참여할 준비가 덜 되었든지, 아니면 적절하지 못한 클라이언트를 대상으로 개별적으로 이 기술들을 가르친 후 집단프로그램에 참여하여 이들 기술을 집단구성원과 연습해 보고 현실상황에 적용해 볼 수 있다.

14) 권한부여기술

최근 사회복지실천에서 강점관점과 생태체계적 관점에 근거한 권한부여 혹은 임파워먼트 접근방법이 부각되고 있다. 사회복지기술에서 권한부여를 논의할 때는 '클라이언트가 자신의 삶과 상황에 대해 좀 더 많은 통제력을 가질 수 있도록 하기 위해 의미 있는 선택과 가치있는 선택을 할 수 있도록 돕는 것'을 의미한다.

권한부여기술은 특정 목적을 파악하고 이를 어떻게 달성할 것인가를 강조한다. 이를 위해서는 다음과 같은 네가지 심리적 변화를 필요로 한다.

① 자기효능감 향상 ② 집단의식 개발하는 것
③ 자기비난을 경감하는 것 ④ 변화도모에 있어 개인적 책임 인식

클라이언트에게서 이러한 변화를 가져오도록 하기 위해서는 실질적인 도움을 제공하는 것을 포함하여 다섯 가지 권한부여기술 혹은 개입이 필요하다.

① 클라이언트 문제정의 수용 ② 현존하는 클라이언트 강점 발견, 강화
③ 클라이언트 상황 권력구조 분석 ④ 구체적인 기술 교육
⑤ 자원 동원하여 클라이언트 권익 옹호

15) 권익옹호기술

윤리강령에 따른 권익옹호 활동은 인권침해, 평등을 저해하는 행위, 사회정의를 해치는 일 등에 맞서 클라이언트의 입장에 서서 이들의 권익을 대변하고, 향상시킬 수 있는 정책과정이나 입법활동 참여를 포함하고 있다. 또한 권익옹호기술은 클라이언트 자신이 할 수 없는 일에 대해 이들을 대표하여 이들의 관심사

를 성취할 수 있도록 돕는 것을 의미한다.

이 기술의 핵심은 권력의 차이를 인정하는 것에서 시작한다. 권익옹호기술은 클라이언트의 목소리와 관심사를 전달하여 정책 및 서비스 전달에 있어 변화를 초래하는 것을 그 목적으로 하고 있다. 이를 위해서는 클라이언트가 '자신의 삶을 어떻게 살 것이며 이를 위해서는 무엇을 필요로 하는지' 파악하는 것이 중요한다.

권익옹호는 클라이언트를 대신하여 말하고, 쓰고 행동하거나 입증하는 것을 필요로 하며 사례권익옹호, 원인권익옹호, 자기권익옹호, 동료권익옹호, 시민권익옹호로 나뉠 수 있다.

권익옹호기술을 활용하기 위해 사회복지사는 적절한 훈련과 슈퍼비전 그리고 지원을 받아야 한다. 클라이언트를 대신하여 그 사람의 권익을 위해 싸운다는 것은 전문가로서 자신감과 전문지식을 필요로 한다.

16) 네트워크 기술

Coulshed&Orme(1998)은 네트워크 기술이 네트워크 치료, 문제해결을 위한 네트워크 회의, 네트워크 형성과 같이 세가지 전략을 필요로 한다고 주장하였다. 이들 세가지 모두 앞서 기술한 중재기술과 권익옹호기술을 필요로 하며, 사회적 지지와 동움을 필요로 하는 사람과 도움제공자의 능력을 평가하는 것을 필요로 한다. 특히 도움을 필요로 하는 사람을 위한 지지체계를 형성하기 위해서는 사회망 사정기술이 요구된다.

2. 어려운 클라이언트 대상의 개입기술

사회복지사가 클라이언트를 대할 때 많은 시간, 정서, 전문적 노력이 필요하고 경우에 따라 적시에 적절한 도움을 제공하지 못함으로 인한 결과에 책임을 져야하기 때문에 세심한 주의를 기울이면서 개입할 필요가 있다. 이러한 클라이언트 가운데는 사회복지사의 자아존중감을 해치는 언행을 보여서 사회복지사의 정서적 고갈 혹은 소진을 유발하기도 한다. 나아가 클라이언트의 사례관리에 많은 시간과 노력이 소요되면서 효과적이고 효율적인 개입을 필요로 하기 때문에 이들을 맡고 있는 사회복지사는 막중한 업무부담을 느끼게 된다.

1) 비자발적인 클라이언트

사회복지사 및 기관과 접촉하도록 강요받은 클라이언트와 활동 관계를 맺는다.

비자발적 클라이언트는 전문적인 도움을 받도록 요구받거나 강제로 맡겨진 개입을 뜻한다. 비자발적인 클라이언트와 활동할 때, 다음의 지침을 고려한다.

① 클라이언트와의 첫 만남 이전에 협상의 대상이 될 수 없는 요구들과 클라이언트가 활용 할 수 있는 선택·대안들을 분명히 한다. 클라이언트가 자유의 상실에 대해 어떻게 느낄것인가를 예측해 본다.

② 클라이언트와 처음 만날 때 클라이언트가 기관에 오게 된 이유에 대해 사실적 정보를 보여준다. 그리고 어떤 오해가 있다면 바로잡도록 요구한다.

③ 사회복지사의 역할과 책임, 클라이언트에 대한 사회복지사와 기관의 기대를 분명하고 정직하게 설명한다. 또한 적용될 비밀보장 원칙을 설명한다.

④ 클라이언트가 협조하지 않을 때 발생할 수 있는 부정적인 결과를 알려준다. 그러나 서비스보다 부정적 결과를 선택할 클라이언트의 권리를 존중한다.

⑤ 사회복지사와 강제로 만나게 된 것에 대해 클라이언트가 부정적인 감정을 가질 수 있다고 생각하며, 클라이언트를 곤경에 빠지게 하거나 거짓말을 잡아내려는 시도로 오해될 수 있는 질문은 피한다.

⑥ 사회복지사, 상담가 혹은 다른 전문 원조자에 대해 클라이언트가 갖는 선입견과 함께 전문가 혹은 체계에 대한 클라이언트의 과거 경험에 대해 얘기해 본다. 법이 허용하는 한도 내에서 클라이언트에게 자기 결정과 많은 선택을 제공한다.

⑦ '거래한다'는 전략을 갖고 클라이언트와 관계를 형성하도록 한다.

⑧ 동기부여가 안된 클라이언트는 없다.

⑨ 클라이언트의 강점을 강조하고 재구조화 기법을 자주 사용한다.

⑩ 대부분의 클라이언트의 경우 사회복지사가 어느 정도의 자기 노출을 하는 것은 클라이언트의 방어를 없애는 데 효과적이다. 그러나 수감자, 사회병리적 사람, 능숙하게 조종하는 사람과 활동할 때는 개인적 정보를 공유하는 것을 피한다.

비자발적 클라이언트는 사회복지 서비스의 필요성을 느끼지 못하거나 매우 미약하게 느끼며 서비스를 제공받는 것에 대한 거부감과 수치심도 매우 강하다.

즉, 외부기관에 의해 자신들의 문제를 강제적으로 노출시켜야 하는 이들 클라이언트는 자신의 문제를 회피하고 면담의 목적을 흐리게 하고 고의로 면담을 방해하거나 거부하기도 한다. 따라서 이러한 클라이언트를 사회복지실천의 초기부터 종결단계까지 전 과정에 걸쳐 서비스를 받도록 하기에는 많은 어려움이 따를 뿐 아니라 고도의 기술을 요한다.

2) 클라이언트의 적대적 · 공격적 · 폭력적 행동 다루기

잠재적으로 폭력적인 클라이언트에 대해 상황에 내재된 위험을 감소시키는 방식으로 반응한다. 사회복지사가 클라이언트에게 도움을 제공하고 클라이언트를 돌보는 것이 중요한 업무이지만 사회복지사는 자신의 안전에 주의를 기울여야 하며 기관은 쾌적한 업무환경이 될 수 있도록 필요한 지침과 정책을 개발·교육·시행할 필요가 있다. 나아가 기관에서는 사회복지사의 사생활을 보장할 수 있는 배려와 필요한 보안체계를 마련할 필요가 있다.

극도로 화를 내고 잠재적으로 폭력적인 사람과 상호작용 할 때 사회복지사는 다음 지침을 준수해야 한다.

① 계획을 다른 사람과 먼저 상의하지 않은 채, 위험해 보이는 상황으로 뛰어들지 않는다.

② 과거의 폭력행동을 통해 미래의 폭력 발생을 가장 잘 예측할 수 있다.

③ 기관의 기록유지 체계는 클라이언트를 처음 만나게 될 사회복지사가 적절한 주의를 취하도록하기 위해, 잠재적으로 위험한 클라이언트의 사례기록을 알리는 방법으로 칼라 부호화나 다른 방법을 활용해야 한다.

④ 위험한 상황으로 발전할 수 있는 가정방문은 항상 방문일정을 알리고 당신의 관심사를 기관에 알린다.

⑤ 말하는 사람을 볼 수 없고 그들도 당신을 본 적 없다면, “들어오라”는 초대에 대해 반응하여 출입구로 들어가지 않는다.

⑥ 보통 때와 다르거나 부적절한 것으로 보이는 상황에 대해 주의를 기울인다.

⑦ 화를 내는 사람은 2~3분내 화를 발산하고 조용해진다.

⑧ 화가 난 사람은 건드리지 않는다. 위협으로 해석될 수 있는 어떤 것도 하지 않고 가능하다면 서 있기보다 앉는다.

⑨ 클라이언트의 행동들에 주의를 기울이며 상황의 위험성이 고조된다면 자리를 떠난다.

⑩ 잠재적으로 폭력적인 사람의 가정에 있을 때 보통 침실에 총이 있고 부엌에 무기가 되 수 있는 것이 많다는 사실을 주의한다.
⑪ 다른 사람에 대한 공격은 종종 두려움에 대한 반응이다. 그래서 당신에 대한 두려움을 감소시키기 위해 노력해야 한다.
⑫ 공격성과 분노는 종종 다른 사람으로부터 통제 받고 있다는 느낌으로부터 나온다.
⑬ 뛰고 빨리 움직일 수 있는 옷과 신발을 선택한다.
⑭ 무기로 상대방을 무장해제 시키려고 하지 않는다.
⑮ 사회복지사의 가족도 클라이언트 분노와 폭력의 대상이 될 수 있다.
⑯ 위험한 지역에서 일한다면, 경험 있는 동료, 지역상인, 경찰로부터 자신을 보호하는 방법에 대한 지도를 받는다.

사회복지사는 클라이언트가 보인 폭력행동으로 인해 사회복지사가 얼마나 경악하였는지 알림으로써 문제 상황을 해결할 수 있는 시작점을 만들 수 있다. 또한 클라이언트가 보인 행동들이 오히려 부정적인 결과를 초래할 수 있다는 점을 상기시킬 필요가 있다. 하지만 주의해야할 점은 지나치게 부정적인 결과를 강조하다보면 오히려 역으로 위협을 느끼게 되어 상황을 악화시킬 수 있다. 따라서 상호간의 존중을 전제로 대화로 해결하는 방법을 모색하는 것이 최선의 해결방법이다.

3) 보호와 통제하기

사회복지사는 대상 클라이언트와 관련된 법적 근거와 이에 따른 기관의 정책과 규정을 충분히 숙지하고 활용할 수 있어야 한다.

보호와 관련된 사항 가운데 하나는 비밀보장이다. 외부기관과의 업무 연락이 있는 경우 일반적으로는 클라이언트의 일차적인 동의를 전제로 하고 있지만 경우에 따라서는 절대적인 비밀보장이 안 될 경우도 있다. 이러한 측면에서 기관에서는 비밀보장과 관련된 자체적인 업무규정을 갖출 필요가 있다.

(1) 착취 · 학대 · 방임으로부터의 보호

사회복지에서는 이러한 착취·학대·방임을 경험하는 클라이언트를 취약집단으로 구분하여 적극적으로 보호하도록 노력해 왔으며, 이에는 아동, 지체 및 정신장애인, 노약자, 폭력피해자 등이 포함된다. 이들 클라이언트에 대한 개입전략은 이들의 일차적 욕구인 안전 및 보호에 대한 욕구를 충족시킬 수 있는 조치를 마련하는 것이다. 또한 폭력이나 학대로 인한 즉각적인 피해를 최소화하고, 제2의 피해를 예방하기 위해 계획을 마련하고 적절한 도움을 요청할 수 있는 지지체계를 마련하는 것이다.

(2) 자살예방을 위한 개입전략

십대 청소년과 청년기, 노년층은 자살의 고위험군에 해당한다. 자살을 생각하거나 시도하는 클라이언트를 안전하게 보호하는 것은 사회복지사의 의무 가운데 하나이다.

자살은 회복할 수 없는 치명적인 사건이지만, 많은 경우에 자살은 예방할 수 있다.

◉ 자살에 대한 잘못된 믿음

① 대부분의 자살은 하나의 갑작스런 외상적 사건에 의해 일어난다

② 대부분의 자살, 특히 청소년 자살은 사전경고 없이 일어난다.

③ 자살의 위험이 있는 사람과 자살에 대해 이야기해서는 안 된다.

④ 자살에 대해 이야기하는 사람은 자살하지 않을 것이다.

⑤ 치명적 결과를 가져오지 않는 자살 시도는 주의를 끌기 위한 행동이므로 도움을 제공할 필요가 없다.

⑥ 자살하는 사람은 정말 죽기를 원한다.

⑦ 이전에 자살을 시도한 사람은 다시는 자살하지 않을 것이다. ⑧ 자살하는 사람들은 문제를 해결하기 위한 쉬운 방법을 선택한 것이며, 따라서 도움을 받을 자격이 없다

◉ 자살의 예측 변인

① 현재 자살 계획② 이전 자살 행동 ③ 자원

자원은 내부와 외부 자원으로 구분한다. 내부 자원은 자기 존중감, 자신감, 현실적인 기대, 희망, 대처 기술, 문제해결 기술, 직업 기술, 신체적, 정신적 건강, 종교적 믿음 등을 포함한다. 외부적 요인으로 절망감과 무기력감을 감소 시키므로써 자살의 위험을 줄인다.

◉ 자살 위험에 대한 평가

스트레스 증상에도 불구하고 현재 자살 계획을 가지고 있지 않고, 이전에 자살 행동을 한 적이 없으며, 지지 자원을 가지고 있는 사람의 자살 위험은 낮은 반면, 이 세 변인들 가운데 하나에 문제가 있는 사람은 중간 정도의 자살 위험이 있고 이 세 변인들 가운데 둘 이상에서 문제가 있는 사람은 높은 정도의 자살 위험이 있다.

◉ 자살에 대한 개입

자살 개입의 목표는 자살의 발생을 예방하는 것이다. 자살 개입은 탐색, 이해, 행동의 세 단계를 통해 이루어진다. 탐색 단계에서 사회복지사는 클라이언트의 상황에 대해 탐색하고 관여한다. 이해단계에서 사회복지사는 자살의 이유를 클라이언트의 시각에서 이해하고, 자원과 강점에 대해 물어보며, 자살 위험의 정도를 평가한다. 마지막으로 행동단계에서 사회복지사는 자살의 즉각적인 위험을 예방하기 위한 행동을 계획하고 실행한다.

(3) 타해 위험이 있는 클라이언트

타인을 해칠 의도가 명백하고 이에 대한 계획과 방법을 준비하고 있다면 잠재적인 해를 입을 상대방에게 이러한 의도를 알릴 의무가 있으며, 이는 사회복지사의 윤리적·도덕적 책임을 다하는 것이다.

타해(他害) 위험이 있는 클라이언트 중에는 자신의 분노와 억눌린 감정을 잠재적 해를 입을 상대방에게 적절하게 표현할 방법이 없는 경우가 많으며, 감정에 의한 즉각적인·충동적인 판단에 의존할 경우가 많다. 따라서 사회복지사는 클라이언트가 가지고 있을 분노와 억압된 감정을'사회적으로 수용 가능한'방법으로 표현하도록 돕는다. 여기서는 사회복지사의 공감적 이해와 수용의 자세가 필요하며, 클라이언트가 감정을 환기시킨 이후에는 이성적인 판단을 할 수 있는 능력이 향상되어 현실적으로 수용 가능한 방법으로 문제를 해결할 가능성이 높다.

▶ 참고문헌 ◀

김인숙·김용석역(2002), 사회복지실천기술연습, 나남출판.
김혜란·홍선미·공계순(2001), 사회복지 실천기술론, 나남출판.
양옥경·김정진·서미경·김미옥·김소희(2000), 사회복지실천론, 나남출판.
엄명용·노충래·김용석(2005), 사회복지 실천기술의 이해, 학지사.
엄명용·김성천·오혜경·윤혜미(2000), 사회복지실천의 이해, 학지사.
B.셰퍼·C.호레이시·G호레이시(2001), 김혜란 감수, 서울대사회복지실천연구회 역. 사회복지실천기법과 지침, 나남출판.
이장호(2002), 상담심리학 제3판.
전재일·이성희(2002), 사회복지실천기술론, 형설출판사.
최옥채(2001), 사회복지실천, 양서원.
허남순·한인영·김기환·김용석 옮김(2004), 사회복지실천 이론과 기술, 나눔의 집.

제 5 장

집단중심 사회복지실천기술

1. 집단중심 사회복지실천기술의 이론적 이해

1. 집단의 개념과 유형

1) 집단의 개념

집단은 성원들이 사회복지사의 관여와 개입에 찬성하고 이를 선택한 사람들의 모임으로 집단지도자는 집단 형성에 책임이 있든 없든 성원들에 대해 전문가로서의 의무와 책임을 지고, 성원들이 함께 집단 목적을 달성할 수 있도록 돕는 역할을 하게 된다.

2) 집단의 특성

① 서로 함께 시간을 보내는 사람들의 모임으로 성원 스스로가 자신을 집단 성원으로 인식함은 물론, 다른 사람들도 그를 집단에 속한 사람이라고 인식하고 인정한다.

② 성원들은 지속적으로 만나도록 기대되기도 하고 그렇지 않을 수도 있다. 일정한 기간 동안 시간을 정해 고정된 시간에 모임을 갖기도하고 모임의 길이를 목적의 진척에 따라 결정하는 집단도 있다.

③ 집단 내에서 성원들은 상호의존하고, 직·간접적 상호작용·교환을 하므로 집단의 크기를 제한하게 된다.

④ 집단은 한 가지 이상의 목적을 위해 형성된다.

⑤ 집단은 응집력을 발달시키는 모임이다.

3) 집단의 목적

사회복지실천에서의 집단개입의 목적을 미국사회사업가협회(NASW, 1962)에서는 다음의 6가지로 들고 있다.

① 활동적인 시민으로서의 책임감 형성, ② 개인적 성장과 풍요로운 생활, ③ 자아인식과 사회적 소속감의 증진, ④ 스트레스를 받는 시기의 지지와 새로운 상황에 적응능력 배양, ⑤ 만족할 만한 사회적 기능의 유지, ⑥ 사회적 해체나 질병의 교정 및 치료

2. 집단의 효과적인 치료요인

얄롬(I. Yalom, 1985)은 집단개입에서 얻을 수 있는 주요 효과적 치료요인들을 다음과 같이 제시하고 있다.

① **희망의 고취** : 집단에 참여한 성원은 다른 집단에서의 치료효과를 보고 자신도 치료와 변화에 대한 희망을 갖게 된다.

② **보편성** : 자신의 문제를 자신만의 것으로 생각하고 수치스럽게 생각하던 것을 다른 성원들도 유사한 문제가 있다는 것을 듣고 자신의 문제를 보편적인 문제로 인식함으로써 위로를 얻게 되고 치료에 적극적으로 참여하게 된다.

③ **정보전달** : 집단경험을 통하여 자신의 문제해결에 도움이 될 수 있는 다양한 정보를 얻게 된다.

④ **이타심** : 자신에 대한 무가치감과 낮은 자존감이 형성되어 있는 성원들은 집단경험을 통해 자신이 타인을 도와줌으로써 타인이 변화되는 것을 경험하면서 낮은 자존감과 무가치감에서 회복되게 된다.

⑤ **일차 가족집단의 교정적 반복 발달** : 집단의 경험을 통하여 가족에서의 경험과 유사한 환경을 제공받아 성원의 부정적 경험을 긍정적 경험으로 대치하도록 돕는다. 간접적 가족관계 형성을 통하여 성원들은 원가족에게 영향을 받은 상처나 문제행동을 교정할 수 있는 기회를 제공받는다.

⑥ **사회화기술의 발달** : 고집단은 개인의 성장에 있어 부족한 사회화기술을 학습 할 수 있는 안전한 환경을 제공한다. 역할놀이와 집단 성원들의 피드백을 통해 자신의 인지적 왜곡을 수정하고 새로운 사회기술을 학습한다.

⑦ **모방행동** : 집단 성원들은 새로운 변화된 행동을 배우는 데 집단 내에서 다른 성원의 행동을 모방함으로써 치료의 효과를 높일 수 있다.

⑧ 대인관계의 학습 : 집단 성원과의 상호관계를 통해서 자신에 대한 통찰력을 높이고 다른 사람의 독특성을 인정하는 새로운 관계기술을 배운다.

⑨ 집단응집력 : 집단 성원들은 점차 집단응집력이 향상되면서 집단에 대한 매력이 상승되고 그 결과 사회에 대한 소속감, 친밀감, 존중감을 형성하게 된다.

⑩ 정화 : 신뢰할 수 있는 수용적 분위기의 집단 내에서 성원들은 자신의 억압된 부정적 정서를 자유롭게 표현함으로써 억압된 부정적 감정의 표출을 통해 정화가 이루어지며 문제해결을 위한 목표 지향적 활동에 적극적으로 참여하게 된다.

⑪ 실존적 요인들 : 집단을 통하여 성원들은 각자의 경험들을 공유함으로써 각각 개별적인 특성을 인정하게 되고 자신의 문제에 대해 스스로 의사결정하고 선택하며 책임질 수 있는 인간으로서 실족적 경험을 하게 된다.

3. 집단이론

1) 장이론(Field theory)

집난이론 숭에서 가장 많이 알려진 이론이며, 사회심리학자인 Kurt Lewin에 의해 개발되었다. 인간의 심리적 장이란 인간행동을 좌우하는 서로 공존하고 상호의존적인 모든 심리적 사실들의 총합을 말하는데, 여기에는 인식하든 인식하지 않던 개인의 현재 상황과 행동에 영향을 주는 모든 것들이 포함되며, 개인에게 직접 영향을 끼치지 않는 먼 곳에서 일어나는 사회적, 물리적 사건들은 제외된다.

2) 소시오메트리(Sociometry)

집단에서 상호간의 관심을 서술하고 측정하기 위한 방법인 소시오메트리는 Jacob Moreno와 Helen Jennings에 의해 처음 개발되었다. 집단에 참여하게 되면 대인관계의 복잡한 관계망이 점차 발생한다. 집단의 각 성원은 몇몇 성원들에게는 관심을 갖고, 다른 구성원들은 거부하는 감정적인 상호작용을 한다. Moreno에 따르면 인간관계나 집단의 형태는 끊임없이 변화하는 개인 간의 관심과 거부의 역학적인 긴장체계이며, 그것은 개인의 자발성의 발달과 문화적 역할의 학습정도에 따라서 상대적으로 안정된 구조를 만들어 낸다고 하였다. 이 관점에서 Moreno는 처음에는 환자의 자발성과 역할극의 진단 훈련을 통하여 환자가 집단생활에 적응하도록 하는 집단치료법을 개발하였고, 동시에 긴장 체계의 측정분석을 통해서 집단의 구조와 동태에 관한 사회측정이론을 체계화하였다.

3) 집단상호작용(Group interaction)

집단 상호작용은 Robert Bales에 의해 개발되었다. 이 이론에서의 집단은 문제해결의 목적을 위해 상호작용하는 개인들의 체계로 설명된다. 따라서 관심의 초점은 구성원들의 의사소통 행위 양상과 결과에 있다. 집단과업의 달성과 관련된 문제를 해결하기 위해 집단성원들은 서로 탐색하거나 구성, 제안 혹은 의견을 제출한다. 이때 집단은 균형을 이룬 안정된 상태가 아니며, 감정과 과업 사이에서 혼돈을 겪을 수 있게 된다. 따라서 집단의 문제해결 과정은 각각의 명확하고 규칙적인 방법에 따라 확실하고 순차적인 단계로 이루어지며, 집단은 주변환경 안에서 사회체계에 적응하고, 생존하고, 발전한다.

4. 집단개입의 주요 모델

사회복지실천에서 집단개입에는 세 가지 주요 모델들이 있다. 즉, 집단구성의 목적에 따라 ① 사회적 목표 모델, ② 치료모델, ③ 상호작용모델로 분류된다.

1) 사회적 목표모델(Social goals model)

사회적 목표모델(Social goals model)은 초기 집단사회사업 목표 성취의 기본적 모델이며 중심 개념은 사회적 의식과 사회적 책임감이다. 사회적 목표모델은 선량한 시민 양성에 목적을 둔 인보관과 청년단체의 집단사회사업으로부터 성장했다. 이 모델은 지역사회 내의 범죄, 빈곤과 같은 문제를 다루기 위해서 자주지역복지관이나 시민조직 그리고 보건 또는 복지위원회 등에서 활용된다. 오늘날 사회복지관의 '지역환경지킴'이나 공공주거단지에서 주민들이 범죄에 대항하기 위해 조직된 집단이 여기에 해당된다.

2) 상호작용모델(Reciprocal model)

상호작용모델(Reciprocal model)은 집단 성원과 사회 간에 공생적인 관계를 통해 집단 성원들의 요구와 문제를 해결하는 것에 초점을 둔다. 즉, 집단을 통해 개인기능과 사회기능을 향상시키는 대표적인 집단이 가정폭력피해자 집단, AIDS환자 집단 등이다. 이 집단 속에서 성원들은 서로를 지지하고 재보증을 통해 자신들의 인생을 통제하도록 도움을 받는다. 중간모델 또는 인본주의모델로도 불리는 상호작용모델은 개별 성운과 집단간의 상호관계에 초점을 둔다. 이 모델에서는 집단활동 시작 이전에 특정한 목표를 설정하지 않으며, 집단사회사업 과정을 통한 상호작용 중에 목표가 설정된다.

3) 치료모델(Remedial model)

치료모델(Remedial model)은 개인의 치료를 위한 도구로 집단을 활용하는 모델이다. 집단은 개인의 목적을 달성하는 하나의 방법이나 관계상황으로 집단과정을 통한 변화는 그 자체가 목적이 아니라 개인의 치료와 재활을 위한 수단이 된다. 알코올중독자들의 회복집단, 정신치료집단 등이 대표적인 예이다. 역사적 맥락에서 볼 때 치료적 모델의 발전은 집단사회사업이 전문사회복지실천에 통합될 수 있게 하였다. 치료모델은 사회적 기능수행에 뚜렷한 문제가 있거나 문제발생의 위험이 높은 개인에게 원조하는 것을 강조하는 임상모델이다. 집단사회복지사의 역할은 전문가와 집단 성원 간에 개별적으로 계약된 치료목표에 기초하여 지시적이고, 계획적이며 목표지향적이어야 한다. 치료모델의 초점은 집단을 활용하여 개인을 지료하는 것으로 집단은 개인의 목적을 달성하기 위한 도구 또는 상황이며, 집단구조와 집단과정에서의 변화는 그 자체가 목적이라기보다는 목적달성을 위한 수단이다. 이 모델은 신체적으로나 정신적으로 장애를 가진 사람, 법률상의 범죄자, 격리되거나 소외된 사람을 위하여 교정시설, 병원, 가족서비스 기관 등에서 활용된다.

<표 5-1> 집단의 모델 비교

특징	사회적 목표모델	치료모델	상호작용모델
주과제	필요한 자원 제공과 사회적 붕괴의 예방 (비공식적 정치 및 사회행동)	사회적 사고 및 위험으로부터의 회복과 재활 (집단매개체를 통한 치료)	앞의 두 모델의 조합 (문제해결을 위한 상호원조체계의 개발)
장기적 목적	보다 나은 민주사회 건설	개개인의 사회적응 향상	개인과 사회의 조화
구체적 목표	1.소속감의 증대, 민주적 참여에 대한 훈련 2.처음에는 전문가에 의	1.집단상호작용을 활용하여 역기능 행동을 하는 성원의 치료와 재활	1.적정수준의 적응과 사회화를 성취하기 위해 성원간의 상호 원조체계

	해 집단목표가 결정되나 점차 그 책임은 집단에게 이양	2.세부적인 집단목표를 전문가가 사전에 결정	형성, 대인관계 향상 2.집단목표의 결정을 전문가와 회원이 공유
개입장소 및 기관	회원이 있는 가정, 인근 지역, 지역사회복지관	임상기관, 사회복지시관 및 시설	임상기관, 사회복지관 (집단목표에 따라 다양함)
초정	개인의 성숙과 민주시민의 역량 개발	개인적인 역기능 변화	성원간의 자조, 상호원조체계 개발
지도자 역활	'영향력을 끼치는 자' (influencd person)의 역할: 바람직한 역할모델을 제시	전문적인 '변화 매개인' (change agent)의 역활	'중재자(mediator)'의 역할
대상	시민, 이웃, 지역주민	역기능 또는 문제의 해결을 위해 도움을 필요로 하는 자	공동관심사의 성취를 위해 협력하는 구성원
집단활동	토론, 참여, 합의, 집단과제의 개발 및 실행, 지역사회조직화, 성원의 사회행동 기술 습득	성원의 행동변화를 일으키기 위해 구조화된 개입을 하거나 직접적, 간접적 영향력을 발휘	관심사를 토론, 상호 원조 형성, 상호이익이 되는 결속돈 사회체계의 형성
집단크기	3-25명 정도	7-10명 정도	상황에 따라 유동적
신입회원의 가입	개방적이며, 누구나 친구가 될 수 있다.	전문가의 통제	전문가와 회원의 동의에 의한 자유로운 가입
회합기간	지도력 유형에 따라 유동적	정기적이며, 시간사용 계획을 사전에 설정	유동적, 지도자와 성원이 합의
대표학자	Ryland, Wilson, Coyle, Klein	Vinter, Sarri, Glasser, Redl	Schwartz, Bion, Lewin, Tropp

5. 집단역학

집단은 역동적인 힘을 통해 변화해 나가면서 개별 성원에게 영향을 주어 변화를 유도하거나 문제의 해결을 제공한다. 따라서 사회복지사는 집단에 영향을 주는 집단역학을 잘 이해하고 있으면서, 집단역학의 하위요소들이 집단과 개별성원 그리고 집단발달 및 과정에 주는 영향을 분석하고 적저란 개입을 할 필요가 있다.

1) 의사소통 유형

상호작용 유형을 이해하고, 개입하는데 있어서의 첫 단계는 집단성워들이 모여서 의사소통하는 것을 인식하는 것이다. 의사소통을 통한 집단 성원들의 상호작용은 집단내 상호작용 유형을 결정하는 중요한 요인이 된다. 집단내 의사소통에는 언어에 의한 의사 전달과 몸짓 등에 의한 비언어적 전달이 있지만 시작되면 어떤 형태로든 바로 의사소통이 시작된다.

2) 목적

모든 집단은 목적(purpose), 궁극적인 목표(ultimate aim), 목표(end), 의도(intention)가 있다. 집단의 목적은 집단구성원의 선별과 발달, 집단의 규범, 집단활동 그리고 의사소통 유형 및 집단성원과 집단의 평가기준에 영향을 미친다. 사회복지사는 집단의 성원들이 자신들의 다양한 목적을 파악하고, 이를 명백히 규정하며, 개개인의 특정한 목적 안에서 공통의 목적과 참여 동기를 찾을 수 있도록 도와야 한다.

3) 대인관계

가족과의 관계, 친구, 어떤 문제가 발생했을 때 이야기를 들어주고 정신적으로 의지할 수 있는 인간관계의 유무 등에 관해 성원들과의 상호작용에서 흥미를 느낄 수 있으며, 서로 관심을 가질 수 있어야 한다. 때로 대인관계에 어려움을 겪는 성원들은 다른 성원을 인격적으로 대하거나 타인의 관심사에 적절하게 반응하는 능력이 부족할 수도 있다. 즉, 이타적이지 못하면서 자기애적인 대인관계를 갖는 성원이 있을 수 있는데, 사회복지사는 집단이 활성화되거나 생존하기 위해서는 개별성원들이 개별적이면서 자기중심적이기보다는 집단중심적이고 집단에 통합된 행동과 생각을 보일 수 있도록 도울 필요가 있다.

4) 지위와 역할

지위와 역할은 복잡하고 밀접한 관계가 있다. 지위란 한 개인이 속한 집단내의 위계체계 안에서 다른 사람과 관련하여 한 개인이 차지하고 있는 위치를 뜻한다. 집단에서는 개별성원의 의지와 상관없이 집단성원들 간에 서로 등급 혹은 위계질서가 매겨진다. 한 성원이 자신에게 주어진 역할을 집단 내에서 충실히 수행하지 못할 때 집단에 따라서는 그 성원에게 제재를 가할 경우도 발생할 수 있으며, 이런 제재는 대체로 처벌적인 것이 많다.

5) 가치와 규범

질서있는 안정된 집단을 유지하기 위해서는 집단성원이 협력적으로 집단의 규약에 따르도록 집단 통제를 필요로 하게 된다. 집단이 만들어지면 이를 통제할 규범이 만들어지고 집단성원의 역할이나 집단의 지위가 명확해진다. 집단의 규범은 성원으로서 용인된 행위나 승인되지 않은 행위에 대해 정의하고 집단을 통제하는데 있어 중요한 역할을 하게 된다.

6) 긴장과 갈등

집단성원들 간에는 다양한 형태의 긴장 및 갈등관계가 형성될 수 있다. 특히 과제를 추진하거나 상호작용을 통해 성원들 간의 대인관계가 형성되고, 자신들의 욕구충족을 위해 다른 성원들과 상호작용을 할 때 그리고 다른 성원에 대해 오해가 발생하거나 집단성원들 간에 상이한 목표, 가치, 규범을 가지고 있을 때, 긴장과 갈등은 어떻게 보면 필요적으로 발생하게 된다. 하지만 긴장과 갈등이 집단에 항상 부정적인 영향을 미치는 것은 아니다. 오히려 집단은 긴장과 갈등을 건설적으로 해결할 때 더욱 성장할 수 있다. 그러나 갈등이 오랜 동안 지속되거나 심각해지면 집단성원들의 심리적인 분열과 심리사회적 기능의 와해를 야기할 수 있다.

7) 집단 응집력(Cohesion)

응집력은 함께 한다는 견지에서 유착(bond)이라고도 한다. 이는 집단성원들이 우리, 우리들 것이라는 말을 사용하게 될 때, 성원들 서로가 서로를 잘 알고 인식하며 서로를 위해 중요하다고 생각할 때 인식된다. 응집력은 집단 내에서 각자의 개성을 표현할 수 있고, 충분한 친밀감을 허용하는 서로간의 유대인 것이다. 성원들이 집단에 대해 매력을 느끼고 집단내 응집력이 높아지면 집단성원들 사이의 상호작용은 활발해지며, 경쟁적이지 않고 협력적이며 성원의 집단에 대한 만족도가 높고 성원들 사이에 상호원조가 잘 이루어진다. 응집력은 집단의 목표 성취와 집단 내 변화를 가져오게 하는 사회적 영향력으로서 매우 중요한 기능을 하게 된다.

8) 하위집단

집단성원들이 상호 간에 공통점을 발견하거나 매력이 생기면 하위집단을 형성하게 된다. 사회복지사가 하위집단을 파악하는 방법은 의사소통의 질, 집단성원 간의 어울림 등을 관찰함으로써 가능하며, 소시오그램(sociogram)을 통해 분석이 가능하다.

이상과 같은 집단역학의 구성요소들은 상호영향을 주고받으면서 집단발달 단계 전 과정에 영향을 주기 때문에 사회복지사는 이들 요소들을 명확하게 이해하고 적용할 필요가 있다.

6. 집단대상 사회복지실천에 대한 오해

① 사회복지사가 집단을 통해 다수의 클라이언트를 동시에 접하기 때문에 시간과 비용 측면에서 개인대상의 사회복지실천에 비해 경제적이라고 생각하는 것. 하지만 사례관리 측면에서 개별성원들에 대한 배려가 개인대상의 사회복지실천 만큼 혹은 그 이상으로 요구되기 때문에 집단대상의 사회복지실천이 반드시 경제적이라고 할 수 없다.

② '집단=프로그램'이라고 생각하는 경우다. 프로그램은 집단의 내용 가운데 하나다. 집단의 내용은 집단의 목적을 성취하는 하나의 도구로서, 프로그램도 집단의 목적을 성취하는 도구로 활용되는 것이지 집단 자체가 곧 집단프로그램은 아닌 것이다.

③ '집단은 구조화되어야 한다'라는 생각에 회기별로 도입, 중간, 종결등의 과정에서 각각 어떤 과업들이 진행될 것인가를 결정하고, 도입에서'소개, 성원들과 친해지기'등과 같이 세분화된 과업이 결정되어 있는 경우가 이에 해당한다.

7. 사회복지 실천이론의 집단에 대한 적용

이론은 집단의 목표와 방향을 결정하는 역할을 하기 때문에 효과적인 집단프로그램을 직접 개발하지 않고 이미 개발된 프로그램을 특정 집단에 적용하는 경우라 하더라도 프로그램의 이론적 기반과 집단프로그램 대상자의 문제 또는 욕구와의 관계에 대해서 명확한 이해가 선행될 경우 프로그램의 효과를 극대화시킬 수 있을 것이다. 따라서 집단을 대상으로 사회복지 실천을 준비하는 사회복지사는 프로그램 대상자의 문제 또는 욕구를 해결하기 위해 적용 가능한 실천이론과 경험적 근거에 대해서 철저하게 이해해야 할 필요가 있다.

■ 사례 : 약물남용 재발예방프로그램

약물남용 클라이언트의 약물남용 재발예방을 위한 집단프로그램의 사례를 제시함으로써 프로그램의 이론적 기초와 프로그램 세부 내용이 어떻게 연결되어 있는지를 보여주는 것을 목적으로 한다.

1) 사회학습이론

사회학습이론은 약물남용 클라이언트들이 대인관계상의 문제, 약물을 권유하는 주위의 압력 등과 같은 고위험 상황을 적절히 다룰 수 있는 인지적, 행동적 대처기술이 부족하기 때문에 이에 대한 대처수단으로 약물사용을 선택하게 된다고 주장하면서 효과적인 대처기술훈련의 필요성을 강조하고 있다(Monti et al., 1989). 특히 Bandura의 사회학습이론은 인지적 사회학습이론(cognitive social learning theory)으로 불리기도 하며 개인의 인지적 요인의 역할을 강조하고, 자기효능감(self-theory)이 핵심 개념 중의 하나다(Abrams et al., 1987).

Bandura(1977)는 자기효능감을 개인이 고위험 상황과 같은 스트레스 요인에 직면했을 때 그 요인을 효과적으로 다루기 위해 요구되는 특정 행동을 수행 할 수 있다는 개인의 인식 또는 판단이라고 정의하고 있다.

또한, 자기효능감은 효능기대감(efficacy expectation)과 결과기대감(outcome expectancy)으로 구분되기도 하는데, 효능기대감은 특정 결과를 생산하기 위해 요구되는 행동을 성공적으로 실행 할 수 있다는 개인의 확신을 의미하고, 결과기대감이란 특정 행동이 특정 결과로 이끌 것이라는 개인의 추측(예를 들면, 술을 마시면 기분이 좋다)을 의미한다(Bandura, 1977).

사회학습이론에서 강조하는 자기효능감의 개념은 약물남용분야에도 적용이 되어 약물이 개인에게 주는 효과와 고위험 상황을 효과적으로 다룰 수 있다는 능력에 대한 개인의 믿음이 약물의존을 결정짓는 주요인으로 보고 있다. 그리고 사회학습이론은 여기에서 더 나아가 자기효능감이 고위험 상황을 처리하기 위한 대처 기술을 결정한다고 주장한다(Abrams et al., 1987).

이상의 원리를 정리하면, 사회학습이론은 개인의 자기효능감과 적절한 대처기술이 약물남용 및 의존을 결정짓는 주요인이며 약물남용의 재발을 예방하기 위해서는 자기 효율성의 증진과 적절한 대처기술의 습득이 중요하고 또한 자기효능감과 대처기술은 상호의존적 관계임을 제시하고 있다.

2) 인지행동접근법

사회학습이론과 마찬가지로 인지행동접근법은 약물사용을 고위험 상황에 대처하는 부적합한 방법이라고 규정하고 있다(Kadden, 1994). 효과적인 대처기술의 부재가 재발을 야기하기 때문에 개인이 재발과 관련된 고위험 상황에 직면했을 때 약물을 사용하지 않고 효과적으로 대처하는 기술의 습득을 강조한다(Longabaugh et al., 1999).

약물사용의 재발을 예방하기 위해 인지행동접근법에서 자주 활용하는 효과적인 기법들 중 두 가지를 소개하면 다음과 같다. 첫째, 약물의 효과에 대한 긍정적인 기대를 변화시키는 것으로서 이는 Bandura(1977)가 언급한 결과기대감(outcome efficacy)의 수정을 말한다. 일반적으로 약물남용 클라이언트는 약물사용으로 인한 부정적 결과는 최소화하고 긍정적 결과를 극대화시키려는 믿음이 강하기 때문에, 장단점분석(advantages-disadvantages analysis)기법을 이용하여 약물의 효과에 대한 클라이언트의 인식을 변화시킨다(Beck et al., 1993). 둘째, 고위험 상황에 성공적으로 대처할 수 있는 능력과 기술이 있다는 신념을 증진시키는 것으로 이는 효능기대감의 증진을 의미한다. 따라서 인지행동접근법에서는 약물사용의 가능성을 높일 수 있는 고위험 상황을 밝혀내고, 효과적인 대처기술에 대한 교육을 실시하며, 역할극 등을 통해 대처기술을 연습할 수 있는 기회를 제공하고 있다. 이외에도 약물 거부훈련, 자기주장훈련, 의사소통기술 등이 대처기술에 포함된다.

인지행동접근법을 이용한 대표적인 약물중독치료모형으로 Marlatt 등(1985) 재발예방(relapse prevention) 모델이 있다. 위에서 설명한 인지행동접근법처럼 재발예방 모델도 약물사용과 관련된 문제 상황에 성공적으로 대처하는 경험이 축적되면서 자기효능감이 향상되어 궁극적으로 약물남용의 재발 가능성이 감소된다고 주장하고 있다.

8. 효과적인 집단운영을 위한 사전준비

1) 사전준비의 중요성

효과적인 집단을 운영하기 위해서는 누구를 위한 집단인지 집단의 목표가 무엇인지를 결정해야 한다. 사전준비에 소홀한 이유는 사회복지사가 사전준비를 하면 집단성원의 자기결정권을 침해한다고 생각하거나 집단의 사전준비에 대한 시가적 압박으로 인해 철저하게 준비하기보다는 대충하는 경우가 많다(Northem & Kurland, 2001). 또한 집단이 실패하는 원인을 분석해 보면 집단의 사전준비단계에서 철저히 준비하지 못한 데 기인한다고 볼 수 있다.

(1) 누구를 위한 집단인지를 결정
(2) 집단의 목표가 무엇인지를 결정
(3) 집단의 크기는 어느 정도로 할 것인지를 결정
(4) 집단이 어떤 구성원으로 구성될지 파악
(5) 모임의 빈도와 기간은 어느 정도로 할 것인지를 결정
(6) 모임을 위한 장소는 어느 곳으로 할 것인지를 결정
(7) 평가방법은 무엇인지를 결정

2) 준비단계

집단을 계획하는 단계이며 전문가와 성원이 하나의 집단으로 대면하기 이전의 단계이다.(김종옥, 권중돈, 1993) 이 단계의 계획은 집단의 형성과 관련된 계획, 집단발달단계 전반에 걸친 계획으로 구분할 수 있다.

① 집단의 목표설정
② 잠재적 후원기관과 집단 서원에 대한 사정(assessment)
③ 성원의 모집 ④ 집단의 구성
⑤ 집단의 소재 및 설명(orientation) ⑥ 계약
⑦ 집단환경의 준비 ⑧ 집단계획서의 작성

(1) 집단목표의 설정

사전단계에서 가장 중요한 요소는 집단목표의 설정이다. 집단의 목표는 평가기준, 의사소통의 양태, 그리고 집단활동에 영향을 미치고 집단의 성격을 규정한다. 따라서 집단목표는 집단의 효과성 측정, 집단의 방향 설정 및 유지하는데 유용하도록 구체적이며 측정 가능한 진술로 이루어져야 한다. 또 집단의 효율성과 구성원의 만족도는 개인적 목표가 집단의 목적과 일치됨을 인식하게 되면 목표성취의 동기가 높아진다. 따라서 이들의 개인적 목표와 집단 전체의 목표가 달성될 수 있도록 목표 지향적 활동에 초점을 유지하도록 해야 한다.

(2) 잠재적 후원기관과 집단 서원에 대한 사정

집단활동은 기관의 서비스 전달체계 내에서 이루어지는 것이므로 후원기관의

사명, 목적, 자원, 그리고 내담자 계층 등이 집단의 형성에 중요한 영향을 미친다. 따라서 사회복지사는 사정시 기관의 정책이나 목적과 집단과 집단의 목적 사이의 적합성(fitness)을 찾아내야 한다.

(3) 성원의 모집

사회복지사는 잠재적 성원의 확보를 위해 모집절차를 거쳐야 한다. 모집과정에서 전문가는 모든 원천을 활용하여야 한다. 사회복지사가 활용 가능한 잠재적 성원 모집 원천은

① 동료직원, 기관의 기록 또는 주소록을 활용한 방법, ② 잠재적 성원이 기관이나 집단지도 전문가에게 개인 또는 집단으로 특정 서비스에 대한 요청을 해오는 경우 그 명단, ③ 기관이 대기 목록, ④ 다른 기관에의 의뢰 요청, ⑤ 지역사회자원 활용으로 나누어 볼 수 있다.

(4) 집단의 구성

① 동질성

사회적 성숙도, 지적 능력, 교육 수준, 성격의 차이, 문제영역, 사회경제적 수준 등의 여러 요인들이 이에 관련된다. 일반적으로 동질집단에서는 출석률이 좋고, 보다 쉽게 공감이 이루어지며, 상호 간에 즉각적인 지지가 가능하고, 갈등이 적고 응집성이 빨리 발달하며, 집단 성원 상호 간에 피상적인 관계에 머무르며 영속적인 행동변화의 가능성도 낮다고 한다.

② 이질성

다양한 대인간의 상호작용이 가능하므로 상호 간에 의미 있는 자극을 주고받을 수 있으며, 서로 간이 차이점을 발견하고 이해하게 되고, 현실검증의 기회도 더 풍부하게 된다. 하지만 집단성원들의 특성이 지나치게 이질적이면 집단 전체 및 개별성원에게 역효과를 가져올 수 있다.

③ 개방형 집단과 폐쇄형 집단

개방집단은 집단이 진행되는 중간에 기존의 집단 성언 이외에 새로운 성원이 들어올 수 있도록 집단을 개방한 것으로 새로운 성원이 새로운 행동패턴으로 집단에 적응하면서 기존의 집단규범이 융통성을 갖는 이점이 있다. 그러나 집단의 안정감이 깨질 수 있고 새로운 성원들이 계속 들어옴으로써 집단 내에서의 자기노출이 제한될 수도 있다.

폐쇄집단은 처음에 구성된 집단 성원이 일정한 틀 내에서 집단활동을 하기 때문에 매우 기능적일 수 있으나 일부 성원들이 중도에 탈락할 경우 그 효과성이 치명적일 수 있으므로 사회복지사는 집단의 개방 여부를 융통성 있게 활용하여야 한다.

(5) 집단의 구조

성원 개인의 욕구를 충족시키고, 집단목적을 성취하기 위하여 의도적인 집단의 구조가 필요하다. 집단의 구조에 포함되는 요소는 집단의 장소, 시간, 참여횟수, 빈도, 참여방법 등이 포함된다. 집단의 한 회합의 길이는 일주일에 한두 번, 1~2시간이 적당하며 총 회기는 보통 10~16회가 필요하다고 보는 견해가 많다(Rose & Adleson,1987 ; 조휘일, 이윤로, 2000에서 재인용).

① 집단크기

친밀하고 수용적인 대인간의 상호작용이 집단활동의 필수불가결한 요인이기 때문에 집단활동에 있어서 집단의 크기는 매우 중요하다. 집단의 적절한 크기의 기준은 대체로 그 구성원의 성숙도, 사회복지사의 경험, 집단의 유형, 탐색할 문제나 관심의 범위, 그리고 타인에 대하여 알고자 하는 집단성원의 요구 등의 여러 요인에 따라 다를 수 있다. 일반적으로는 나이가 어릴수록 적은 수로 구성하는 것이 바람직하고, 성인이 될 수록 다소 많은 술 이루어질 수도 있다고 보고 있다. 그러나 대부분 전문가들은 5명에서 15명의 범위 안에서 특히 7-8명이 이상적인 수라고 보는 듯하다. 집단의 크기는 모든 집단 성원이 원만한 상호작용을 할 수 있을 정도로 커야 하고, 동시에 모든 집단 성원이 정서적으로 집단 활동에 관여하여 집단감정을 느낄 수 있을 정도로 작아야 한다.

② 모임의 빈도와 시간 그리고 기간

성인의 경우 일주일에 1회 모임을 갖는다면 아동이나 청소년 집단의 경우 심도 있는 개입을 위해서 1주일에 2회 정도로 모임을 계획할 수 있다. 모임시간은(length)은 성인의 경우 1시간 30분 또는 2시간 정도가 좋다. 기간과 관련된 문제로서 사회복지사가 항시 유의해야 할 일은 제 시간에 시작하고 정한 때에 마쳐야 한다는 것이다. 또한 집단활동을 시작할 때, 미리 그 기간을 분명히 하고 종결의 시일도 정해 두어야 한다. 그래야만 집단 성원들이 시간의 제약을 의식하고 활동하게 된다.

③ 모임의 장소

집단모임을 위한 장소는 기관의 물리적 환경에 따라 결정되나, 집단성원의 비밀이 보장될 수 있는 장소를 선택해야 한다. 집단 초기에는 가운데 원탁을 두고 둘러앉는 것도 집단의 심리적인 어색함과 불안감을 덜어 주는데 도움이 될 것이다.

(5) 공동진행자에 대한 고려

사회복지사는 집단을 운영할 때 집단의 목적, 크기, 성원의 특성에 따라 공동진행자를 참여시킬 것인지를 결정해야 한다. 공동진행자는 집단을 운영할 사회복지사와 동등한 위치에서 집단운영에 참여하게 되는 것으로 보조진행자나 2회복지사의 관점이 공유되어 협력관계가 형성되면 집단운영에 많은 혜택을 제공할 수 있다.

9. 사정단계에 필요한 사회복지 실천기술

1) 사정의 정의

Siporin(1975)에 의하면 사정(assessment)은 원조과정이 기초하는 과정(process)이자 산물(product)이다. 과정으로서의 사정은 정보를 수집·조직하고, 정보에 관해서 판단을 내리는 것을 말하고, 산물로서의 사정은 개입계획을 수립하는 데 유용하게 사용되는 집단과 집단성원의 기능에 관한 진술문을 의미한다.

집단대상의 사회복지실천에서 사정은 개인을 대상으로 하는 사회복지실천에서의 사정보다 복잡하다. 왜냐하면 개인을 대상으로 하는 실천에서는 개인이 사정의 초점이지만 집단과의 사회복지실천에서는 집단성원 개개인에 대한 사정뿐만 아니라 집단 전체에 대해서 사정을 하는 것이 필요하기 때문이다.

2) 집단을 사정하기 위한 기술

일반적으로 집단을 운영하는 사회복지사는 집단의 기능을 사정하기 위해서 자신의 주관적 관찰에 의존하는 경우가 많다. 사회복지사는 실천현장에서 다양한 집단을 접하게 되는데 다양한 집단을 접하게 되는데 다양한 집단들을 효과적으로 사정할 수 있는 완벽한 방법이란 존재하지 않는다.

① 의의차별척도(Semantic Differential Scale)

의의차별척도(Semantic Differential Scale)란 두 개의 상반된 입장 중에서 하나를 선택하도록 요청하는 척도로서 집단성원이 동료 집단성원을 사정하는데 활용할 수 있다. 대개 의의차별척도는 5개 혹은 7개의 응답범주를 가지고 있으며 의의차별척도를 활용하는 방법 중의 하나는 동료 성원에 대한 평가, 동료 성원의 활동력에 대한 인식 등을 평가하는 데 활용할 수 있다.

② 상호작용 차트

집단을 사정하는 두 번째 방법은 집단성원들 간의 상호작용 또는 집단성원과 사회복지사 간의 상호작용의 빈도를 기록하는 것이다. 집단 내에서 이루어지는 상호작용의 빈도를 기록하는 다양한 방법을 생각해 볼 수 있다. 특정 행동이 발생할 때마다 기록하는 방법이 있으며, 일정한 시간 동안 특정 행동의 발생빈도를 기록하는 방법도 있다.

③ 소시오그램

소시오메트리는 사회적 선호도를 측정(Toseland & Rivas, 2001)하는 것으로서 집단성원들이 서로 간의 관계에 대해 인식하고 있는 정도를 사정하는 방법이다. 사회복지사는 특정 활동과 관련하여 다른 성원과 상호작용하기를 원하는 정도를 평가하도록 집단성원들에게 요청할 수 있다.

집단을 대상으로 하는 사회복지실천 중 준비단계와 초기단계의 특징과 각 단계에서 요구되는 사회복지사와 역할을 소개하였다. 집단을 실제로 운영하기 전에 집단을 효율적이고 효과적으로 운영하는 방법을 모색하고 이에 대한 철저한 준비를 해야 할 것이다. 특히 집단프로그램 내용을 직접 개발할 경우 프로그램 대상자의 특성과 문제 그리고 개입 방안에 대한 충분한 이해가 선행되어야 한다. 초기단계 동안에는 서로 간의 신뢰감과 집단에 대한 소속감이 낮기 때문에 집단성원들은 사회복지사에게 많은 의지를 하게 된다. 따라서 사회복지사는 집단성원의 역할모델이 되도록 해야 하며 집단세션에 대한 철저한 준비가 특히 요청되는 단계다. 특히 의의차별척도, 상호작용 차트, 소시오그램 등 객관적이고 구조화된 사정은 집단성원들 간의 관계를 보다 명확히 분석해 내는 데 도움이 되며 이는 건설적이고 생산적인 집단운영의 기초가 된다.

▶참고문헌◀

임은희 역(2004), 사회복지실천론, 학지사.
최선령·양정남 역(2002), 사회복지실천론, 양서원출판.

2. 단계에 따른 집단중신 사회복지실천기술

1. 초기단계에 필요한 사회복지 실천기술

1) 초기단계의 특징

우리가 처음 대학에 입학했을 당시의 기억을 되살리면 초기단계의 특징을 이해하는 데 많은 도움이 되리라 생각된다. 클라이언트와 함께 할 집단의 경우도 초기단계의 클라이언트는 앞으로 경험하게 될 집단에 대한 오리엔테이션을 필요로 한다.

(1) 집단성원의 특성

초기단계에서 집단성원들은 낯선 사람과 새로운 관경, 즉 집단에 대한 불안과 불신감, 두려움과 저항감을 갖는다. 자신을 일반적인 이미지 이상의 수준으로 타인에게 알려야 한다는 두려움으로 인해 집단성원은 불안감을 보이기도 한다. 따라서 새로운 사람과 접촉하기 보다는 안면이 있는 사회복지사와 대화를 시도하려고 하여 사회복지사에게 주로 질문을 많이 한다. 불안과 더불어 초기단계에 흔히 접할 수 있는 집단성원의 특성은 저항이다. 특히 비자발적 집단성원일 경우, 저항의 강도가 더욱 심할 수 있다.

초기단계에서 집단성원의 저항은 갈등으로 표현되기도 하며 집단은 생활방식, 사고방식, 문화 등이 각기 다른 성원들로 구성되어 있기 때문에 집단성원들 사이에서 갈등이 일어날 수 있으며 이러한 갈등은 다른 단계보다 초기단계에서 뚜렷하게 나타난다. 초기단계의 갈등은 불신감과 관련이 있지만 중간단계의 갈등은 문제해결 과정에서 집단성원 간의 이해 및 의견차, 하위집단 간의 역동적인 상호작용 등으로 발생한다.

(2) 집단의 특성

집단전체로서는 개별성원, 사회복지사, 집단에 대한 오리엔테이션이 필요하다. 개별성원에 대한 소개, 사회복지사의 이름과 직책, 역할에 대한 소개, 집단의 목적과 구조(모임 횟수, 기간, 장소 등) 에 대한 안내가 이루어져야 한다. 초기단계에서 사회복지사는 집단의 규범과 가치, 규칙(특히 비밀보장)에 대해 설명·논의할 필요가 있으며, 사회복지사에게 집중되는 질문들에 대해 적절하게 답해야 한다.

(3) 사회복지사의 역할

집단성원들 간의 공통점을 찾아 연결시켜 주는 일, 불안감을 감소시키는 일은 사회복지사에게 특히 중요한 역할이다. 사회복지사는 불안감을 감소시키기 위한 노력으로 비밀보장의 원칙을 설명하고 성원들이 비심판적인 태도, 비난적인 태도나 언행보다는 지지적인 언행을 보일 필요가 있음을 강조해야 한다.

(4) 신뢰감

초기단계의 가장 뚜렷한 특징으로는 집단성원들 간의 신뢰감 그리고 집단 성원들과 사회복지사 간의 신뢰감과 불신감을 들 수 있다. 집단 내에서 신뢰감이 형성되지 않는다면 집단성원들 간의 상호작용은 피상적일 뿐만 아니라 집단 성원 개개인의 자신에 대한 탐색도 이루어지기 어려울 것이다. 나아가 초기단계에서 신뢰감 형성이 어렵게 되면 집단의 응집력에 부정적인 영향을 미치게 된다.

(5) 소속감

집단에 대한 소속감과 집단성원으로서의 자아정체성도 초기단계에서 고려해야 할 특징 중의 하나라고 볼 수 있다. 집단성원 각자가 집단에 대한 소속감을 갖고 참여할 때 집단성원 개개인과 집단 전체에 긍정적인 영향을 주게 된다. 또한 집단에 참여하는 것이 가치가 있는지에 대해서도 의문을 갖는 성원들도 있을 것이다.

2) 초기단계에서 필요한 개입기술

(1) 오리엔테이션

사회복지사는 집단성원들을 상대로 오리엔테이션을 실시하며 앞으로 진행될 집단에 대한 정보를 제공해 주어야 한다. 일반적으로 첫 번째 모임에서 집단에 대한 오리엔테이션을 하게 된다. 여기에 포함될 내용은 사회복지사에 대한 소개, 집단성원들의 소개, 집단의 목적에 대한 소개, 집단성원으로서의 역할에 대한 소개, 규칙에 대한 소개로 구성된다.

① 사회복지사의 소개

집단성원들과 처음 대면했을 때 자신에 대한 소개(자신의 이름, 직위, 운영될 집단프로그램과 관련된 경력 등)를 한다. 사회복지사는 자신이 소지하고 있는 자격증을 집단 모임의 장소에 위치시켜 집단성원들이 담당 사회복지사의 자격증을 볼 수 있도록 하는 방법도 간접적으로 자신을 소개하는 방법 중의 하나이다. 사회복지사 자신에 대한 소개를 마친 후 가벼운 주제를 가지고 시작하는 것도 방법 중의 하나이나 지나치게 오랫동안 가벼운 주제에 집중하는 것은 금물이다.

② 집단성원의 소개

사회복지사는 집단성원 각자 자신에 대한 소개를 집단 전체에게 할 수 있도록 원조해야 한다. 가능하다면 집단성원 각자가 집단에 참여하게 된 이유, 집단에 대한 기대 등을 표현할 수 있으면 더욱 좋다. 앞으로 진행될 집단의 여러 가지 논의과정에서도 돌아가면서 자신의 의견을 말하도록 하는 방법은 피해야 할 것이다. '집단 내에서의 개별사회사업(casework in a group)'이라고 하는데, 집단 내에서 한 성원의 문제에 집중하게 되면 그 성원은 갑자기 모든 성원들의 관심이 초짐대상이 되어 불편할 수 있다.

③ 집단목적 소개

집단성원들이 동일한 문제 혹은 관심사를 가지고 있다 할지라도 사회복지사는 집단의 목적에 대해 명확하고 간결하게 설명을 해야 한다. 또한 목적을 소개하는 것과 더불어 집단에서의 자신의 역할에 대해 설명해야 한다. 집단의 성격에 따라 사회복지사의 역할은 다양해질 수 있는데 성교육 집단과 같은 교육집단일 경우 사회복지사는 교육자와 촉진자로서의 역할 등을 집단성원에게 설명해 줄 수 있다. 사회복지사의 역할에 대한 소개는 비자발적 클라이언트(involuntary clients)로 구성된 집단일 경우엔 더욱 필요로 하게 된다.

④ 집단성원 역할 소개

집단성원들은 각자 집단에 참여하게 된 동기를 알고 있을지라도 자신들의 문제를 해결하기 위해 집단 내에게 무엇을 해야 하는지 모르는 경우가 많다. 집단성원이 자신의 역할에 대해 불분명하면 집단으로부터 탈락하는 가능성이 크다. 집단성원의 역할을 소개할 때 집단의 규칙을 함께 설명할 수도 있는데, 이는 사회복지사가 집단성원에게 갖는 기대를 표현하는 것이기도 하다.

⑤ 집단 규칙

초기단계에 적용할 수 있는 사회복지 실천기술 중의 하나가 집단규칙들을 세우고 이를 집단성원들에게 설명해 주는 것이다.

첫째, 비밀보장이다. 즉, 집단 내에게 집단성원들 간에 논의된 내용을 집단 밖에서 논의 하는 것을 금지하는 규칙을 집단성원에게 알리는 것은 매우 중요하다. 사회복지사는 집단성원들과 관련된 정보 중에서 비밀보장을 지킬 수 있는 정보와 외부에 보고해야만 하는 정보를 알아두는 것이 집단성원과 사회복지사 간의 관계형성에 도움이 될 수 있다.

둘째, 사회복지사는 집단성원들과 집단성원들의 행동과 관련된 규칙을 논의하고 결정해야 한다. 초기단계에 집단규칙과 관련된 내용을 집단성원들과 함께 논의함으로써 그들에게 익숙하지 않은 집단이 어떻게 효과적으로 운영되는지에 대한 지도를 받을 수 있게 될 것이다

(2) 신뢰감 조성

신뢰감 조성은 초기단계에서 핵심적인 사회복지사의 역할이다. 초기단계에서 집단성원들은 집단이라는 환경에 익숙하지 않으므로 사회복지사의 태도와 행동을 모방하기 때문에 사회복지사의 태도가 매우 중요하다. 사회복지사가 집단 내에서 보이는 태도나 행동은 집단성원들이 서로를 신뢰하며 건설적이고 생산적인 방법으로 상호작용하는 방식을 가르칠 수 있는 가장 강력한 힘이 될 수 있다.

신뢰감 조성을 위한 필요한 사회복지사의 기본적인 태도를 정리하면 다음과 같다.

① 주의집중행동

주의집중행동(attending behavior)이란 사회복지사의 태도가 개방적이고 비심판적이며 집단성원을 있는 그대로 수용하고 집단성원들이 하는 말에 관심이 있다는 것을 비언어적으로 집단성원들에게 전달하는 사회복지사의 행동을 말한다(Carkhuff & Anthony, 1979, 엄명용, 재인용).

주의집중행동은 비언어적 행동이며 사회복지사의 눈맞춤, 몸자세, 목소리 등이 포함된다.

▶ 눈맞춤 : 클라이언트와의 눈맞춤을 유지하여 클라이언트가 하는 말에 관심이 있다는 메시지를 전달한다. 눈맞춤의 빈도와 강도는 대화 내용과 집단성원의 문화를 고려하여 조정하도록 해야 한다.

▶ 몸자세 : 대화 내용에 맞는 몸자세를 유지하고, 클라이언트가 하는 말에 관심 있고 존중하는 메시지를 전달할 수 있도록 한다.

▶ 목소리 : 목소리는 상대방에 대해 느끼는 감정을 전달하는 도구이기 때문에 대화의 내용에 맞게 목소리 크기와 대화 속도 등을 조절해야 한다.

② 적극적 경청

적극적 경청은 사회복지사가 클라이언트의 말을 이해하고 있다는 바를 명확하게 제시 할 수 있는 도구이며 경청하는 기술과 반영하는 기술을 결합한 것이다. 적극적 경청을 활용하는 목적은 클라이언트의 입장에서 사회복지사가 자신을 이해하고 있다는 생각을 할 수 있고 자신에 대해 좀 더 표현할 수 있도록 클라이언트를 격려하는 것이다.

주의집중행동, 적극적 경청 이외에도 클라이언트의 감정과 생각을 인식하고 이해하며 그것에 대해 적절히 반응하는 감정이입적 자세, 클라이언트를 통제하지 않고 있는 그대로 수용하며 존중하는 자세 등이 집단 내에 신뢰감 조성을 위해 사회복지사가 갖추어야 할 태도다.

(3) 집단성원의 불안 및 저항을 다루는 기술

▶ 집단성원의 불안과 저항을 다룰 수 있는 실천기술

① 불안은 특히 초기단계에 자연스럽게 나타나는 현상임을 인식하고 이를 집단성원에게 설명하여 준다.

② 집단성원들 간의 갈등 또는 집단성원과 사회복지사 간의 갈등이 잘 다루어지지 않는다면 상호 간의 신뢰감이 저하될 뿐만 아니라 앞으로 전개될 집단과정에 부정적인 영향을 줄 것이다. 따라서 갈등은 반드시 인식되어야 하고 건설적인 방식으로 다루어져야 한다.

③ 집단성원이 보이는 저항은 사회복지사의 태도와도 관계가 있다. 사회복지사가 세션을 철저하게 준비하고 집단 내에서의 자신의 행동에 관해 주의하는 것이 집단성원의 저항을 줄이는 좋은 방법 중의 하나다.

Edelwich & Brodsky(1992)는 경험이 없는 상담가가 저항을 다룰 때 보이는 실수를 소개 하였다.

① 상담가가 클라이언트의 감정을 너무 집중적으로 탐색하는 경우

② 집단에 참여하여 얻을 수 있는 혜택을 설명함으로써 저항감을 줄이려는 경우

③ 집단성원에게 죄책감을 유발하여 집단참여를 종용하는 경우

④ 한 성원의 저항감을 집단 전체의 저항감인 것처럼 다루는 경우

(4) 목표설정

집단대상의 사회복지실천에서 사회복지사는 집단성원들을 위해 두 가지 목표를 설정할 수 있다. 집단목표와 개별목표가 그것이다. 집단목표는 집단에 참여한 모든 집단성원들의 공통목표이며 이는 집단의 목적에 따라 달라질 수 있다. 또한 집단목표와 더불어 집단성원 각자 개별목표를 설정하도록 원조하는 것도 필요하다. 사회복지사는 집단성원들을 원조하여 집단성원들의 개별목표와 개별목표 달성을 위한 단계들이 구체화될 수 있도록 해야 한다. 구체적인 개별목표와 목표달성을 위한 단계들이 설정된다면 집단성원들의 집단참여도 한층 향상될 수 있으며 집단성원이 집단에 대해 갖는 매력도 증가할 것이다. 집단성원의 개별목표가 설정되면 이를 문서화하고 종결단계에서 개별적으로 그리고 집단과 함께 목표의 성취정도를 평가해 보는 것도 바람직하다.

(5) 집단운영

사회복지사가 계획한 틀에 맞추어 사회복지사가 전적으로 집단을 운영할 경우, 집단성원들의 자율성과 책임성이 줄어들게 되고 집단성원들은 사회복지사에게 의존하는 경향이(예를 들면, 사회복지사가 질문할 때만 얘기하는 현상)생길 수 있어 집단성원의 성장을 방해할 가능성이 높다. 역으로 초기단계에서 집단운영을 집단성원들에게 의존할 경우 집단성원들은 집단 내에서 자신들이 어떻게 행동해야 하는지에 대해 익숙하지 않으므로 불안해하기 때문에 집단의 방향이 흐려질 가능성이 있다.

① 시간 제한적이고 구조화된 집단운영

우리나라 사회복지 실천현장에서 운영되고 있는 대부분의 집단프로그램은 사회복지사의 적극적인 개입이 요구되는 구조화된 집단운영방식을 택하고 있으며 기간도 짧다.

▷ 시간 제한적이고 구조화된 집단프로그램의 일반적 특성

· 6회기에서 16회기로 구성

· 다루는 내용

- 교육자료의 제공 – 연습, 역할극 등 – 교육자료 또는 집단성원이 집단 밖에서 경험한 문제들에 대한 토의

– 과제수행 – 모임에 대한 평가

② 집단회기를 시작하고 마무리 하는 기술

집단을 운영하는 사회복지사는 회기를 시작하고 마치는 방법에 대한 기술을 갖추는 것도 필요하다. 집단을 운영하는 사회복지사는 집단회기를 효과적으로 시작하고 종결하는 방식을 미리 준비하고 이를 실천해야 할 것이다.

▷ 집단회기를 시작하는 방식

· 집단성원들에게 이번 회기 동안 다루기를 원하는 것을 간략하게 질문한다. 개별 성원 모두에게 각자가 원하는 바를 얘기할 수 있는 기회를 제공하도록 한다.
· 집단성원에게 지난 회기와 관련된 생각과 느낌을 질문한다.
· 주별로 진행될 경우 집단성원에게 일주일 동안 경험했던 바에 대해 집단에 보고하도록 요청한다.
· 지난 회기에 관한 사회복지사의 관찰, 생각 등을 표현하면서 회기를 시작할 수 있다.

▷ 집단회기를 마무리 짓는 방식

· 회기 중 제기된 이슈를 마무리 하지 않은 채 회기를 끝내는 것도 활용할 만한 방식이다.
· 집단성원에게 각자가 회기에 어느 정도 투자하였는지를 질문하는 것도 좋은 방식이다.
· 회기에서 다루었던 내용을 요약하는 것은 회기를 마무리 하는 효과적인 방법이다.
· 참여도가 높은 집단성원을 인정해 주고 긍정적인 피드백을 제공한다.
· 과제수행 또는 집단에서 배운 것을 집단 밖의 문제 상황에 어떻게 적용할지에 대한 계획을 얘기하도록 집단성원에게 요청한다.
· 집단성원에게 다음 회기에서 다루기 원하는 주제나 문제가 있는지를 질문한다.
· 회기에 대한 사회복지사의 관찰, 생각 등을 표현하면서 세션을 마무리 짓는다.

2. 개입단계에 필요한 사회복지 실천기술

1) 개입단계의 특징

개입단계 혹은 중간단계에 필요한 사회복지 실천기술을 다루기에 앞서 개입단계에서 나타나는 일반적인 특징을 살펴보는 것이 필요하다. 초기단계와 비교해 볼 때 개입단계에 접어들면 집단성원들은 집단에 대한 소속감이 증가하고 다른 집단성원과 사회복지사에 대한 신뢰감도 증가하게 된다. 집단성원들간에 신뢰감이 있다는 것은 자신의 생각과 감정을 집단 내에서 자유롭게 표현할 수 있다는 의미이며, 이는 집단의 응집력을 강화시킨다. 신뢰의 증가 및 소속감의 강화와 더불어 개입단계에서 나타나는 특징 중의 하나는 집단성원들의 대인관계기술이 향상된다는 점이다.

- ·서로를 경청할 수 있는 능력이 증진된다.
- ·의사소통도 보다 공개적이며 집단성원들은 집단 내에서 경험한 바를 보다 정확하게 표현하게 된다.
- ·상호작용이 보다 자유롭고 직접적이다.
- ·자신을 다른 집단성원들에게 알리게 되며 자신들의 개인적 관심사를 집단에게 털어놓는다.
- ·갈등이 인식되며 이를 효과적으로 다룰 수 있게 된다.
- ·피드백을 주고받을 수 있으며 사회복지사 또는 다른 집단 성원들의 직면을 비방어적인 태도로 받아들일 수 있는 능력이 생긴다.

집단성원들의 향상된 대인관계기술은 그들의 자율성을 증진시키고 사회복지사에 대한 의존도를 상대적으로 줄이게 한다. 집단목표와 각자의 개인목표에 집중할 수 있도록 하기 때문에 개입단계 동안 사회복지사는 전문적 지식과 기술을 활용하여 집단이 목표를 달성할 수 있도록 원조하게 된다. 다시 말해서 개입단계는 집단성원들의 변화를 이끌어 내기 위한 사회복지사의 구체적인 개입이 이루어지는 단계라고 할 수 있다.

집단성원들이 개입단계에 성공적으로 진입하게 되면 다른 성원들과 자신의 차이점을 인정하고 수용할 수 있으며, 자신이 집단에 기여할 수 있는 바를 모색하게 된다. 집단의 중요성을 내면화하게 되어 집단참여가 증가하게 되며, 이는 집단응집력과 타 성원과의 유대감과도 깊은 관련이 있다. 집단에 대한 만족도도 표현이 된다.

개입단계에서 집단 내의 갈등이나 하위집단을 파악하고 각성원에 대한 개별적인 사정과 평가를 지속적으로 해 나갈 필요가 있다. 또한 집단의 목적과 개별성원의 목적이 어느 정도 성취되는지를 점검할 필요가 있다.

<표 5-2> 개입(중간)단계에서의 집단성원과 집단의 특성 및 사회복지사의 역할

집단성원의 특성	집단의 특성	사회복지사의 역할
· 집단에 대한 탐색 점차감소 · 집단성원간 짝을 이루고 하위 집단 발생 · 하위집단 간 알력이 발생 · 자신의 지위 및 역할을 모색 · 집단성원의 독특성 인정. 집단에 대한 공헌 모색 · 집단의 중요성을 내면화 · 사회복지사에게 덜 의존하게 되고 자신의 의사표현 시작	· 집단의 문화, 행동, 규범, 갈등이 발생하고 이를 해결 · 집단성원의 지위, 위계질서, 역할, 리더가 형성 · 집단성원 및 리더를 실험하고 신뢰할 수 있게 됨 · 집단성원 간의 공통점, 차이점을 인정하고 존중함 ->집단의 응집력 발달	· 집단의 현 위치를 파악(진행상황, 갈등, 협조체계 등) · 각 성원에 대한 평가(태도, 관계, 행동, 동기, 목표 등) · 집단의 목적, 목표를 재확인하고 성원 모두의 참여유도 · 집단성원 간의 공통점 및 차이점 파악 · 집단리더에 대한 실험을 인정 · 집단성원이 다양한 경험을 할 수 있도록 도움 · 직면·집단의 갈등 해소

2) 개입단계에서 필요한 실천기술

개입단계에 공통적으로 필요한 실천기술을 세 가지로 구분할 수 있다.

· 집단응집력 향상을 위한 실천기술

· 집단과정을 촉진하기 위한 실천기술

· 변화를 이끌어 내기 위한 실천기술

(1) 집단응집력 향상을 위한 실천기술

① 집단응집력의 정의

집단응집력이란 집단성원들이 서로에게 끌리는 정도(Hepworth et al.,1997)로 정의된다. 응집력 있는 집단은 집단성원들에게 집단에 계속해서 남아 있도록 하는 자극을 제공하며 서로 간에 소속감과 관련성을 공유한다.

② 집단응집력을 결정하는 요인

Cartwright(1968)는 집단응집력과 관련 있는 다양한 요인들을 다음과 같이 네 가지로 정리하고 있다.

첫째, 집단의 참여를 소중하게 느끼고 그들이 사랑받는다고 느끼게 될 때 집단성원들은 집단에 대한 매력을 갖는다.

둘째, 집단에 참여함으로써 제공되는 자극제(인센티브)와 관련 있다.

셋째, 집단에 대해서 높은 기대를 갖게 될 때 집단응집력은 증가한다.

넷째, 현재 참여하고 있는 집단에 더 만족할 경우 집단성원은 집단에 매력을 갖는다.

▷ 집단응집력의 긍정적 결과

· 감정표현의 증가
· 적극적 경청
· 다른 집단성원들의 피드백과 평가를 적극적으로 활용
· 상호 간에 미치는 영향력 증가
· 자신감, 자아존중감, 적응력 향상
· 집단 경험에 대한 만족감 향상
· 목표를 향한 정진
· 집단에 대한 책임감 향상
· 목표달성 및 수행력 증가
· 출석률과 집단참여의 증가

③ **집단응집력 향상을 위한 원칙**

집단응집력은 집단의 기능을 향상시키는 긍정적인 효과를 가지고 있기 때문에 사회복지사는 집단응집력을 향상시킬 수 있는 다양한 실천기술을 고려해야 할 것이다.

▷ 집단응집력을 향상시키기 위한 지침

㉠ 공개적이고 활발한 상호작용으로 집단토의와 프로그램 활동들을 적극적으로 활용하여 집단 성원들 간의 상호작용을 촉진시키도록 한다.
㉡ 목표를 달성하고 변화를 이루어 낼 수 있는 유능한 존재라는 것을 인식할 수 있도록 돕는다. 스스로를 가치 있고 능력 있는 존재라고 믿게 되면 집단성원은 집단에 보다 적극적으로 참여하게 된다.
㉢ 집단성원들의 욕구가 집단 내에서 충족된 방법들을 파악할 수 있도록 돕는다.
㉣ 집단성원들이 목표에 초점을 두고 목표를 달성할 수 있도록 원조한다.
㉤ 집단응집력을 높여 집단성원들이 협력하는 관계를 형성하도록 원조한다.
㉥ 모든 집단성원들이 집단과정에 완전히 참여할 수 있는 규모의 집단을 형성하도록 한다.
㉦ 집단성원의 기대와 집단의 목적을 일치시키도록 한다.
㉧ 자극제(예: 자원, 보상 등)를 집단성원들에게 제공한다.
㉨ 집단에 자부심을 느끼도록 돕는다.
㉩ 집단성원들이 사회복지사뿐만 아니라 집단성원도 집단의 내용과 방향에 책임이 있다는 것을 인식하도록 한다.

(2) 집단과정을 촉진하기 위한 실천기술

① 자기노출

자기노출(self-disclosure)이란 언어적 표현 또는 비언어적 행동을 통해서 사회복지사가 자기 자신에 대한 정보를 의도적이고 의식적으로 누설하는 것을 의미한다. 자신의 경험, 감정, 생각 등을 집단성원에게 솔직하게 노출하는 것은 집단성원의 자기노출에도 영향을 미칠 뿐만 아니라 사회복지사와 클라이언트 간의 신뢰관계 향상에도 기여한다.

자기노출은 두 가지 유형으로 구분된다.

첫째, 사회복지사가 집단에서 현재 일어나고 있는 것에 관해 자신의 생각과 감정을 집단성원에게 공개하는 유형이다.

둘째, 사회복지사가 자신의 과거 경험 등을 집단성원에게 제시하는 유형이다.

사회복지사 자신에 대해서 너무 많이 노출하는 것도 금물이다. 왜냐하면 집단성원이 사회복지사의 클라이언트지 사회복지사가 집단성원의 클라이언트가 아니기 때문이다. 사회복지사는 가지노출의 정도를 신중하게 고려해야 한다.

(가) 자기노출을 위한 형식

(1) 나는...		~ 에 대해 ~ 하다			왜냐하면	
(2) 특별한 감정·욕구		(3) 사건에 대한 중립적 묘사			(4) 다른 사람에게 미칠 영향	
나는	당신과 이야기할 때	당신이 신문을 보고 있으며	화가 나요	왜냐 하면	당신이	나를 무시하는 것 같으니까요
(1)		(3)	(2)			(4)

(나) 집단 내에서 자기노출을 위한 지침

- 자기노출은 집단의 목적과 목표와 관련 있어야 한다.
- 집단성원들이 특정 집단성원에 대해 지속적인 반발을 보이고 이로 인해 집단 참여 수준이 영향받는다면 이를 집단 전체에 공개 하도록 한다.
- 집단성원들은 자신에 관해 무엇을 그리고 얼마나 많이 노출시킬 것인지를 결정해야 하고 자기노출로 인해 동반되는 위험을 어느 정도 감당해 낼 수 있는 지를 결정해야 한다.
- 자기노출의 수준은 집단발달단계와 관련이 있다.

자신의 문제를 지나치게 빨리 노출시키면 다른 성원들에게 부정적인 영향을 주기 때문에 사회복지사의 적절한 개입이 요구된다. 반면, 개입단계에서 집단성원의 자기노출이 지나치게 적으면 사회복지사는 개인성원이 보이는 저항감의 원인이 어디에 있는지 파악하고 이에 대해 개입해야 한다.

② 직면하기

직면하기란 클라이언트가 보이는 불일치를 알아차리고 주의집중기술을 활용하여 이에 대한 피드백을 클라이언트에게 제공하는 기술을 의미한다(Ivey, 1994). 개입단계에서 필요한 핵심적인 사회복지실천기술이며 집단성원이 전달하는 메시지의 내용들 사이에 불일치를 보이는 경우 사회복지사는 집단성원을 직면한다. 집단성원을 직면하는 것은 집단성원이 자신의 행동과 태도를 검토해 볼 수 있는 기회를 제공하기 때문에 집단성원의 성장을 위해 도움이 될 수 있으며 집단 전체를 보다 생산적으로 만드는 방법이 될 수 있다.

㈎ 불일치의 예

- 진술문(sratement)사이의 불일치- 언행의 불일치- 진술문과 비언어적 행동 사이의 불일치
- 비언어적 행동 사이의 불일치- 진술문과 맥락 사이의 불일치- 사람들간의 불일치

㈏ 직면을 위한 단계 및 형식

직면하기를 위한 단계를 3단계로 나누어 볼 수 있다.

첫째, 집단성원의 말과 행동 간의 불일치 또는 집단성원이 전달하는 메시지 내용 간의 불일치를 밝혀내는 것이다.

둘째, 불일치가 발견되면 불일치의 내용을 집단성원에게 명확히 지적해 주고 이를 해결할 수 있도록 집단성원을 원조한다.

셋째, 집단성원을 직면하는 것이 그들의 성정과 변화에 어떤 영향을 주었는지를 평가한다.

직면하기 기술을 사용할 경우 타인을 존중하는 자세를 가져야 하며 직면의 목적은 집단성원들이 인식하지 못했던 부분을 볼 수 있도록 한다는 점을 기억해야 하다. 집단성원을 직면할 때, 집단성원의 행동을 구체적으로 지적하고 그 행동이 집단과 다른 집단성원들에 미치는 영향을 자세하게 설명하는 것이 필요하다.

③ 피드백

피드백이란 집단성원들에게 그들의 역할수행이나 또는 서로를 어떻게 바라보는지에 대해서 명확한 정보를 제공하는 것이다(ivey,1994). 또한 집단 내에서 학습이 이루어지는 가장 중요한 방법 중의 하나이다.

㈎ 효과적인 피드백을 위한 지침

- 클라이언트의 요청이 있을 때 피드백을 제공하는 것이 가장 효과적이며 사용할 수 있는 만큼만 제공하는 것이 좋다.
- 클라이언트의 장점에 초점을 두는 것이 좋다. 클라이언트는 장점으로부터 성장하는 것이지 단점으로부터 성장하는 것이 아니다.
- 구체적이어야 한다. 특정 행동에 대해서 구체적인 피드백을 제공함으로써 피드백과 그 행동에 대한 자신의 관점을 비교할 수 있는 기회를 제공한다.
- 지나치게 많은 피드백을 동시에 제공하는 것은 효과적이지 못하다.
- 피드백을 제공하는 사람과 제공받는 사람 간의 관계를 직접적으로 다루는 피드백이 가장 의미 있는 피드백의 유형이다.
- 클라이언트가 피드백을 이해했는지 그리고 어떻게 받아들였는지를 확인하도록 한다.

㈏ 피드백을 구하기 위한 형식

피드백을 구하는 일반적인 방법은 다음과 같다.

- 지금까지 우리가 얘기한 것에 대해 어떻게 생각하십니까?- 질문이나 추가로 언급할 말은 없습니까?
- 우리가 행동원칙에 대해 얘기했는데 어떤 생각이 드십니까?

(3) 변화를 이끌어 내기 위한 실천기술

① 집단성원의 내적 변화에 초점을 두는 개입기술

내적 변화에 초점을 두는 기술은 집단성원의 인지적 측면에 초점을 두는 기술을 말하며 인지(cognition)의 역할을 강조하고 있다. 사회적·행동적 역기능은 자신, 타인, 삶의 상황에 관한 잘못된 신념(사고, 해석)으로 인해 초래된 결과라는 것이다. Ellis의 ABC 이론이 선행사건, 사고, 행동(감정) 사이의 관계를 잘 설명해주고 있다.

▻Ellis의 ABC 이론

A ――――――〉B ――――――〉C

A: Activating Event(선행사건)B: Belief(신념, 사고, 해석)C: Consequences(결과)

ABC 이론은 개인의 경험하는 감정 또는 행동(c)은 선행사건(A)에 의해서 자동적으로 결정되는 것이 아니라

선행사건을 해석하고 평가하는 방식(B)에 의해서 결정된다고 주장한다.

집단성원이 역기능적이고 불합리한 사고유형 또는 신념체계를 보다 기능적이고 합리적인 신념체계로 대체할 수 있도록 원조하는 데 숙련된 기술을 갖추어야 한다. 이러한 기술과 기법을 인지재구성(cognitive restructuring)으로 부르기도 한다. 인지재구성은 집단성원들의 사고유형에서 잘못된 논리를 밝혀내고 집단성원들이 비합리적인 사고과정을 논리적이고 합리적인 사고유형으로 대체할 수 있도록 원조하기 위해 사용되는 기법들을 의미한다.

② 집단성원의 대인관계 변화에 초점을 두는 개입기술

개별 클라이언트를 대상으로 하는 사회복지실천과는 달리 집단은 집단성원에게 타 집단성원의 행동을 직접 관찰할 수 있고, 또한 역할 연습을 통해 특정 행동을 터득할 수 있는 기회를 제공하기 때문에 집단대상의 사회복지실천은 특히 대인관계상의 문제를 다루는 데 매우 적절한 개입방법이다. 집단성원의 대인관계 기술 향상에 초점을 두는 집단프로그램의 운영은 다양한 형태의 문제를 예방하고 치료하는 데 매우 중요하다.

사회기술 훈련(social skills training)은 대인관계기술의 향상을 목적으로 하는 대표적인 프로그램이라고 할 수 있으며 사회복지 실천현장에서 널리 활용되고 있다. 사회기술훈련에서 다루는 기술은 프로그램 대상자의 문제와 세팅에 따라 다양하나 일반적으로 다음과 같은 기술들이 사회기술 훈련에서 다루어진다.

· 양육기술
· 자기주장기술
· 말하기와 경청하기 등과 같은 의사소통기술
· 친구만들기 기술 등

사회기술훈련을 위한 단계
1단계 사회기술훈련의 필요성과 표적(target)사회기술에 관해 설명한다. · 집단성원의 사회기술을 학습하는 데 흥미를 갖고 훈련과정에 적극적으로 참여하도록 하는 것이 매우 중요하다. 2단계 표적사회기술의 구성요소들을 밝힌다. · 사회기술은 많은 요소로 구성된다는 것을 설명한다. 3단계 사회기술을 시연한다. · 사회복지사가 사회기술을 시범적으로 보여 주거나 또는 집단성원 중 사회기술을 시범적으로 보여줄 지원자가 있는지를 집단에 묻는다. 4단계 역할극을 통해 표적 사회기술의 각 요소를 연습한다. · 사회기술을 배우는 가장 효과적인 방법은 그 기술을 사용하는 것이 편안해질 때까지 연습하는 것임을 설명해 준다. 5단계 평가를 실시한다. · 각 집단성원의 역할극에 대한 평가를 실시한다. 6단계 역할극에 기술요소를 결합한다. · 집단성원 서로 간에 피드백을 주고받도록 하며 숙달될 때까지 연습한다. 7단계 표적사회기술을 실제상황에 적용한다. · 가까운 미래에 일어날 가능성이 높은 상황을 끌어내고 이 상황에 그동안 연습한 사회기술을 적용하도록 집단성원을 준비시킨다. 표적사회기술의 구성요소를 다시 한 번 검토하고 대표적사회기술을 연습하는 것은 집단성원을 더욱 철저히 준비시키는 것이다.

사회기술 훈련은 어려움을 가지고 있는 클라이언트에게 특히 유용하며 정신지체 클라이언트의 사회기술 향상을 위해서도 널리 사용되고 있다.

③ 집단성원의 환경 변화에 초점을 두는 개입기술

개인의 환경의 변화가 이루어질 때 변화의 효과가 극대화되기 때문에 사회복지사는 개인의 변화뿐만 아니라 환경의 변화에도 초점을 두어야 한다. 이해하고 격려하며 지지해 줄 수 있는 지지망을 확보·확충하는 데 초점을 두는 개입이 필요하며 이럴 경우 사회복지프로그램의 효과성이 더욱 커질 수 있을 것이다. 약물남용, 가정폭력, 청소년비행 등 사회복지 실천현장에서 흔히 접하는 다양한 문제 상황에서 환경의 변화를 이끌어 내는 것은 사회복지사의 핵심 과제이다.

▶참고문헌◀

김인 숙·김용성 역(2002), 사회복지실천기술연습, 나남출판사.

엄명용·노충래·김용석(2005), 사회복지실천기술의 이해, 학지사.

윤현숙·김기환·김성천·이영분·이은주·최현미·홍금자(2001), 사회복지실천기술론. 동인출판사.

임은희 역(2004), 사회복지실천론, 학지사.

전재일·이성희 공저(2004), 사회복지실천기술론, 형설출판사.

최선령·양정남 역(2002), 사회복지실천론, 양서원.

제 6 장

가족중심 사회복지실천기술

1. 가족중심 사회복지실천의 기본개념과 사정

- 가족과의 사회복지실천이란 가족을 단위로 하는 사회복지 실천 활동을 말한다. 그러므로 먼저 가족이 무엇인지를 이해해야한다. 이를 위해 가족에 대한 여러 관점들을 살펴보며, 이를 토대로 현대의 가족에 대한 정의와 기능을 알아본다. 그리고 가족과 사회복지와의 관계에서 사회복지 실천으로서의 가족복지의 의미를 일아본다.

1) 가족에 대한 관점

일반적으로 관점이라는 용어는 사람들이 현실에 대해 가지는 사고방식이나 기본적인 가정을 말한다. 현대사회의 가족에 대한 관점들은 플라톤식의 이성과 아리스토텔레스식의 경험적 관찰을 바탕으로 한다. 플라톤은 독립성, 이성적 사고, 자율성, 개별성을 강조함으로써 개인주의에 철학적 영향을 미치며, 가족은 단지 개인 생활의 한 부분일 뿐이며 중요한 것은 개인의 사생활, 자율성, 개인적 관심사, 개별화 과정, 독립성과 개인적 자유라는 것을 강조한다. 반대로, 아리스토텔레스는 인간이 가족, 환경에 대해 생물학적, 지적, 사회적, 환경적 맥락에서 맺는 통합적인 연관성을 강조한다. 따라서 오늘날 사람들도 일부는 플라톤식의 개인주의 관점을 중심으로 일부는 아리스토텔레스식의 생태체계적 관점을 가지고 가족을 이해한다.

가족에 대한 여러 관점들을 간략히 살펴보자.

① 구조기능론자들의 낙관적 관점 : 파슨스는 가족을 사회체제의 유형을 유지하는 기능을 담당하는 제도로 본다. 이는 개인들이 기존 체제에 적응하는

동기를 부여하고 사회화의 매커니즘을 가족이 담당한다고 본다.

② 갈등론자들의 비판적 관점 : 마르크스주의자들은 가족이 부르주아 제도의 표상이라고 본다. 즉 가족제도는 자본주의 경제체제와 함께 시작했다고 보며, 자본주의의 착취적 속성은 개인의 사적 생활과 친밀감 등의 주관적 세계를 가족에 더욱 의존하게 만들었다고 분석한다.

③ 여권론자들의 비판적 관점 : 여권론자들은 현재의 가족체계가 가부장적 체계이며, 권력을 가진 남성의 이익에만 기여하고 여성들은 억압되어 있다고 본다. 따라서 여성해방을 위해 가족구조를 수정하거나 전통적 가족의 질서와 구조를 전복시키고 다양한 형태의 결혼양식으로 대체하며, 자녀출산 및 양육과정까지 사회기관으로 이전시켜야 한다고 본다.

④ 체계이론적 관점 : 개인보다 전체로서의 가족을 강조하며 가족에 대해 체계이론을 적용한다. 원인과 결과를 보는 관점이 결정론적인 가정보다 비결정론적인 과정에 중심을 둔다. 역기능적 가족의 역동을 설명하려는 과정에서 나온 이론이며, 따라서 알코올 중독과 같은 약물남용이나 근친상간 등을 잘 설명해 줄 수 있는 이론이다.

2) 가족의 정의와 기능

가족에 대한 여러 관점으로 미루어 볼 때 현대의 가족에 대한 정의는 한마디로 규정하기 어렵다. 그럼에도 가족에 대한 보편적 정의를 내릴 필요가 있다. 기본적으로 가족에 대해서는 두 개의 상이한 시각이 있다.

하나는 가족이란 인류 사회보편적인 제도로서 '자녀양육의 기능을 중심으로 특정한 공간(가정)과 특정한 애정의 유대(사랑)로 연결된 특정한 사람들의 집합체(핵가족)로서 본다. 다양한 현대 가족문제들은 불완전한 인간의 능력부족 탓으로 보며, 보편적인 가족의 특징을 현실가족에게 회복시키는 일에 가족정책의 목표를 둔다.

다른 하나는 특정한 사회질서 안에서 나타나는 도덕적 및 철학적 이념적 구성단위로 본다. 가족이란 사회변동과 함께 그리고 의도적인 정치적 개입에 의해 변화하는 실체이며, 산업화, 도시화 등 사회적 조건의 변화에 대해서 역동적으로 적응할 수 있다.

최근 급변하는 사회현상들은 가족에 대한 전통적 개념들을 수정하게 한다. 오늘날 학자들은 더 이상 보편적이고 전형적인 가족현상을 규정하기보다 존재하는 그대로의 생활양식 중심으로 갖고 현상에 관심을 갖는다. 즉 가족의 구조적 측면보다 가족구성원들 사이의 상호작용을 중요시하는 기능적 측면에 초점을 맞추고 있다. 이에 따라 가족이 담당하는 기능은 첫째, 친밀한 관계의 근원을 제공하며 둘째, 경제적 협조의 단위이며 셋째, 자녀를 출산하고 사회화시키며 넷째, 가족구성원에게 지위와 사회적 역할을 담당하는 것이다.

3) 가족과 사회복지

사회복지에서는 전통적으로 가족과 가족문제가 주요 관심의 대상이 되어 왔으며, 현대사회복지제도는 본질적으로 가족의 전통적인 보호기능을 대행해 주는 대체물로서 성장하여 왔다. 오늘날 가족에 대한 사회복지의 책임 논의는 두 가지 차원을 가진다. 하나는 과거에 가족의 사적인 영역이었던 부분이 점점 공공 영역화하는 것이다. 예를 들면 건강, 성 관련 정보 교육, 폭력, 학대 등에 대한 예방적 프로그램의 등장과 같은 것이다. 다른 하나는 과거에 공적인 책임으로 간주되던 부분들이 다시 사적 영역인 가족의 책임으로 돌아가는 것이다. 예를 들면 개인책임을 강조하면서, 미혼모나 그 아동 또는 빈곤가족에 대한 경제적 지원을 줄이고 노동과의 교환을 강요하는 것 등이다. 그럼에도 불구하고 사회복지의 출발은 가족에서부터 이루어지고 있음을 알 수 있으며, 가족이 사회복지의 중심적인 활동분야가 되는 것이다(조흥식, 2007 : 19-54).

2. 가족과의 사회복지실천의 기본 시각

1) 가족의 기본 속성

가족이 어떤 속성과 기능을 수행하던지 상관없이 공통적으로 시간적, 공간적 차원의 속성에 영향을 받는다. 가족은 시간적 차원에서 역사성을 가진다. 시간적 차원에서 현재 가족은 여러 세대를 거쳐 아버지 쪽과 어머니 쪽 가족의 특성들이 통합과 조정의 과정을 거쳐 형성된 결과물이다. 공간적 차원에서 동시대에 함께 존재하는 가족을 둘러싼 각종 환경과의 교류를 통해 가족의 속성이 변화될 수 있다.

가족이 가지는 기본적 속성에 대해 Goldenberg & Goldenberg는 여덟가지로 본다. 첫째, 가족은 특정한 목적 달성을 위해 인위적으로 형성된 일반집단이 아니라 자연스럽게 형성된 사회집단이다. 둘째, 가족은 생활해 가는 가운데 일련의 생활 유형 또는 규칙을 발전시키게 된다. 셋째, 가족의 각 구성원들에게는 나름대로 할당되고 부여된 역할들이 있다. 넷째, 가족은 나름대로의 권력구조를 가지고 있다. 다섯째, 가족은 공공연하거나 은밀하면서 복잡한 형태의 의사소통 형태를 갖고 있다. 여섯째, 가족은 나름대로 문제를 해결하고 타협, 협상하는 방법들을 갖고 있다. 일곱째, 가족은 역사, 세상에 대한 관점, 목적의식 등을 공유하고 있다. 여덟째, 한 번 구성원은 영원한 구성원으로 남아 있다(엄명용 외, 2005).

3. 가족사정

가족상담의 경우 가족사정에 관심은 있으나 정신의학적 모델과 비교하면 진단이나 사정이 그다지 강조되는 편은 아니다. 그러나 가족사정은 가족에게 어떤 형태의 상담이 바람직한가를 결정짓는 도구로 쓰일 수 있다. 즉 가족사정은 제공할 상담의 방향을 결정짓기 위해 가족을 충분히 알아 가는 과정인 것이다. 이때, 상담자는 사정하는 과정 자체를 치료적 개입이라고 생각하는 마음가짐이 필요하다. 이러한 가족사정 방법에는 객관적인 가족사정법과 주관적인 가족사정법이 있다.

* 주관적인 사정 방법 – 개념에 의한 가족사정
　　　　　　　　　　– 가족화 이용하기(KFD)

* 객관적인 가족사정 방법: 자기보고식 질문지, 자아분화척도, 부모자녀 의사소통 척도 등

1) 개념에 의한 가족사정

① 가족규칙(family rules)

가족은 어떤 규칙에 의해 모든 관계를 규정하고 있다. 따라서 가족은 서로 조직화되며 반복적인 상호작용 유형으로 행동한다. 이러한 가족 내에는 수많은 규칙이 존재한다. 그러나 역기능적인 가족의 경우에는 가족규칙이 한정되어있으며, 역기능의 정도가 심하면 심할수록 가정은 적은 수의 규칙에 의해 운영된다. 가족내의 규칙은 매우 미묘하며 가족체계와 기능을 유지시키는 표면화되지 않은 내재적인 규칙이 있는데, 이는 오랜 기간 반복되는 가족교류를 통해 성립된

불문율이다. 상담자는 가족들이 맺고 있는 관계에서 반복적으로 드러내는 유형을 통해 이러한 내재적인 규칙을 추론할 수밖에 없다. 이처럼 가족규칙이 가족 간의 행동을 유형화시키고, 이것이 가족생활을 운영하는데 강력한 영향을 미친다. 상담자는 가족규칙을 확인함으로써, 가족조직체계에서 보다 기능적인 조직을 만들 수 있다.

② 가족신화(family myth)

가족신화는 가족의 의식, 역할, 규칙의 상호작용으로 전개되는 가족에게 스며 있는 이데올로기의 한 부분이다. 즉, 가족구성원 그리고 그들 간의 관계에 대한 기대와 공유된 믿음으로 구성된다. 가족신화는 가족 행동을 결정할 뿐만 아니라, 특정한 가족관계를 드러내기도 한다. 가족신화는 가족의 항상성 기능을 유지하는 데 기여하기도 하며, 때로는 가족 관계를 파괴시킬 정도로 위협적인 긴장을 유발하기도 한다. 상담자는 가족신화를 파악하기 위해서 가족들이 어떤 행동에 대한 원인을 어디에서 찾으려는가를 이해하는 것이 필요하다.

"싸우지 않는 가족은 행복한 가정이다", "화합하는 가족은 모두 의견이 같아야 한다", "부부는 서로 말을 하지 않아도 통한다", "우리 가정은 남자가 더 우월하다" 등과 같은 잘못된 가족신화는 무비판적으로 가족성원들에게 받아들여져서 그 신화에 따라 서로에게 기대를 하게 된다. 이러한 신화에 짓눌려 가족들은 유사상호작용을 하게 되어 겉으로는 서로 잘 이해하고 긍정적으로 상호작용하는 것 같지만, 실제로는 상당한 거리감을 두고 있다. 그러나 서로의 의견이 다르면 관계가 파괴된다는 잘못된 가족신화 때문에 개인적인 정체감을 희생해 가면서까지 형식적인 동의와 충성을 보이는 것이다.

③ 가족의식(family ritual)

가족의식이란 가족 문화의 핵심적 요소로 세대를 통해 전수된다. 많은 경우 가족의식은 가족신화를 유지하는 수단이 된다. 이 같은 가족의식을 이해하는 것은 가족역할, 가족의 네트워크, 하위체계 경계선을 판단하는데 지름길이 될 수 있다.

④ 격리와 밀착(disengagement & enmeshment)

가족 내의 격리와 밀착 개념은 미뉴친(Minuchin)에 의해 묘사된 개념으로 가족이 서로 얼마나 관여되었는지의 여부를 파악하는데 활용된다. 격리와 밀착이란 개념을 이해하기 위해서는 우선 경계선 개념을 이해할 필요가 있다.

명료한 경계선을 가진 가족은 정상적인 가족이다. 애매한 경계선을 가진 가족은 가족체계와 관련된 규칙이 애매하기 때문에 가족 구성원은 모든 문제에 관해서 서로 지나치게 얽혀 필요 이상으로 관여하게 된다. 이러한 가족을 일반적으로 밀착된 가족이라고 부른다. 반대로 경계선이 경직된 경우에는 구성원이 서로 유리되어 있으며 격리된 가족이라 부른다.

⑤ 부모화(parentification)

부모화란 가족을 사정할 때 자주 사용하는 개념으로, 자녀가 가족 내에서 부모나 배우자의 역할을 대신 수행하는 것을 의미한다. 가족상담에서 부모화는 한쪽 부모가 적절한 역할을 수행하지 못한다고 생각할 때, 부모의 대용물로 부적절하게 역할수행을 하는 경우에 사용한다. 부모역할을 대신 수행하는 자녀는 정서적·지적·신체적으로 부모의 역할을 수행할 준비가 되지 않았는데도 부모역할이나 책임감을 수행해야 하는 경우가 많다. 이러한 경우 부모화 된 아이에 대한 역할기대는 자녀가 아이로서 가진 욕구와 상충될 수 있으며, 아동이 가진 능력으로 자신의 욕구를 극복할 수 없을 때도 있다. 결과적으로 자녀는 심리적 압박감을 느끼며 아이가 달성해야 할 다른 측면의 발달과업을 제대로 해내지 못한다.

⑥ 삼각관계(triangulation)

두 사람 사이에 수용하기 어려운 문제가 생기면 이인 체계는 긴장을 줄이려는 시도로 세 번째 요소인 제삼자나 문제를 끌어들여 삼각관계를 형성한다. 가장 보편적으로 인식되는 삼각관계는 부부와 자녀 세 사람이 만드는 삼각관계이다. 어떤 경우는 부부와 알코올이라는 문제로 삼각관계를 형성하기도 한다. 또한 상담자가 가족의 삼각관계 대상이 될 수도 있다. 삼각관계는 이인체계 속에서 긴장을 느끼는 사람이 제 삼자나 문제에 관심을 가지면서 생긴다. 잘못된 삼각관계는 어떤 병리적인 문제를 초래할 수 있는 잠재적인 요소를 가지므로 때로는 체계의 갈등과 해체를 가져올 수 있다. 잘못된 삼각관계의 전형인 유형은 부모세대와 다른 세대에 속하는 자녀가 만들어 내는 것이다. 세대가 다른 두 사람은 한 사람의 가족에 대항하기 위해 연합한다.(예-남편과 갈등관계에 있는 어머니-큰아들에게 아버지 역할을 기대함으로써 생기는 삼각관계)

2) 가족화(KFD)

현재 가족상담 과정에서 가족이 무언가를 하는 장면을 그리게 하여 가족관계를 탐색하는 동적 가족화(KFD : kinetic-family-drawing)가 활발히 활용된다. 가족화는 개인이 가진 가족 이미지를 파악하는 수단으로 사용되지만, 더 나아가 가족 전체의 상호작용을 반영하는 임상도구로서의 역할도 가능하다. 동적 가족화는 투사적 기법의 하나인데, 내담자의 생활사, 가족 배경과 같은 면접자료 없이 해석하는 것은 불가능하다. 그림을 그린 아동을 둘러싼 환경체계에 대한 고려를 하면서 그림의 특징에 관해 해석하는 것이 바람직하다.

4. 가족치료 모델

1) Bowen 가족치료이론

(1) 이론배경과 발달과정

① Bowen 이론 발달배경

- 보웬은 미국 Tennessee시에서 태어남 의과대학을 졸업하고 5년간 군대생활을 하면서 정신병리학에 관심을 갖게 됨.
- 가족치료이론 발달에 크게 기여한 정신과 의사이며, 직관적인 방법보다는 지적이며, 계획적이고 이론적인 방법을 중요시함.
- 가족체계를 정서적 단위, 상호 관련된 관계망, 가족의 역사를 분석하기 위한 가장 기초가 되는 체계로 봄.
- 보웬의 이론적 기여는 자아발달과 과거의 의미 있었던 경험에 초점을 두는 심리·역동적인 접근과 현재 상호작용하고 있는 가족 단위에 초점을 두는 체계적 접근 사이를 연결시키려는 노력을 함.
- 1946~1954년까지 보웬은 Menninger Clinic에서 일하면서 환자 치료에 가족을 참여시켰으며, 치료효과를 발견한 이후 환자와 가족관계에서 정서적 밀착에 관심을 갖기 시작함.
- 보웬은 어머니 – 환자와의 공생관계에 관한 연구를 하여 어머니의 불완전한 자아와 태내에서 성장하고 있는 태아를 자기 자신으로 혼합하여 생각하는 경향이 강할수록 출산 후에도 정서적으로 아기와 자신을 분화하는 것이 불가능할 것이라는 가설을 만들었다. 정서적으로 밀착되고

공생적인 감정이 많을수록 후에 정신분열증이 나타날 가능성이 높을 것이다라는 것이었음.

- 1954년 보웬은 National Institute of Mental Health로 옮긴 이후 어머니와 정신분열증 환자 그리고 형제들을 6개월에서 2년 반 동안 병원에서 생활하도록 하였다. 이 연구에서 어머니-환자의 공생관계에 초점을 두었다. 그 당시에는 개별치료이론을 기초로 가족을 다루었다.
- 어머니와 정신분열증 환자를 개별 심리치료 대상으로 보고 그들의 상호간에 뒤얽힌 감정과 개인의 정신 질병에 관심의 초점을 두었다.
- 처음 6개월 동안에 공생적인 어머니-환자관계는 전체 가족의 정서적 체계의 한 부분이라는 것을 발견하였다.
- 아버지 역시 어머니-환자의 공생관계에 직접 혹은 간접적으로 관련되어 있고, 정서적 과정은 전체가족, 형제, 친척, 치료자까지도 가족문제를 조장하고 영속시키는 데 중요한 역할을 하고 있음을 발견한 것이다.
- 모든 가족 구성원들 간의 상호작용적 기능의 중요성을 재인식하고, 어머니-환자의 공생적 개념을 확대하여 전체 가족을 하나의 정서적 단위로서 보게 되었다. 다시 말해서 전체를 구성하고 있는 독립된 부분들에서부터 가족 정서체계라고 보는 가족 전체에 초점을 두게 되었다.
- 이러한 관점은 더 이상 정신분열증을 어머니-환자의 문제만으로 보지 않는다는 것을 의미한다. 이런 개념상의 변화로 개인의 정신분열증은 전체 가족이 관련된 과정상의 변화로 개인의 정신분열증은 전체 가족이 관련된 과정상의 증상으로 보게 되었다.
- 정신분석적 접근 방법에서 체계적 관심을 근거로 하는 체계분석으로 관점을 바꾸었고, 개인의 정신질병 치료를 위해 가족체계 변화를 전제로 하게 되었다.
- 보웬은 연구결과 한 가족 성원의 정신분열증은 병리적 가족체계의 증상이라는 것과, 개인의 증상은 그가 속한 정서체계와 관련지어서만 설명이 가증하다는 것을 발견하였다. 더 중요한 발견은 기능장애를 유발하는 역기능적인 역동성이 정신분열증 환자 가족에게만 있는 것이 아니라 정도는 약하지만 정상 가족에게도 존재한다는 사실이었다(1974).
- 1950년대 말 이후 보웬의 가족체계이론은 급속도로 발전하였고, 정신분열증 환자가 있는 핵가족, 특히 핵가족의 정서적 과정과 가족투사

과정에 초점을 두었다.

- 1959년 Georgetown대학으로 자리를 옮겨 가족치료를 하면서 모든 가족에서 일어나는 과정에 적용시킬 수 있는 광범위한 가족체계이론을 만들기 시작하였음. 동시에 확고한 이론적 기반에 근거를 둔 치료방법을 제안함.
- 보웬은 실험연구를 통해 자아분화, 삼각관계, 핵가족의 정서과정, 가족투사과정, 다세대 전수과정, 형제순위에 대한 개념을 발전시켜 보웬이론을 구축하는 8개의 기본개념을 발전시켰다.
- 보웬 이론이 체계이론으로 분류되는 이유는 가족을 체계, 즉 한 부분의 변화는 다른 부분의 변화를 가져온다고 보았기 때문이다.
- 보웬이 관심을 가진 것은 가족체계에 있어서 가족의 상위체계나 하위체계의 구조보다는 "정서적 관계체계"이다.
- 정서적 관계체계는 의사소통, 상호작용 그리고 다른 관계형태를 등을 포함한다.
- 보웬을 이론가로 분류하지 않는 이유는 의사소통을 더 넓은 관계체계의 일부로 보았기 때문이다.
- 보웬의 이론은 많은 가족치료사의 관심을 끌었고 또한 많은 가족치료사들을 훈련시켰다.
- 보웬의 제자들 중 잘 알려진 사람들은 Cater, McGoldrick, Fogarty, Gorden, Pendagast, Guerin, Kerr. Papp 등이 이다..
- 1977년 미국 가족치료협회 초대회장이 되었다.
- 보웬은 1967년 자신의 가족체계에 자신의 이론을 적용하여 발표하였다.
- 1978년 Bowen은 그 동안의 논문을 모아서 "임상실천에서의 가족치료"를 출판함.
- 1988년 Kerr와 Bowen이 "가족평가"에서는 Bowen의 이론적 개념들을 포괄적으로 다루었다.
- Bowen은 가족치료의 아버지 또는 거인으로 표현되었다.

② 건강과 정상성에 관한 관점

정상성이라는 것은 비정상성적인 것과는 대조적인 개념이며, 소위 정상이라고 하는 범위를 정해놓고 그것을 벗어난 것을 비정상이라고 하며, 일반적으로 증상을 가지고 있는 것과 연결하여 정상성을 보려고 한다. 일반적으로 생각하는 정상성의 개념과는 다르다.

- Bowen은 개인의 분화 수준과 지적인 기능을 기초로 적절하게 기능하고 있는 상태를 정상으로 보았다.
- Bowen은 정상으로 보는 것은 기능이나 분화의 상태가 최고의 수준에서 기능을 하는 것에서부터 최하의 상태에서 기능을 하는 것을 일직선상에 두고 어느 위치에 있는가를 보려는 것이었다.
- 물론 기능의 수준을 사정하는 것은 주어진 시간에 가지고 있는 스트레스의 정도를 고려해야만 한다.
- 최고수준에서 분화된 사람이라고 해도 만성적으로 스트레스가 있는 상황에서는 증상이나 비정상적이라고 볼 수 있는 행동을 할 수 있다는 것이다.
- 잘 분화된 사람은 역기능적으로 되는 것에 대하여 스트레스를 받을 수 있다. 그러나 높게 분화된 사람은 극복할 수 있는 다양한 기제들을 가지고 있으므로 좀 더 빨리 회복할 수 있고, 사회적인 것에 가치를 두기 때문에 감정적으로 결정하고 반응하기보다는 합리적인 원칙을 근거로 반응 할 수 있다. 이러한 것은 이상적인 것이며 실제로는 도달할 수 없다는 것을 Bowen은 알고 있다.
- Bowen은 이상적인 결혼은 배우자들이 분화수준이 높고 자율성을 가지고 정서적인 사랑을 할 수 있는 상태라고 보았다. 그리고 부모로서의 배우자들은 자녀에게 자신의 이상을 투사하여 그대로 성장하도록 강요하지 않고 한 사람의 인격체로 성장하도록 양육하는 것을 이상적인 부모로 보았다.
- 이상적인 가족에서 가족성원들은 자신을 신뢰하며, 자신의 노력에 따라 성공하거나 실패하는 것을 수용한다.
- 만성적이고 고통스러운 불안은 비교적 높게 분화되어 있는 부모와 가족성원들에게 가족투사 과정을 발생시킬 수 있다. 삼각관계가 발생할 수도 있고, 투시과정은 한 명의 가족성원보다 여러 명에게 확대될 수도 있다.
- 동시에 최상의 기능을 해 온 가족에서도 한 자녀만을 삼각관계의 대상으로 끌어들이며, 이러한 자녀는 성공적으로 생활에 적응하게 되는 현

상 나타날 수 있다.

- Bowen의 이론에서 분화개념은 핵심적인 것이며, 가족투사 과정의 개념은 분화개념의 가치를 더해 준다. 다른 가족원의 정서적인 문제와 자신을 분화 할 수 있고 합리적인 원칙을 적용할 수 있는 능력에 관하여 정서적 기능과 지적 기능의 분화개념으로 설명함. 이러한 개념은 과거에 경험한 스트레스의 종류 및 정도와 관련이 있다. 정상성은 개인의 성격에 따라 사실에 관하여 가정하고 판단하는 것에 차이가 있을 수 있다. 또한 성격은 자신이 성장한 원가족과의 관계 그리고 현재 일상생활에서 경험하는 스트레스의 정도와도 관련이 있다.
- 이상적인 개인은 자신의 목표를 성취하고 자신의 생활에 책임을 지는 내적 지향인 것을 의미한다. 이러한 사람은 자신의 약점보다는 자신의 강점을 가지고 다른 사람과 관계를 하며, 합리적이고, 객관적이고, 자신의 주관을 가지고 있는 분화가 잘된 상태를 말한다.
- 이성과 감정을 분리할 수 있으며, 핵가족과 확대가족으로부터 독립적이다.
- Bowen은 자아분화는 내적으로 자유로워지고 만족스러운 인간관계를 위해 평생 동안 추구하는 과제로 보았다.

(2) 주요개념

Bowen 이론은 두 개의 핵심적인 변인을 가지고 있는데, 하나는 불안의 정도이고 다른 하나는 자아분화의 통합(the integration of the differentiation of self)정도이다. 불안이나 정서적 긴장을 다룰 때 고려해야 할 변인들은 강도, 기간, 다른 종류의 불안이다. 모든 유기체는 심한 불안에도 적절하게 적응할 수 있으며 불안을 다루는 기제를 가지고 있다. Bowen은 자기의 분화를 결정하는데 있어 가장 중요한 것은 계속적이거나 만성적인 긴장이라고 믿었다.

Bowen 이론의 핵심은 불안과 긴장에 대한 기본개념을 근거로 개인이 "느끼는 과정과 지각과정(the feeling process intellectual process)" 사이를 구분할 수 있는 능력을 다루는 것이다. Bowen의 심리·역동적 이론은 가족의 습관적인 "삼각관계의 정서체계"를 수정하기 위해 만들어진 것이다. 그리고 정서적인 것과 지적인 것을 분화하는 것, 다시 말하면 "비분화된 가족 자아집합체"로부터 벗어나도록 하는 것이 Bowen이론 체계의 목표이다.

Bowen의 이론배경은 심리분석, 인류학, 생태학, 일반체계 이론이고, Bowen

의 가족체계이론은 8개의 상호 관련된 개념들, 자아분화, 삼각관계, 핵가족의 정서적 체계, 가족투사과정, 정서적 단절, 다세대 전수과정, 형제순위, 사회적인 정서과정 등으로 구성되어 있다.

① 자아분화체계의 구성

자아분화의 개념은 Bowen이론의 중심적 개념이다. 개인의 내부에서 일어나는 자아분화의 정도는 정서적 기능과 지적 기능 사이에 융합이나 분화의 정도를 반영하며, 한 개인의 자아분화 정도는 개인의 감정이나 사고의 기능 가운데 선택하는 정도와 관련이 있다고 본다. 두 개의 기능이 분화되지 않고 매우 융합된 상태의 사람은 무의식적으로 정서적 반응에 좌우되기 쉽고, 낮은 수준의 스트레스에도 역기능적으로 반응하는 경향이 있다. 그들의 감정과 사고를 구별하는 것이 어렵기 때문에 다른 사람들과의 불화의 어려움이 있고, 가족을 지배하는 감정에 쉽게 융합된다.

Bowen은 가족의 정서적 제휴를 설명하기 위해 정신분석학에서 사용하는 "비분화된 가족자아 집합체"개념을 사용하였다. 일상생활에서 각 가족원들이 정서적으로 가족에 관여하는 정도는 기본적으로 가족자아 집합체에 관여하는 정도를 반영한다고도 볼 수 있다. 때로는 정서적 친밀함이 너무 강해 가족성원들은 서로의 감정, 사고, 환상 및 꿈까지도 알 수 있는데, 이것은 불편한 과잉 친밀성으로 변화하여 가족성원들 간에 상호 배타적인 관계로 발전할 수도 있다. Bowen은 융합과 분화의 개념을 근거로 성숙과 자아성취는 개인들이 원가족과의 관계에서 미해결된 정서적 애착으로부터 벗어나는 증거라고 주장하였다.

Bowen은 개인의 분화수준을 평가하기 위해 자아분화 척도에 관한 개념을 제시하였다. 자아분화척도는 한 개인을 원 가족으로부터 분리시키는 정도와 관련된 개념이다. 자아정체감이 아주 약하거나 어느 정도 있어도 불안정한 상태, 즉 비분화의 정도가 높을수록 다른 가족원들과 정서적 융합의 정도가 높은 경향이 있다. 이것을 Bowen은 "비분화된 가족자아 집합체"로 보았다. 반면에 자아정체감이 강한 사람은 확신과 분명한 신념을 표현하고 부부행복을 위해, 부모를 기쁘게 하기 위해, 가정의 조화를 위해 그리고 강요에 의해서 자기를 지나치게 희생하지 않는다.

자아융합정도			자아분화정도

0 25 50 75 100

<그림 6-1> 자아분화 척도

Bowen은 자아분화 정도를 측정하기 위해 모든 사람을 단일 연속선 상에서 범주화하는 방법을 사용하였으며, 자아분화가 가장 낮게 되어 있는 상태를 0으로 하고, 자아분화가 가장 높게 되어 있는 상태를 100으로 하여 그 수준을 평가하였다. 그리고 정서적 기능과 지적기능을 0-25, 25-50, 50-75, 75-100의 범위로 구분하여 설명하였다.

ⓐ 가장 낮은 자아분화 수준(0-25)

자아분화 수준이 아주 낮은 사람들의 특징은 자아 융합의 정도가 심하여 주위 사람들의 감정이나 반응에 민감하고 의존적이다. 자아분화 수준이 낮은 사람들은 대인관계를 오랫동안 지속하는 것이 어렵다. 긴장이나, 스트레스 상황에 적응하지 못하며 타인에게 심한 정서적 애착을 보이고, 욕구가 충족되지 못할 때 불안해한다.

관계체계가 만족스럽게 균형을 유지할 때는 증상이 없이 생활을 유지할 수 있지만 관계체계에 불만족이나 불신이 발생할 경우 신체적이고 정신적인 질병과 사회적 역기능을 유발한다.

ⓑ 낮은 자아분화 수준(25-50)

낮은 자아분화의 수준은 융합의 정도는 심하지 않으나 자아정체감이 분명하지 못하다. 자기신념과 의견은 있으나 긴장과 스트레스 상황에서는 영향을 받아 쉽게 변화한다. 생활은 관계 지향적이고 대부분의 에너지는 사랑과 인정을 받기 위해 사용하고, 자기존중은 다른 사람에게 달려있다. 그들은 감정표현에 예민하고, 다른 사람의 분위기, 표현, 자세를 해석하는 데 예민하고 감정의 직접적인 표현, 충동적인 행동으로 반응한다. 증상과 문제는 관계체계가 균형을 상실할 때 발생하며, 신체적 질병, 정신적 질병, 사회적 역기능의 문제 등을 일으킬 수 있다. 그들의 정서적 질병은 신경질적으로 내면화된 문제, 우울증 그리고 행동과 성격장애 문제 등으로 나타날 수 있다. 그들은 불안을 제거하기 위하여 상습적으로 약물을 사용하기도 한다.

ⓒ 보통 자아분화 수준(50-75)

자아분화의 보통수준은 정서적 체계와 지적체계 사이가 충분하게 분화된 상태이다. 지적 체계가 충분히 발전하여 불안이 증가할 때에도 정서적 체계에 의해서 지배받지 않고, 자율적으로 자기를 지키고 정상적으로 기능한다. 그리고 독립적으로 의사결정을 하며, 자율적으로 결합하거나 독립적이 될 수 있다. 남편, 부인, 부모로서의 기능을 충분히 수행하며, 생활은 좀 더 질서가 있고, 폭넓은 사회환경에 성공적으로 적응할 수 있고, 문제를 가지고 있지 않거나 문제가 있어도 극복할 수 있다.

ⓓ 높은 자아분화 수준(75-100)

자아분화 수준이 아주 높은 상태로서 현실적으로 드물고 거의 성숙함을 나타내고 높은 수준의 독립성을 가지고 기능을 하는 것을 말한다. 다른 사람들과 친근한 정서적 관계를 맺으면서도 확고한 자아정체감을 유지해 나가며, 자신과 타인의 신념과 가치를 있는 그대로 존중하며 목표 지향적인 삶을 산다.

Bowen은 자아분화 수준을 정신질환이나 정신병리를 측정하는 기준이나 성숙수준을 측정하는 도구로 사용하지는 않았다. 그것은 분화 수준이 낮아도 스트레스가 없고 가족 안의 평형이 유지될 때는 증상이 나타나지 않는 반면에 분화수준이 높은 사람이라도 심각한 스트레스에 봉착하면 증상을 나타낼 수 있기 때문이다. 그러나 전자에 속한 사람들은 스트레스가 있을 때 자아분화를 이룬 사람보다 상처받기 쉽고 증상이 더 나타나며 그 회복도 어렵다.

Bowen은 개인의 자아분화 정도는 가족이나 친밀한 사람들로부터 분화된 정도로 보았다. 그리고 융합에서부터 자아분화가 잘 된 관계에 이르기까지 모든 관계는 역동적인 평형상태에 있는 반면에, 균형상태에서 융통성은 분화가 감소됨에 따라 줄어든다고 보았다.

Bowen 이론은 모든 인간에게는 본능적인 힘이 있기 때문에 성장하고 있는 아동들은 가족과 정서적인 관계를 갖고 있는 것과 동시에 독립적으로 생각하고, 느끼고, 행동할 수 있으며, 분화할 수 있다는 신념을 기초로 하고 있다. 물론 어떠한 사람도 원가족으로부터 완전히 분화한다는 것은 불가능하다고 보지만 사람마다 가족과의 분화정도의 차이는 다양하다.

② 삼각관계

Bowen은 자아의 통합정도와 자신이나 타인과의 관계에서 일어나는 불안이나 정서적 긴장에 관심을 두고 연구하였다. 두 사람의 관계체계에서 발생하는 스트레스는 상호간에 상충된 욕구가 있을 때 관계의 균형을 유지하려고 시도하는 과정에서 발생한다고 했다. 가족구조 안에서 두 사람간의 스트레스를 해결하는 방법은 가족의 다른 구성원을 두 사람의 상호작용 체계로 끌어들여 삼각관계를 형성하는 것이라고 보았다.

삼각관계 기능의 형태는 모든 정서체계와 같이 자아분화 정도가 낮으면 낮을수록 삼각관계 형태는 좀 더 심하고, 관계가 중요하면 중요할수록 삼각관계 형태는 좀 더 심하고, 관계가 중요하면 중요할수록 삼각관계 형태는 좀 더 강하다. 두 사람의 정서체계는 긴장이 없을 때는 안정되지만 불안이 증가하면 삼각관계를 형성하게 되는 불안정한 상태가 된다. 세 사람보다 더 큰 체계는 계속해서 상호 얽혀있는 삼각관계를 형성하기도 한다. 이 때 지적 체계와 정서적 체계가 융합되기 쉽기 때문에 인간관계에서 오는 갈등과 불안을 객관적으로 평가하지 못하고 제 삼자와의 의존적 관계(융합)를 통해 불안을 극복하려고 한다. Bowen은 가족들이 삼각관계에서 벗어나도록 하는 것을 가족치료의 목표로 한다.

그러나 가족의 불안이 계속 증가하거나 지속될 때 해결방법으로서 가족구조 밖의 사회체계와 삼각관계를 형성하도록 돕는다. 삼각관계를 이용하여 가족 내의 긴장을 완화시키고, 실제로 가족의 긴장이 외부 사람의 도움으로 제거되는 상황을 만들 수 있다. 이와 유사하게 삼각관계를 치료상황에서 사용하기도 한다.

Bowen은 삼각관계를 가장 불안정한 관계체계로 보았으며, 실제로 삼각관계가 일시적으로 불안이나 긴장, 스트레스 감소에 도움을 줄 수 있지만 삼각관계는 가족의 정서체계를 더욱 혼란스럽게 만들어 줄 수 있지만 삼각관계는 가족의 정서체계를 더욱 혼란스럽게 만들어 증상을 나타나게 한다고 주장하였다. Kerr와 Bowen은 삼각관계의 결과를 다음과 같이 지적하였다. ① 안정된 두 사람은 제삼자의 개입으로 불안정해 질 수 있다. 예) 첫 아기의 출생은 신혼생활의 부부갈등의 원인이 될 수 있다. ② 안정된 2인 체계는 제삼자가 떨어져 나감으로써 불안정해질 수 있다. 예) 성장한 자녀가 출가한 후 부부갈등이 발생할 때 삼각관계를 형성할 수 없는 것과 같은 상황을 말한다. ③ 불안정한 두 사람은 제삼자의 등장으로 안정 될 수 있다. 예) 아기 출산 후에 갈등이 있는 부부가 원만해질 수 있다. ④ 불안정한 두 사람은 제삼자의 제거로 인해 안정될 수 있다. 이것은 계속적으로 한쪽 편을 지지하는 제삼자를 제거시킴으로 갈등이 감소되는 것을 말한다. 가족 내에서 삼각관계의 가능성은 가족구성원들의 분화가 부족할수록 높아지고, 문제를 해결하기 위해 삼각관계에 의존하는 것은 특정 가족구성원들의 낮은 분화상태를 그대로 유지하도록 한다고 Bowen은 지적하였다.

③ 핵가족의 정서적 체계의 구성

Bowen은 가족구성원들 사이의 기본적인 정서적 기능의 형태는 과거 세대의 반복되는 과정을 통하여 전수된 것이고, 다음 세대에 관하여 어느 정도는 예측이 가능하다고 보았다. 그리고 Bowen은 사람들이 자기 자신의 분화정도와 비슷한 수준의 배우자를 선택한다고 보았다.

일반적으로 핵가족의 시작은 결혼이며 두 배우자는 각자의 생활방식과 각자의 가족에서 발달된 분화수준을 가지고 시작한다. 배우자들의 분화수준을 가장 잘 나타내고 있는 것은 배우자를 선택하고 결혼하고 정서적 관계를 형성하는 과정이다. 대부분의 사람들은 교제기간을 거쳐 약혼을 하고 결혼을 하여 가정을 이루는 과정에서 두 사람의 유사자아(pseudo-self)가 공통자아(commen-self)로 융합을 이루게 된다. 분화수준이 낮을수록 결혼생활에서 정서적 융합이 강하게 나타난다. 한 배우자가 공통자아를 위해 좀더 지배적이 되도록 강요받을 수 있다. 양쪽이 모두 지배적 역할을 하려고 할 때 어떠한 일이든 결정을 하지 못하는 결과를 초래할 수 있다. 분화가 이루어진 부부일수록 융합의 정도가 낮고, 혼란이 적다. 지배적이고 적응하려는 위치는 배우자의 성별과 직접적으로 관련이 적으며, 부부 각자의 출생 가족에서 가졌던 지위와 위치에 따라 주로 결정된다.

Bowen은 가족서 정서적인 융합을 설명하기 위해 비분화된 가족자아 집합체라는 용어를 설명하였다. 원가족과의 관계에서 분화가 잘 이루어지지 않은 경우 부모와 정서적으로 단절을 하는 반면에 부부관계에서는 융합을 형성하려는 경향이 있다. 결혼 이전에 분화 수준이 낮으면 낮을수록 배우자에 대한 융합이 더 강할 수 있다. 새로운 융합이 불완전할 때 다음과 같은 증상이 하나 혹은 그 이상으로 발생할 수 있다. ① 배우자와의 관계에서 반응적으로 행동하는 정서적 거리감, ② 한 배우자에게 신체적 혹은 정서적인 역기능의 발생, ③ 공공연한 부부갈등, ④ 문제를 자녀들에게 투사. 이러한 문제의 강도는 비분화의 수준, 원가족과의 정서적 단절의 정도, 체계에서 스트레스의 수준 등과 관련이 있다.

핵가족 정서체계는 다세대에 나타나는 하나의 현상으로, 배우자의 선택이나 기타 중요한 관계에 나타나는 하나의 현상이다. 사람들은 배우자의 선택이나 기타 중요한 관계에 있어서 원가족에서 습득한 유형을 반복해서 작용함으로써 똑같은 유형이 그대로 자녀에게 전수된다. Bowen은 이러한 가족문제를 해결할 수 있는 유일하고 효과적인 방법은 원가족과의 상호작용을 변화시키는 것이라고 하였다. 원가족과의 상호작용이 변화한 이후에야 비로소 분화가 진행될 수 있으며, 각 개인들은 가족의 지배적인 정서에 대해 덜 예민하게 반응할 수 있는 것이다.

④ 가족의 투사과정체계의 구성

이 개념은 비분화된 아버지-어머니-자녀의 삼각관계에서 한 자녀 이상에게서 장애가 나타나는 과정을 설명한 것이다. 가족투사 과정에서 주요한 대상은 자녀를 낳고 주로 양육하는 어머니이다. 정서적 투사 과정은 자녀에게 주요한 정서적 손상을 가져오며, 그것은 어떠한 결함이나 만성적 질병 혹은 무능성을 유발한다. 가족 투사 과정은 부부갈등, 한 배우자의 질병, 자녀에게 투사로 나타나는 비분화 과정과 비슷하다.

비분화가 자녀에게 장애를 가져오는 과정은 다음과 같다. 처음에는 한 자녀에게 초점을 두지만 한 자녀에게 너무 정서적으로 몰두해 있을 때 그것을 줄이기 위하여 다른 방어기제(부부갈등이나 한 배우자의 질병)를 선택하게 된다. 이와 같은 상황에서 가족은 무질서와 혼란에 빠지게 된다. Bowen은 자녀가 정서적 투사과정의 대상이 되는 과정은 어머니가 자녀에게 감정적으로 몰두하거나 거부하는 정도와 관련이 있다고 보았다. 투사과정은 부모의 비분화과정, 임신과 출생시기에 어머니의 불안정도, 결혼과 자녀에 대한 부모의 태도와 관련이 있다고 보았다.

가족투사과정을 위해 선택된 자녀는 어머니의 생활에서 긴장된 상태에서 태어난 자녀로서 장남 혹은 장녀, 외동딸 혹은 외아들, 어머니에게 정서적으로 특별한 자녀, 아버지에게 특별한 정서적 감정을 가지고 있다고 어머니가 생각하는 자녀, 결함이 있는 자녀이다. 중요한 것은 이런 자녀들은 까다롭고, 복통이 있고, 고집이 있고, 처음부터 어머니에게 반응하지 않는다. 이와 같은 자녀에 대한 어머니의 정서적 개입은 초기에 대단하다. 아버지는 가족 투사과정을 돕는 역할을 하는데, 아버지는 어머니의 불안에 예민하고 어머니의 견해를 지지하는 경향이 있어 결과적으로 어머니가 부적절한 방법으로 노력하도록 조장하기도 한다. 가족투사과정은 어머니의 불안에서 시작되는데, 자녀는 어머니에게 불안하게 반응하고 어머니는 이것을 자녀의 문제로서 잘못 인식한다. 불안한 부모의 노력은 동정, 걱정, 과보호로 나타나고 이것은 자녀의 현실적인 욕구보다 어머니의 불안이 주된 원인이다.

어머니의 불안이 기초가 되는 행동은 자녀가 성장함에도 불구하고 계속 어린 아이와 같이 다루는데 어머니의 태도가 계속될수록 자녀는 점차로 더 손상을 받고 더 많은 것을 요구하게 된다. 이러한 과정이 일단 시작되면 자녀의 정상적 행동은 어머니의 불안에 의해 증가될 수 있고 자녀는 더욱 불안해진다. 아동기 동안 불안한 상태에서 증상이 나타날 수 있고 사춘기 동안이나 사춘기 이후에 주된 증상이 점점 증가 할 수 있다. 자녀가 부모로부터 분화하고 독립하여 기능하고자 할 때 정신질환적인 증상이 나타날 수 있다. 가족투사과정의 기본형태는 비슷하며, 가족 투사과정에서 손상된 많은 사람들은 사회생활을 잘하지 못하는 경향이 있고 다른 형제들보다 분화수준이 낮다. 그리고 심각하게 손상 받은 자녀가 나타났을 경우 가족 투사과정은 몇 세대 이전에 시작된 것으로 보기도 한다. 임상적 측면에서 가족 투사과정의 주된 초점이 된 자녀를 삼각관계 자녀라고 부른다.

⑤ 정서적 단절

이 개념은 세대간에 이루어지는 정서적 과정에 관한 개념이다. 즉 사람들이 그들의 부모와의 관계에서 과거에 해결하지 못한 정서적 애착을 처리하는 과정을 다루는 것이다. 그리고 현재의 시점에서 자신의 삶을 출발하기 위하여 과거로부터 자기 자신을 분화시키는 방법을 다루는 것이다. Bowen은 분화과정, 즉 정서적 단절을 부모로부터 격리, 위축, 부모로부터 멀리 달아나는 것, 부모가 중요시하는 것을 부정 혹은 거부하는 것으로 정의하였다.

부모에 대하여 해결하지 못한 정서적 애착의 정도는 자기 자신의 삶과 다음 세대에서 다루어야 하는 비분화 수준과 같다.

핵가족이 부모세대와의 정서적 접촉을 유지할수록 두 세대의 삶의 과정이 좀 더 질서가 있으며 어떠한 증상을 나타내지 않는 경향이 있다. 분화의 정도가 다른 두 가족을 비교할 때 분화가 잘 된 가족은 부모가족과 접촉을 하고 대체로 생활에 어떠한 증상이 없고, 분화의 수준이 다음 세대에서도 변화하지 않는다. 반면에 과거와 정서적 단절이 있는 가족에서는 증상과 역기능이 발생할 수 있고 세대가 내려갈수록 분화의 수준이 낮아지는 경향이 있다. Bowen은 이런 가족은 가족치료를 하여도 효과가 적다고 하였음.

⑥ 다세대 전수과정

이 개념은 자녀들의 자아분화 정도가 현재 속해 있는 세대에서만 형성되는 것은 아니고, 과거의 여러 세대를 거치는 동안에 전래되어 온 가족 투사 과정에서 형성된다는 것을 설명하는 것이다. 가족 투시과정은 여러 세대를 거쳐 계속되며, 핵가족에서 가족 투사 과정의 주요대상은 한 자녀이다. 이런 자녀는 부모보다 낮은 수준의 자아분화가 나타나고, 대체로 가족의 정서적 과정 밖에서 성장한 자녀는 부모보다 높은 수준의 분화를 발전시킬 수 있다.

Bowen은 만일 여러 세대를 통하여 가장 큰 손상을 받은 자녀를 추적한다면 분화수준이 점점 낮아지는 개인들의 계보를 볼 수 있다고 하였다. 그리고 정신분열증세가 있는 자녀가 나오기까지는 최소한 3세대가 관련된다고 주장하였다.

⑦ 형제순위

이 개념은 서로 다른 형제의 위치에 성장한 아동들의 성격차이에 대하여 Toman이 1961년에 발표한 개념과 비슷하다. Bowen은 아동들의 특징적인 성격은 가족에서 형제순위에 의해 결정된다고 보았다. 형제순위에 관한 개념은 특정한 자녀가 어떻게 가족 투사과정에서 대상으로 선택되느냐하는 것을 이해하고, 개인이 결혼생활에 어떻게 적응하며, 가족치료를 할 경우 어떻게 반응할 것인가를 예측하는 데 도움이 되는 좋은 자료가 되었다. 예로서 만일 장남이나 장녀가 막내와 같이 변한다면 그것은 삼각관계에 속한 자녀라는 것을 증명해 주는 것이다. 만일 장남이나 장녀가 지배적이라면 손상된 가족의 기능을 조절한 증거이며, 평온하고 책임 있게 기능을 하는 장남이나 장녀는 분화가 잘 된 증거를 의미한다.

⑧ 사회적 정서과정

Bowen 이론의 여덟 번째이고 마지막 개념인 사회적 정서과정 개념은

1972년 발전시켰고, 1975년 Bowen이론에 첨부되었다. 이 개념에 대한 기본 이론을 보다 큰 사회의 정서적 기능영역으로 확장한 것이다. 가족과 마찬가지로 사회도 미분화하려는 것과 분화하려는 두 가지 상반되는 힘을 가지고 있다고 보았다. 인구성장과 천연자원의 고갈과 같은 만성적인 스트레스와 지속적인 불안이 있는 상황에서는 분화할 수 있는 힘이 쉽게 약화된다. 사회도 불안이 증가하면 역기능을 나타내는데, 동질화와 분화의 균형이 깨어지면서 전체에 대한 관심은 상실되고 하위집단끼리 융합되기 시작하여 정국의 불안, 비행, 폭력, 불신 등이 심화된다. 따라서 사회가 보다 합리적 결정을 하기 위해서는 감정적인 행동과 단기간의 임시 변통적인 해결책보다는 이성적인 것과 정서적인 것 사이에 분화된 것이 필요하다.

(3) 치료적 개입

Bowen의 가족치료 접근은 단계적으로 일어난다. 중립적이고 객관적인 역할을 하는 치료자는 치료적으로 접근하기 이전에 평가면접과 측정기법을 통해 가족의 과거와 현재의 정서체계를 먼저 사정한다.

① 가족치료의 목표

Bowen은 대부분의 사람들은 괴로운 문제를 가지고 있으며, 많은 경우 문제는 여러 세대를 거쳐 내려오는 것으로 보았다. 그러나 대부분의 경우 문제의 기본적인 유형을 알지 못하고 있다. 가족문제 유형을 추적하는 목적은 정서과정과 구조를 사정하는 것이며, 이것은 Bowen이론을 이해하는 데 있어 핵심적인 것이다. 정서과정은 정서적인 반응의 유형에 관한 것이고, 구조는 상호간에 얽혀있는 삼각관계의 유형에 관한 것이다.

Bowen의 가족치료 목적은 불안을 감소시키고 자아분화 수준을 높이는 것이다. 자아분화는 치료목표인 동시에 성장목표이다. 다시 말하면 분화되지 않은 가족자아 집합체에서 자신을 분리 독립시켜 정체감을 형성하고, 자기 충동적, 정서적 사고와 행동에서 자유를 획득해 나 갈 수 있도록 돕는 것이 치료의 목표이다.

가족치료는 증상에 초점을 두지는 않는다. 문제는 사람에게 있는 것이 아니고 체계에 원래부터 존재하여 왔다고 가정하고, 개인의 변화는 다른 사람과의 관계 변화를 통하여 이루어진다고 보기 때문이다. 체계를 변화시키고 가족원들의 분화수준을 향상시키기 위하여 가장 중요시하는 것은 부부가 다른 가족성원을 끌어들이는 삼각관계에서 벗어나는 것이다.

이상적인 발달은 원가족과 자율적인 분화가 잘 이루어져 있고, 불안이 낮고, 부모가 그들의 원가족과 좋은 정서적 접촉을 할 때 일어난다. 이전 세대와 분화가 잘 된 사람은 원가족과 밀착 또는 격리된 사람보다 훨씬 안정적이다.

② 사정과 평가

Bowen은 진단이라는 용어보다는 평가라는 용어를 주로 사용하는데, 그 이유는 치료자가 면접초기에 해야 하는 과업은 현재 일어나고 있는 일을 객관적으로 정확히 평가하는 것이라고 보았기 때문이다. 또 다른 이유는 치료자가 원조를 요청하는 대부분의 가족들은 많은 불안을 갖고 있으며, 정서적 반작용의 수준이 높으므로 문제와 관련하여 상대방이나 자신을 규정하는 능력을 제대로 발휘하지 못하기 때문이다.

증상을 가지고 있는 가족에 대한 평가는 처음의 전화상담으로부터 시작된다. 가족평가 면접은 부모, 남편과 아내, 핵가족, 확대가족 등을 포함하는 가족성원들과 함께 진행한다.

Bowen은 가족을 평가하기 위한 면접의 구조를 현재 당면하고 있는 문제영역의 역사, 핵가족의 생활사, 남편의 확대가족 체계의 역사, 부인의 확대가족 체계의 역사 등으로 구분하였다.

ⓐ 문제의 역사

이 부분의 평가는 증상이 무엇이며, 증상을 가진 사람이 누구이며, 증상이 언제 발생하였고, 임상적 과정이 어떤 것인지에 초점을 둔다. 신체적, 정서적, 사회적 증상은 가족의 정서적 과정상의 장애를 표현하는 것으로 볼 수 있으며, 증상을 가진 사람은 가족 내에서 불안을 처리하는 방식을 나타내는 것으로도 볼 수 있다. 증상이 발생되고 확대된 시간은 다른 사건, 예를 들어 가족 성원이 사망한 것과 같은 사건과 상호 연관되어 있는 경우도 있다. 그러나 가족은 현재의 문제에 몰두하므로 다른 사건의 영향을 보지 못하는 경향이 있다.

ⓑ 핵가족의 역사

핵가족의 역사에 대한 평가는 두 부모가 만난 시점에서 시작하여 현재에 이르는 시간까지 평가한다. 만났을 때의 연령, 직업, 구혼기간의 상황, 결혼, 첫 아이 출생 이전의 시기, 자녀 출산이 가족에 미친 영향, 각 자녀의 현재 기능 등의 영역을 평가한다. 가족이 살아온 장소와 이사 기간 그리고 이사했을 경우 확대가족과의 거리등이 중요한 평가영역이다. 각 부모의 건강, 교육, 직업생활의 기간에 관한 자료도 수집해야 하는데, 이런 자료들은 독립된 것이 아니라 집합적으로 핵가족의 정서체계의 양상을 보여준다.

ⓒ 남편의 확대가족 체계의 역사

남편의 형제 출생 순위, 가족에서 남편 형제의 정서적 과정, 부모의 과거와 현재의 기능 등을 평가하며, 부모의 건강, 교육, 직업, 결혼역사와 형제와 관련된 영역이 평가의 중요한 요소이다. 남편 가족의 분화수준을 평가하기 위해서는 남편 출생가족의 과거와 현재의 상대적 안정성과 불안정성을 평가해야 한다. 그리고 확대가족과의 물리적 거리와 출생가족과 남편의 정서적 접촉의 질을 평가해야 하고, 확대가족의 사건, 사망, 이혼 등의 사건에 관한 자료를 수집해야 하는데 그것은 핵가족과 관련된 사건이기 때문이다. 관심의 초점은 확대가족 체계의 맥락에서 핵가족을 이해하려는 것이며, 다세대간의 융합유형, 확대가족과 핵가족 관계의 본질, 각 배우자의 정서적 단절의 정도 등에 있다.

ⓓ 부인의 확대가족 체계의 역사

남편의 확대가족에 대한 평가영역과 같은 영역을 평가한다. 처음의 면접은 어느 가족성원에게 나타날 수 있는 증상과 관련된 가족기능의 정도를 사정하기 위하여 문제에 대한 정보를 수집한다. 정서적 기능의 역사적 유형, 가족 생활주기 단계에서 불안의 수준 및 현재의 기능과 비교하여 과거에 경험한 스트레스의 양에 관심이 있다. 특히 관심을 두는 것은 어느 배우자의 기능이 개선되고, 어느 배우자의 기능이 개선되고, 어느 배우자의 기능이 감소되었는가에 관한 것이다. 평가의 초점은 핵가족 구조 내의 증상이 있는 가족성원으로부터 좀더 넓은 확대가족으로 확장될 수 있다.

③ 가족도표 작성

가족도표는 가족체계이론에서 발달한 것이다. Bowen은 가족도표에 포함시키는 내용으로서 정서적인 체계를 지배하는 원칙들을 이해하는 데 도움이 되지 않는 것은 의미가 없다고 하였다. 가족도표는 여러 세대를 거쳐 온 정서 과정의 강점과 약점을 반영하는 것이다. Bowen은 다세대의 유형과 영향은 핵가족 기능에 대한 중요한 결정 요소로 보았으며, 최소한 3세대에 걸쳐 확대가족을 도표화함으로써 현재 나타난 문제의 기원을 조사하는 가계도 작성방법을 개발하였다. 그림으로 표현하는 그 자체가 과정이고 기록이며, 완성된 전체 가계도표는 각 배우자들의 배경을 포함한다. 이러한 가계도표는 치료자와 가족구성원들이 다세대간의 맥락에서 가족의 정서적 과정이 약해지고 강해지는 것을 쉽게 파악할 수 있도록 하는 유용한 도구이다.

가족도표는 3세대 이상에 걸쳐 가족구성원에 관한 정보와 그들간의 관계를 도표로 기록하는 작성하는 방법이다. 가족에 대한 자료와 가족의 정서적 과정에 관한 것들을 연결시키는 것은 지나치게 단순화시켜 사례를 설명 할 수도 있다. 가족도표 작성에서 사용하는 기호들은 가족에 관한 개념적인 것들을 가시적으로 표현하게 된다. 구체적인 내용으로서 가족구성원, 이름, 연령, 형제자매 위치, 결혼상태, 종교, 직업, 인종, 지리적 위치, 사회·경제적 상태, 중요한 생활사건 등이 있으며 적어도 3세대까지 확대하여 작성한다. Bowen은 한 세대에 일어났던 것은 다음 세대에 일어날 가능성이 있음을 전제로 하고 있다.

가족도표를 통하여 많은 가설을 만들 수 있다. 원가족의 융합과 분화의 문제, 핵가족의 정서체계, 부모와의 정서적 단절, 형제자매 위치 등 이러한 것들은 증상과 관련하여 볼 수 있다. 그리고 평가면접 자료를 가족 가계도 작성에 포함시킬 때 치료자와 가족은 세대에 연결된 정서적 과정을 보다 쉽게 이해할 수 있다.

가족 사정 면담과 가족도표 작성을 통하여 수집된 자료를 해석하는 것은 10개 영역으로 사정하고 진단하는 것만이 아니라 치료과정에 많은 영향을 준다고 지적하였다. 이러한 것은 사정과 평가는 물론 진단이 짧은 시간에 좀더 정확하게 이루어 질 수 있으며, 목표를 분명하게 하며, 치료적 개입을 용이하게 할 수 있는 지침이 될 수 있다.

① 증상을 가지고 있는 사람 ② 형제들의 지위 ③ 핵가족의 정서과정 ④ 스트레스를 주는 사람/사건 ⑤ 정서적인 반응 ⑥ 핵가족의 적응 : 가족진단의 6번째 구성요소인 핵가족의 적응은 4번과 5번에 대한 사정 및 평가와 관련이 있고, 적응의 정도는 분화의 수준과 관련이 있다. ⑦ 확대가족의 안정성과 평안함 : 기본의 기본적인 수준을 측정하는 것이며, 질량을 측정하기 위하여 5점 척도를 사용하기도 한다. ⑧ 정서적인 단절(5점 척도를 사용한다) ⑨ 치료의 초점 ⑩ 예측 : 전통적으로 의료적, 심리적 진단에 있어서 예측은 개인의 질병에 대한 사정과 진단을 근거로 한다.

(4) 가족치료 개입 기법

Bowen은 가족치료에서 가족체계가 어떻게 기능하고 있는가에 관하여 이해하는 것을 어떠한 가족치료기법보다 중요시하였다.

① 가족치료 체계

Bowen은 같은 목표에 도달할 수 있는 다양한 방법들을 중요시한다. 그리고 가족의 형태가 핵가족, 부부, 개인 또는 확대가족 등 어떠한 형태이든 간에 치료적인 접근은 가족체계를 수정하는 것에 초점을 두고 있다.

Bowen은 전형적인 가족치료 방법은 두 성인과 치료자로 구성된 체계를 가지고 시작한다. 증상을 가지고 있는 사람이 아동이라고 하여도, Bowen은 근본적인 문제는 가족의 정서체계에 있다는 것을 부모들이 이해하고 수용하기를 바란다.

Bowen의 치료기법은 성숙하고 분화가 잘 된 한 배우자를 선정하고 일정기간 그 사람과 치료를 진행하는 것이다. 이 기법을 사용하기 위한 기본 가정은 오랫동안 지속된 정서적 삼각관계를 깨뜨릴 수 있는 사람은 바로 가족 내에 있는 가족성원이라고 보았기 때문이다.

Bowen은 새로운 평형상태에 도달하기 전에 혼돈과 심한 변화를 경험하는 동안에 이전의 병리가 해결되고, 각 성원들은 더 높은 수준의 자아분화를 성취하게 된다고 믿었다.

Bowen이 지향하는 가족치료는 강한 정서적 표현이 없는 조용하고 직접적인 치료이다. 각 배우자는 상대방보다는 치료자와 이야기하며, 배우자간의 정서적 긴장을 유발시키지 않기 위하여 대결하고 직면하는 기술을 사용하지 않는다. 이런 방식으로 각 배우자가 생각하는 것은 상대방이 있는 가운데 표현되며, 해석은 될 수 있으면 피한다. 대신에 부드러운 질문을 함으로써 감정을 완화시키고, 어려움을 야기한 원인에 대해 생각하도록 한다. Bowen은 각 성원 자신이 관계문제에 어떤 역할을 하는가에 초점을 두도록 권고한다. 이와 같은 치료과정에서 두 성인과 치료자와의 삼각관계 상황을 지속시키면서 치료를 계속하는 것이 그의 중요한 치료기법이다.

Bowen은 가족에 따라 5~10회 또는 20~40회의 치료를 필요로 하는 경우가 있으며, 이러한 그의 접근법은 장기적인 결과를 만들어 내는 데 있어서 효과적이라고 주장하였다.

② 치료자의 역할

Bowen은 치료자를 가족이 스스로 기능화 할 수 있는 방법을 발견하는 사람이 되도록 원조하는 “조사자”라고 규정하였다. 그리고 각 가족구성원과 가족이 자신의 능력과 기능을 최대로 발휘할 수 있도록 돕는 활동적인 전문가, 즉 코치(coach)라는 용어를 자주 사용했다.

Bowen은 가족에게 주요한 외부사람 즉, 친구, 교사, 목사 등을 잘 활용함으로써 가족 내의 장애를 가진 모든 관계체계를 수정할 수 있다고 주장했다. 치료자가 중심적 삼각관계의 정서활동에서 상대적으로 적절한 거리를 유지할 수 있다면 가족치료사 역시 가족의 주요한 외부사람이 될 수 있다고 했다. 보웬은 치료체계는 가족의 일상적인 삼각관계상의 정서체계를 수정하는 것을 중요시하였다. 치료자는 직접적으로 영향을 주려는 것보다는 중립적이며 배우자간의 정서적 삼각관계에서 벗어나야 한다. 치료자가 이런 자세를 취할 수 있다면 부부간의 긴장은 사라지고 자연히 다른 가족 성원도 변화하게 될 것이라고 보았다.

Bowen은 가족 정신치료에서 가족치료사가 수행하여야 할 네 가지 주요 기능을 다음과 같이 설명하였다. 그리고 치료자는 다음의 네 가지 기능을 수행하는 모델, 교사, 친구, 지도자, 안내자, 성직자 역할을 규정하였다.

ⓐ **배우자 관계를 규정하고 명확히 함**

배우자간에는 장기간 친밀한 관계를 유지하여 왔기 때문에 상대방에 대해 너무 잘 알고 있다. 따라서 정서적 표현을 고무시키는 것이 때로는 어려움을 악화시킬 수도 있다. Bowen은 가정에서 일어난 일에 대해서는 이야기하지 않고, 치료시간 내에서의 문제에 대해서 토의하도록 하고, 가족 성원들에게 조용하고 낮은 목소리로 이야기하도록 권유한다. 이런 치료 과정을 통해서 배우자들은 지금까지 해오던 것과 다른 방식으로 상대방을 알 수 있는 기회를 갖게 되며, 부부관계를 새롭게 명확히 하는 계기를 갖게 된다.

ⓑ **가정정서체계의 삼각관계로부터 분화**

치료자가 각 배우자와 너무 가깝거나 너무 소원하지 않은 관계, 즉 정서적으로 지나치게 관여하지 않으며 관계를 맺을 수 있는 능력과 부부의 문제를 치료할 수 있는 능력에 기초를 두고 있다. 이런 균형을 유지할 수 있는 능력은 치료자 자신의 자아분화 정도와 밀접한 관계가 있다.

ⓒ **정서체계의 기능에 대한 교육**

Bowen은 치료자가 가족 성원에게 분화하는 방법, 자신의 가치를 명확히 하는 방법, 가족 문제를 해결하는 방법을 가르치는 것이 중요하다고 보기 때문에 정서적 삼각관계에 개입할 때 개별화에 대한 교육적 지시를 사용한다.

ⓓ 자기입장을 취하도록 함

한 가족 성원이 자신의 확신과 신념을 조용히 말 할 수 있고, 다른 사람의 신념을 비판하지 않고 감정적인 태도를 취하지 않으며 행동할 수 있을 때 다른 가족 성원들은 좀더 자기 확신을 갖게 되고 다른 사람을 받아들이는 과정을 거치게 된다. 자기 입장을 취하도록 하는 것은 치료의 초기에 아주 유용하고, 이것은 치료과정의 어느 단계에서든지 사용할 수 있다. 치료자가 가족과의 관계에서 자신을 명확히 규정하고, 자신의 확신과 신념을 이야기해 주고, 자신의 자기분석 정도를 모델로 보여줄수록 가족성원들은 좀더 쉽게 상호관계에서 자기 자신을 규정할 수 있다.

③ 치료기법

Bowen 가족체계 치료의 실제에 있어서 가장 많이 사용되는 7개의 기법들은 다음과 같다.

ⓐ 가계도

Bowen은 초기부터 "가족도표"라는 용어를 사용하였으며, 다세대 가족체계에 관심을 가지고 중요한 자료를 수집하고 정리하기 위해 사용하였다. 1972년부터 "가계도"로 바꾸어 사용하였으며, 가계도의 주요한 기능은 사정·평가하는 단계에서 자료를 조직하고 치료과정을 통하여 관계과정과 핵심적인 삼각관계를 추적하는 것이다.

ⓑ 삼각관계로부터 분화

삼각관계로부터 분화기법은 가족체계 내의 갈등적인 관계과정은 증상과 관련된 삼각관계를 가지고 있다는 가정을 기초로 하고 있다. 즉 가족은 삼각관계 과정에 치료자를 포함시키려고 자동적으로 노력을 하게 된다는 것이다. 만일 가족이 치료자와의 삼각관계 형성에 성공한다면 점차적으로 활력을 상실하게 될 것이다. 다른 한편 치료자가 삼각관계에 관여하지 않은 상태를 유지하게 되면 가족체계와 가족원들은 점차로 진정하고 자신의 문제를 해결하기 시작할 것이다. 이 기법은 치료자가 의도적이며 일시적으로 삼각관계에 들어가기도 하고 벗어나기도 하면서 가족의 삼각관계를 깨는 것이다. 치료자의 자아분화 수준이 높을수록 치료자는 정서적 균형을 유지할 수 있다.

ⓒ 관계경험

관계경험은 핵심적인 삼각관계를 구조적으로 변화시키기 위한 것이며, 궁극적인 목적은 가족성원들이 체계과정을 알도록 하며, 체계과정에서 자신의 역할을 인식하도록 돕는 것이다. 이러한 관계경험 기법은 정서적으로 가까워지기를 추구하는 사람과 냉담한 사람들을 치료하기 위해 만든 것이다. 정서적 애착관계를 추구하는 사람에게는 추구하는 것을 억제하고 그리고 요구를 멈추고 정서적인 연결로 인한 압박을 줄이도록 용기를 주고, 자신과 다른 사람과의 관계에서 무엇이 발생하였는지를 보도록 돕는다. 이것은 관련되어 있는 정서적 과정을 명확하게 하기 위한 것이다. 냉담한 사람에게는 다른 사람에게 가까이 가는 것과 자신의 생각과 감정에 관하여 이야기하는 것에 관하여 용기를 준다. 관계경험은 다른 사람의 요구에 대하여 회피하거나 항복하는 것을 변화할 수 있는 방법을 찾도록 하는 것이다.

ⓓ 코칭

코칭(coaching)은 치료자가 가족문제를 가지고 오는 내담자에게 개방적이고 직접적으로 접근하도록 하는 기법이며, 치료에서 형태는 다르지만 치료자가 개인적, 정서적으로 관여하게 되는 역할과 관련된 것이다. 코치의 역할을 하는 치료자는 가족 삼각관계에 관여하거나 회피하려고 한다. 코치하는 것은 사람이 무엇을 하는가에 관하여 설명하려는 것이 아니고, 가족들이 가족 정서과정과 그 안에서 자신의 역할을 명확하게 알도록 질문하는 것을 말한다. 목적은 이해를 증가시키며, 자기에게 초점을 두도록 하며, 가족성원들 간에 좀 더 기능적인 애정관계를 발전시키도록 하는 것이다.

ⓔ 자기 입장을 취하도록 함

다른 사람이 행동하는 것에 관하여 말하는 것 대신에 자신이 느끼는 것을 말하므로 자기 유형을 취하는 것은 정서적인 반응의 악순환을 깨는 것으로 가장 직접적인 방법이다. 이것은 "당신이 그렇게 행동한 것에 관하여 나는 매우 소외감을 느끼고 섭섭하다. 그리고 화가 나서 지금은 어떠한 대화도 하고 싶지 않다"라고 하는 예는, 화가 나고 속상한 상태에서 그 원인을 추적하거나 상대방에게 책임을 추궁하는 것이 아니고, 자신의 현재 감정상태를 표현하는 것이다. 따라서 상대방이 말하는 사람의 상태를 이해하게 하며, 반응적이며 악순환적인 대화를 벗어나서 무엇인가 해결방법을 찾을 수 있는 생각을 시작하게 할 수 있다.

ⓕ 다양한 가족치료

Bowen은 부부와 상담할 때 먼저 한 사람에게 관심을 두고 최소한의 상호작용을 하도록 한다. 이것은 다른 사람은 관찰을 통하여 정서과정을 학습하도록 하려는 데 목적이 있으며, 감정적으로 관여하는 것을 제지시키려는 의도가 있다.

ⓖ 자기자신의 이야기를 들려줌

이것은 내담자에게 치료장면을 녹화한 것이나 녹음한 것을 보여주고 또는 이야기를 들려주는 방법이다. 자신의 이야기를 어떠한 방법이든 보거나 듣게 될 때 가족성원 자신들은 방어적인 것을 줄이게 되고 가족 기능에 관하여 배우게 된다.

⑤ 치료와 결과에 관한 평가

Nichols & Schwartz는 Bowen이론이 가장 기여한 것은 대인관계에서 우리를 지배하는 정서적인 힘에 관하여 설명한 것이라고 지적하였다. 다른 사람을 이해하는 데 가장 장애가 되는 것은 다른 사람의 말을 경청하는 대신에 감정적인 행동과 방어적인 반응을 하는 것이다. Bowen의 가족치료접근에서는 치료의 목표는 분노를 감소시키고 증상이 감소 내지 제거되는 것, 그리고 적응력을 향상시키기 위해 자아분화 수준을 높이는 것이다.

Bowen의 접근방법은 정신역동적인 관점과 체계적인 관점을 연결시킨 것으로 볼 수 있다. 그는 하나의 정서적 관계체계로서 개념화하였고, 핵가족과 확대가족에서 일어나는 정서적 과정을 설명하기 위하여 8개의 상호 관련된 개념을 제시하였다. 그의 가장 핵심적인 개념은 삼각관계와 자아분화이다. 그리고 강조한 것은 가족관계와 치료자의 관계에서의 탈삼각관계 과정이다. 이 과정에서 자아분화 과정이 핵심적인 요인이다. 삼각관계는 가족체계에 대한 개념적 구조이며, 자아분화 정도는 개인의 경계선이 침투성인가 혹은 불침투성인가를 결정하는 척도이다. 자아분화 정도는 성숙도를 측정하는 척도이기도 하다.

Bowen은 정신분열증환자 가족에 대한 초기의 연구는 통제된 상태에서의 실험이기보다는 임상적인 관찰이었다, 사실상 보웬은 실제로 실험적인 연구에는 회의적이었으며, 대신에 이론과 실천을 수정하고 통합하는 것에 관심을 두었다.

Bowen이 가족들을 관찰하면서 초점을 둔 것은 다른 사람에 대해 진술하는 것과 자신에 대해 진술하는 것의 비율에 관한 것과 분화된 자기 진술의 횟수였다. 분화된 자기 진술은 비난하지 않고 자신에 관해 이야기하고, 자신이 변화하거나 다른 사람보다는 자신이 변화하기를 원하고, 생각과 감정을 구분하고, 지각과 지향하는 목표를 보여주는 것 등을 말한다.

Bowen은 관찰로 2가지를 발견하였는데 하나는 면접초기에는 자기에 대한 진술이 적다는 것이다. 많은 사람들은 '우리'라는 단어를 사용하면서 배우자를 구분하여 분리된 존재로 보지 못하는 것이다. 두번째는 치료가 진행됨에 따라 좀 더 분화된 '나'를 진술하면서 변화하는 것이다. 치료의 초기에는 분화된 자기 진술이 전체의 진술에서 1/2도 못되지만 몇 회 지나면 서는 증가하는 것을 발견하였다.

Bowen은 실천에 있어서 이론의 중요성을 반복하여 강조하였으며, 자신의 이론을 기초로 하는 비판을 받아들였다. 그리고 그의 이론은 임상적인 관찰을 기초로 한 것으로서 완전하고, 일관적이고, 유용하지만 좀 더 크게는 연속적인 개념구성의 일부분이라는 것이다.

Bowen이론은 다른 이론들보다 복잡하고 그의 치료는 이론보다 더 정확하다. 가족체계 치료에 대한 효과성의 증거는 개인적인 경험과 임상적인 보고들을 근거로 하고 있다.

Bowen의 가족치료 접근법에 관한 이론을 수용하면서 한국의 문제가족에게 이론을 적용하는데 유의해야 하는 측면이다.

한국인의 가족에 대한 전통적인 가치의식은 '집'을 중요시하고, 조상과 부모에 대한 '효'사상을 중요시한다. 그리고 표면상으로는 핵가족의 구조 속에서 살면서도 실제적인 의식구조는 확대가족에 소속되어 있는 특징이다. 일반적으로 자녀들은 결혼한 후에도 부모와 정서적으로 강한 유대 관계를 오랫동안 잘 유지하는 것에 가치를 둔다. Bowen이론이 발달한 문화배경은 독립성에 많은 가치를 두며, 한국에서는 독립성보다는 상호의존성 또는 정서적인 밀착성에 가치를 두는 문화배경이라는 것을 강조한다.

한국의 가부장제도하에서는 엄격한 아버지와 인자한 어머니를 생각하고, 아버지는 정서적이며 감정적인 표현을 가능한 한 삼가고, 모든 정서적 지원을 어머니가 맡는 것이 일반적이다. 한국의 가족을 중심으로 하는 전통적인 가족관계, 역할분담, 정서적인 감정표현, 세력의 배분, 남자중심의 윤리관과 도덕관 등을 기초로 할 때 여자인 어머니가 소외되고 무력하며 존중받지 못하는 위치에서 위로 받고 살아남을 수 있었던 것 중 하나는 자녀들에 대한 애착과 보람이었다. 따라서 한국문화에서 불안하고 힘든 상태에서 자녀를 삼각관계로 끌어들이는 현상을 지나치게 부정적으로 사정·평가할 가능성을 우려하는 것이다.

이상과 같이 한국 가족구조 내에서 '비분화된 가족자아 집합체'와 '삼각관계'라는 개념을 중심으로 한국가족의 역기능을 측정하기 위한 준거 개념으로 사용하는 데는 무리가 있다고 생각한다. 따라서 먼저 한국문화에서 가족치료사들은 가족을 중심으로 하는 가치관, 윤리관, 도덕관, 가족관계, 가족기능, 가족문제 등에 관한 지식과 이론을 갖추어야 한다고 봄.

2) 미뉴친의 구조적 가족치료(structural family therapy)

개인을 사회적 존재로 이해하여 개인을 둘러싼 구조에 관심을 가진 구조적 가족치료는 비교적 단시간에 가족의 문제점, 가족 특유의 양식을 파악해 가족구조를 변화시키는 접근이다. 이들은 가족구조가 변하면 동시에 가족의 지위가 변하여 결국 각 개인들의 경험도 변할 수밖에 없다고 보았다. 구조적 가족치료를 개발한 미뉴친(Minuchin)은 1950년대 말 아동시설에서 가족을 면담하기 시작하면서 어려움을 가진 가족은 그것을 극복할 수 있는 대안이 부족하다는 사실을 알게 되었다. 따라서 기존의 구조에서 벗어나 새로운 구조를 만들 수 있는 기회를 줄 수 있는 치료적 방법에 관심을 가졌다. 구조적 가족치료는 이론적 우수성뿐만 아니라 실용적인 면에서 탁월하여 많은 상담자가 선호하는 모델이다.

1) 주요개념

구조적 가족치료에 구조란 보이지 않는 일련의 기능적 요구이다. 이것은 가족끼리 상호작용방식과 연속성, 반복, 예측되는 가족행동 등을 조직한다는 것을 의미하며, 가족이 나름대로 고유한 구조를 가졌다고 생각할 수 있다. 가족구조란 추상적인 개념이므로 이를 이해하기 위해서 가족 간의 인간관계의 규칙을 이해하지 않으면 안 된다. 복잡한 인간관계의 규칙을 이해하기 위해서는 가족을 지배하는 규칙을 찾아내는 것이 유익하다. 이런 추상적 수준에서 가족을 이해하기 위해 경계선, 제휴, 권력의 개념을 이해할 필요가 있다.

(1) 경계선(boundary)

경계선이란 가족 상호작용 과정에 가족 구성원 누군가가 어떤 방식으로 참가할 수 있는가에 대한 규약이다. 그리고 하위체계 간의 역동관계는 이 같은 경계선이 명확한지, 밀착되었는지, 분리되었는지에 따라서 애매한 경계선, 명료한 경계선, 경직된 경계선으로 구별한다. 애매한 경계선을 가진 가족은 가족체계에 참가하는 것에 대한 규칙이 애매하기 때문에, 가족 구성원은 모든 문제에 서로 지나칠 정도로 얽혀서 필요 이상 관여하게 된다(밀착된 가족). 반대로 경계선이 경직된 경우 가족은 뿔뿔이 흩어져 버리는데, 이들을 격리된 가족이라고 부른다.

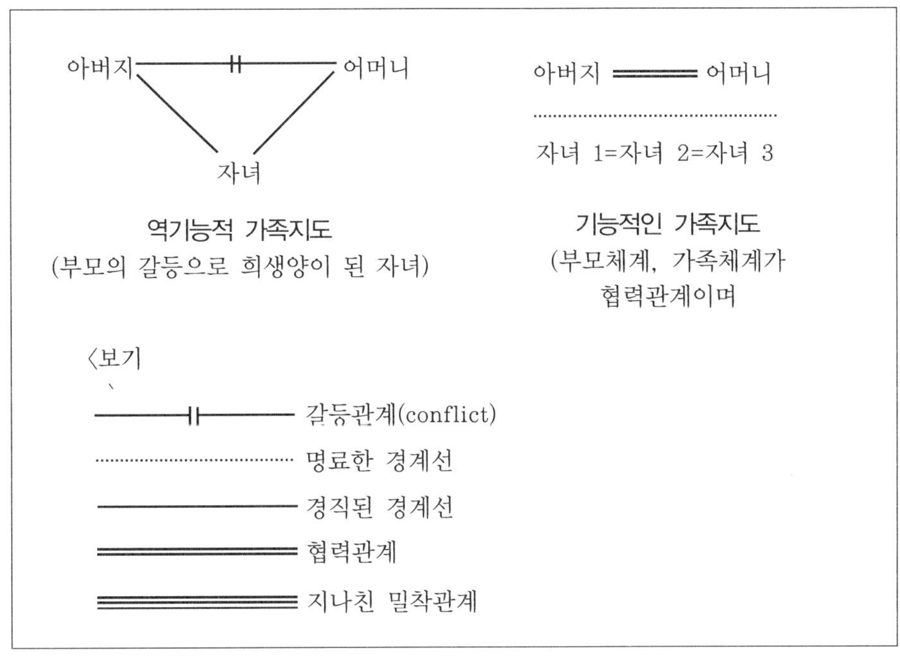

<그림 6-2> 가족구조의 기능

(2) 제휴(alignment)

제휴란 가족의 상호작용 과정으로 가족체계의 한 개인이 다른 협력관계 또는 상반된 관계를 갖는 것이다. 가족은 부부 하위체계, 부모 하위체계, 형제 하위체계의 세 가지 하위체계로 구성되었으며, 이러한 하위체계에는 많은 연합이 있다.

(3) 권력(Power)

권력이란 개개인의 가족이 상호작용 과정을 통해 다른 사람에게 미치는 영향력이다. 구조적 가족치료에서는 가족의 하위체계의 유형, 바람직하지 않은 하위체계간의 경계, 가족체계와 그것을 둘러싼 생태학적 맥락과의 경계에 관심을 가졌다. 구조적 가족치료를 하는 상담자는 가족체계에 합류하면서 가족이 도움을 원하는 IP(Identified Patient : 가족이 문제로 지목한 사람)의 증상 또는 문제 행동이 가족 기능이나 구조와 어떤 관계가 있는지를 판단한다. 증상이나 문제가 구조와 관계를 가진다는 사실을 발견하면 가족에게 체계, 하위체계 간의 경계를 수정하거나 가족 내의 연합과 같은 변화가 필요하다는 것을 직접 알린다.

2) 상담기법

구조적 가족치료에서는 가족이 제시하는 문제를 체계적 관점에서 재명명하여 행동의 변화를 유도한다. 상담의 과정은 다음과 같다.

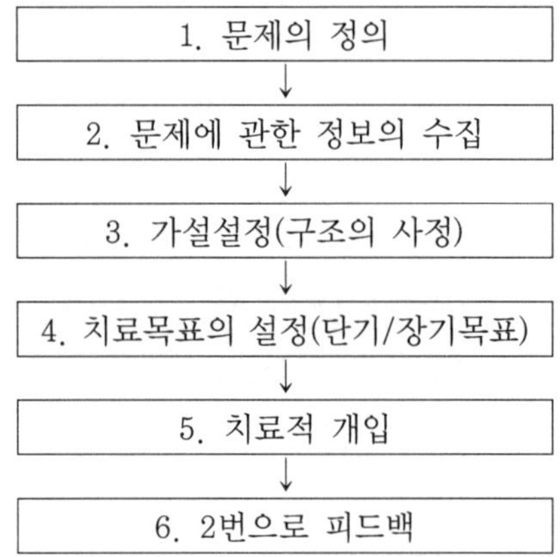

(1) 가족 상호작용에 합류: 라포(rapport)와 비슷한 개념으로 라포가 치료적 관계의 정서적인 면을 의미한다면, 합류는 상담자의 행동을 표현하는 용어라고 정의할 수 있다.

① 따라가기(tracking)

따라가기란 상담자가 가족이 지금까지 해 온 의사소통이나 행동을 계속하도록 지지하여 가족이 보이는 기존 상호작용의 흐름에 거슬리지 않고 들어가는 것이다.

② 유지하기(accomodation)

유지하기는 상담자가 가족과 합류하기 위해서는 자신의 행동을 가족의 상호작용과 맞추는 것이다. (상담자가 가족이 가진 기존 구조를 유지할 수 있도록 존중하는 것)

③ 흉내내기(mimesis)

흉내내기는 상담자가 가족의 언어, 비언어적 행동을 활용해 합류를 촉진하는 것이다.

(2) 가족 상호작용 재구성

상담의 목표는 가족의 상호작용 패턴을 변화시켜서 더 이상 IP가 문제행동을 보이지 않는 바람직한 가족구조를 만드는 것이다. 이를 위한 구체적인 기법으로는 체계의 재편성, 증상의 초점화, 구조의 수정을 들 수 있다.

① 체계의 재편성 : 체계의 재편성은 기존의 가족환경이 가진 가족 구성원의 배열을 바꾸어 구조를 변화시키는 기법이다.

② 증상의 초점화 : 증상을 바라보는 가족의 시각을 달리하여 상호작용 유형을 변화시키려는 기법(증상의 강조, 증상의 축소화, 새로운 증상으로의 이행)

③ 구조의 수정

구조의 수정은 구조적 가족치료의 독특한 기법들이다. 이러한 기법은 가족체계의 경계선, 제휴, 권력에 직접 관여해 가족구조를 변화시키는 것이다. 구조적 가족치료를 지향하는 상담자는 계획적 또는 의도적으로 기능적 구조를 목표로 하면서 다양한 치료적 개입을 시도한다. 구조 개선의 기법에는 가족지도, 가족 상호작용의 분해, 유형의 강화, 유형의 재조직이 있다.

(a) 가족지도 : 가족사정의 수단이 될 뿐 아니라, 상담과정에서 지도를 다시 만들어 구조를 수정하는 치료적 기법으로 사용된다.

(b) 가족 상호작용의 분해 : 상담자가 가족이 역기능적인 구조를 지속하지 못하도록 제지하는 기법이다.

(c) 가족 상호작용의 차단 : 상담자가 가족에게 익숙한 상호작용 유형을 방해하는 것

(d) 가족 상호작용의 강화 : 가족구조의 개선을 목적으로 가족 상호작용의 여러 가지 유형 중 일부분을 강조하는 기법

(3) 가족 상호작용 창조

가족이 의미 있다고 생각하지 않거나 상담 장면에서 가족이 자발적으로 드러내지 않는 정보를 수집하기 위한 기법을 가족 상호작용의 창조라고 부른다. 가족상호작용의 창조는 가족 상호작용의 재구성을 위한 기초가 되며 기법으로는

구조화, 실연화, 가족의 과제설정이 있다.

① 구조화 : 구조화는 상담자가 상담목표에 도달하기 위해서 의도적이고 계획적으로 시도하는 치유적 관여를 의미한다.

② 실연화 : 실연화는 상담 중에 가족에게 역기능적인 가족 구성원 간의 교류를 실제로 재현시키는 것이다. 이것은 언어로 문제를 설명하는 방법과는 달리 행동을 중시하는 것으로 구조적 가족치료의 독특한 기법이다. 실연화는 직접적이어서 가족의 실생활의 상호작용이 그대로 드러날 가능성이 있으므로 가족구조를 이해하는데 효과적이다.

③ 가족내의 과제 설정

가족 내의 과제설정은 상담자가 가족이나 어떤 특정 상호작용에 관여하는 과제를 제시하는 것이다. 제시된 과제는 언제, 어디서, 누구와, 어떻게 상호작용해야 하는 것인가를 명확히 설명해야 한다. 실연화와 과제설정은 비슷하지만 과제설정에서는 시간, 장소, 상호작용의 유형이 명확히 제시된다는 점이 다르다.

3) 구조적 가족이론

– Minuchin의 관점에서 본 가족에 대한 구조적 접근

; 가족이 그 구성원들이 개인적인 생물심리역동성 이상의 것이라는 개념에 근거를 두고 있다. 가족 구성원들은 어떤 Arrangement(조정/예정)에 관련되어 있는데 이것은 구성원들간의 상호교류를 억제한다. 조정/예정은 명쾌하게 진술되지 않고 인식되지도 않는다. 그러나 전체 가족구조를 형성한다. 이 구조의 실재는 개인 구성원들의 실재와는 다르다.

– 구조주의자들의 관심

① 가족구조

② 가족 하위체계의 경계 침투성 (가족 하위체계, 경계 침투성)

③ 제휴, 연합

; 가족상호교류들이 안정성과 변화 사이에서 미묘한 균형을 획득

개인의 증상보다 구조의 변화가 가족 안에서 먼저 발생해야 감소되거나 제압/소멸될 수 있음

① 가족구조(Family Structure)

ⓐ 가족구조의 의미

colapinto:

- 어떻게, 언제, 누구에게 관련되었는지 규정하는 내적 조직의 형태
- 눈에 보이지 않거나 가족구성원들이 서로 상호작용하는 방식을 조작하는 기능적 요구나 코드의 은밀한 집합체

minuchin :

- 가족의 주요기능을 수행하기 위해 발달시켜 혼 조작적 규칙들의 합
- 특정 가족이 안정성을 유지하기 위해 그리고 변화하는 조건들 하에서 적응적 대안들을 구하기 위해 자체를 어떻게 조직하는지를 나타내는 지속적, 반복적, 영속적 유형들을 이해하기 위한 개념틀.
- 구조가 형성된 후에는 자기 영속적(self-perpetuating)이고 변화에 저항함

예) 어머니의
방청소하라는 간청 - 거부 지속 ⇨ 가족구조
아버지의 요구 - 순종

예) 어머니 - 복종해야 할 사람
아버지 - 권위를 가진 사람

- 가족구조는 가족 하위단위들을 일정한 관계로 조정하거나 조직하여 기능을 규제하지만 정적이거나 고정된 것만은 아니라 역동적인 면(일시적인 구조, 지속되지 않는 구조)도 있음

ⓑ 가족 상호교류 유형들은 규제하는 규칙들

- 일반적/보편적 규칙
  가족의 위계적 조직, 기능의 상보성/상호성(가족의 평형유지, 과업완수, 구속을 제공, 팀웍)
- 특이한/개별적 규칙
  가족구성원들간에 상호추정으로 암시적 또는 묵시적인 협상으로 기능적 유효성을 지니게 됨

ⓒ 과업

- 가족은 현재 자신의 가족구조를 유지하고자 한다. 너무 멀리, 너무 빠른 이탈은 가족의 평형을 재설정하는 것을 추구하는데 저항에 직면하게 한다. 가족은 변화상황에 대해 기본구조의 영속성을 잃지 않으면서 동시에 새로운 상황에 대처하는 방법으로 변형시킬 수 있어야 한다.

② 가족하위체계(Family subsystems)

ⓐ 가족 하위체계 구분 - 성별, 세대, 공통 관심, 기능

ⓑ 하위체계는 가족구조의 구성요소

- 전반적인 가족구조의 기능에 필요한 다양한 가족과업들을 수행하기 위해 존재함

ⓒ 구성원의 역할

- 동시에 여러 개의 하위집단들에 속할 수 있고 가족들은 스스로를 수많은 그런 단위들로 조직화시키는 능력이 있다.
- 각 개인은 다른 하위집단에서 다른 수준의 권력을 가질 수 있고 다른 역할을 할 수 있으며, 다른 기술을 발휘하고, 가족 내 다른 하위집단의 구성원들과 다른 상호작용에 참여할 수 있다.
- 역할의 상보성 ; 아동은 그의 아버지가 아버지처럼 행동할 수 있도록 아들처럼 행동해야 하지만, 동생과 있을 때에는 권력을 가질 수 있다.

ⓓ 경계와 구성원들을 위한 규칙

- 누가 참여하는가를 결정하며 서로와 하위체계에 속하지 않는 외부 사람들을 다루는데서 참여자들이 어떤 역할을 가질 것인가 하는 것을 결정함.

(일시적 연합 - 엄마와 딸의 쇼핑, 배제에 관한 규칙 - 아빠와 남자형제들은 반기지 않음, 분명하게 정의된 경계 - 공영방송과 MTV)

ⓔ **하위체계의 종류**

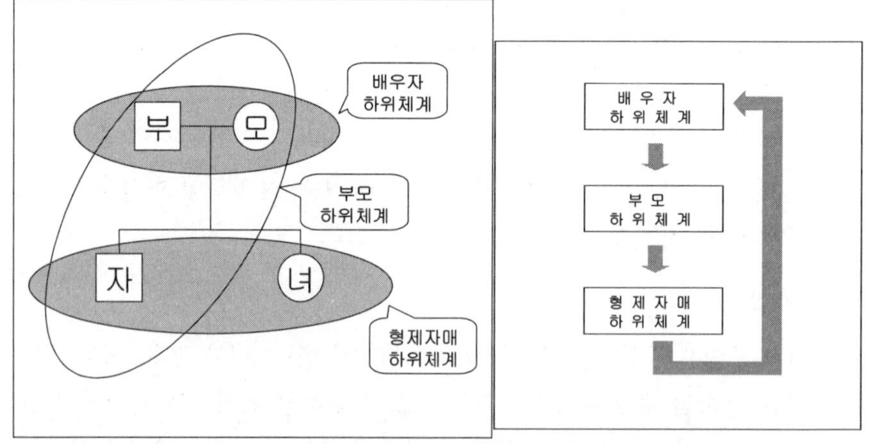

<그림 6-3> 가족하위체계

- 배우자 하위체계 ; 가족의 안정성에 관한 열쇠를 제공

남편과 부인이 차이들을 협상, 조정하고, 상보적인 역할의 발전시킬 방법을 찾는 것은 미래에 변화될 가족의 안정성과 융통성 정도를 나타낸다.

- 부모 하위체계 ; 부부가 부모역할의 태도와 스타일에서 차이점들을 협상, 자녀들이 성장하면서 재협상, 배우자 하위체계를 유지 강화하는 노력의 지속은 가족 안녕감의 기초가 된다.

- 형제자매 하위체계 ; 또래집단의 한 부분으로 지지, 협력, 보호를 경험

▷ 하위체계를 구성하는 자녀들은 발달적 변화과정을 통해 부모 하위체계를 배우게 된다.

▷ 기능적인 가족은 세 하위체계들의 분화를 보호하기 위해 통합된 방법으로 작용하여 가족체계의 완전함을 이룬다.

3. 경계 침투성(Boundary Permeability)

가족 내 경계들은 그들의 융통성 또는 침투성에서 다르게 나타나며, 접근가능성의 정도는 가족구성원간 접촉의 본질과 빈도를 결정하도록 도움

① 분명하게 정의된 경계

- 분리를 유지하도록 도우며 동시에 전반적 가족체계에 속함을 강조
- 하위체계들 간의 지지와 의사소통과 협상을 쉽게 할 수 있도록 하는 것에 의해 가족의 전반적인 안녕감을 강화하는 반면에, 동시에 분리된 하위체계들의 구성원들에 의한 독립성과 실험할 자유를 권장함
- '우리'라는 집단의식과 '나 자신임'의 감정을 느끼게 해준다.

② 경직되거나 비융통적인 경계

- 하위체계들 사이의 불투과적인 장애를 이끈다.
- 부모와 자녀의 세대적 위계의 뚜렷한 분리를 가진 구조는 어떠한 하위체계의 구성원들도 다른 사람의 세계로 들어가려고 하지 않고 들어갈 수도 없다. 자주성, 독립성은 유지 되더라도 애정교환의 결핍이나 소외감, 부족한 지지를 얻게 되기도 한다.

③ 모호한 경계

- 과도하게 흐려져 있거나 구별되지 않고 다른 가족구성원들에 의해 쉽게 침

해당함(과보호, 사생활 침해)
- 세대적 위계가 없고 자아감, 개인적 정체감 형성의 어려움
- 지지와 돌보아짐을 느끼지만 독립적 행동의 자유감을 얻지 못함

④ **속박/모호한 경계(enmeshment)과 유리/경직된 경계(disengagement)**

- 속박 ; 가족 상호작용하는 극단적 형태의 가까움과 강도(서로의 생활에 과고하게 상관하고 관여함)
- 속박된 가족 ; 하위체계 경계들이 잘 분화되지 않고 쉽게 침범됨
  과도한 일체감과 공유는 분리의 결여를 초래함
- 유리된 가족 ; 가족 구성원들이 분리하여 자주적 기능을 하지만 가족에 대한 충성심이 없다.

거리감, 상호의존성 부족, 지지능력 부족, 의사소통의 긴장, 방어적, 가족의 보호적 기능이 제함됨

- 스트레스 상황 ; 속박된 가족은 빠르고 강하게 반응, 유리된 가족은 방관적

4. 제휴, 권력, 연합(Alignments, Power, and Coalitions)

① 제휴 ; 가족구성원들이 서로 연결되는 방법 또는 가족활동을 수행하는데 있어서 서로 반대하는 방법
  가족구성원들이 서로 맺는 정서적 혹은 심리적 연결
  어떤 과제를 수행할 때 서로 얼마나 지지적 또는 비지지적인가.
  제휴의 역기능 - 삼각화 현상(자녀의 한부모 지지는 다른 부모의 공격, 배반)

② 권력 ; 권위와 책임
  일의 성과에 대한 각 가족구성원의 상대적 영향력
  가족구성원들이 힘을 능동적으로 또는 수동적으로 합하는 방식

③ 연합 ; 제3의 구성원에 대항하는 특정 가족구성원들 사이의 동맹
  (안정된 연합 - 고정·비융통적, 우회적 연합 - 부부문제와 책임이 있는 제3의 가족구성원)

④ 구조주의자들이 주장하는 가족 내에서 부모들이 바람직한 결과를 성취하기 위한 규칙

- 부모들이 집행권력을 가지고 하위체계를 서로 만들 수 있도록 세대간 경계

를 명확하게 정의

- 자녀훈련과 같은 주요 문제들에 관한 부모 사이의 제휴
- 권력과 권위와 관련된 규칙

5. 가족역기능(Family Dysfunction)

① Rosenberg - 어떤 가족이 어려움에 빠질 때 그 가족이 역기능적 구조에서 작동하고 있다고 가정할 수 있다.

역기능은 가족 상호교류들을 관장하는 은밀한 규칙들이 작동하지 않거나 부적절해졌으며 재협상이 필요하다는 것을 보여줌

② 역기능적 가족은 가족구성원들의 성장을 돕는 기능을 충족시키는 것에 실패

- Wiltwyck 가족

; 빈곤이 야기한 심한 외적 스트레스 요인들에 의해 전형적으로 부담을 지게 되는 다섯 가지 역기능적 가족구조

· 속박된 가족
· 유리된 가족
· 중심적 역할을 하지 못하는 남성을 둔 가족
· 관여하지 않는 부모를 둔 가족
· 아이같은 부모가 있는 가족

- 사회적 맥락에서 신체심리적 장애 때문에 가족구성원들의 필요를 만족시키지 못한 상호교류 유형을 수정하지 못하거나 수정하지 못한 가족의 무능함으로부터 유래된 비융통성의 문제
- 많은 변화를 허용하지 못하거나 이미 채택된 유형으로부터 벗어남에 불안해하는 것은 유형들의 경직을 이끈다.
- 유리와 속박(서로 접촉을 피하는 것, 계속 말다툼 하는 것)은 변화를 회피함

③ 스트레스 상황에서 직면한 가족

- 병리적인 가족 ; 상호교류 유형들과 경계들의 경직성 증가, 대안을 추가로 탐구하는 것을 막음
- 정상적인 가족 ; 가족재구성을 허용할 만큼 융통적, 가족의 연속성을 보존하는 것에 의해 스트레스를 막음

4) 구조적 가족치료(structural family theory)

1. 치료목표(Therapeutic Goals)

- 구조적인 치료노력은 현재에 맞춰져 있고 이해보다 행동원칙에 기초함
- 치료의 추진력은 가족의 상호작용 유형들을 도전하는 것 ; 가족구조 안에서 환자의 증후보다 그들의 행동 전체를 보도록 함

예) 결혼관계에서 서로의 행동이 상호적으로 지지되거나 분화되어 영향을 받는다. 부부를 구속하는 반응으로부터 빠져나와 서로 자기의 개별성, 권력, 책임을 발견하도록 돕는 것이 구조적 치료자의 과제이다.

- 구조주의자들은 구조에서 기능적이지 않은 경직된 구조를 조사하고 버리기 위해 그리고 가족상황과 가족발달단계들이 변함에 다라 구조에서 적응적 변화를 만들기 위해 가족 리더십, 방향, 격려를 제공한다.

예) 상대적 지위에서의 변화는 위계적 관계의 재정의, 더욱 융통적이거나 더 강화될 수 있다. 제휴와 연합을 탐구하고, 감추어져 있던 갈등을 드러내고 대안적 규칙을 고려한다.

어머니가 남편과 아들 사이의 상호작용이 어느 정도 이를 때 자동적으로 개입하는데 이것을 막고, 아버지와 아들은 논쟁으로 인해 엄마를 속상하게 한다는 이유로 자동적으로 중단하지 않도록 격려한다.

- 구조주의자들에게 역기능적 행동을 변경하고 증상들을 제거하는 가장 효과적인 방법은 그것들을 유지하는 가족의 상호교류 유형들을 변화시키는 것이다.

2. 구조적 가족치료 전략 단계

① 합류와 적응(Joining and Accommodating)

도전을 받거나 비난받는 것에 대해 의심을 나타내거나 두려워하고 있는 가족구성원들을 해제시키려는 시도에서 구조주의자들은 전형적으로 가족의 감정적 유형에 적응하는 것으로써 시작한다.

- 합류(joining)와 적응(accommodating) ; 치료자는 가족체계에 합류하고 그 유형에 공손하게 적응하는 자신을 먼 친척처럼 행동하는 것으로 묘사
- 모방(mimesis) ; 가족들과 치료적 연합을 공고히 하기 위해 의사소통의 매너, 스타일, 감정적 정도, 내용을 흉내냄으로써 가족에 합류하는 과정
- 치료자가 가족을 이해하고 해결하려고 대안적 방법을 찾으려 한다는 것을

가족들이 알게 한다. 이 과정에서 구조적 치료자는 가족이 상호작용하고 문제들을 함께 푸는 다른 효과적인 방법들을 탐험할 수 있을 만큼 안전하다고 느끼도록 격려한다.

- 확인하는 진술 ; 각 구성원에 대해서 무엇이 긍정적인가 하는 것에 관한 확인하는 진술
- 자아존중감을 쌓도록 도와주고 다른 가족구성원들이 그 사람을 새로운 시각에서 보도록 허용
- 다른 구성원의 부정적 특징을 묘사하면서 그 행동에 해한 개인 책임을 사면하는 것
- 다른 사람에 의해 통제되는 것에 반항하는 것이거나 다른 변화들을 찾아보는 것

  예) '너는 아주 어린애 같구나. 너의 부모님들이 너를 그렇게 어린아이로 계속 다루기 위해 어떻게 하셨지?'

  '당신은 배우자에게 아주 의존적으로 행동하십니다. 그녀는 당신을 계속 무능력하도록 하기 위해 무엇을 하지요?'
- 치료자는 참여자들이 서로 대하는 방법들에 대한 프로그램을 다시 만들도록 노력한다면 변화를 만들 수 있다고 암시한다.

② **가족 상호작용 평가하기(Assessing Family Interactions)**

- 구조주의자들은 어떠한 역기능 행동이 나타나는 사회적 맥락에 주의를 기울이면서 조직적인 구조와 계속되는 상호교류 유형들에 대해 주로 관심을 둠으로써 가족을 평가
- 궁극적 관심 ; 가족의 위계적 조직, 하위체계들의 능력, 가족의 가능한 제휴와 연합, 현재 경계의 침투성 및 상황이 요구하는 대로 개인 구성원의 필요에 대처하는 가족의 유연성 혹은 경직성
- 가족이 예상하지 못한 상황적 위기들뿐만 아니라 발달적 변화들에 얼마나 융통적으로 적응하는지, 갈등을 해결하기 위해 가족구성원들이 서로 얼마나 잘 합류하는지에 대해 관심
- 주요 목적 ; 가족이 진입하려는 도로지도(road map)를 발전,
  문제를 다루는 습관적 스타일에 적응,
  내부 개입을 재구조화시키는 계획

- 구조적 합의에 대한 가정
  · 체계의 어떤 부분이 저 기능적인 것 같은가?
  · 왜 그리고 얼마나 나쁘게, 그 체계는 문제가 있었는가?
  · 왜 지금 그런가?
  · 가족의 어떤 상호작용 유형이 특히 문제인 것 같은가?
  · 어떤 잠재적 적응구조들이 가족에게 과거 노력으로부터 위기에 대처하는 것을 요구하는가?
- 기법
  · 구조지도(structural map) ; 가족 내 관계 유형을 그림의 형태로 그리는 것 ; 가족 세대간 영향들에 관한 암시
  · 가족지도제작(family mapping) ; 가족의 현재 상호교류유형을 묘사하기 위해 가족 도표 이용 ; 가족의 현재 조직적 구조, 경계 및 행동순서에 관하여 선과 공간적 배열을 통해 정보를 전달하는 것
- Minuchin & Fishman ; 가족지도의 필요성
  · 가족지도는 서로를 비교한 가족구성원들의 지위를 나타냄
  · 양육자, 치유자, 희생자를 나타냄
- 지도제작의 유용한 목적 ; 가족이 어떻게 조직되었는지를 그림으로 설명하고, 재구조화를 필요로 하는 가족 하위단위를 발견하도록 돕는다.

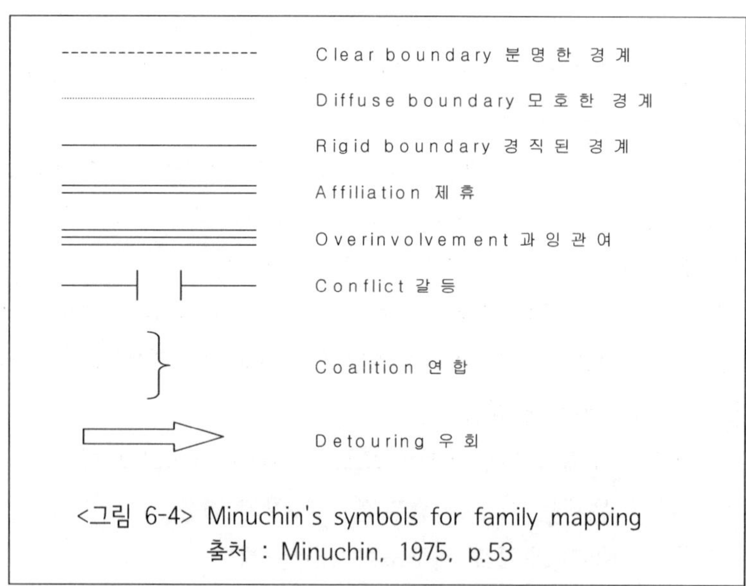

<그림 6-4> Minuchin's symbols for family mapping
출처 : Minuchin, 1975, p.53

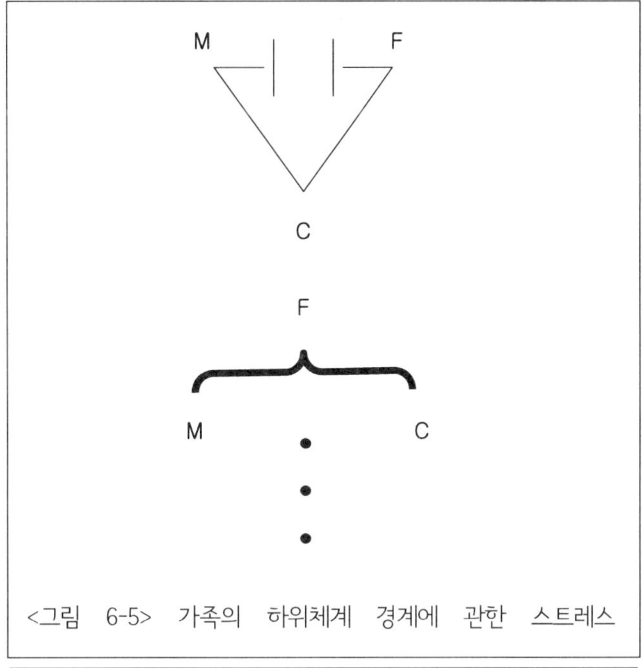

<그림 6-5> 가족의 하위체계 경계에 관한 스트레스

<그림 6-6> 과잉관여한 어머니와 아들이 부모 하위체계를 이루는 폐쇄적인 가족단위 경계

③ 가족 역기능 단위 모니터하기(Monitoring Family Dysfunctional Sets)

-가족구조를 엄밀히 조사하기 시작하고 융통성과 가능한 변화의 영역을 찾아봄

예) 10대 딸과 과잉보호하는 엄마, 거리감 있는 아빠.

개입 ; 엄마와 아빠가 앉은 자리를 바꿈

구조적 기법 사용 ⇒ 경계만들기(boundary making) ; 강화된 부모 하위체계는 가족에서 부모들과 자녀들 사이에 개별화를 증가시키는 가능성을 높이게 된다.

불균형화(unbalancing) ; 하위체계의 구성원들의 위계적 관계를 바꾸는 것

- 추적(tracking) ; 가족생활에 관해서 구성원들의 의사소통으로부터 수집된 상징들을 채택하고 가족과의 대화에서 의도적으로 사용한다. '따르는 것에 의해 주도하는 것'
- 실연(enactment) ; 가족구성원들이 가족갈등을 어떻게 다루는지를 보여줄 수 있도록 그리고 치료자가 그 순서를 관찰할 수 있고 그들의 상호작용을 수정하는 방법을 세밀히 세우고 구조적 변화들을 만들어낼 수 있도록 하기 위해서 치료자가 외부의 가족갈등을 세션으로 불러들이는 단계적 노력

예) 두 살 된 딸의 짜증, 끔찍한 행동 - 껌을 달라는 아이의 문제행동에 엄마의 반응이 없자 아이는 조용해짐

엄마는 실연의 결과에 통제감을 나타내었고 자신의 능력을 깨달았다. 아이는 문제행동이 이후에 곧 중지되었고 엄마가 자신을 다룰 수 있다는 것을 알게 되어 편안해짐

- 구조주의자들은 가족에게 의도적으로 과단성 있는 역할을 함 ; 가족생활에서 더 분명한 경계, 가족 상호작용에서 증가된 융통성, 그리고 가장 중요하게 역기능적 구조의 수정을 위한 압력을 포함함

-치료자들의 심각한 잘못 "가족을 떠받드는 반면에 개인을 부인하는 것" ; 구조주의자들은 상호교류 유형에 초점이 맞추어지는 동안에도 가족구성원에게 무엇이 일어나고 있는지에 대한 추적을 놓치지 않도록 확인한다.

가족이 변화에 대해 완고하게 저항할 때 문제행동이나 증후적 행동이 나타난다고 믿는 반면에 개인이 가족상황의 문제를 가져온다는 사실과 개인이 가족 재구조화를 용이하게 하는데 조정되어야 한다는 사실을 잊어버린다.

- 역기능적 가족의 위계주제

· 부모 하위체계 - 자녀를 돌보고 사회화시키는 책임, 가족체계의 생계를 위한 결정을 내릴 권한, 자녀들과의 의사결정과 자기방향제시를 위한 기회 공유, 유연한 경계 발달

· 형제자매 하위체계 – 협상, 협력, 경쟁, 친구 사귐, 적을 다룸, 소속감 발전 시키는 것을 배워야 함
· 배우자 하위체계 – 지지, 애정, 스트레스 다루는 것 돕기, 동등하게 갈등을 다룸
⇒ 하위체계를 함께 발전 시켜야 한다. – 하위체계에 역기능이 있다면 가족 전체를 통해 나타나게 된다.
– Minuchin은 가족병리를 역기능적 집합체의 발달의 결과로 생긴다고 봄
역기능적 집합체(dysfunctional sets) ; 스트레스에 대한 반응으로서 발전된 가족의 반응들인데, 가족갈등이 있을 때는 언제나 수정되지 않고 되풀이 된다.

④ 상호교류 유형 재구조화하기(Restructuring Transactional Patterns)
– 재구조화 ; 가족규칙과 재동맹에서의 변화들, 어떤 바람직하지 않은 행동들을 지지하는 유형들에서의 변화들 및 상호작용 순서에서의 변화들에 관여한다.
– 구조적 변화를 위한 기법
· 실연
· 경계만들기
· 불균형화시키기
· 말의 강도(intensity)
감정적 요소를 높이는 것 – "귀하께서 부모로서 이것에 대해 동의하는 것이 필수적입니다."
성장하는 것이나 다른 상호교류에 관해 저항하는 아이에게 다른 맥락으로 자주 반복하는 것
– "하지만 너는 몇 살이지."
· 재구성(reframing) ; 어떤 사건 혹은 상황의 의미를 바꾸는데 똑같이 그럴듯한 설명이 가능한 새로운 맥락 속에 그것을 배치한다.
예) 청소년 딸이 음식을 거부할 때 'sick–아픈'이 아니라 'stubborn–고집센'이라고 이름 붙인다.
그녀의 행동에 새로운 의미를 주어 상호교류 유형을 바꿀 수 있는 맥락을 창조한다.
속이는 것이 아니라 관점을 바꾸어 궁극적으로 새로운 선택이나 대안을

근거로 행동유형을 변형하기 위함이다.

· 스트레스 증가 ; 가족구조의 변형을 위한 새로운 방법을 소개(가족의 평형을 불균형화시켜 가족위기를 만든다.)

예) 속박된 가족구조 – 가족스트레스의 위험수준이 다가오면 그 증상을 가진 사람은 갈등회피전략의 한 부분으로서 반응이 촉진된다. 가족체계는 그 체계의 균형과 현상을 유지하는데 도움이 되는 증상의 지속을 강화시킨다.

치료자의 역할 – 모든 사람들에게 그 문제가 개인이 아니라 가족에 속하고 관련되어 있다는 것, 새로운 기능적 집합체가 역기능적 집합체의 습관적 만족을 대체해야 한다는 것, 문제를 파악하고 인식한 가족이 필요한 구조적 수정들을 만듦으로써 내재된 갈등을 함께 해소할 수 있다는 것을 종종 재구성을 통해 알게 하는 것

– Minuchin와 동료들이 사용하는 치료적 전략은 극적이며 과장되어 있다. 상황을 꾸미고 실연을 위해 시나리오를 만들고 가족에게 과제를 주고, 구성원들에게 자신이 만든 새로운 집합체에 따라 기능하도록 강요한다.

예) 스스로 먹는 것을 거부하는 청소년 치료

세션을 점심식사 시간으로 하는 실연, 신경성 무식욕증이라고 재구성 그녀는 절망과 무기력함을 표시하는 것임, 부모에게 항복해왔지만 더 이상 그렇게 하지 않을 것이라는 주장

부모에게 억지로 소녀에게 음식을 먹게 하였는데 이전에는 '우리는 너를 사랑하기 때문에 너를 통제할 수 있다'라고 말해 왔었는데 소녀에게 음식을 먹이게 하는 위치에서는 '젠장, 너 좀 처먹어라!'라고 말하고 억지로 소녀의 입에 음식을 넣었다. 소녀에게 자기가 얼마나 끔찍한지에 대해 생각하는 것을 그만 두게 하고 그녀의 부모가 얼마나 이상한지에 대해 생각하도록 만든다. 이것이 그녀를 자유롭게 한다. 그녀는 그 다음에 먹든지 먹지 않든지 할 수 있고 명백한 존재로서 부모들에게 화를 낼 수 있었다.

⇒ 식욕부진 증후는 잘못된 가족조직에 깊이 파묻혀 있는 것이라고 보여주었다. 그 조직을 바꾸는 것은 잠재적으로 치명적인 증상을 제거하는 것이다. 구성원이 서로 다르게 경험하면서 새로운 상호교류 유형을 출현시킨다. 증상을 지닌 사람이 제시하는 문제는 가족의 역기능적 규칙들에 묻혀 있다.

3) 사티어의 경험중심 가족치료(experimental family therapy)

가족에게 문제를 둘러싼 통찰이나 설명을 하기 보다는 특유한 갈등과 행동양식에 맞는 경험을 제공하려고 노력하는 것이 경험적 가족치료의 중심이다. 사티어를 중심으로 경험적 가족치료를 지향하는 상담자들은 상담과정에서 경험하는 대인관계 자체가 성장에 주요한 자극이 된다는 믿음이 있었다. 이때 상담자는 어떤 경험을 제공하든지 간에 과거를 들추기 보다는 현재에 초점을 맞춘다. 즉, 지금- 여기에서 상담자와 가족 간에 일어나는 과정을 중시한다. 사티어는 인간은 근본적으로 성장하려는 잠재력과 생명력을 가지고 태어났으므로 적절하게 양육되면 건강한 성인으로 발달할 수 있다고 주장하면서, 이것을 나무의 속성에 비유해 종자모델이라고 불렀다. 그녀는 자신의 치료적 접근을 상담자와 가족이 함께 힘을 모아 가족의 건강한 교류를 촉진하여 성장을 자극하는데 목표를 둔 성장모델이라고 설명하였다.

1) 주요개념

경험적이라는 용어에서 알 수 있듯이, 경험적 가족상담에서는 이론적 접근보다는 가족이 직접 경험하는 것에 관심을 갖는다. 그들은 가족과 깊은 교류를 가짐으로써 가족을 변화시킬 수 있다는 신념을 가지고 상담에 임한다. 경험주의 가족치료는 현상학적 기술, 심리극, 내담자 중심의 만남의 결과이다. 개인은 독특하기 때문에 당면한 문제를 해결하는 과정에서도 획일적인 이론에 근거하기 보다는 각 개인이 가진 잠재력을 개발하도록 도와야 한다. 그러므로 상담은 상담자와 가족의 실질적이며 진실 되려고 노력하는 인간적인 만남이 우선되어야 한다고 보았다. 그들이 목표로 하는 지금-여기에서의 감수성, 생활에서 온 경험이 상담을 통해 고무된다.

사티어 역시 다른 경험적 가족치료를 지향하는 상담자와 마찬가지로 현상학적 이론에 많은 영향을 받았다. 다음은 경험적 가족치료의 4가지 전제이다.

◈ 모든 행동에는 합리적 또는 적절한 동기가 있다.
◈ 모든 사람은 치유될 수 있으며, 치유는 상담과정에 내재되어 있다.
◈ 마음과 신체는 체계의 한 부분이다.
◈ 자존감과 효과적인 의사소통은 서로 관련되어 있다.

그녀는 가족상담의 주요 개념을 가치체계, 자존감, 가족규칙, 의사소통 유형으로 설명하였다. 또한 상담과정에서는 미해결과제를 직접, 그리고 지금-여기에서 경험하면서, 적절한 개입방법을 사용해 내담자가 성장하고 과거의 상처를 치유하도록 돕는다. 사티어는 인간의 역기능 근원은 인간의 자존감, 가족규칙, 의사소통의 방식, 지역사회에서 비롯된 것이라고 보았다. 사티어는 정직하고, 직접적인 의사소통방법에 관심을 가지면서 가족이 그와 같은 의사소통을 할 수 있도록 도왔다. 동시에 가족들이 자존감을 발전시키도록 융통성이 있으며 합리적인 가족규칙을 발견하도록 촉진하였다. 이와 같은 경험을 통한 성장을 도모하기 위해 조각, 비유, 심리극, 유머, 접촉 등의 기법이 사용되었다. 특히 사티어는 가족의 자존감 향상에 많은 관심을 가졌는데, 자존감이란 한 개인이 자신에 대해 가지는 일종의 평가개념으로 자신의 사고, 가치관, 그리고 행동에 많은 영향을 미친다. 경험적 가족치료의 목표는 한마디로 가족을 안정된 상황에 머물게 하는 것이 아니라 성장시키려는 것이다. 감수성, 감정 표현, 자발성과 창조성, 확실성의 성장이 상담의 전형적인 목표이다. 그들은 물론 증상의 감소나 사회적인 적응도 중시했으나, 내면세계에 대한 경험확대를 상담의 기본적인 목적으로 삼았다. 이 같은 상담목표를 달성하기 위하여 가족체계는 다음과 같은 변화가 요구된다.

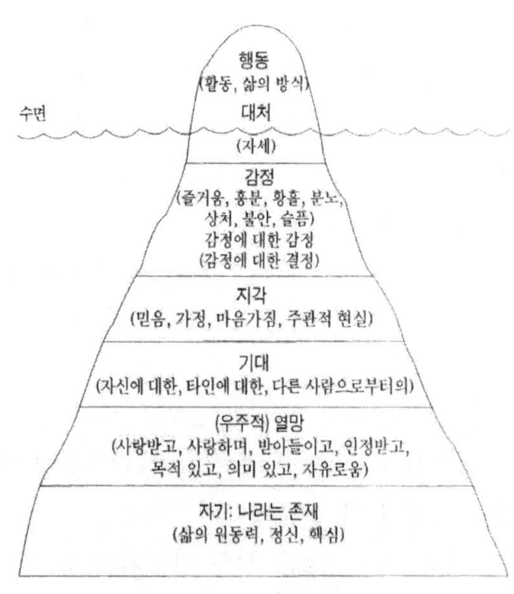

<그림 6-7> 사티어 모델의 개인 빙산

① 각 가족들은 다른 가족 구성원에게 자기 자신과 다른 사람에 관해 보고, 듣고, 느끼고, 생각한 것을 명확히 표현할 수 있어야 한다.
② 각 개인은 자신의 특징적인 것에 관해 말할 수 있으며, 그것은 존중되어야 한다. 그리고 의사결정은 강요보다는 탐색과 협상을 통해 이루어져야 한다.
③ 서로의 차이점을 인식하며, 이것은 성장을 위해 활용된다.

2) 주요 기법

경험적 가족치료는 다른 가족치료 모델과는 달리 상담과정에서 가족의 상호작용을 촉진하는 것만으로는 충분치 않다고 생각했다. 오히려 이들 접근을 지향하는 상담자는 가족 개개인의 경험 수준을 성장시킴으로써 보다 정직하고 친밀한 가족상호작용을 만들 수 있다고 보았다.

사티어는 가족이 명료한 의사소통을 하도록 활발하게 행동하며, 가족의 관점을 그들의 과거사건에 대한 불평에서 문제해결로 바꾸도록 노력하였다. 또한 모든 가족의 자존감을 지지하고 그들의 문제나 상호작용에서 긍정적인 의도를 찾아내어 확대시킴으로써 가족에게 새로운 관점을 제시하였다.

그녀는 상담을 시작하면서 가족 스스로가 명확한 상담 목표를 설정하게 하였으며, 가족 개개인에게 상담에서 무엇을 기대하며 왜 여기에 와 있는지 분명히 언어화하도록 촉구한다. 특히 의사소통의 불일치에 관심이 있었기 때문에 가족이 지닌 불일치를 노출시키기 위해 각자가 생각한 바를 언어화 하도록 요구한다. 상담자의 주요 역할은 변화하는 가족의 모델이 되는 것이며, 개인들의 성장과 감수성의 증진을 통해 가족 기능의 향상이라는 거대한 목표는 달성되므로 경험을 중시하였다. 치료적 변화는 행동적인 것만이 아니라 내면 과정이 보다 중요하므로 정서적 경험이 상담의 변화를 일으키는 중대한 요소이다.

(1) 의사소통 유형

사티어는 감정의 전달을 강조했기 때문에 의사소통을 향상시키는 방법 또한 매우 경험적이다. 역기능적 의사소통은 언어적 메시지와 비언어적인 메시지의 의미가 불일치하는 이중 메시지로 전달된다는 특징이 있다. 사티어는 스트레스 상황인 사람들이 자주 사용하는 의사소통을 유형화하여 회유형, 비난형, 초이성형, 산만형, 일치형으로 나누었다.

① 회유형

자신의 가치나 감정을 무시한 채 다른 사람에게 자신의 힘을 넘겨주고 모두가 동의하는 말만 한다. 회유하는 사람은 다른 사람과 상호작용하는 상황은 존중하지만 자신의 진정한 감정은 존중하지 않는다.

② 비난형

약해서는 안 된다는 의지를 가지고 자신을 보호하고 다른 사람이나 환경을 괴롭히거나 나무란다. 비난하기 위해 다른 사람의 가치를 격하시키면서 자신과 상황에만 가치를 둔다.

③ 초이성형

자신이나 다른 사람을 과소평가하고 지나치게 상황만 중시하며 기능적인 것에 대해 합리적으로 언급하고 자료와 논리를 중시한다.

④ 산만형

즐거워하거나 익살스럽지만 심리적으로 혼란되어 있다. 그들의 행동과 말은 다른 사람의 행동이나 말과는 무관하다. 초점이 없기 때문에 말의 의미나 내용이 없으며 혼자 바쁘고 산만하다.

⑤ 일치형

자신이 중심이 되어 다른 사람과 접촉하고 관계를 가지면서, 타인과 연결이 필요할 때 스스로 직접 선택한다.

경험적 가족치료를 지향하는 상담자는 상담과정 중 이 같은 의사소통 유형을 가족조각기법을 활용해 경험하도록 한다. 그로인해 상담에 참여한 자신들이 가진 의사소통의 어려운 점을 깨달아 바람직한 의사소통으로 변화할 수 있도록 돕는다.

(2) 가족조각기법

가족조각기법은 경험적 가족치료에서 진단적 수단과 치료적 수단으로 함께 사용하는 기법으로 1973년 칸터와 덜이 개발한 이래, 펩이 광범위하게 사용하였다.

가족조각기법이란 가족 중 한 사람이 자신의 이미지에 따라 다른 가족을 공간에 배열한 후 신체적 표현을 덧붙이도록 요구하여 가족관계를 파악하는 무언의 동작 표현이다. 가족조각기법은 현실 공간에 사람을 놓고 자세나 표정을 사용하여 조각으로 만들어 가족 구성원이 가진 특정한 대인관계에 대한 그들의 인식이나 감정을 나타낸다.

가족조각 기법을 시행하려면 우선 조각가, 모니터, 연기자가 필요하다. 모니터의 역할은 주로 상담자가 담당하는데, 조각가와 그 과정에 참여하는 다른 가족을 도와주고 지도한다. 조각이 만들어 지는 역할을 하는 연기자는 일반적으로 조각가 이외의 가족이 담당하게 되는데, 이 때 조각가의 이미지를 충실히 반영한 가족체계를 묘사하는 것이 중요하다. 가족조각기법은 아동이 상담에 참가할 때 유용한다. 아동은 언어보다 비언어적으로 표현할 때 자신의 감정이나 지각에 보다 솔직할 수 있기 때문이다. 가족조각기법의 실시방법은 다음과 같다.

① 가족의 동의를 얻는다.
② 조각가를 선정한다.
③ 조각을 만든다. ("지금부터 가족은 진흙 덩어리입니다. 가족의 몸이나 얼굴을 마음대로 움직여서 당신이 생각하는 가족의 이미지를 나타내 주세요."라는 설명을 한 후 조각을 만들도록 한다.)
④ 자신들의 감정을 나눈다. (조각 배치 후 약 1분정도 유지하면서 내면 감정과 접할 기회를 준다.)
⑤ 역할해체라는 의식을 통하여 경직된 가족이 가족조각기법을 통해 받을 수 있는 충격을 줄일 수 있다.

가족조각기법은 여러 가지 변용이 가능한데, 일반적으로 자주 사용되는 기법은 경직된 가족이나 가족 전체의 힘이 미약한 가족에게는 은유적 기법이 도입하는 것이다. 은유적 기법으로 표현한다면, 가족은 동물원의 동물이든지 자동차, 침몰해가는 배로 자신이 가진 가족이미지 등을 표현할 수 있다.

<그림 6-8> 가족조각기법의 모습

4) 해결중심 가족치료(solution focused family therapy)

해결중심 가족치료는 문자 그대로 내담자의 문제보다는 해결에 초점을 둔 접근이다. 이 접근을 지향하는 상담자는 가족 스스로가 문제해결의 방향과 해결능력이 있다고 생각해 그들의 관점을 문제중심에서 해결중심으로 전환하도록 돕는다. 이 치료법은 최면치료자 에릭슨의 영향을 받은 드 쉐이저와 김인수가 개발하였다. 이들은 임상경험을 통해 가족이 일상생활에서 생긴 욕구를 충족하기 위해 상담하려는 문제를 활용하는 것이 바람직하다고 생각하였다. 따라서 이들은 가족에 대한 긍정적 시각을 가지고 문제보다는 가족이 적용해 왔거나 적용 가능한 해결책 등을 탐색하는 데 상담의 초점을 맞추었다. 이처럼 해결중심 가족치료는 문제 해결을 시도하였으며, 문제의 해결을 위해 반드시 원인을 밝힐 필요은 없다고 생각했고, 문제가 무엇인가를 찾기 보다는 가족이 원하는 해결이 무엇인가에 초점을 두어 내담자를 도우려 했다.

해결중심 가족치료의 원리는 건강한 것에서부터 시작한다. 이것은 가족이 문제를 가지고 상담하러 왔지만, 그 문제에 집중하기 보다는 내담자가 언급하지 않은 건강한 것을 찾으려는 시도가 중요하다.

1) 주요개념

해결중심 가족치료는 인간에 대한 긍정적인 철학에서 출발한다. 상담자는 가족이 일상생활에서 성공한 여러 가지 경험이 있다고 믿어야 한다. 이러한 믿음을 근거로 상담자는 가족이 문제를 해결할 수 있는 잠재 능력이 있다는 사실을 인정하고, 그것을 확대하거나 강화함으로써 가족 스스로가 자신의 실체를 완성할 수 있도록 돕는다. 또한 문제의 내용보다는 문제에 대해 어떤 해결방안이 있으며, 어떻게 새로운 행동 유형을 만들어 낼 수 있는지에 초점을 둔다. 상담자는 상담과정에서 가족에게 왜 상담에 왔는지 다양한 정보를 요구하기 보다는 가족이 적용할 수 있는 해결 방안을 모색하는데 초점을 둔다. 그러므로 해결중심 가족치료는 가족과 상담자가 함께 해결방안을 발견하고 구축하는 과정을 중시한다.

해결중심 치료의 기본 원리와 철학은 다음과 같다.

첫째, 병리적인 것보다는 건강한 것에 초점을 둔다

둘째, 가족에게서 강점, 자원, 건강한 특성, 탄력성을 발견해 상담에 활용한다.

셋째, 탈 이론적, 가족의 견해를 중시하므로, 인간행동에 대한 가설에 근거해 가족을 사정하지 않는다.

넷째, 해결방법의 간략화를 추구해 작은 변화부터 시도한다.

다섯째, 예외적인 상황을 탐색해 문제 상황과의 차이점을 발견하여, 문제가 발생하지 않은 상황을 증가시킴으로써 가족의 긍정적 부분을 강화한다.

여섯째, 과거의 문제보다는 미래와 해결방안 구축에 관심을 집중하여 현재와 미래 상황에 적응하도록 돕는다.

일곱째, 상담자와 가족이 함께 해결 방안을 발견하여 구축하는 과정에서 협력을 중시한다.

상담의 목표는 도움을 받으러 온 가족에게 그들 자신의 생활을 보다 만족스럽게 하기 위해서 현재 자신이 하는 것과는 다른 것을 하거나 생각하게 하여 현재 가족의 문제들을 해결하려는 데 있다. 상담자는 모든 사람은 이미 자신의 문제를 해결할 능력이 있다고 믿는다. 따라서 그들은 가족 스스로 설정한 목표에 도달하기 위해서 가족이 가진 자원을 활용한다. 성공하지 못한 해결방안 보다는 이미 과거에 성공했던 해결 방안을 이야기함으로써 가족에게 희망을 줄 수도 있다.

2) 상담기법

해결중심 가족치료는 내담자의 가족과 상담자 자신의 상담관계를 몇 가지 유형으로 나누어 각각의 유형에 맞는 접근을 시도하였다. 또한 가족이 해결방안에 관한 풍부한 탐색을 할 수 있도록 정교한 질문 기법도 개발하였다. 그리고 각 회기 마지막에 가족에게 주는 메시지도 구조화 되어 있다.

해결중심 가족치료는 일방경을 통해 자문을 위한 치료팀을 운영하는 '팀 접근

방식'의 상담구조가 일반적이며, 치료팀은 관찰실과 상담실로 연결된 인터폰을 활용해 상담과정에서 가족을 만나는 상담자와 연락을 함으로써 상담에 참여한다. 이는 치료팀은 문제의 다양한 관점, 즉, 해결의 다양한 관점을 제공할 수 있다는 생각에 근거한 것이다. 보통 상담이 시작된지 45분이 지나면 가족과 만나는 상담자는 5~10분 정도상담을 중단한 채 상담실을 나와 치료팀과 의논하는 시간을 갖는다. 그동안 치료팀과 상담과정을 검토하면서 가족의 강점이나 탄력성을 중심으로 메시지를 작성한다. 상담자는 상담실로 되돌아가서 치료팀이 작성한 메시지를 가족에게 전달함으로써 한 회기의 면담이 종료된다.

(1) 가족과 가족정서체계 접근의 관계유형

해결중심 가족치료 접근은 첫 상담에서 가족을 만나면 각 가족의 유형을 나누려고 노력한다. 그들은 가족이 상담에 오게 된 동기와 상황 등과 관련하여 가족과상담자와의 관계를 고객형, 불평형, 방문형의 세 가지로 구분한다.

◈ 고객형 관계유형의 가족 : 문제해결을 위해 어떤 시도라도 하려는 동기를 가진 상태/자신이 해결 방안의 한 부분이라고 느끼며 문제해결을 위해 무엇인가 하려는 의지를 보임

◈ 불평형 관계유형의 가족 : 다른 사람을 위한 상담목표를 가짐/일반적으로 불평형의 가족은 그들의 불평이나 상담목표를 상당히 구체적으로 기술하지만, 자신에게 해결 방안의 실마리가 있다고 생각하지는 않음/해결중심 가족치료 접근은 이러한 유형과 상담할 때 가족을 상담받아야 할 대상으로 생각하기 보다는 상담에 활용할 수 있는 자원으로 생각하는 것이 바람직 함.

◈ 방문형 관계유형의 가족 : 치료를 받아야 하는 필요성이나 문제해결의 동기가 약한 사람들/일반적으로 배우자나 부모, 또는 교사가 의뢰/상담자는 방문형 관계유형의 가족에게 다른 사람의 요구와 결정에 따르는 것이 얼마나 힘들었는지를 이해하는 태도를 보이는 것이 중요.

(2) 목표 설정하기

해결중심 가족치료에서는 해결방안과 관련된 상담목표를 가족 스스로 설정하도록 돕는 것이 중요하다. 그들 스스로가 바람직한 상담목표를 설정하는 데는 다음의 몇 가지 원칙이 필요하다.

① 가족에게 중요한 것을 목표로 삼는다. 상담자의 역할은 이들이 자신들의

목표를 언어화 할 수 있도록 돕는 것이다.

② 가족이 설정하는 상담목표는 작고 성취할 수 있는 것이어야 한다.

③ 구체적이며 명확하고 행동적인 것을 목표로 한다.

④ 목표를 설정할 때는 없는 것보다 있는 것에 관심을 가진다. 이는 새로운 어떤 행동을 시작하게 도울 때 실현될 가능성을 높인다.

⑤ 가족에게 목표는 끝이 아니라 뭔가를 시작하는 첫 단계라는 인식을 준다.

⑥ 가족생활에서 현실적이고 성취 가능한 것을 목표로 삼는 것이 중요하다.

⑦ 목표를 수행하는 것은 힘든 일이라고 인식시킨다.

(3) 해결을 향한 질문기법

해결중심 가족치료에서는 상담 이전의 변화를 묻는 질문, 예외질문, 기적질문, 척도질문, 대처질문이라는 문제해결 방안을 구축하는 데 유용한 질문을 개발하였다.

① 상담 이전의 변화를 묻는 질문

많은 사람이 문제가 심각해지면 주변 사람이나 상담기관에 도움을 청하는 경향이 있다. 따라서 도움을 청한 후 얼마간의 시간이 흘러 상담을 받으러 오면 긴장이나 불안이 감소되었거나 문제의 심각 정도가 완화된 경우가 종종 있다. 상담자는 가족에게 심각했던 문제가 어떻게 완화되었는지를 되돌아 볼 수 있는 질문을 하여 의식적 또는 무의식적으로 그들이 실시한 방법에 관한 인정과 칭찬을 한다.

② 예외질문

예외질문은 일상생활에서 잘 하지만 인식하지 못하는 것을 발견하고 성공했던 행동을 의도적으로 시행하도록 강화시키는 기법이다.

③ 기적질문

기적질문은 문제가 해결된 상황을 상상함으로써 자신들이 해결하기를 원하는 것을 명료화할 뿐 아니라 상담목표를 설정하는데 도움이 된다.

④ 척도질문

가족에게 문제의 심각정도, 상담목표, 성취 정도 등을 수치로 표현하게 하는 질문이다. 이와 같은 질문은 변화정도를 사실적으로 설명하며 구체적인 목표를 세우는데 용이하다.

⑤ 대처질문

대처질문은 만성적인 어려움과 위기에 관련된 질문이다. 어려운 상황에서 직면한 가족에게는 성공했다는 느낌을 갖게 하는 대처방법에 관한 질문이 바람직하다. 이 질문은 가족에게 새로운 힘을 갖게 하며, 가족 스스로가 자원과 강점을 발견하게 하는데 도움이 된다.

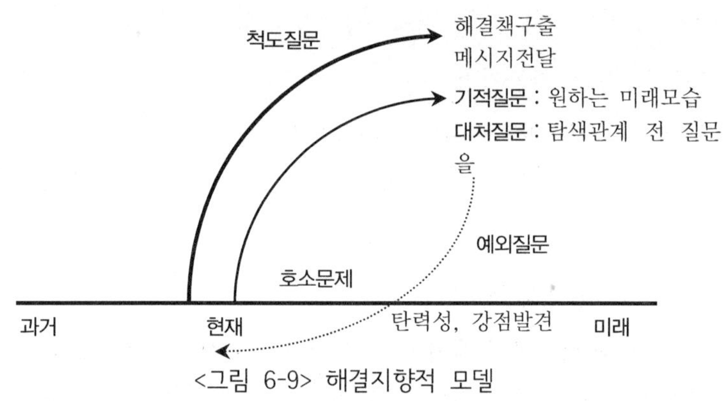

<그림 6-9> 해결지향적 모델

(4) 메시지 전달하기

해결중심 가족치료에서는 가족에게 전달하는 메시지가 치료적으로 중요한 의미를 지닌다. 메시지에는 칭찬, 과제에 대한 이론적 근거를 제시하는 연결문, 과제의 세 부분으로 이루어진다.

① 칭찬 : 가족과 상담자 간의 관계유형에 상관없이 모든 가족에게 자주 사용되며, 가족의 자존감을 높일 수 있다. 가족에 대한 칭찬은 추상적인 서술보다는 면담 과정에서 드러난 구체적인 사항을 활용할 때 더욱 효과적이다.

② 연결문 : 지금 어려움을 겪는 문제를 일반화하거나, 가족에게 필요하다고 판단되는 사실을 교육한다. 이러한 과정은 그 다음에 가족에게 제시하는 과제에 대한 이해를 돕기 위해서이다. 상담자가 가족에게 과제에 대한 이론적 근거를 제시하고, 가족이 그것을 해야 하는 이유를 명확히 이해한다면 과제를 실천할 가능성은 높아진다.

③ 과제 : 과제는 가족 유형에 따라 달라질 수 있다. 방문형 관계유형의 가족에게는 칭찬만 하고 다른 과제는 주지 않는다. 불평형 관계유형의 가족에게는 어떤 것을 관찰하라는 과제가 적당하다. 그들은 자신들이 변화해야

한다는 의지는 적지만 다른 가족에게 기대하는 부분이 많기 때문이다. 고객형 관계유형은 변화를 실천할 수 있는 과제를 준다.

5) 가족치료의 새로운 동향 – 이마고 부부관계 치료

(1) 이마고 부부관계치료란?

이마고 부부관계치료는 부부관계, 더 나아가 가족, 자녀관계, 인간관계의 치료를 위해서 하빌 헨드릭스 박사(Harville Hendrix, ph.D)와 헬렌 헌트 박사(Helen L. Hunt, ph.D) 부부가 개발한 것으로 탁월한 임상효과를 인정받아 전세계적으로 크게 각광받고 있는 부부치료 프로그램이다. 현재 북미를 중심으로 부부 상담센터와 가족치료 전문기관, 각종 정신의료, 사회복지기관과 대학교 등에서 성황리에 실행되고 있으며, 이마고 부부상담 전문가 과정은 국제적으로 대단히 호응을 얻고 있다. 이혼을 결심했던 부부 10쌍 가운데 7쌍이 이마고 부부워크숍 참가 후에 부부관계가 회복되었다는 놀라운 임상결과가 밝혀지면서, 미국의 인기 토크쇼 오프라 윈프리 쇼에 이마고 부부관계치료 프로그램이 약 17회에 걸쳐 소개되어 극찬을 받기도 했다.

(2) 이마고부부관계치료(IMAGO Couple Relationship Therapy) 이론

이마고 부부관계치료는 커플의 '관계'를 치료함에 있어서 배우자의 '어린 시절의 상처'의 치료의 중요성을 인식하고 치료에 반영시키고 있다. 그 배경으로는 정신분석과 대상관계이론, 융의 분석심리학과 치료방법, 가족치료, 교류분석, 발달이론 그리고 기독교 상담과 사이코드라마로부터 아이디어들을 통합, 적용한 것으로 보여진다. 이마고부부관계치료는 특히 '배우자 선택'과 '부부갈등'의 원인을 각자의 어린 시절의 발달단계에서 비롯된 상처와 관련지어 치료에 적용시키고 있다. 이마고부부관계치료는 부부들로 하여금 (1) 각자의 어린 시절의 부모와의 관계 경험을 통해 형성된 이마고(IMAGO)를 발견하도록 돕고, (2) 부부대화법(Couple Dialogue)과 부모-자녀 대화법(Parent-Child Dialogue) 훈련 등을 통해 서로의 어린시절의 상처를 이해하고, (3) 부부가 서로의 치유를 돕는 치료자로서 치료적 협력관계를 형성하도록 인도하고 있다.

(3) 어린 시절의 상처와 배우자 선택 : IMAGO

'IMAGO'는 라틴어로 '이미지'를 말하며, 우리마음 한 가운데 자리 잡고 있는 생각을 말한다. 이마고 이론에 의하면, 우리 모두는 어린 시절 우리를 돌봐주었던 양육자들에 대한 긍정적인 이미지와 부정적인 이미지를 모두 가지고 있으며, 이 어린 시절의 양육자와의 관계 경험에 의해서 형성된 이미지가 배우자 선택에 있어서 의식적, 무의식적인 깊은 동기가 되고 영향을 끼치게 된다는 것이다.

(4) 이마고 짝(Imago match)

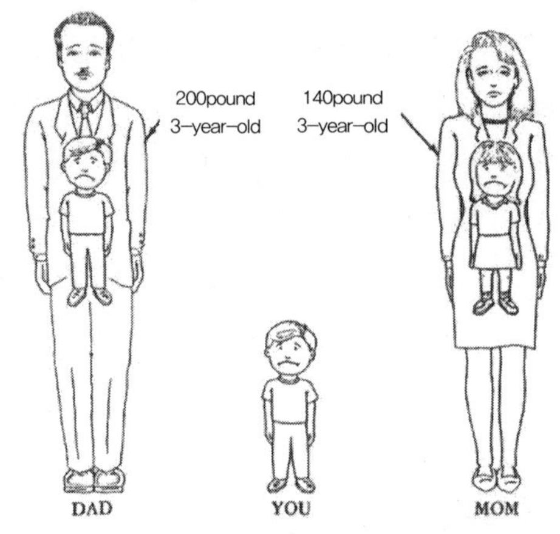

<그림 6-10> 어린 시절의 상처와 배우자 선택

이마고 이론에 의하면, 부부는 어린 시절 부모에 의해서 채워지지 못했던 '미해결 과제'를 배우자를 통해서 충족되기를 바라는 무의식적 동기를 가지고 결혼을 한다. 이것이 바로 이마고 치료에서 설명하는 부부가 서로를 배우자로 선택하게 되는 진정한(자신이 그렇게 인지하고 있든 아니든 간에) 결혼의 동기이다. 그렇기 때문에 실제로 서로의 상처가 비슷한 사람들끼리 만나서 부부를 이루게 된다. 이것이 바로 많고 많은 사람들 중에서 부부가 서로 자신의 부모를 닮은 배우자를 선택하게 되는 이유이며, 부모의 성격과 이미지 중에서도 부정적인 부분을 많이 닮은 배우자를 만나게 되는 이유이다. 우리의 의식적인 노력과는 상관없이, 우리의 무의식적 열망은 어린 시절에 주위에서 나를 돌보아준 양육자들, 특별히 부모와의 관계 경험에서 형성된 이마고와 가장 맞는 대상인 이마고 짝을 찾는다는 것이다. 이것이 '이마고 짝 맞추기'이다. 즉 발달단계의 같은 지점에서 상처를 입은 두 사람이 서로 반대쪽의 상처를 입은 사람을 그리워하며 잃어버린 자아(lost self)를 찾아 또 다시 발달 단계적 욕구를 충족시키려고 애쓴다. 그러므로 이마고

치료에서는 각자의 어린 시절의 부모와의 경험을 중심으로 형성된 '이마고 찾기' 과정이 포함되어 있다. 이 과정을 통해서 기대되는 것은, 자신과 배우자의 어린 시절의 상처를 바라볼 수 있게 되고, 자신과 상대방 배우자를 보다 잘 이해하게 되는 것이다. 또한 자신의 치유되지 않은 상처와 부정적인 감정들 특히 어린 시절에 부모님과 관련된 서운함, 원망, 분노, 불안과 두려움, 수치심 등의 부정적인 기억과 상처들이 나의 배우자 선택과 부부갈등의 근본적인 원인임을 깨닫게 되는 것이다. 그리하여, 나의 불행의 이유가 배우자에게 있는 것이 아니고, 이미 결혼 전 그것도 자신의 어린 시절과 깊이 연관되어 있다는 것을 깨닫게 되고, 자신 안의 상처를 발견하고 배우자의 상처를 바라볼 수 있게 되는 것이 이마고 치료의 첫 번째 과제이다.

〈이마고 치료에서 보는 어린 시절 부모-자녀관계〉

- 애착단계(Attachment Stage) : 출생~생후 2년. 이 단계에서 아이는 자기를 돌봐주는 사람에게 애착을 갖고 사랑받기 원하는 욕구가 있다. 애착 단계에서 가장 중요한 목표는 성장과 생존으로, 아이는 부모와의 적절한 애착이 필요하다. 애착 단계에서의 정서적 손상은 아이에세 심리적 상처를 주며, 밀착형 또는 회피형의 관계를 형성하게 된다.
- 탐험단계(Exploration Stage) : 탐험단계의 어린이는 두 살에서 세 살로 탐험을 필요로 하며, 자신이 탐험한 것에 대하여 부모의 반응을 필요로 한다. 이 때 부모는 아이들에게 탐험의 기회를 주고 탐험하고 돌아온 후에는 아이들의 경험에 대하여 반영하고 수용해 주어야 한다. 탐험단계에서 필요한 욕구가 충족되지 못하면, 아이는 융합형 또는 격리형의 관계유형을 형성하게 된다.
- 정체성단계(Identity Stage) : 세 살에서 네 살의 어린이로 자신의 성격의 일부분 또는 여러 부분들을 탐험하기 시작한다. 정체성 단계에서 아이는 부모의 반응에 많은 영향을 받는데, 아이들이 자신이 한 역할행동에 대하여 주의를 기울여 주기를 호소할 때 부모가 아이에게 아무런 반영을 하지 않고 무시하거나 또는 부적절한 반영을 하면 아니는 산만형, 또는 경직형의 관계를 형성하게 된다.
- 힘과 경쟁의 단계(Power&Competition Stage) : 세 살에서 여섯 살의 어린이들은 힘과 경쟁력을 발전시킨다. 이 시기의 어린이는 집 밖에서 다른 사

람들과 경쟁을 경험하며 자신들이 한 경험에 대하여 부모나 양육자의 칭찬과 긍정적인 반영이 필요한 시기이다. 부모가 아이들에게 부정적인 반응이나 아무런 반응을 보이지 않을 때 아이는 경쟁형 또는 수동형 관계를 갖게 된다.

- 관심단계(Concern Stage): 여섯 살에서 아홉 살의 어린이들은 학교에서 친구들과 함께 하는 시간들이 많아진다. 관심 단계의 발달과업은 친구를 사귀면서 복잡한 친구관계를 유지하는 방법, 또는 인간관계를 유지하는 방법을 배운다. 부모는 이 시기에 자녀들이 친구관계를 잘 유지하도록 격려해 줄 필요가 있다. 관심단계에서 어린이가 사귀는 친구에 대하여 부모의 반응에 따라 고독형 또는 보호자형의 관계 유형이 발전한다.

(5) 어린 시절의 상처와 부부갈등(힘겨루기 : Power struggle)

이마고치료에 의하면, 현재의 부부갈등의 배경에는 부모와의 관계 경험으로부터 '아직 채워지지 않았고, 치유되지 않은 어린 시절의 상처와 욕구들'이 상호연관 되어있다. 다시 말해서, 부부는 각자의 어린 시절의 발달단계에서 채워지지 못했던 결핍과 욕구들을 배우자를 통해서 채우려고 필사적으로 매달리게 된다. 그리고 서로를 자신의 욕구를 충족시키도록 하기 위한 '힘겨루기'에 돌입하게 된다.

(6) 이마고 부부대화법(IMAGO Couple's Dialogue)

이마고 부부관계치료는 전통적 입장과는 달리, 소외된 '관계'의 문제를 관계적 배경 안에서 그 형태를 갖는다고 주장한다. 그러므로 모든 상처는 관계 속에서 발생하는 것이며, 결과적으로 모든 치유 또한 '관계' 속에서 일어나야 한다고 본다. 그러므로 부부가 안전한 환경 속에 있지 않는 한, 이러한 치유는 결코 일어나지 않는다. 이마고 모델에서 부부는 '이마고 부부대화법'이라고 불리는 대화과정을 통해서 이러한 안전감을 형성하기 시작한다. 이마고 부부관계치료사는 분석하거나, 진단하거나, 내담자가 왜 그런 방향으로 가려고 하는지 해석하지 않는다. 대신 이마고 부부관계 치료사는 대화과정을 통해서 부부가 무엇을 해야 하는지를 이끈다. 이 대화는 반영하기, 인정하기, 공감하기를 기초로 한다.

이마고 부부관계 치료의 핵심은 부부로 하여금 안전하게 서로 연결되는 것을 배우게 하고, '이마고 부부대화법'이라는 이 특별한 치료도구를 통해서 서로의 아픔을 공감하도록 하는데 있다. 부부가 안정감을 경험하며 이마고 부부대화법을 하면서 방어를 누그러뜨리게 되고 마침내 치유가 일어나기 시작한다. 이마고 부부대화법을 통한 공감능력 개발과 배우자 이미지 재구성은 부부가 힘겨루기를 중단하고 서로의 상처를 이해하고 깊이 공감하며 상호 협력할 수 있는 관계를 형성하도록 행동변화를 요구하는 치료과정이다. '이마고부부대화법'은 배우자들로 하여금 상대방의 요구를 정확히 들을 수 있게 하고 동시에 부부가 함께 성장해야 할 부분이 어디인지를 알 수 있게 하는 목적달성을 위해서 '행동변화요청'을 사용한다. '행동변화요청'은 한 쪽 배우자가 다른 쪽 배우자에게 요구하는 구체적인 행동변화이다. 이 행동변화요구는 듣는 사람이 듣고 반응할 수 있는 방법으로 말해진다. '행동변화요청'은 성장을 위한 청사진을 위해 부부가 한 팀이 되며 이 청사진은 한 배우자가 다른 배우자의 어린 시절의 상처나 또는 사회적 기대와 요구로 인해 상실된 부분들을 어떻게 '재구성' 할 것인가에 대해 말하는 것이며, 상대방은 말하는 사람이 말을 할 수 있도록 귀 기울여 듣고 만족스럽게 이해할 수 있도록 말하는 것이다. 이 대화법에서 가장 중요한 것은 상대방 배우자의 말을 집중하여 잘 듣는 법을 배우는데 있다.

이마고 부부대화법을 통해서 참가자들에게 기대되는 치료효과는 먼저 자신들의 상처와 미해결과제를 바라볼 수 있게 되고, 동시에 배우자의 상처와 고통을 정확하게 이해하게 됨으로써 더 이상 과거에 번복해왔던 상처를 주던 잘못된 방식으로 배우자를 대하지 않게 되는 것이다. 이제 배우자는 서로에게 상처를 주는 방식이 아닌 서로를 진정으로 이해하고 수용하는 방식으로 바뀌게 될 것이다. 배우자도 나와 똑같이 상처를 지니고 고전분투하고 있는 치유의 대상으로 인식적인 전환을 가져오게 될 때 부부치료의 전환점을 가져올 수 있다. 이마고 부부대화법 훈련을 잘 마치게 되면 참가자 부부들은 (1) 자신과 배우자의 어린 시절 상처를 바라볼 수 있게 되고 이해하게 되며, (2) 상대방 배우자의 입장을 그 사람의 관점에서 볼 수 있게 되고, (3) 상대방 배우자의 상처와 아픔을 공감할 수 있게 되며, 서로의 치유와 성장을 진심으로 후원하고 보살피며 지지하는 방법들을 구체적으로 경험하게 된다. 이 치유적 경험이 가장 중요한데, 이 때 잘 들어준 사람은 상대방 배우자를 위한 치유의 통로가 되는 것이다. 부부간에 이러한 대화는 결국 서로를 아무런 조건 없이 받아들이고 지지하는 사랑관계의 촉진과 강화를 위한 부부관계 치료에 있어서 최상의 훈련방법인 셈이다.

부부치료는 '관계' 패러다임의 변화를 의미한다. 이마고 부부치료 모델은 여러 가지 면에서 매우 독특하고 다른 부부치료 모델과 다르다. 무엇보다 첫째, 이마고 부부관계치료는 부부 각자의 아직 치유되지 않은 어린 시절의 상처, 즉 '미해결 과제'를 현재 부부갈등과 힘겨루기의 가장 핵심적인 주제로 간주하고 부부치료에 임상적으로 적용하고 있다는 점에서 다른 부부치료 모델과는 확연히 구분된다. 즉, 이마고 모델은 부부의 관계를 치료함에 있어 어떤 행동의 변화나 문제를 야기하는 증상의 완화를 치료의 목적으로 삼기 보다는, 좀 더 심오한 무의식적 차원인 각자의 어린 시절의 상처와 미해결 과제의 치유를 부부간의 '관계' 치유를 통해 시도하고 있다는 점에서 다른 어떤 부부치료 모델보다 전인적이고 통합적이며 더욱 근본적인 인간관계 치료라고 할 수 있다.

둘째, 이마고 부부관계치료는 다른 부부치료 모델들과는 달리 부부치료에서 부부의 역할을 서로의 어린 시절의 상처를 치유하고 미해결 과제를 풀어내기 위해 없어서는 안 될, 아니 반드시 있어야만 하는 '이마고 짝(IMAGO Match)'임과 동시에 서로를 위한 치료사로 이해한다는 점이 매우 독특하다.

셋째, 이마고 부부관계치료는 치료사의 역할을 다른 치료모델들과는 달리 '코치'와 '촉진자'로 정의하고 있다. 다시 말해, 부부관계를 치료하는 치료의 주체는 치료사가 아닌 곧 부부 자신들이므로, 치료사는 부부가 서로의 치료사 역할을 잘 할 수 있도록 촉진해 주고 특히 부부 사이에서 어떠한 형태의 삼각관계도 만들지 않도록 주의해야 한다.

▶ 참고문헌 ◀

김유숙(2000), 가족상담, 학지사.

진영석(1996), 가족치료, 백석출판사.

윤순임 외(1995), 현대상담·심리치료의 이론과 실제, 중앙적성 출판사.

오제은(2009), 이마고 부부관계치료와 세계적 동향, 한국상담심리학회 심포지엄 학술대회, 214-229.

송정아(2006), 이마고 부부치료 모델 내용의 타당성과 적용 효과성 연구. 대한가정학회지, Vol.44 No.4 87-99.

심수명(2004), 부부치료에 대한 통합적 접근의 한 모형으로서 심수명의 이마고 부부치료 프로그램 효과 검증.

조흥식(2007), 가족복지학, 학지사.

<표> 가족치료모델의 비교

모델 유형	정신역동적 가족치료 모델	가족체계 치료모델	의사소통 가족치료 모델	경험주의적 가족치료 모델	구조적 가족치료 모델	전략적 가족치료 모델	사회구성 주의적 가족치료 모델
일차적인 주제	과거에 해결되지 않은 갈등이 현재까지 계속해서 따라다닌다	원가족과의 정서적인 애착이 해결될 필요가 있다	역기능적인 의사소통 패턴은 가족규칙과 가능한 역기능에 대한 실마리를 제공한다	자유선택 ; 자기결정 ; 자아의 성장 ; 개인 성취를 얻는 과정에서 곤경을 극복함으로서 성숙된다	개인의 증상은 가족 교류 패턴의 맥락에 근원이 있으며, 증상이 제거되기전에 가족의 재구조화가 발생되어야 한다	증상은 비자발적인 것이라고 주장하는 반면 관계를 통제하기 위한 전략을 나타낸다. 역기능적인 가족은 파괴적인 "게임"에 사로집히고 자신들의 현실에 적합하지 않는 신념체계에 의해 인도된다	사람은 현실에 대한 자신들의 견해를 주관적으로 구성하고 자신들에 대한 "이야기"를 창조하기 위한 토대를 제공하기 위하여 언어를 사용한다
연구 단위	개인중심 ; 현재에 야기된 개인의 정신 내부적인 갈등	세사람의 관계 ; 문제는 다른 사람과의 관계적인 결합에 의해 유지된다	두사람 관계와 세사람 관계 ; 증상은 상보적인 관계에 있는 최소한 두 사람 또는 세사람 사이의 상호간의 의사소통에 있다	두 사람관계 ; 문제는 가족성원간의 결함이 있는 상호작용과 의사소통 실수로부터 발생된다	세사람 관계 ; 가족 밀착과 격리는 전체로서 하위체계 및 가족 체계와 관련된다	세사람관계 ; 가족의 의사소통과정과 위계질서에 초점을 둔다. 두사람 ; 문제는 가족성원들 사이에서 연결되는 관계 패턴을 나타낸다	세사람 관계 ; 가족문제는 가족구성원들이 자신들에 대해 이야기하도록 동의했던 이야기에 있다
시간 준거틀	과거 ; 인간 상호간의 갈등을 일으키는 초기의 내재화된 가족갈등	과거와 현재 ; 현재의 부부관계가 배우자의 원가족과의 융합으로 발생되는 것으로 가정한다	현재 ; 현재의 문제나 증상은 가족성원간의 계속적으로 반복되는 연속성에 있다	과거 ; 즉각적이고 진행되는 상호작용으로부터 오는 여기-현재의 자료	현재 ; 진행되고 있는 상호작용은 특히 가족생활주기에 있어 변화를 다룰 수 없는 비적응적인 가족조직에 의해 유지된다	현재 : 현재의 문제 또는 증상은 가족의 기능을 유지시키는 역할을 한다 현재 ; 현재문제의 순환적인 본질에 대한 인식은 가족이 이전의 제한된 인과론적인 시각을 단념하게 한다	과거와 현재 ; 현재문제는 현재의 선택과 행동에 영향을 미치는 과거 "이야기"에 있다

이론명/파생된 모델	원가족 접근법 대상관계이론	가족체계이론 맥락적 가족치료이론	의사소통이론	상징적 경험주의 이론 경험주의적 가족치료	구조적 가족치료	전략적 가족치료 밀란모델	해결중심 단기가족치료 이야기치료, 반영팀
주요 인물	Framo, Fairbairn Dicks, Skinner Schariff와 Schariff	Bowen Boszormenyi-Nage	Bateson ;Jackson Weakland ; Watzlawick	Whitaker Satir	Minuchin Montalvo Aponte ; Fishman	Haley ; Madanes Selvini-Palazzoli ; Boscolo ; Cecchin ; Prata	deShzer ;Berg White ; Epston Andersen
주요 개념	가족구성원의 자율성 부모에 대한 양가감정 ; 부모상의 내면화 투사적인 동일시 투사적인 체계	자아분화 대 융합 ; 삼각관계 ; 다세대 전수과정 가족출납부 ; 윤리 ; 가족유산 ; 부여	대칭적·상보적인 의사소통패턴 ; 역설	상징적인 요소들은 가족의 내적인 세계를 나타내며 외부적인 현실에 주어진 의미를 결정한다. 자아존중감 ; 분명한 의사소통	경계선 ; 하위체계 ; 동맹 ; 밀착된 관계 ; 경직된 관계	세력과 조정 ; 관계규정 ; 위계질서. 역설과 반대역설 ; 변하지 말라는 처방 ; 순환적 질문 ; 이차 사이버네틱스	고정된 진실이 존재하지 않으며, 단지 현실에 대한 다양한 시각이 존재한다 ; 의미의 구조
치료자의 역할	중립적 ; 각각의 가족성원이 환상을 투사하는 빈 화면	코치 ; 직접적이지만 비직면적인 ; 가족융합으로부터 탈삼각관계를 시도한다. 가족이 관계적인 평등성을 발달시킬 수 있도록 돕는다	활동적인 ; 조작적인 문제에 초점을 맞춘다	평등적인 ; 치료적인 만남을 통한 새로운 경험을 가족에게 제공하는 활동적인 촉진다	활동적인 ; 치료자가 역기능적인 세트를 변화시키기 위해 가족구조를 조작한다	치료자가 CT의 문제를 해결하기 위해 고안한 전략에 대해 책임을 진다 중립적인 ; 활동적인 치료적인 파트너 ; 가족의 신념체계를 위한 새로운 정보로서 가설을 세운다 ; 일방경뒤에서 반영팀의 사용	협력적인 ; 치료적인 대화에 관련된다 ; 의미와 이해를 공동으로 구성하는 비전문가
평가절차	비구조적 ; 가족성원 내의 그리고 가족서우언간의 숨겨진 갈등을 발견하기 위해 계속해서 노력한다	가족 평가는 가족 성원들간의 조합에 대해 면접한다 ; 가계도. 세대간의 부채에 대하여 관심을 갖는다	비구조화된 ; 가족의 반복적이고 파괴적인 행동패턴과 현재의 문제를 영속시키는 결함이 있는 해결책을 찾는다	비구조적인 ; 성장과 성취를 방해하는 억압된 감정과 충동을 조사한다	가족구조에 대한 실마리를 위해 가족의 교류패턴을 관찰한다 ; 가계도 ; 실연 ; 추적	비구조화된 ; 지금까지 문제를 해결하려고 시도했던 방법을 찾는다 비구조화된 ; 비 조작적인 ; 가족문제와 관련된 체계적인 가정들을 발달시키는데 있어서 가족과 협력한다	비구조적인 ; 가족이 "진실"에 대한 견해들을 설명하기 위해 사용해 왔던 설명이나 해석의 조사

개입의 주요 개념	개인의 언어와 행동의 무의식적인 의미와 그러한 것들의 가족의 기능에 대한 충격에 관해 해석한다	분화하는 법을 가르친다 ; 개별화 ; "나"의 위치를 받아들인다 ; 확대 가족과의 관계를 단절시키는 것을 재개한다. 가족출납부를 일치시킨다	역설적인 개입 ; 증상을 처방하기 ; 치료적인 이중속박 ; 지시 ; 가장기법 ; 재명명화	자아발견을 일으키는 직면 ; 치료자에 의한 자아표출이 바람직스러운 행동의 모형을 만든다 ; 이전에 표현되지 않은 내부적인 갈등을 발견하기 위한 실습(가족조각 ; 가족의 재구조화)	합세 ; 수용 ; 가족이 융통성 있는 경계와 통합된 하위체계를 창조해 낼 수 있도록 돕는다	지시 ; 처방 ; 제지 ; 제정의 ; 가장기법 ; 시련기법 긍정적인 의미 ; 순화적인 질문 ; 재구조화 ; 역설 ; 변화하지 말라는 처방 ; 의식	문제에 초점을 맞추는 것보다는 해결에 초점을 둔다 예외질문 억압적인 문제의 표출화 반영팀과 양방경의 사용
통찰 대 행동	통찰은 이해하게 하고 갈등을 감소시키며, 궁극적으로는 개인의 심리내부적인 변화와 체계변화를 야기시킨다	현재의 관계와 세대간의 경험에 대해 통찰을 얻기 위하여 이성적인 과정을 사용한다 ; 원가족에 대한 조치를 취한다	행동지향적인 ; 증상감소와 행동변화가 통찰과 이해보다는 지시를 통하여 일어난다	자신의 존재에 대한 자가성찰이 선택, 책임감 및 변화를 일으킨다	행동이 이해보다 앞선다 ; 교류패턴의 변화가 새로운 경험과 이에 대응하는 통찰을 가져온다	통찰이나 인지변화보다는 행동에 변화를 일으키는데 초점을 둔다. 치료를 우해 치료자의 선택에 입각한 통찰이나 행동보다는 가족이 새로운 의미를 얻도록 하는데 초점을 둔다	가족들이 자신들에 대해 이야기해왔던 이야기들의 재구성을 통해 새로운 의미를 얻는 것에 초점을 둔다
치료의 목표	탈삼각화 ; 투사의 제거 ; 개별화	불안감소 ; 증상제거와 증가된 개인의 자아분화가 가족체계의 변화를 일으킨다. 신뢰, 공평성, 윤리적인 책임감을 회복시킨다	증상감소 ; 현재의 문제를 해결	함께하는 것과 건전한 분리에 대한 자발적인 느낌과 자율 자아존중감을 수립하는 것 ; 가족의 고통을 경감시키고 개인적인 성장을 방해하는 것에 대한 극복	재구조화된 가족조직 ; 역기능적인 교류 패턴에서의 변화 ; 개인에게 있어서의 증상 감소	변화를 위해 전략적이고 계획된 목표를 세움 가족 생활 패턴에 주어지는 새로운 의미의 결과로서 가족에 의해 선택된 체계변화 ; 파괴적인 가족 "게임"의 방해	과거 문제에 대한 새로운 의미를 부여하거나 혹은 새로운 구성을 함으로서 새로운 시각을 배우거나 혹은 창조함

제 3 부

사회복지 실천모델과 개입기술

사람이 그들의 행동에 동기가 될 만한 이유를 이해하는 방법을 설명함에 있어서, 예컨대, 어떤 사람은 우리가 유전자에 의해 행동이 결정된다고 믿고 있으며,또 다른 사람은 우리의 환경에 따라 행동이 결정된다고 믿는다. 이들은 우리가 갖는 자유의지에 따라 행동이 결정되지는 않는다고 믿는다.

사회복지사의 인간본성에 대한 관점이 사람은 본래부터 사악하다고 생각하는 경우, 사회복지사는 클라이언트가 "모든 것을 그들이 할 수 있도록" 이끄는 기술의 사용을 원하지 않을 것이다. 대신에 사회복지사는 아마도 개인이 그들의 명확한 행동을 억제할 수 있는 방법을 익히도록 하는 기술을 사용하게 될 것이다. 이 경우 사회복지사는 클라이언트가 그들의 행동을 통제하는 방법을 모색하도록 원조하고 그들의 사악함이 사회에 해를 입히지 않도록 할 것이다.

사회복지사가 사람은 선천적으로 선하다고 믿을 경우, 사회복지사는 클라이언트가 사회 안에서 그들의 선을 표현하도록 고무시키는 기술의 사용을 원할 것이다. 이 경우 사회복지사는 클라이언트가 '선'과 접촉하도록 원하고 발달을 허용하게 될 것이다.

맹자에 의해 제시된 성선설은 악의 존재를 설명해야 하는 부담을 안고 있는 반면에 순자에 의해 제시된 성악설 역시 선의 존재를 설명해야 하는 부담을 안고 있다. 맹자의 경우 인간의 본성은 선하지만 선한 본성이 드러나기 위해서는 많은 수양이 필요함을 강조한다. 즉 그는 인간이 4단(측은, 수오, 사양, 시비)을 갖고 있음을 말했지 4덕(인, 의, 예, 지)을 갖고 있다고 말하지는 않았다는 것이다. 4단을 4덕으로 확충하는 데 실패하는 이유로는 인간이 악에로의 경향성을 갖고 있기 때문이라고 할 수도 있고 환경 때문이라고 할 수도 있다.

맹자가 주장한 성선설은 사람의 본성은 선(善)하다는 학설이다. 반면 순자(荀子)의 성악설은 사람의 타고난 본성은 악하다고 생각하는 윤리사상이다. 고대 중국 전국시대의 혼란한 사회상에 바탕을 두고 있는 성악설은 사람이 태어나면서부터 가지고 있는 감성적인 욕망에 주목한다. 욕망을 방임해 두면 사회적인 혼란이 일어나기 때문에 외부의 가르침이나 예의에 의해 후천적으로 수양을 쌓아올려야 한다는 입장이다. 성악설은 백성을 정치적 권력에 의해 일방적으로 규제하려고 한 이사(李斯)·한비자(韓非子) 등 법가사상으로 계승됐다

순자의 경우 인간이 본성이 악함에도 불구하고 선한 사람이 있을 수 있는 것은 교육 때문이다. 즉 특이하게 선한 본성을 타고난 극소수 성인(聖人)들이 예

(禮)를 제정했고 악한 본성을 타고나 평범한 사람들은 그 예를 따름으로써 선한 사람이 될 수 있다는 것이다.

성선설 전통의 주류 유학에서 악의 문제에 대한 해결은 이기론(理氣論)에 의해 이루어진다. 인간을 포함한 만물은 이(理)와 기(氣)를 동시에 갖는다. 그런데 理는 순수하게 선하지만 氣는 선하기도 하고 악하기도 하기 때문에 인간 중에 악한 사람이 가능하다는 것이다.

기독교의 경우 모든 것을 알고, 모든 것을 할 수 있고, 완전히 선한 신이 만든 세계에 어째서 악이 있는가를 설명해야 하는 부담이 있다. 대개 라이프니츠의 견해를 받아들인다. 즉 인간에게는 악으로 보이는 것이 신에게는 보다 큰 선을 위한 수단이라는 것이다.

심리학적으로 보면, 불안과 걱정으로 미리 사람이라는 존재와 의미를 악하게 보는 사고형들은 성악설을 지지하고, 자신의 긍정적인 이미지를 위해 사람이라는 존재와 의미를 선하게 보는 감정형들은 성선설을, 어떤 결과가 있기까지 사람을 악하게도, 선하게도 미리 판단하지 않는 본능형들은 성무선악설을 지지한다.(출처: naver cafe 길 인간학연구소 참조)

제 7 장

정신분석치료모델

사회복지실천에 있어 정신분석이론의 영향에 대한 최근의 평가는 폭넓게 인정되고 있으며, 또한 정신분석적 사고의 다양한 흐름이 나타나고 있다. 예를 들어 미국은 정신분석학의 영향으로 자아심리학이 발전하였으며, 독일 등의 지역에서는 자기심리학으로 발전하였다. 한편 대상관계 이론은 영국의 경우 Fairbairn과 Guntrip과 같은 정신분석가 등의 연구에 기초하여 발전해가고 있다.

정신분석이론에서는 개인의 행동과 감정, 생각 등이 우연히 일어난 것이 아니라 무의식적인 성적·공격적 충동에 의한 것이라 여기며 결정론적 관점에 바탕을 두고 있다. 따라서 사회복지사는 클라이언트의 현 문제를 이해하기 위해 과거의 경험, 특히 무의식적으로 내재되어 있는 성적, 공격적 충동을 이해하고 클라이언트가 이러한 경험과 충동을 통찰력을 가지고 인식할 수 있도록 도와 현재의 문제를 이해할 수 있도록 돕는 데 그 목적이 있다. 나아가 정신분석이론에서는 현 문제에 대한 치료적 처방을 제공하기보다는 클라이언트의 통찰력 혹은 문제인식능력과 이해력을 향상시키는 데에 그 초점을 두고 있다.

정신분석학에 기반을 둔 정신역동적 치료 접근방법은 심도 있는 이론적 지식과 훈련과정을 거친 사회복지사가 클라이언트의 심리치료에 적용할 수 있다. 하지만 사회복지실천에 있어 의료적 모델을 탈피하고자하는 노력으로 인해 정신분석적 치료기법은 점차 통합적 방법에 흡수되어 그 본래의 자취를 찾아보기 힘들다. 그럼에도 불구하고 정신분석적 치료기법은 개별사회사업의 기반을 이루며 현재까지 지속되어 오고 있어 이에 대한 깊은 이해가 필요하다.

1. 무의식의 발견자 프로이드

– 1856년 모라비아의 프라이버그에서 8남매 중 맏아들로 출생하여 생애의 대부분을 비엔나에서 보냈다. 오스트리아 비엔나의 정신과 의사.

– 전처소생의 두 아들을 둔 재혼인 40세의 유태인 아버지와 초혼인 20세의 어머니 사이에서 맏아들로 태어났다. 아버지는 권위적이었지만, 어머니는 사려 깊고 정 많은 사람이었다.

– 프로이드는 아버지가 세상을 떠났을 때 자신이 느낀 혼란스러운 감정으로 인해서 자신의 꿈, 기억, 어릴 때 경험 등을 분석하면서 아동기 성욕에 관해서 확신을 얻었고, Oedipus complex를 발견했다고 말함. 즉 꿈의 의미를 탐색하면서 성격발달의 역동성에 대한 통찰력을 얻었으며, 아동기 기억을 검토하면서 아버지에 대해 느꼈던 강한 적대감과 어머니에 대한 성적 감정을 깨달음. 몹시 질투했던 갓난 동생이 죽은 후 일생 동안 느껴야 했던 죄책감, 어린 시절에 목격한 어머니의 나체에 대한 강한 성적 흥분, 가부장적이던 아버지에 대한 증오와 반발 등 가족 내에서의 경험들이 프로이드로 하여금 인간의 심층심리에 관심을 갖게 했으며 무의식을 인간 행동과 성격의 결정요인으로 중시하게 하였다.

– 그는 빈민가에서 자라면서 자신이 학대받는 소수민족인 유대인임을 항상 의식하였고, 유대인은 의학이나 법학을 전공하지 않고는 마땅한 직업을 갖기 어렵다는 생각으로 의학을 전공하였다. 프로이드는 40대 초반에 죽음에 대한 공포와 그 밖의 다양한 정신 신체적 장애를 겪으면서 자기분석이라는 어려운 과제를 수행하였다. 이 시기가 그의 일생 중 가장 창조적인 시기였다.

* 67세가 되던 1923년에 프로이드는 턱에 암이 생겼음을 알게 되었다. 그 후 그는 33번의 수술을 받았고 83세의 나이로 세상을 뜨기까지 16년간 고통스러운 투병생활을 하였다. 그러나 그는 그 사이 진통제의 사용을 끈질기게 거절하였다. 그의 주요 저작인 『문명과 그 불만』은 투병 중인 73세 때 씌어진 것이었다.

- "분명하게 사고하지 못하면서 덜 아픈 것보다는 고통 속에서 명석하게 생각하는 것이 더 낫다."
- 프로이드는 나치를 피해 1938년 영국으로 이주한 다음해인 1939년 9월 23일 런던에서 사망하였다.

2. 프로이트의 이론에 대한 평가

– 프로이드가 창안한 정신분석이론은 인간행동의 이해와 정신치료의 새 지평을 열었으며 20세기의 정치, 사회, 경제, 문학, 예술 등 거의 대부분의 현대 생활에 지대한 영향을 끼침.

– 인류 지성사상 프로이드의 업적 : "무의식의 발견자!"

– 프로이드의 무의식 세계에 관한 연구는 동기들이 행동을 유발하는 과정을 설명하려는 시도였는데, 그는 두 가지 기본적인 심리적 동기인 성적 충동과 공격적 충동이 개인의 심리적 기능에 미치는 영향에 초점을 두었다. 그는 수많은 심리사회적 현상이 인간의 근본적인 두 가지 충동인 성과 공격성에 근거하는 것으로 보았다. (예를 들어 아동의 사회화는 부분적으로 부모와 사회가 기대하는 바에 따라 성적 충동을 한 대상으로부터 다른 대상으로 전환하는 것이며, 인류 역사상 주기적으로 발발했던 전쟁은 인간의 공격적 충동의 전환이라고 보았다.)

– 프로이드 이론에 대한 사회복지 분야의 관심은 사회복지 실천의 과학적 기반을 찾으려는 사회복지 전문직의 고민에서 싹텄다고 할 수 있다. 저베인은 "원인을 밝히는 것이 치유책을 낳는다."는 리치먼드의 『사회적 진단』(Social Diagnosis)의 전제가 프로이드에 의해 창안된 의료모델에 근거하고 있다고 주장하였다. 감추어진 아동기 행동의 동기를 밝히는 것이 개별 사회사업에서 클라이언트의 문제에 대한 사정(assessment)의 중요한 측면이 된 것은 프로이드 이론의 영향이다.

- 프로이드 이론의 한계 : 인간을 성욕과 거세불안에 의해 지배되는 수동적이고 소극적인 존재로 보았고, 성인 환자의 치료과정에서 얻은 자료로 정상 아동의 발달을 역으로 추정·설명하고 있기 때문에 그의 발달이론은 과학적 정확성이 결여되었다고 지적됨.
- 사회복지 실천에서의 비판 : 프로이드의 정신분석이론은 환경을 도외시하고 클라이언트에 대한 병리적 시각을 갖게 하는 사회복지 실천면에서의 한계도 갖고 있다.

1) 인간관

– 프로이드의 인간본성에 대한 기본 가정은 인간을 합리적인 존재로 간주하

던 당대의 지적 분위기와 달리, 인간을 의식의 영역 밖에 존재하는 비합리적이고 통제할 수 없는 무의식적 본능의 지배를 받는 존재로 봄.

– 인간의 모든 행동, 사고, 감정은 신체적 긴장상태에 의해 유발되는 무의식적인 성적 본능과 공격적 본능에 의해 결정되며, 인간은 이러한 긴장을 해소하기 위하여 행동을 한다고 보고 있다. 즉 인간은 성장이나 자아실현을 추구하기보다는 거대한 빙산에 비유되는 무의식적 본능에 의해 야기된 긴장상태를 해소하여 '긴장 없는 열반상태'(nirvana)에 이르기 위하여 행동한다는 것. 따라서 프로이드는 인간의 자유의지, 책임감, 자발성, 자기결정과 선택을 할 수 있는 능력, 즉 인간의 자유를 인정하지 않았으며, 인간의 모든 행동은 무의식적인 힘에 의하여 결정된다고 보았다. 인간의 기본적인 성격구조는 초기 아동기, 특히 만 5세 이전에 어떤 경험을 하였는가에 의해 결정되며, 이러한 기본적 성격구조는 성인기가 되어서도 변하지 않고 지속된다고 봄.→인간본성에 대한 비합리적 관점과 생물학적 결정론

– "현재는 과거의 축적물에 불과하므로, 현재를 바꾸기 위해서는 과거를 변화시켜야 한다."는 가정 하에 정신치료에서 개인의 기본적 성격구조를 변화시키고자 하며, 그 중에서도 초기 아동기의 경험을 재구성하는 것이 필수적이라고 봄.

– 프로이드는 인간 존재를 자신의 행복을 극대화하기 위하여 사회에 지속적으로 대항하는 투쟁적 존재(Homo Volens)로 보므로 개인의 쾌락원칙과 문명화된 사회 사이에는 많은 갈등이 존재한다고 본다. 문화는 인간의 내적 충동의 만족을 억압하는 초자아의 발달에 영향을 미치므로, 문화가 발전할수록 인간의 내적 충동의 만족도는 낮아진다고 봄.

– 프로이드는 개인의 원초적 충동을 억제하고 이를 사회적으로 수용될 수 있는 방식으로 전환시킴으로써 문명의 발달은 가능하다고 봄.

2) 기본가정

– 전통적 정신분석의 기본가정→정신결정론과 무의식적 동기

– 초기의 사건이 이후의 사건을 결정한다는 정신결정론적 관점.

– 이러한 기본적인 가정에 근거하여 프로이드는 인간의 정신활동을 의식과 무의식, 원초아(id)와 초자아(superego) 사이에 일어나는 갈등의 결과로 간주. 이러한 특성 때문에 그의 이론을 갈등심리학 또는 심층심리학이라고 부름.

3) 주요개념

① 경제적 모델

- 프로이드는 인간의 모든 행동은 본능의 지배를 받으며, 정신에너지를 발산하는 데 그 목적이 있다고 본다. 본능은 원천, 목표, 대상, 추동(drive)이라는 네 가지 요소로 구성되어 있다.

1) 본능의 원천 : 신체 내의 긴장상태(위가 비어서 느끼는 허기)
2) 본능의 목표 : 신체적 긴장상태의 해소를 통한 쾌락의 획득(포만감)
3) 본능의 대상 : 목표성취에 활용되는 수단(음식물)
4) 본능의 추동 : 특정 본능이 가지고 있는 에너지의 양, 즉 본능의 강도(섭취 소망의 강도)→이러한 본능적 욕구를 표현하고 충족시키는데 방해를 받게 되면 불안을 경험.

- 이용 가능한 정신에너지의 양은 고정되어 있다. 정신에너지의 배분은 생리적 욕구, 개인의 발달단계, 과거의 경험, 현재의 환경 등과 같은 복잡한 요인들에 의해 결정되는데, 고정된 양의 정신에너지가 삶의 본능(eros)과 죽음의 본능(Thanatos)에 어떠한 비율로 고정되는가에 따라 각 개인이 보이는 행동은 달리진다.

* 리비도(Libido)

- 심리적 생리적 의미에서의 성적 에너지
- 정신적 에너지, 본능적 충동 : 의식적 무의식적으로 개인의 성격과 행동에 영향.
- 성욕 : 빠는 것과 성교에 이르기까지 타인과 친밀하고 유쾌한 신체적 접촉을 갖고자 하는 모든 욕구를 총망라하는 아주 광범위한 의미로 사용.
- 삶의 본능인 에로스(Eros)와 죽음의 본능인 타나토스(Thanatos)까지 포함하는 것
- 에로스 : 생명을 유지, 발전시키고 사랑을 하게 하는 본능
- 타나토스 : 생물체가 무생물체로 환원하려는 본능. 자기를 파괴·처벌하거나 타인이나 환경을 파괴하는 공격적 행동

* 삶의 본능 : 신체적 욕구의 정신적 표상(성, 배고픔, 갈증 등)

생명을 유지시키고 발전시키고, 친밀하고 유쾌한 신체적 접촉을 갖고, 타인과

사랑을 나누며, 개인의 창조적 발전을 도모하는 본능. 삶의 본능 중에서 성적 에너지→리비도(libido): 삶의 본능 전체 의미로 확대.

* 죽음의 본능 : 불변의 무기질 상태로 회귀하려는 충동(공격욕 & 파괴욕) 자신을 파괴하고 자학하며, 타인이나 환경을 파괴하며, 생명을 외부의 자극에 의하여 생긴 긴장상태로 보고 생명의 종식을 고하고 초기의 침정상태로 되돌아 가게 되는 것. 죽음의 본능은 파괴적 행동과 공격적 행동의 근원. 만약 한 개인의 죽음의 본능이 너무 강하게 되면 자학적 행위, 살인, 강도 등을 일으키기도 하며, 국가적 차원에서는 전쟁을 일으키기도 한다.

– 삶의 본능과 죽음의 본능은 서로 영향을 미치며, 서로 융합되어 있기도 하다. (예: 음식물을 섭취하는 것은 생명을 위협하는 배고픔을 해결하고자 하는 삶의 본능의 표현이긴 하지만 음식물을 파괴하여 섭취한다는 점에서는 죽음의 본능이다. 성행위는 번식을 목적으로 한 친밀하고 유쾌한 신체적 접촉이긴 하지만 동시에 공격적 행동이라는 점에서 삶의 본능과 죽음의 본능이 혼합되어 있는 것이다.)

② 지형학적 모델

– 마음의 세 가지 수준 : 의식, 전의식, 무의식

– 눈에 보이지 않는 인간의 정신→일종의 지도로 제시하여 가시화한 것.

·의식 : 한 개인이 어느 순간 인식하고 있는 모든 것(감각, 지각, 경험, 기억 등)을 의미한다. 그것은 빙산의 일각과 같은 것으로서 일시적인 것이고, 예외적인 것이다. 의식되었던 것은 시간이 경과한 후에는 흔히 전의식이나 무의식 속으로 잠재된다.

·전의식 : 즉시 인식되지는 않지만 조금만 노력하면 접근 할 수 있는 영역이다. 즉 현재 의식되지는 않지만 전에 의식했던 것이 저장된 것으로 주의집중을 통해서 쉽게 의식될 수 있는 경험이다.(Freud , 1923) 전의식은 무의식과 의식의 영역을 연결한다.

·무의식 : 정신내용의 대부분을 형성하며 인간행동을 결정하는 주된 원인. 욕구나 본능이 깊게 자리하고 있는 영역으로, 인식할 수 없고, 직접적으로 확인할 수도 없다.(접근 불가능한 창고에 해당) 무의식의 내용은 언어화되기 어렵고 논리성도 없으며 상반되는 경향이 동시에 공존하기도 한다.

– 심리적 생활을 의식적인 것과 무의식적인 것으로 구분하는 것은 정신분석의 기본적 전제이며, 이와 같이 구분하여야만 정신분석에서 정신생활의 병리적 과정을 이해하고 과학적 준거틀 내에서 설명할 수 있게 된다.

*꿈 – 무의식적인 어떤 것을 왜곡하여 대치한 것. 무의식을 파악하기 위해서는 꿈을 해석해야 한다고 보았다.

* 억압들은 '무의식'에 쌓이며, 끝없이 반복적으로 회귀한다. 즉 현실로 나타난다.

* 꿈과 현실의 연속성, 매우 복잡한 연속성을 설명하려 한다. 꿈이란 의미를 가지고 있으며 해석될 수 있는 그 무엇이다. 꿈→은폐된 소원의 성취

* 꿈이란 (억압되고 억제된) 소원의 (위장된) 성취

※ 임상사회복지실천 – 개인은 자신의 동기나 행동의 원인을 인식하지 못한다는 관점은 임상사회복지실천에 커다란 영향을 미침. 행동이 지니고 있는 기저의 의미를 해석하는 것이 사회복지사의 중요한 역할이다.

③ 구조적 모델

– 초기의 많은 개념들을 통합한 구조적 모델을 제시.

– 성격의 구조 : 원초아, 자아, 초자아의 세 부분으로 구성되어 있으며, 이들은 각기 다른 독특한 기능과 속성을 지니고 있지만, 이들 부분이 상호 작용하여 전체 성격체계를 구성하고, 각각의 하위체계는 개인의 행동에 각기 다른 영향을 미친다. 이러한 성격의 각 부분은 실존하는 것이 아니며 개념화된 것이다.

(1) 원초아(id)

– 원초아는 완전히 무의식적이며, 본능과 충동의 원천으로서 마음의 에너지 저장고이다. (Freud, 1915) 즉, 원초아는 무의식세계에 존재하는 것으로서 본능적 충동을 자극하는 정신체계를 말한다. 프로이드의 무의식이론에서 가장 중요시하는 무의식세계의 주 메커니즘이 바로 원초아이다.

– 원초아는 성격의 기초이며 일생동안 그 기능과 분별력은 유아적인 수준에 머물러 있다. 원초아는 외부세계와 단절되어 있으며, 법칙 논리 이성 또는 가치에 대해 전혀 알지 못하므로 시간이나 경험에 따라서도 변화하지 않는다.

– 원초아의 첫 번째 특징은 **1차적 사고과정**(primary process)이다. 1차적 사고과정은 원초아 또는 무의식에서 유래되는 것으로 신체적 긴장을 경감시키

는 데 필요한 대상의 기억표상을 만드는 과정이다. 이러한 1차적 사고과정은 논리와 시간성이 없고 질서정연하지 못한 것이 특징이다. 이러한 형태의 사고과정은 객관적 현실을 알지 못하고, 본질적으로 이기적이며, 낙천적이고 전지전능하다.

– 원초아는 실제대상이 아니라 대상의 이미지를 만들어냄으로써 본능적 충동을 만족시키려 하는데, 마술적이고 낙천적인 사고를 자주 활용하는 성인내담자가 바로 1차적 사고과정이 강한 사람들이라 할 수 있다.

– 원초아의 또 다른 특성은 고통을 피하고 쾌락을 추구하는 쾌락원칙에 입각하여 작동한다는 것이다. 즉 원초아는 단지 긴장 감소와 만족에 관심을 두고 있는 것이다.

– 원초아에 의한 충동적 행동은 사회로부터 처벌을 받게 되므로 고통이나 긴장을 증가시킬 뿐이다. 긴장해소의 효과적인 방편을 마련하기 위해서는 현실을 고려할 수 있는 자아의 형성이 불가피해지게 되고, 결국은 심리적 발달이 이루어지게 된다. 즉 성장함에 따라 원초아에서 자아와 초자아가 분화한다.

(2) 자아(Ego)

– 자아는 외적 세계의 직접 영향에 의해 수정된 원초아의 일부이다. 자아는 성격의 조직적이고 합리적이며 현실지향적인 체계로서 성격의 집행자이며 경영자이다. 자아는 열정으로 가득한 원초아와는 달리 이성, 상식이라고 불리는 것들을 내포하고 있다. 자아의 배분된 에너지는 초자아와 원초아 사이의 갈등을 조정하고 통제하는 데 사용하게 된다.

– 이 외에도 자아에너지는 지각, 주의집중, 학습, 기억, 판단, 추리, 상상 등의 정신과정을 발달시키거나, 욕구충족과 관련성이 없는 자아관심(ego interest)을 형성하는 데도 사용되며, 자아가 발달할수록 이 부분에 대한 에너지 사용이 많아지게 된다.

– 원초아와 현실 사이의 갈등이 성격의 두 번째 단계인 자아를 발달하게 한다. 원초아는 본능을 충족시키기 위해 외부세계의 현실과 싸우게 되는데, 쾌락만 추구하고 현실을 적절히 평가하여 이에 맞추지 못하기 때문에 이 기능을 담당하도록 자아가 생기게 된다는 것이다. 자아의 행동방향을 통제하는 현실원리 기능이 욕구충족을 위해서 적합한 대상이 발견될 때까지 긴장해소를 유보하게 된다. 즉, **자아는 현실원칙(reality principle)에 입각하여 작동**된다. 사회적으로 바람직한 또는 수용될 수 있는 방출방법이 발견될 때가지 긴장을 참아내고 실제

적인 만족을 얻어내는 것이 자아의 1차적인 기능이다.

– 자아의 또 다른 특성은 **2차적 사고과정**을 활용한다는 것이다. 2차적 사고과정은 긴장 감소를 위해 수립한 행동계획의 실현가능성을 판단하는데, 이를 현실 검증(reality test)라 한다. 자아는 현실검증을 통하여 충동을 더욱 잘 지배할 수 있게 되며, 환상과 현실을 구분할 수 있는 능력이 강화된다.

– 자아가 지속적인 원초아의 요구와 외적 현실의 압력을 이겨나가는 과정에서 갈등을 경험하게 되고, 이러한 갈등은 불안을 유발하는 긴장상태를 만들어낸다. **불안**(anxiety)은 신체 내부기관에서의 흥분에 의해 생기는 고통스러운 감정의 체험이다. 이러한 불안은 자아에 위험신호를 보냄으로써 미리 위험처리 대책을 강구할 수 있도록 하는 기능을 한다. 이러한 불안을 적절하게 해결하지 못하면 신경증이 유발되게 된다.

– 불안은 원인에 따라 현실적 불안, 신경증적 불안 그리고 도덕적 불안으로 구분된다.

1) **현실불안**(reality anxiety)은 외부 현실세계의 위험을 자각하는 데서 비롯되는 고통스러운 심리적 체험이다.(차가 갑자기 인도로 돌진해오는 경우)

2) **신경증적 불안**(neurotic anxiety)은 본능에서 유발된 위험을 자각하는 데서 비롯되는 고통스러운 심리적 체험으로서, 자아의 반대충당이 원초아의 대상충동을 통제하는 데 실패하게 되면 어떻게 되나 하는 불안이다.(성적 본능이나 공격적 본능이 표출되는 것에 대한 걱정)

3) **도덕적 불안**(moral anxiety)은 원초아가 부도덕적으로 욕구를 충족하려 할 때, 초자아의 처벌이 따를 것이라고 생각함으로써 발생하는 불안이다. (아동이 부모의 지갑을 뒤져 돈을 꺼내갈 때, 부모의 처벌을 두려워하는 경우)

– 이러한 불안을 다루고자 하는 시도를 하는 과정에서 **자아방어기제**(ego defence mechanism)가 발달하게 된다. 자아가 현실원칙을 활용하지 못하고 불안을 경험하게 되었을 때, 현실을 왜곡하는 무의식적 방어기제가 작동하게 된다.

– 자아방어기제는 개인이 불안을 다루고, 자아가 불안이 만들어낸 위기의식에 의해 압도당하지 않게 해 준다. 자아방어기제를 적응적으로 활용할수록 더 건강하다고 말할 수 있다.

– 자아는 원초아의 본능적 욕구를 지연시키거나, 초자아의 지나친 도덕적 규제를 완화시키면서 상충상태에 빠지지 않도록 한다.

(3) 초자아

– 초자아(superego)는 양심과 자아이상으로 이루어진 정신구조의 최고단계를 일컫는다. 프로이드는 원초아로부터 자아가 발달하는 것과 마찬가지로 초자아는 자아로부터 발달한다고 생각했다(Freud, 1923).

– 자아이상(ego ideal)은 부모가 도덕적으로 바람직한 것이라고 생각하는 것으로서, 부모의 칭찬에 의해 형성되는 부분이다. 이에 반해 양심은 부모가 도덕적으로 나쁘다고 간주하는 것으로서, 부모의 처벌에 의해 형성된다.

– 성격발달의 기제인 동일시과정이 초자아를 형성해서 에너지를 공급하는 작용을 한다. 부모나 양육자는 사회의 도덕규범, 전통적 가치, 이념 등을 가르쳐주며 가르친 대로 아동이 행동하면 상을 주고 어기면 벌을 준다.

– 아동은 긴장을 해소시켜주는 상을 받기 위해 부모나 양육자의 지시를 따르고, 이것이 반복되면서 그들을 동일시하게 되고 그 결과 사회의 도덕규범, 가치관, 이상이 아동의 성격구조에 자리 잡아 초자아가 발달한다. 아동의 사회적 세계가 학교, 교회, 또래집단 등으로 점차 확대되면서 초자아도 확대된다.

– 초자아는 성격의 도덕적인 부분이며 심판자로서, 자아와 함께 작용하여 개인이 자신의 행동을 통제할 수 있게 해 준다.

– 초자아는 원초아의 절대자이기는 하지만 가끔은 대리자로서의 기능을 수행하기도 한다.(예 : 원초아의 죽음의 본능을 대리하여 자아가 기능하지 못하게 하여 자살하게 만드는 것, 타인을 사회적으로 매도하는 행동 등)

– 초자아는 자아로 하여금 도덕률에 무조건적으로 따르도록 강요하는데 모든 에너지를 소비한다. 즉 양심의 금지를 받을 경우 초자아는 원초아나 자아를 통해 정신에너지가 발산되는 것을 방지하게 되는데, 이를 초자아의 반대충당이라고 한다.

④ 역동적 모델

– 개인이 충동 또는 원초적 욕망에 의해 추진력을 갖게 되며 상반되는 사회적 기대와 갈등을 겪게 된다는 관점에 기반을 둔 역동적 모델은 전통적 정신분석이론의 중추적 모델이다.

– Freud는 정신활동은 본능적 긴장을 감소시키고 심리적 안정을 되찾으려는 욕구에 의해 결정된다고 주장하였다. 행동에 대한 이러한 관점을 역동적 모델이라 한다.

– 역동적 모델에서는 궁극적으로 충동이 모든 행동을 결정하며 정서적 긴장을 해소하려는 욕구가 심리적이고 사회적인 행동을 일으킨다고 본다. 그리고 인간 유기체를 신체적 에너지가 심리적 에너지로 변화되거나 그 반대의 에너지 흐름이 이루어지는 복잡한 에너지 체계로 본다.

– Freud는 정신에너지가 흥분상태와 사고, 감정과 같은 행동과 심리적 활동을 추진시키는 힘을 만들어낸다고 보았다.

– Freud는 어떤 대상이나 사람에게 특정한 양의 정신 에너지가 고착되거나 지나치게 투입될 수 있다고 보았다. 대상이나 사람의 심리적 중요성이 크면 클수록 그것에 투입되는 정신에너지의 양은 많아진다.

– Freud는 또한 성격은 에너지 체계이며 에너지는 원초아, 자아 그리고 초자아 사이에서 지속적으로 배분된다고 가정하였다. 성격을 움직이는 모든 에너지는 타고난 본능에서 지속적으로 나오며 처음에 원초아에 저장된다. 점진적으로 일정 양 또는 제한된 양의 에너지가 성격의 다른 하위체계인 자아와 초자아에 재배분된다.

– 원초아에 에너지가 더 많이 배분될 때: 충동적이거나 공격적 행동이 특징적으로 나타날 것이다.

– 자아에 에너지가 더 많이 배분될 때: 현실적 적응을 잘 하는 행동이나 성격 형성.

– 초자아에 정신적 에너지가 집중될 때: 도덕주의자와 같은 행동.

⑤ 자아방어 기제(ego defense mechanism)

인간은 언제나 정신적 안정상태를 유지하기를 희망하지만 여러 요인에서 일으키는 갈등을 경험할 수밖에 없다. 따라서 인간은 스트레스로부터 자신을 방어하고 갈등을 일으키는 충동을 타협시키고 내적 긴장을 완화시킬 수 있는 다양한 심리적 기제를 사용하게 된다. 이와 같이 자아가 불안에 대응하고 대처함에 있어서 활용하는 여러 가지 심리적 책략들이 바로 자아방어 기제이다. 자아방어기제는 정신내적 갈등의 원천을 왜곡하거나 대체하거나 차단하는데 무의식적으로 채택되며 대부분 한 번에 한 가지 이상의 방어기제가 동시에 동원되는 경우가 많다. 현실 생활에 잘 적응하는 사람은 자아방어기제를 융통성 있고 선택적으로 사용하는 경향이 있지만 그렇지 못한 경우에는 한두 가지 방어기제만을 편중적이고 고착적으로 사용하는 경향이 있다.

* 자아방어기제의 긍정적 영향

불안을 감소시킬 뿐만 아니라 긍정적인 사회적 결과(예: 승화)를 가져오기도 한다. 자아방어기제를 사용함으로써 적응을 도모하고 정신건강을 향상시키기도 한다.

* 자아방어기제의 부정적 영향

정신병리적 기능도 내포되어 있기 때문에 과도하게 사용하게 되면 심각한 정신증상을 야기하게 된다. 그 이유는 자아방어기제의 과다한 사용으로 인하여 다른 자아기능의 발달에 투입되어야 할 정신에너지를 고갈시키기 때문이다.

1) 억압(repression)

: 의식에서 용납하기 어려운 생각, 욕망, 충동(특히 죄책감, 수치심, 자존심 상하는 경험)등을 무의식 속에 머물도록 눌러 놓는 것

ex) 어려운 과제가 있을 때, 과제가 있음을 잊어버리는 경우

cf) 억제 (suppression)

: 의식적으로 잊으려고 노력하는 것 ex) 실연의 기억을 지우려는 경우

2) 반동형성(reaction formation)

: 무의식 속의 받아들여질 수 없는 생각 등을 정반대로 표현하는 것

ex) 학대하는 남편을 매울 사랑하는 듯이 행동하는 것

3) 퇴행(regression)

: 심한 스트레스나 좌절을 경험했을 때, 이전의 발달단계로 후퇴하는 것

ex) 동생이 태어난 이후 대소변을 가리지 못하는 아이

4) 동일시(identification)

: 자신의 용납할 수 없는 충동은 부정하고 그 충동을 갖고 있는 사람과 동일화 하는 것

ex) 아버지를 무서워하는 아들이 그 아버지를 닮아가는 것

5) 보상(compensation)

: 자신의 결함을 다른 것으로 보상받기 위해 강점을 지나치게 강조하는 것

ex) 키가 작은 사람이 목소리가 큰 경우

6) 합리화(rationalization)

: 사회적으로 그럴 듯한 이유를 대는 것

① 신포도형 : 처음부터 원치 않았다고 변명함.

② 달콤한 레몬형 : 현재 가지고 있는 것이야 말로 진정 원하던 것이라고 스스로 믿음.

③ 투사형 : 실수의 책임을 다른 대상에게 전가함.

④ 망상형 : 원하는 대로 안 되면, 자신의 능력에 대한 허구적 신념을 가짐으로서 합리화함.

7) 대치(substitution)

: 정서적으로 중요하지만 수용할 수 없는 대상을, 수용 가능한 비슷한 다른 대상으로 바꿔 인식함.

8) 전치

: 본능적 충동이 진짜 대상에서 덜 위협적인 대상으로 옮겨가는 것

ex) 아버지에게 혼나고 강아지를 괴롭히는 경우

9) 투사

받아들일 수 없는 충동이나 욕망, 자시의 실패 등을 타인의 탓으로 돌리는 것

ex) 잘못 되면 조상 탓

10) 상징화

억압된 대상을 의식화해도 무난한 중립적 대상으로 바꾸는 것.

ex) 꿈에서 길게 튀어나온 것들, 뱀, 지팡이는 남근이 상징화 된 것

11) 분리(isolation)

고통스런 불안을 야기하는 기억과 관련된 감정을 분리시키는 것.

ex) 아버지의 죽음은 생생히 기억해 내지만, 슬픈 감정은 억압되어서 느끼지 못함.

영화에서 아버지를 상징하는 권위적인 사람이 죽을 때 비통하게 우는 경우가 있음.

12) 부정(denial)

의식화하기 불쾌한 생각, 감정, 현실 등을 무의식적으로 부정하는 것

ex) 말기 암 환자가 자신의 병을 의사가 오진했다고 주장하는 경우

13) 승화

본능적인 에너지를 개인적으로나 사회적으로 용납되는 형태로 전환하여 표출하는 것.

ex) 강한 공격적 욕구를 가진 사람이 격투기 선수가 되는 경우

14) 해리(dissociation)

의식세계에서 받아들이기 힘든 성격의 일부가 자아의 지배를 벗어나 하나의 독립된 기능을 수행하는 경우를 말함.

ex) 지킬 박사와 하이드 – 지킬 일 때는 하이드를 기억하지 못함, 이중인격

15) 저항(resistance)

자아가 관여하기에 괴로운 억압된 재료들이 의식화 되는 것을 막는 것

ex) 면담 중 침묵하거나 “기억나지 않는다”고 하는 경우

16) 내면화

외부의 대상을 자기 내면의 자아체계로 받아들이는 것. 투사와 반대 개념

ex) 부부싸움을 하다가 화가 난 남편이 자신의 머리를 벽에 부딪쳐 자해하는 경우.

17) 원상복귀

의식에서 어떤 대상을 향해 갖고 있는 자기의 적대적인 욕구로 인해 상대방이 당할 것이라고 생각되는 피해를 원래 상태로 되돌려 놓은 것

18) 전환, 신체화, 역전

· 전환 : 전환은 심리적 갈등이 신체감각기관과 표정이나 제스쳐 등으로 표출되는 것을 의미

ex) 글을 쓰는데 갈등을 느끼는 소설가가 팔의 마비를 느끼는 경우

· 신체화 : 심리적 갈등이 감각기관을 제외한 기타 신체부위의 증상으로 표출되는 경우를 말한다.

ex) 사촌이 땅을 사면 배가 아프다.

· 역전 : 감정 태도 관계를 반대로 변경하는 것을 말한다.

19) 지성화

감정과 충동을 억제하기 위해서 그것을 직접 경험하는 대신에 그것에 대한 생각을 많이 하거나 이야기를 늘어놓는 것. 하지만 문제해결에는 도움이 되지 않음.

ex) 마음에 드는 여학생에게 데쉬하지 못하는 남학생이, 친구들과 "사랑이 뭐냐?" 등의 토론을 벌이는 것.

4) 심리성적발달단계

1. 심리성적 발달이론의 특징

- 성격유형을 유전적요인의 기능과 개인의 초기 생활경험의 결과로 본다 (→개인의 의식적 선택 최소화)
- 정신분석이론에서는 성격발달이 생리적으로 결정된 발달의 결과이거나 이와 병행된다고 본다.
- 가장 중요한 생리적 발달은 성감대의 발달이며 발달 단계에서 개인은 특정 신체부위에 에너지를 투입하고 집중해야 한다. 성공적으로 통과하기 위해서는 적절한 정도의 만족을 얻어야 한다.

·고착 – 정신에너지가 특정단계에 과도하게 투입될 때 일어난다.
개인이 완전한 성장에 도달할 수 있는 능력을 방해한다.

· 부분적 고착과 퇴행

- 부분적 고착 : 개인이 성인기에 도달했어도 부분적 고착과 연관된 행동으로 되돌아가려는 경향이 있다.
- 퇴행 : 초기단계(스트레스가 많았던 단계)로 되돌아가려는 경향

예) 구순기에 심한 박탈감을 경험한 성인은 방임적인 행동을 일으키게 하는 모성지원을 갈구하는 구순의존적 성격유형을 발전시키게 한다. 반대로 구순기에 심한 과도한 만족을 경험한 성인은 공격성이나 과도한 자기확신이 나타난다.

- 부분적 고착과 퇴행이 일어남을 보면 초기발달사의 중요함을 알 수 있다.
- 인생초기 5~6년 사이에 발달한 초기 행동은 성인기에 나타나는 성격 특징과 행동 원형이 된다.

2. 구순기(oral stage, 출생-18개월)

① 개념 및 특징

· 유아의 성감대는 구순영역(입, 입술, 혀)에 집중되어 있음.

*구강적 빨기 단계(구순 동조적 단계, 생후 6개월) - 주로 빠는 행위에서 쾌감을 느낌. 빨기는 생존에 필요한 영양분 섭취, 또 다른 쾌락 제공

*구순적 깨물기 단계(구순 공격적 단계, 생후 8개월~18개월)) - 좌절감을 경험할 때 깨물고 싶은 충동을 느끼며 공격성이 발달됨. 자신을 어머니와 분리된 존재임을 인식, 어머니에 대한 개념 발달(어머니상)

② 성격유형

성격유형	구강 수동적 성격	구강 공격적 성격
발달	먹는 것이 과도하거나 불충분한 경우	깨물음으로써 불쾌·불만족을 표현하는 경우
성향	낙천적, 의존적, 인정받고 싶어 함.	논쟁적, 비판적, 타인을 이용 또는 지배하려 함.

·성격특성:

- 욕구를 적절히 충족시키게 되면 : 개별화, 분리 그리고 대상관계의 형성과 같은 발달과업을 적절히 성취할 수 있게 된다.
- 적절한 만족을 경험하지 못하면 : 성인기의 철퇴, 극도의 의존성, 그리고 친밀한 관계를 형성하지 못하는 문제가 발생한다.

3. 항문기(anal stage, 18개월-3세)

① 개념 및 특성

· 에너지의 초점이 구강영역에서 항문영역을 옮겨감.

·주요활동 : 배변훈련을 하며 이때 성적 쾌감을 추구하는 아동과 청결 습관을 기르려는 부모의 현실적 요구 사이에 일종의 전투가 벌어진다. 변을 보유하거나 방출하는 유아의 즐거움과 배변훈련으로 통제하려는 부모 또는 사회와 갈등을 경험한다. 아동은 전적인 의존에서 벗어나 자기조절, 자립, 자부, 자존을 경험한다.

· 항문적 배설단계는 변을 내 보내는 데서 즐거움을 얻음. 변기를 달라고 요구하거나 어머니로 하여금 변을 기다리게 만드는 단계

· 항문적 보유단계는 변을 방출하지 않고 보유하는데서 즐거움을 얻음. 변을 통제하고 내보내지 않고 소유하는 것의 중요성을 배운다.

② 성격유형

성격유형	항문 폭발적 성격	항문 강박적 성격
발달	엄격하고 강압적인 배변훈련을 할 경우	변을 보유하면서 배변훈련에 저항하는 경우
성향	무질서, 어지르기, 낭비, 사치, 무절제, 반항적, 공격적 성향	깔끔함, 질서정연, 조직화, 절약, 인색, 수동공격적

· 성격특성

- 모든 것을 할 수 있을 때 전능감이 생긴다.
- 배변 훈련 시 부모와 자녀 사이의 통제 문제는 매우 중요하다.
- 통제문제가 성공적으로 해결될 때 아동은 권위에 대해 균형 잡힌 존경을 표시한다.
- 고착될 때 자신에게 몰입하거나 철퇴, 타인을 배려하지 못함.

4. 남근기(phallic stage, 3-5세)

① 개념 및 특성

· 아동의 성적 관심과 흥분이 더욱 강해지며 성기에 집중되어 있다.

· 동성의 부모를 적대시하고 이성의 부모에 대하여는 근친상간적 소망을 갖게 된다.

· 주요활동: 자신의 성기를 자세히 관찰하고 자위행위를 하기도 한다. 또한, 부모에게 출생에 대하여 질문을 한다. 동성부모를 적대시하고 이성부모를 동경한다.

*오이디푸스 콤플렉스 – 남아가 어머니를 사랑하여 아버지와 경쟁적인 관계를 맺고 어머니에 대한 사랑을 아버지가 용서하지 않을 것이라 생각하여 보복을 두려워하며 거세불안을 느낀다. 어머니에 대한 사랑이 사회적으로 수용되지 않는다는 점을 인식하고 보다 고귀한 사랑으로 승화시킨다. 아버지에게 느꼈던 적대감을 억압하고 아버지를 동일시함으로서 어머니를 대리 소유하여 해결한다.

*엘렉트라 콤플렉스 – 여아는 첫사랑의 대상은 어머니이나 자신이 남근이 없다는 것을 발견하고 어머니의 탓으로 거세된 것으로 보고 어머니를 미워하게 된

다. 또한, 가치 있는 기관, 즉 남근을 가진 아버지를 소유하고 싶어 하는 데 남근선망(penis envy)이 생긴다. 영구 거세됨을 인정하고, 자신과 같은 처지에 있는 어머니를 동일시한다.

· 외상적 갈등을 잘 해결했을 경우 성적 역할의 동일시와 성 정체감을 갖게 된다.

② 성격유형

발 달	남근기에 고착된 성인남자	남근기에 고착된 성인여자
성 향	경솔, 과장됨, 야심적, 자부심, 자기증오, 난잡한 성행위	성관계 시 순진하고 결백해 보이나 난잡하고 유혹적

5. 잠재기(latency, 6세-사춘기)

·특성:

- 유아적인 성적 에너지가 잠복하는 성적 정숙기이다. 성본능 잠재, 지적관심, 운동, 동성 간의 우정, 공부 등으로 표출된다.
- 성적소망은 완전히 사라지는 것이 아니며 강도가 약화될 뿐이다.
- 이성에 대한관심이 지극히 낮아지며, 이성또래와는 배타적인 관계를 형성하고 동성의 또래와만 놀이하는 경우가 있다.
- 남근기에서의 정신적 외상이 남아보다도 여아가 약하기 때문에, 여아의 잠재기간이 상대적으로 짧은 것이 일반적이다.
- 중요한 성격구조와 하위체계(원초아, 자아, 초자아)간의 관계가 정립된다.

6. 생식기(genital stage, 사춘기-사망 시)

·주요활동 : 2차적 성적 특징이 발달함으로써, 억압되었던 성적 관심이 살아난다. 새롭게 분출된 성적 에너지가 일정기간동안 동성친구에게로 향했다가 점차적으로 이성 관계, 구애, 결혼, 가족형성, 집단 활동, 직업에 대한 관심 등으로 옮아가게 된다.

· 생산적으로 활동하거나, 깊은 사랑을 하거나, 성적 오르가즘을 느낄 수 있는 능력이 형성되며, 정신적·신체적으로 완전한 성숙을 성취할 수 있다.

5) 사회체계에 대한 이해

① 가족

프로이드의 정신분석이론은 부모와 자녀간의 심리적 역동관계, 형제경쟁관계, 편애의 개념을 이해하는데 상당한 기여를 하였다. 그러나 교차문화적 연구에서 가족생활유형이 프로이드가 제시한 생물학적 유도된 충동보다는 문화적 변인의 기능에 의해 결정되는 것으로 나타난 점을 근거로 볼 때, 그의 이론이 다양한 가족유형이나 가족구조에 모두 적용될 수 있을지는 의문이다. 정신분석이론은 가족치료, 부부치료, 성 치료에서 활용되어 진다.

② 집단

프로이드는 인간성격에 대한 개념을 집단 내에서 사람들이 행동하는 방식에 확대 적용하였다. 집단이 초자아의 힘을 약화시키고, 1차적 사고과정이 지배적인 환경을 만들어낸다고 생각했기 때문에 집단 심리를 개인에게 부정적 영향을 미치는 것으로 보았다. 집단 내에서 사람들은 더욱 어린이같이 행동하는 경향이 있다고 하였고, 그 개인이 집단성원이나 아버지와 같은 지도자와 강한 정서적 결속을 맺게 됨으로서, 개인은 집단의 영향을 많이 받게 된다고 보았다. 집단을 활용한 정신분석적 집단치료가 그 예이다.

③ 사회문화체계

프로이드의 많은 개념들이 그 당시의 과학적, 문화적 태도를 반영하고 있지만, 19세기에 의학교육을 받은 프로이드는 문화가 사회화과정을 통하여 성격발달에 미치는 영향을 과소평가하는 경향이 있었다. 프로이드가 기본적 인간본성이라고 본 것들 중에서 몇 가지는 특정 문화에서만 특수하게 나타나는 것이었다. 프로이드가 필연적인 것이라고 규정한 것 중의 많은 것들은 그 시대의 문화에서 특수하게 나타나는 것처럼 보인다.

많은 사회문화체계에서 정신분석이론이 활용되어졌는데, 그 중 몇 가지를 살펴보면 먼저 여성의 발달을 다루는 방식은 중요한 논쟁거리가 되고 있는데, 프로이드는 한편으로는 여성의 정신질환을 치료하고, 여성 전문가에게 정신분석이론과 실천을 교육하고 훈련하는데 관심을 가지고 있었다. 또한 프로이드는 여성을 윤리성이 낮고, 정의감이 부족하며, 질투심이 많고, 사회적 관심이 적으며, 허영적이며, 이기적이고, 수동적이며, 아이와 같고 불완전한 존재로 간주하였다.

사회복지전문직에서 프로이드의 초기 이론에 대한 비판적 평가도 하지 않은 채 남성과 여성의 차별적 심리성적 발달에 대한 정신분석적 관점을 널리 활용하고 있다고 지적하였다.

프로이드 이론의 보편성에 대한 도전이 제기되고 있는 또 다른 개념은 오이디푸스 콤플렉스(Oedipus Complex)이다. 프로이드는 남근기의 상황이 성적 동일시가 조직화되는 주요 원리라고 주장하였다. 이러한 관점은 특히 여권주의자들에게 여아가 자신이 남성의 성기를 갖지 못한 것에 대한 질투심을 경험한다고 보는 프로이드의 남근선망에 대한 관점에 의문을 제기하게 하였다. 프로이드는 여아는 남아와 같이 확실하게 오이디푸스 콤플렉스를 해결할 수 없으며 따라서 초자아가 덜 발달된다고 생각하였으나, 이러한 그의 관점은 단지 그 시대의 과학적분위기를 반영한 것으로 받아들여지고 있다.

또한 많은 이론가들이 프로이드의 동성애에 대한 관점에 도전하고 있는데, 프로이드는 모든 사람이 유전적으로 양성적인 특성 즉, 개인의 기본적 구성에 동성과 이성의 요소가 모두 포함되어 있다고 보았다. 프로이드는 가족경험을 통하여 타고난 양성적 경향이 결합되고 결국 성적 동일시를 일으키게 된다고 보았다.

3. 정신분석치료기법

① 심리적 건강과 증상에 대한 관점

·Freud이론 - 심리적 건강은 이상에 불과.

–프로이드는 대부분의 개인은 완전한 정신적 성숙에 도달할 수 없으며, 그렇게 된다 하더라도 심리적 갈등을 겪을 수 없다고 하였다.

정신병리- 본능적 충동의 양과 질, 자아방어의 충동표현 조절능력, 개인의 방어적 기능의 성숙 수준, 그리고 초자아의 승인 또는 죄의식의 정도와 밀접하게 관련.

병리 - 충동이 과도하게 좌절되거나 충족되었을 때 그리고 구순기, 항문기, 남근기에 외상을 입었을 때 발생

→ 아동 초기에 해결되지 않은 무의식적 갈등은 성인의 심리적 문제에 중요한 원인.

성인기에 정신건강을 성취하기 위해서는

– 최소한의 긴장과 갈등을 경험하면서 성공적으로 심리성적 발달단계를 통과하는 것이 필수적.

– 심리성적 발달단계를 통과하기 위해서는 적절한 양의 만족이 필요한데 고착은 에너지가 다음단계로 전환되는 것을 방해하기 때문에 성장을 방해한다. 그리고 모든 개인은 어느 정도 고착되어 있고, 퇴행되어 있다고 본다

• 건강한 개인들의 특징

① 성격부분들이 조화를 이룸
② 외부세계와 적절한 교류
③ 방어를 효과적으로 사용
④ 만족을 지연시킴
⑤ 자신의 성적 및 공격적 충동을 통제하는 능력을 지님

• 불안

– 외부적 요인에 의하여 촉발된 긴장상태는 언제 어디서나 존재하며, 개인의 행동을 형성하는데 중요한 역할을 함.
– 불안은 행동을 일으키는 자극이긴 하나, 그 정도가 심해지면 사람을 무능력하게 만듦.
– 신경증적 불안 – 원초아의 충동이 너무나 위협적이어서 개인이 통제를 못하고 처벌받을 것 같다는 느낌을 받을 때 일어남.
– 강력한 원초아나 과도하게 처벌적인 초자아가 연약하고 불완전한 자아를 압도하였을 때, 긴장과 불안이 심해짐. 이러한 경우에 불안, 공포증 또는 공황장애 발생.

• 건강한 성격

– 자아가 잘 발달되고, 불안을 효과적으로 처리할 수 있는 경우
– 현실의 요구를 처리하여야 하는 자아방어가 계속해서 불안을 차단할 수 있을 만큼 충분히 발달하고 다양하여야만 건강한 성격으로 볼 수 있음.
– 어떤 한 가지 방어를 지나치게 사용 → 정신건강이 좋지 않다는 신호.

② 치료목표

·정신분석적 치료

– 비정상적 행동이나 증상의 원인을 파악하고 이를 제거하는 치료적 절차.

– 내담자의 과거에 대한 감정을 재구조화하여, 현재의 어려움에 대한 통찰을 얻게 함.

·정신분석적 치료의 목적

– 개인의 내적인 심리적 조직을 재구조화하여, 보다 융통성 있고 성숙하게 만듦.

– 목적을 성취하기 위하여 정신분석적 치료에서는 무의식적인 정신과정에 대한 의식적 통제력을 증진시키기 위하여 자아를 강화→ 이러한 치료방법을 사회복지실천에 적용.

①자아를 강화하고 ②자아를 초자아에 덜 의존적이게 만들고 ③자아의 지각의 장을 확대하며 ④자아의 조직을 복구하고 증축하여 원초아가 자아가 되도록 하는 것.

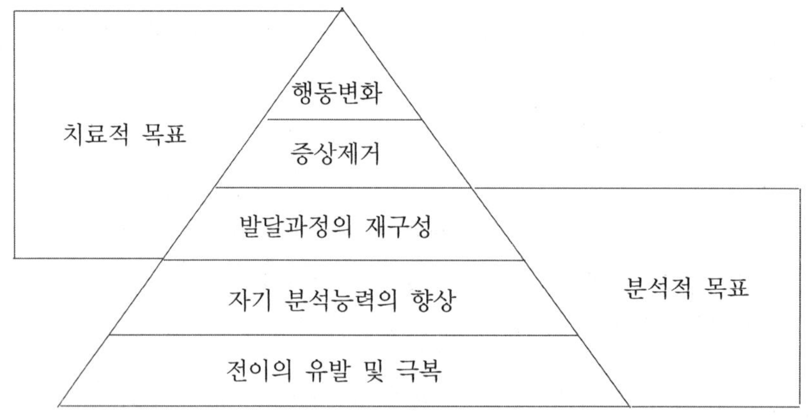

* Mertens(1990) – 부적응적 행동을 변화시키고, 증상을 제거하며, 심리장애로 인해 중단 또는 지연되었던 발달과정을 재구성하는 것.

* McGlashan과 Miller(1982) – 성장의 촉진, 자아체계의 성숙, 인간관계의 성숙, 성숙한 대처기제, 경험의 충만감과 생동성, 현실수용, 통합적 수용력, 자기분석.

③ 치료자의 역할과 실무원칙

· 치료자의 주된 기능

- 내담자가 자신의 삶을 보다 합리적으로 통제할 수 있도록 도와주는 것.
- 내담자가 자신의 삶을 인식하고, 정직하며, 다른 사람의 효과적인 인간관계를 맺고, 불안을 현실적으로 잘 처리하고, 충동적이고 비합리적인 행동을 통제하도록 돕는데 관여.
- 치료자의 역할은 변화시키는 힘의 주체가 아니다. 변화는 변화하고자 하는 내담자 자신의 몫이며 치료자는 자아기능에 가장 유익한 심리학적 조건들을 가능하게 함으로서 임무를 다하는 것임.

· 내담자와 치료자의 관계(원조관계) → 정신 분석적 치료의 핵심.

- 내담자의 과거에서 중요한 타인들에 대한 반응에서 생기는 일종의 치환으로써, 긍정적이거나 부정적인 내담자의 느낌이나 환상이 치료자에게로 무의식적으로 옮겨가는 전이를 통해 개념화 됨.
- 전이 상황에서 내담자는 자신의 무의식의 정신역동성을 통찰하게 됨.
- 내담자는 현재의 성격을 형성하는데 영향을 준 과거의 영향뿐만 아니라 과거 경험과 현재 행동 간의 관련성을 이해하게 되고, 억압된 과거에 대한 인식과 통찰을 할 수 있게 됨.

④ 치료적 기법

정신분석치료의 기법은 내담자의 증상에 대한 자각을 증진시키고 비정상적 행동에 대한 통찰을 얻게 함으로서 증상의 의미를 이해하게 하고, 성격구조를 재구조화하는 목적을 지니고 있다. 그러므로 치료과정은 내담자와의 대화를 통해 정화, 통찰, 무의식적인 지적·정서적 문제의 이해, 재교육의 순서로 이어지는 내담자와 치료자의 노력의 과정이다. 다음의 기법들을 통해 정신분석이론을 현장에 적용한다.

1) 자유연상(free association)

- 정신분석적 치료의 주된 기법중 하나.
- 내담자는 일상생활의 상념과 선입견을 제거하고 어떤 감정이나 생각도 억압하지 않은 채 마음에 떠오르는 것이면 무엇이든지 즉시 말하도록 하는 기법.

- 무의식적 소망, 환상, 동기 등을 해방하는 데 사용되어지는 도구.
- 자유연상 과정에서 치료자는 내담자의 무의식 속에 숨겨진 억압된 생각이나 감정들을 인.
- 자유연상이 차단, 중단되는 것은 내담자의 무의식적 갈등을 해결할 수 있는 중요한 실마리 제공.

2) 해석(Interpretation)

- 치료관계에서 나타나는 내담자의 행동의 의미를 설명하고 때로는 가르치기도 하는 것으로, 행동에 대한 단순한 설명이 아닌 자아가 더 깊은 무의식의 자료를 탐색할 수 있도록 도와주는 기능.
- 해석의 유형
  내용해석, 저항해석(방어해석), 전이해석, 일상생활의 주요 타인에 대한 전이해석, 꿈의 해석 등이 있다.
- 해석 과정
  ① 내담자를 어떤 특정 사실이나 경험에 직면(confrontation)
  ↓
  ② 직면한 사실이나 사건, 의미 등의 초점을 잡아 명료화(clarification)
  ↓
  ③ 지금까지 유추한 사실을 내담자에게 말로 전달, 내담자가 억압된 것을 받아들이고 분석과정에서 해석된 것을 통합, 저항을 극복하는 훈습(working-through)
- 적절한 해석을 위해서 치료자는 내담자의 준비상태를 민감하게 지각해야함 → 해석의 영향력이나 그 변화의 힘은 내담자의 준비정도에 따라 달라질 수 있기 때문.

3) 꿈의 분석(dream analysis)

꿈 - 무의식에 이르는 왕도

- 꿈을 통하여 무의식적 욕구를 찾아내고 내담자의 해결되지 않은 문제에 대한 통찰을 얻을 수 있도록 해줌.
- 꿈의 내용 - 잠재적 내용 : 고통스럽고 위협적이기 때문에 위장되고 숨겨진 무의식적 동기들로 구성
- 명시적 내용 : 잠재적 내용이 용납 가능한 내용으로 대체되어 나타나는 것

- 꿈은 내담자의 무의식을 인식하는 수단, 내담자의 현재의 기능을 이해하는 수단이 되기도 한다.

4) 저항(resistance)의 분석과 해석

· 저항 : 치료적 발전을 저해하고 내담자가 무의식적 욕구를 표출하는 것을 방해하는 것.
- 치료자는 효과적인 치료를 위하여 이 저항을 지적하고 해석, 내담자가 이에 대한 통찰을 더 깊이 할 수 있도록 도와야 하며, 내담자도 실제적으로 갈등을 해결하고자 한다면 이런 저항에 직면해야 한다.

5) 전이(transference)의 분석과 해석

· 전이 : 치료과정에서 내담자가 치료자에게 반응하는 것.
- 내담자가 과거의 중요한 타인과의 미결사항으로 남아있는 부분을 치료자가 마치 과거의 주요 인물인 듯 치료자에게 투사하는 것.
- 이런 전이의 분석은 내담자로 하여금 과거 자신의 미결사항이 현재 자신에게 어떻게 영향을 미치는지 통찰할 수 있는 기회를 부여하며, 통찰된 미결사항을 적절히 해석하고 훈습함으로서 내담자가 자신을 변화시킬 수 있는 기회를 갖게 한다.

· 역전이(countertransference) : 치료자가 내담자에게 보이는 반응
- 역전이가 치료의 흐름을 방해하지 않도록 치료자는 자신의 정신분석에 철저하고, 객관성을 잃지 말아야 한다.

6) 경청(listening)과 감정이입(empathy)

· 경청 : 내담자의 언어적, 비언어적 표현에 귀를 기울이는 것으로 의사소통의 숨겨진 의미를 이해하는 것.
- 내담자의 무의식적 감정과 사고, 소망을 이해하고 이에 개입하기 위해서는 감정이입이 이루어져야함. 즉, 객관성을 유지한 상태에서 내담자의 마음속으로 들어갈 수 있어야 한다.
- 심층적 감정이입을 위해서는 다차원적, 다각적 경청이 필수적으로 요구됨.

7) 버텨주기(holding)와 간직하기(containing)

· 버텨주기 : 내담자가 경험하고 있거나 혹은 뭔가 막연하게 느끼기는 하지만 감히 직면할 수 없는 끝없이 깊고 깊은 불안과 두려움을 견딜 수

있는 힘을 제공하는 것.

– 이 기법을 활용하기 위해서는 내담자를 수용하고 일관성 있게 대함으로서 치료자를 신뢰할 만한 사람으로 여기게 하고, 비판을 위한 비판이 아니라 내담자를 위하는 마음에서 내담자의 정동과 감정에 전문가로서 진실하여야 하며, 현실과 환상을 구분하고 정리해주어야 한다.

· 간직하기 : 내담자가 두려워하는 모든 충동과 경험들을 간직하여 완화시켜주는 기법.

– 내담자가 보이는 강한 정동을 마음에 간직하여 뜸들이고 길들여서 위험하지 않도록 변화시켜 내담자가 준비가 되었을 때 해석을 통하여 전달하는 기법.

– 내담자와 함께 고통을 나눔.

4. 정신분석치료 사례

1) 사례 1

"수년전 나와 아내 사이에는 오해가 많았습니다. 나는 아내가 너무 냉정하다고 느꼈습니다. 그런데 어느 날 아내가 산책에서 돌아오는 길에 내게 책 한 권을 사다 주었습니다. 나는 그러한 배려에 감사하면서 읽어보마고 약속을 하고는 어떤 장소에 넣어 두었는데, 그 후 어디 두었는지 생각이 나지 않았습니다. 반년이 지난 후, 따로 사시던 어머니가 아프셔서 아내가 시어머니를 간호하러 갔습니다. 그때 아내의 훌륭한 심성을 알게 되었습니다. 어느 날 밤, 나는 아내의 정성에 감동하면서 아내에게 감사하는 뿌듯한 마음으로 집에 돌아왔습니다. 그리고는 책상 앞으로 다가가 아무 생각 없이, 그러나 몽유병자와 같은 정확성으로 서랍을 열었습니다. 그곳에 그렇게 찾던 그 책이 있었습니다."

이 예에서 아내의 냉정함에 대한 깊은 실망감이 그녀가 사준 선물을 놓아둔 장소를 '잊어버리게'했고, 지극한 병간호를 통해 아내의 훌륭한 심성을 깨닫게 된 순간 잃어버린 줄 알았던 선물(즉, 기억)을 되찾게 되었다. 무의식이란 이런 것이다. 무의식이란 사람들이 한 때는 생생히 알고 있었지만 그 어떤 사연으로 인해 망각해버린 것들이 모두 모여 있는 기억의 저장고이다. 무의식이라는 기억의 저장고에 차곡차곡 쌓여있는 것들은 사람들의 마음이 차라리 의식하지 않는게 더 낫다고 결정한 것들이다(물론 이러한 결정 역시 무의식적으로 이루어진다)(이장호 외, 2004).

2) 사례 2

46세의 여성은 남편에게 매우 헌신적이며 순종적인 아내이다. 그러나 남편은 이러한 아내가 너무나 불편하고 지겨우며, 이 때문에 불화가 잦다. 이 여성은 왜 남편이 자신에게 불만인지 이해할 수 없으며, 혹시라도 남편이 자신을 떠날까봐 늘 불안하고 초조하다.

상담 결과, 이 여성이 9살 때 부모님은 이혼을 했다. 아버지가 다른 여성과 바람을 피운 것이다. 이 여성은 어머니가 아버지에게 좀 더 잘했더라면 아버지가 절대 다른 여성을 좋아하지 않았을 거라고 생각한다. 이혼의 사유는 바람을 피운 아버지가 아니라, 좋은 아내의 역할을 하지 못한 어머니에게 있다고 생각을 했던 것이다.

그래서 이 여성은 남편이 바람을 피우지 않게 하려면 자신이 잘하면 된다고 생각을 했고 그래야만 남편이 자신을 좋아할 거라고 생각했다. 그러다 보니 지나치게 남편에게 순종적이 되었고, 남편에게만 집중하게 되어 버렸는데, 이러한 부인의 태도가 남편에게 큰 부담으로 작용했던 것이다. 이제 이 여성은 자신의 과거 경험이 현재의 문제에 작용했음을 알았으며, 자신의 태도를 좀 더 객관적으로 볼 수 있는 통찰력이 생겼다(이미선 외, 2009).

3) 사례 3[1)]

K양의 경우는 그 부모 간에 역할이 도치가 된 가정의 전형적인 예이다. 어머니는 성격이 활발하고 적극적이며 좋은 직장이 있기 때문에 집안의 경제를 책임지고 의사결정에서도 지배적인 반면, 아버지는 수동적이고 다소 무능하며 직장도 변변치 못해서 늘 엄마 중심으로 살아가는 그런 가정에서는 아버지의 자존감은 위협받게 된다. 겉으로는 잘 맞춰서 살아가는 듯 보이지만 아버지는 남편으로서, 가장으로서 대접을 받지 못한다는 생각 때문에 불만이 깔려 있다. 그래서 K양의 아버지는 평상시에는 조용히 지내다가

1) 사례 3, 4, 5는 http://www. gsosw.ssu.ac.kr에서 참고하였다.

가끔 술을 한번 마시고 나면 폭군으로 돌변해서 이성을 잃는 때가 있다. 평상시에는 아내의 기세에 눌려 제대로 자기주장을 표현 못 하고 지내다가 술의 힘을 빌어 상한 자존감을 되찾고자 폭발하는 것이다. 두들겨 부수고 물건을 집어던지고 한바탕 소란을 피우지만 그러다가 이튿날 술이 깨면 다시 평소의 조용하고 얌전한 남편으로 돌아와 자신의 행동을 부끄러워하고 잘못했다고 싹싹 빌곤 한다. K양의 부모처럼 부부의 역할이 도치된 가정은 항상 정서적으로 불안하다. 남편은 남편대로, 아내는 아내대로 불만이 차 있게 마련이기 때문이다.

그런데 이런 배경에서 자란 K양은 사리 판단을 할 수 없어 아주 어렸을 때는 엄마처럼 당당하고 자신감 있게 의사결정을 하면서 사는 것이 자연스레 삶의 모습으로 자리 잡는다. 약간의 경멸과 함께 남자를 휘두르면서 사는 것이 당연한 부부관계인 것처럼 여겼다. 그러다가 좀 더 성장한 후에 친구집에 갈 기회가 생겼는데 그 때마다 K양은 점차로 자신의 가정이 다른 집과 다르다는 것을 깨닫게 된다. 자기 집은 엄마의 짜증과 아빠의 불만 속에서 엄마와 아빠 사이에 항상 불안한 기류가 감돌고 있는 반면, 다른 집에 가면 엄마, 아빠 사이가 뭔가 편안하고 다르다는 것을 알게 된다. 자세히 관찰해 보면 자기 집과 다른 점을 발견하게 되는데 아버지가 의사결정권을 갖고 가장으로서 든든하게 받쳐주고 엄마는 다소곳하고 포근한 여성적인 역할을 한다. 그제서야 점차로 자신의 집이 어딘가 잘못되었다는 것을 인식하게 되고, 이전에는 당연히 엄마가 옳고 엄마처럼 인생을 살아가야 한다고 여기고 아버지는 틀렸다고 생각했는데, 다른 집과 비교해 보니까 엄마가 문제라는 것을 알게 된다. 그래서 의식적으로는 이다음에 커서 결혼을 하게 되면 아버지처럼 소극적이고 무능한 사람보다는 자기주장도 강하고 능력 있는 남성, 번듯한 직장도 있고 자기역할을 하는 남성을 만나서 자신은 여성적인 역할을 하는 그런 가정을 생각하게 된다.

K양은 이 다음에 부모들과는 달리 화목한 가정을 이루어 자녀들에게 정서적인 불안을 주지는 않겠다는 다짐을 하게 되었다. 그런데 대학에 들어가면서 실제 상황이 생각과는 다르게 전개된다는 것을 깨달았다. 남자친구를 사귈 기회가 생기기 시작하면서, 자기주장이 있는 남자를 만나면 어딘지 모르게 아주 불편하고 관계가 오래 지속되질 않았다. 의식적으로는 저런 남성이 능력도 있고 자신감도 있어 좋겠다고 생각하면서도 같이 있으면 아주 불

편하고 힘들었다. 얼마 못가 의견충돌이 생기고 짜증스러웠다. 그러나 아버지 같은 성격의 조용하고 수동적인 남자를 만나면 처음부터 아주 오래 사귀어 온 듯이 편안함을 느낀다. 그래서 의식적으로는 자신이 그래서는 안 된다고 생각을 하면서도 그 남자친구와 함께 있으면 적극적으로 리드를 하면서 먹을 것도 사주고 데리고 다니게 된다. 그래서 결국 K양은 자라면서 의식적으로는 부모님들의 결혼관계가 실패한 관계라고 생각해서 자신은 결코 그런 결혼은 안 하겠다고 다짐을 했음에도 불구하고 막상 스스로는 의식적으로 혐오하는 타입의 남성과 결혼해서 부모와 똑같은 삶을 반복하게 된다. 이런 현상은 논리적으로는 설명할 길이 없다. 어린 시절 형성된 K양의 심층심리를 이해하지 않고는 이러한 인생의 아이러니가 우리의 의식과는 상관없이 우리의 삶을 지배한다는 현상을 이해하기는 힘들다. 아버지에 대한 경멸과 이제는 자신의 또 다른 일부가 되어 버린 그 경멸감에 대한 죄책감, 그것을 심리적으로 극복하고자 하는 무의식적 재현, 이런 무의식의 복잡한 심리역동을 이해해야만 비로소 가능한 패러독스의 세계인 것이다.

K양의 예처럼 우리의 무의식 속에는 어린 시절, 부모관계에서 형성된 여러 가지 미해결된 갈등, 소망, 좌절, 욕구 등이 있어 성장한 후에도 우리의 전 생애를 통하여 삶을 지배하고 영향을 미치게 된다. 그 중에서도 어린 시절 특별히 해결되지 않은 갈등관계를 통하여 형성된 중요한 특정 감정을 핵심감정(nuclear emotion/core emotion)이라고 한다.

예를 들면

- 어린 시절 부모로부터 일찍 분리되어 심한 분리불안을 느꼈던 사람은 성장 후에도 남달리 의존욕구가 많은 사람이 된다.
- 어려서 폭력적인 아버지에게 눌려 산 사람은 불합리한 권위에 대한 분노를 무의식의 핵심감정으로 지니게 되어 늘 분노를 폭발할 것인가, 억압할 것인가의 갈등 속에 살게 된다. 이 핵심감정은 무의식으로 강력한 영향을 심리와 행동에 미치게 되므로 이를 파악하는 것이 역동상담에서는 무엇보다도 중요하다.

핵심감정은 복합적인 개념으로 그 형성부터가 여러 요인들의 상호작용에 의한 결과이다. 즉, 유전적인 소질과 타고 난 기질과 경향성을 가지는데, 이러한 생물학적인 요인들을 가지고 태어난 아기가 부모와 관계를 맺고 자신의 생명을 유지하기 위해 본능을 충족시키거나 좌절되는 상호작용을 통하여 다양한 유아기적인 감정들이 형성된다. 특히 아주 어린 시절 성장과정에서 결핍이 있을 경우 그것은 어린 아이의 심층심리에 깊은 골을 패게 만드는데 이것을 핵심감정이라고 한다. 이 핵심적인 감정은 아동의 인격이 성장함에 따라 나름대로 이를 극복하고 사회심리적으로 생존하려는 방어기제에 의하여 더욱 복잡한 반응양상을 띠게 되며 이 핵심감정과 이에 대한 방어기제의 상호 역동적인 양상을 핵심역동(nuclear dynamic 또는 core dynamic)이라고 부른다.

4) 사례 4

① 증상

Anna O라는 가명의 한 환자가 있었다. 이 환자는 스물한 살이고, 명망 있는 가문 출신의 교양 있고 지적이고 매력적인 여성이었다. Anna는 두통, 흥분 발작, 복시(원래 한 개인데 두 개로 보이는 것), 난시, 감각 상실, 국부적 마비를 경험하기 시작했다. 시간이 지남에 따라 그녀의 증상은 더욱 기괴하게 발전하였다. 그녀의 흥분 발작이 급격한 기분의 변화로 옮겨가는 한편, 일종의 몽환 상태가 나타나는 것 같았다. 그녀는 검은 뱀, 해골 및 뼈에 대한 환각을 경험하기 시작했다. 때때로 그녀는 어린 아이처럼 말했고, 또 다른 때는 단지 영어, 불어 또는 이태리어로만 말할 뿐, 자신의 모국어인 독일어로는 말하지도 읽지도 쓰지도 못했다. 그녀에게서 두 가지 서로 다른 성격들이 나타났는데, 그 중 하나는 상당히 괴팍스러웠다. 그녀의 아버지가 사망했을 때, 이러한 증상들은 혼수상태로까지 악화되었다.

② 원인

Anna는 많은 재능이 있었으나, 당시 사회에서는 여성들에게 사회적 속박을 가했고, 그 때문에 그녀는 권태감을 느끼고 성적으로 순박해졌으며, 또 날마다 백일몽 속에서 보냈다. 그리고 Anna는 그녀를 망치게 한 아버지에게 몹시 애착되어 있었다. 하지만 아버지가 불치의 병으로 앓고 있던 마지막 몇 달 동안, 그를 간호하고 있던 Anna는 너무 쇠약해졌다.

③ 치료목표 설립

이 환자의 치료를 맡은 사람은 비엔나의 존경받던 의사인 Josef Breuer였다. Breuer 박사는 이 환자를 Freud의 정신분석 방법을 통해 치료하려

했다. 정신분석치료의 핵심 목표는 무의식을 의식화하여 현재의 행동, 감정 및 사고들이 무의식적 충동들에 의해 지배당하기보다 현실에 바탕을 두고 진행될 수 있도록 하는 것이었다. 무의식의 의식화의 궁극적 목적은 어떤 연유에서건 억압하여 전혀 자신의 의식과 자아가 통제할 수 없었던 무의식적 충동이나 욕구들이 통제될 수 있도록 자아의 기능을 강화하는 것이었다. 자아가 보다 강해지면, 본능이나 충동들을 자아의 통제 하에 두게 되고, 이것은 무의식적 본능들을 현실적이고 사회적으로 용인될 수 있는 방식으로 취하도록 하게 되어 있다.

④ 치료과정

당혹스런 환자인 Anna에 당면한 Breuer 박사는 매일 그녀를 왕진했다. 왕진이 이루어지는 동안 Anna는 의사에게 말을 건네고, 자신에 대한 이야기를 하기 시작했다. 대화를 해나감에 따라, Anna는 중요한 기억들을 회상하고, 그녀가 이전에는 회상하거나 표현할 수 없었던 느낌들을 재경험하기 시작했다. 느낌들을 기억하고 재경험하는 정화(catharsis)라고 불리는 이러한 과정을 겪은 후에 증상이 완화되었다. Anna는 이것을 '대화치료'라고 불렀다. Breuer는 Anna에게 최면을 걸고 그녀로 하여금 증상 각각에 대하여 그것을 야기시킨 특정 사건이나 원인으로 거슬러 올라가 보도록 하였다. 그녀의 증상들은 억제된 감정과 충동의 결과인 것으로 보였다. 이러한 발견 후에, Breuer는 Anna의 증상들을 제거하고 그녀를 건강한 상태로 되돌릴 수 있었다.

⑤ 결과

Breuer는 환자가 단순히 호전되었기 때문에 치료를 그만 두었다. 그가 그렇게 하였을 때, 예상 밖의 일이 발생하였다. Anna와 치료를 종결한 직후, Breuer는 1883년 어느 날 저녁 그녀의 집으로 초대되었다. 거기서 그는 그녀가 거의 정신이 나갈 정도로 혼란되어 있고, 복부 경련으로 몸을 뒤틀고 있는 것을 보게 되었다. 그가 왜 그런지를 물었을 때, 그녀는 분만중이며 아기가 곧 태어날 것이라고 대답하였다. 이어, "Breuer 박사님의 아기가 곧 태어날 거에요"라고 덧붙였다. 놀라 동요된 Breuer는 Anna에게 최면을 걸어 그녀를 진정시키고, 떠난 후 치료를 그만두었다. 그와 그의 아내는 곧 긴 휴가를 떠났다. 물론 말할 것도 없이, Breuer 박사는 그의 새로운 치료에 대한 관심을 모두 포기하였다.

⑥ 보완점

Breuer는 재능 있는 환자의 도움으로 몇 가지 중요한 관찰들을 해왔었다. 그러나 발견의 결정적인 순간에 질문을 멈추고 도망쳐 버렸다. Breuer의 젊은 동료인 Sigmund Freud는 다음과 같이 질문을 던지며 주의를 다른 곳으로 돌리지 않았다. "왜 이 젊은 여성이 그와 같이 기괴한 방식으로 치료자에게 반응해야만 했을까?" 드러난 의식세계 밑에 숨겨진 무의식의 세계를 모두 파헤치는 것이 얼마나 어려운가를 이 사례를 통해 알 수 있다. 문제가 재발되었을 때 치료자는 단순히 치료를 포기할 것이 아니라 재발의 원인에 대해 더 깊이 탐색하고, 치료에 나서야 할 것이다.

5) 사례 5

① 증상

Maggie는 우울증으로 인해 진료소를 찾은 30대 중반의 한 여성이다. 그녀는 자신이 무척 아끼는 애완견 버피(Buffy)에 대한 최근의 행동방식 때문에 매우 혼란을 느끼고 있었다. 그녀는 요즘 들어 자신이 생각하기에도 놀라울 정도로, 버피를 혹독하게 다루고 있다는 것을 깨닫게 되었다. 그녀는 개를 발로 차고, 벽을 향해 던지고, 털을 뽑고, 꼬리를 잡아 돌리며, 놀라게 하는 등 끔찍한 일들을 하고 있다고 고백했다. 그녀는 버피가 처벌받을 만한 어떤 행동도 하지 않았다고 강조하였다. 버피는 사랑스럽고 무력한 작은 개였다. Maggie는 이러한 유별난 행동으로 인해 심하게 혼란스러웠으며, 자신이 버피를 그렇게 학대하고 있다는 것에 대한 죄책감, 자기혐오 및 슬픔과 같은 감정들에 휩싸여 있었다.

② 원인

이후 몇 주 동안, Maggie는 자신이 전혀 통제할 수 없는 행동을 버피에게 가하는 것으로부터 오는 끔찍한 고통으로 괴로워했다. Maggie는 치료를 받던 도중, 자신의 남편이 자신을 정서적, 신체적으로 심하게 학대했다는 것을 고백했다. 이러한 결혼생활 동안에 표현되기엔 너무도 위험스러운 분노가 점점 더 커져갔으며, 종국에는 한 마디 말도 없이 돌연히 그를 떠나는 것으로 복수를 하게 되었다. 그녀는 먼 곳으로 떠나 완전히 다른 삶을 살게 되었고 결코 미련을 두지 않았다.

③ **치료과정**

그녀의 이전 결혼생활을 좀 더 살펴보면서, 치료자가 의외였던 것은 그녀가 버리고 떠나온 결혼생활에서의 어린 두 자녀에 대한 이야기를 한 다음 그녀가 실제로 상당히 비틀거렸다는 것이었다. 치료자가 그녀에게 아이들에 관해 보다 상세하게 이야기를 하도록 촉구하자, 그녀는 버피를 학대하는 것으로 인한 고통과 죄책감에 압도되는 자신의 감정을 떠올리게 되었다. 30분 내에 고통과 죄책감이 폭포처럼 쏟아져 나왔고, 그녀는 감정적 통찰을 강렬하게 경험하였다. 그녀는 버피를 향한 학대를 통해 그녀가 아이를 버린 것에 대해 어떻게 해서든지 자신을 처벌하고 있다는 것을 깨닫게 되었다. 그녀는 아이들에 대한 감정들을 회피하는 한편, 죄책감을 경험하고 고통으로 괴로워하였으며, 버피를 괴롭히면서 자신을 혐오하고 있었다. 그녀는 충격적이고 복수심에 찬 방식으로 가학적인 남편으로부터 떠나야 할 필요가 있었다. 그렇게 하기 위해서 그녀는 아이들을 버리는 것에 대한 고통과 죄책감을 의식적으로 자각해서는 안 되었다. 그럼에도 불구하고, 비록 그것이 무의식적이었지만 그녀의 고통과 죄책감은 드러났으며, 버피를 향한 통제할 수 없는 학대를 통해 위장된 형태로 표현되고 다시 재현되었던 것으로 보인다. 또한 그것은 그녀가 자신을 혐오하도록 하는 것이었다.

④ **결과 및 의의**

정신분석적 용어로, Maggie와 버피 간의 문제는 앙심을 품고 남편으로부터 떠나고자 하는 원초아의 욕구와 초자아의 도덕적 비난 사이의 타협점을 찾으려는 자아의 해결로 간주될 수 있다. 이러한 타협은 아이들을 버린 것에 대한 죄책감과 고통의 무게를 의식적으로 경험하지 않은 채 복수에 찬 결별을 행하는 그녀의 능력에 의해 초래되었다. 그러나 그녀의 초자아는 아이들을 버린 현실을 은폐하기 위해 그 현실과는 충분히 다르고 충분히 위장된 경험(버피에 대한 학대)을 통해 그녀로 하여금 죄책감과 고통을 실감하도록 나름대로의 영향력을 행사하였다.

그녀가 아이들을 남겨두고 떠나 온 것에 대해 자각하고 버피에 대한 학대로 인해 고통과 죄책감 간의 관계를 통찰했을 때, 그녀는 의미 있는 많은 변화들을 경험하였다. 우선, 버피를 향한 그녀의 학대가 즉각적으로 멈추었다. 둘째, 그녀는 버려진 아이들에 대한 강한 고통과 죄책감을 표현하고 말할 수 있게 되었다. 그 결과, 그녀는 마침내 아이들과 재결합하기로 결심할 수 있었고 그렇게 하는 데 성공하였다.

7. 정신분석치료의 공헌과 한계

정신분석이론은 처음으로 이상행동에 대해 과학적이고 경험적인 접근을 시도했다. 정신 병리를 귀신의 소행으로 본다든가 전적으로 신체적 원인에 의한 것으로 보았던 이전과는 달리 Freud는 처음으로 경험적 사례 연구를 통해 합리적으로 연구하기를 시도했다. 또 정신분석은 충동 모형, 지형학적 모형, 구조 모형 등 다양한 심리모형과 자유연상, 꿈의 해석, 전이분석, 저항분석 등과 같은 다양한 기법들을 제시하였다. 이것은 과거 의학적 혹은 생물학적 모형이 아닌 최초의 심리적 모형과 기법이라는 데에 의의를 지닌다. 또 문제를 단순히 치료자의 것 혹은 환자의 것으로 보지 않고 환자와 치료자가 협력해서 해결해 나가는 동맹관계를 강조했다는 것도 정신분석의 공헌이라 볼 수 있다. 정신분석에서 가장 중요한 개념인 무의식 개념을 제시했다는 것도 빠뜨릴 수 없는데 이를 통해 심리연구의 영역이 무의식이라는 영역에까지 확장되었으며 인간관에 획기적인 변화를 맞이하게 하는 계기가 되었다. 그 외에도 정신분석학은 문학, 예술, 철학 등 사회의 여러 분야에 영향을 주었다는 것 역시 위대한 공헌이라 볼 수 있다.

그러나 이러한 정신분석의 공헌에도 불구하고 이에 대한 강력한 비판이 제기되어 왔다. 우선 개념의 모호성을 들 수 있는데 사용하는 용어들이 조작적으로 정의되어 있지 않기 때문에 이리 저리 끼워 맞출 수 있다는 것이다. 즉, 과거 설명은 잘 하나 미래 예측은 힘들고 학자들 간의 해석이 크게 다를 수 있다는 것 등이 그 예이다. 이런 맥락에서 실험적인 연구에 의하여 뒷받침을 받지 못한다는 것 역시 비판의 대상이 된다. 정신역동이론은 실험보다는 임상적인 사례연구를 통해서 이론을 검증하고 있는데 이런 사례연구는 통제할 수 없는 수많은 변인들이 작용하고 있어서 정신역동이론에서 주장하는 여러 법칙성을 지지하는 행동의 인과관계를 밝힐 수 없는 것이다. 또 19세기 말 성의 억압이 심했던 유럽 사회의 젊은 노이로제 환자들의 경험에 기초하고 있다는 것이 비판의 대상이 된다. 즉 지나치게 성적 욕구의 갈등을 강조하고 있는데, 이를 다른 문화권에까지 일반화하기 어렵다는 것이다. 지나친 성의 강조는 또 인간이 환경과의 상호작용을 하는 존재임을 간과하고 경시하게 했다는 점에서도 비판의 대상이 된다. 이것은 정신분석이 인간에 관한 비관적인 입장에서 출발한다는 것에서 비롯되기도 하는데, 즉 타인으로 대표되는 환경과의 상호작용보다는 진공상태에서의 개인의 발달을 본 것, 애착이나 통달에 대한 욕구 등과 같이 중요한 동기를 무시하고 심리성적인 면만을 강조한 것, 그리고 초기발달의 중요성을 간과한 것이 프로이드 이론의 맹점이라는 것이다. 마지막으로 치료에 있어서 지나친 시간과 돈이 소요될 뿐 아니라 효과의 모호성 때문에 치료에 한계가 있다는 것도 정신분석치료를 비판하게 하는 요인이다(최경화 외, 2010).

▶참고문헌◀

1. 김동배·권중돈(2005), 인간행동이론과 사회복지 실천, 학지사.
2. 이인정·최혜경(2000), 인간행동과 사회환경, 나남출판.
3. 김선아 외(2009), 인간행동과 사회환경, 대왕사.
4. 유종호(1998), 문학이란 무엇인가, 민음사.
5. 최경화 외(2010), 사회복지실천기술론, 신정.
6. 프로이트(1997), 성욕에 관한 세편의 에세이, 열린책들.

제 8 장

인지행동치료모델

1. 합리정서행동치료-REBT

1. Albert Ellis의 생애

엘리스(b.1913)는 피츠버그에서 태어나서 4살 때 뉴욕으로 와서 1년간 뉴저지에서 살았던 것을 제외하고는 줄곧 뉴욕에서 살았다. 뉴욕 주립대학교에서 공부했으며, 대학원 석사과정을 콜롬비아 대학교에서 마쳤다. 1947년 동대학교에서 철학박사학위를 수여받았다. 1943년에 전문적인 상담기관을 설립하였다.

어렸을 때 그는 신장염으로 9번이나 병원에 입원했고, 19살 때는 신장 당뇨, 40살에는 당뇨병으로 고생했다. 그러나 건강문제로 비참하게 살지 않기로 결심하면서, 건강하고 활력 있는 삶을 살았다.

엘리스는 자신이 사람들을 능숙하게 심리상담/치료할 수 있고, 그렇게 하는 것을 대단히 즐기고 있다는 것을 깨닫고 심리학자가 되기로 결심했다. 엘리스는 정신분석이 심리상담/치료의 가장 심오한 형태라고 믿고 훈련 분석가로부터 정신분석을 받고, 지도감독도 받았다. 1947년에서 1953년까지 그는 고전적 분석을 배웠고 분석 심리상담/치료를 지향하였다.

그러나 그는 정신분석이 피상적이고 비과학적인 심리상담/치료형태라고 생각하여, 다른 체계들을 연구했다. 1955년 초기에, 그는 인본주의적, 철학적, 행동적 심리상담/치료를 결합하여 합리정서치료(현재 합리정서행동치료Rational Emotive Behavior Therapy; REBT)를 만들어냈다. 현재 엘리스는 인지행동

치료의 대부로 알려져 있다.

어떤 면에서 엘리스는 청년기 동안 자기문제를 심리상담/치료하기 위한 기법으로 자신의 접근을 개발했다. 예를 들어, 그는 한때 대중 앞에서 말하는 것에 대해 심한 공포를 느꼈다. 사춘기 동안에는 여성들 주위에 가면 극도로 수줍어 했다. 19살 때 그는 1달 동안에 길거리에서 100명의 여성들에게 억지로 말을 걸었다. 이 짧은 만남들이 데이트로 연결되지는 않았지만 그는 여성에 의한 거부의 공포를 둔감하게 했다고 보고했다. 인지행동적 기법을 적용하여, 그는 자신의 최악의 장애를 극복하게 된 것이다(Ellis, 1994, 1997). 더욱이 그는 자신이 한 때 매우 불안해했던 군중 앞의 연설이나 다른 활동들을 실제로 즐길 수 있게 되었다.

엘리스의 강연을 듣는 사람들은 그의 거칠고 유머러스하고 화려한 표현에 대해 논평을 한다. 워크숍에서 매우 거친 말과 유머를 많이 사용하고 어떤 면에서는 화려해 보였다. 그는 자신의 특이한 면을 나타내는 것을 즐기는 것처럼 보였다.

엘리스는 매우 활동적이고 생산적인 사람이며, 심리상담/치료 분야에서 가장 저술이 많은 사람 중의 하나다. 그는 50년 이상 심리상담/치료, 집단 심리상담/치료, 부부와 가족심리상담/치료, 성 심리상담/치료를 해왔다. 그는 바쁜 교수생활 중에서도, 1주일에 80명의 내담자를 만나고, 매주 5개의 집단 심리상담/치료를 하고, 매년 전문가와 시민을 대상으로 200여개의 강연과 워크숍을 개최하고 있다.

그는 REBT의 이론과 적용에 대한 60권 이상의 책과 700편 이상의 논문을 발표했다. 그는 미국 전문 심리학회에서 임상심리학 면허를 수여받았고, 미국 심리 최면학회와 미국 의학 심리상담/치료자 협회에서 임상최면자격증을 받았다.

2. REBT의 기원과 역사

REBT의 기원은 엘리스가 정신분석을 그만둔 1953년으로 거슬러 올라간다.

지난 6년간 나는 정신분석을 해 왔지만, 정신분석이 환자에게 그다지 도움을 주지 못한다는 것을 깨달았다. 기껏해야 환자에게 그들이 겪는 심리적인 고통의 정신역동적인 측면을 볼 수 있도록 도울 뿐이었고, 그들의 자기패배적인 삶을 멈추게 하는 생각과 감정과 행동의 변화를 일으키지는 못했다. 정신분석을 통해 환자는 자신이 어째서 이런 문제에 처하게 되었는지는 이해할 수 있었지만, 이것을 어떻게 변화시켜야 할지는 알지 못했다.

엘리스는 통찰이나 억압된 감정의 표현이 더 이상 치료적으로 작용하지 않는 사례들을 접하면서, 심리치료에 대해 새로운 견해를 갖게 되었다.

나는 정신분석훈련을 받기 이전, 특히 성치료와 부부치료를 배우던 시절을 회상하며 환자에게 숙제를 부여하고 기술을 훈련시키기 시작했다. 그런데 이런 개입이 정신분석보다 효과적인 것으로 드러났다...(중략)... 이 과정에서 더욱 값진 성과는 내가 통찰이라는 개념에 대해 새로운 시각을 갖게 된 점이다...(중략)...내담자가 처음에 왜 그렇게 혼란스러웠는지와 그 혼란감을 유지시키고, 심지어는 더 악화시키기 위해서 내담자가 지금까지 무엇을 하고 있었는지에 대한 통찰이 필요하다.

나는 원래 철학에 많은 관심을 가지고 있었다. 특히 인간의 행복에 대해 말하는 철학을 좋아해서, 16세 이후부터 취미삼아 살펴보고 있었다. 그리고 드디어 답을 얻었다. 여러 철학자, 그중에서도 특히 부처, 노자와 같은 고대 동양의 철학자와 에피쿠로스, 에픽테토스, 마르쿠스 아우렐리우스와 같은 고대 그리스 로마 철학자는 정신분석학자와 행동주의자가 간과해 왔던 사항을 명료하게 인식하고 있었다. 인간은 단지 외부의 영향만으로 고통 받는 존재가 아니며, 스스로 역기능적인 사고, 감정, 행동을 상당 부분 결정하고 유지한다는 점에서 구성주의자이다. 에픽테토스는 2000여 년 전에 벌써 이 점을 분명히 밝히고 있다. “사람은 벌어지는 사건이 아닌, 그 사건에 대해서 갖는 관점 때문에 고통 받는다.” 이것이야말로 현상학이요, 구성주의요, 포스트모더니즘이 아닌가!

앞서 언급한 철학적 토대 위에, 1953년부터 1955년에 걸쳐 그는 새로운 심리치료 이론을 개발하여, 1955년 1월 합리적 치료(Rational Therapy)를 세상에 소개하였다. 합리적 치료를 통해 인지의 중요성을 강조한 면도 혁신적이라고 할 수 있지만, 그와 함께 인지적인 면과 행동적인 면을 결합시키는 시도 역시 최초로 이루어진 것이었다. 이 점에서 보자면 합리적 치료(RT)는 최초의 인지행동 치료라 할 수 있다. 이런 결합을 시도한 것은 19세기 이후로 그를 괴롭혀 왔던 문제인 발표공포증과 사회불안을 치료하기 위해 존 B. 왓슨의 행동기법을 스스로에게 적용한 것이 계기가 되었다. 그는 1953년 이후로 그 자신을 정신분석가라고 부르지 않았으며 인지행동 치료의 선구자로 활동하였다.

3. REBT의 철학

1) REBT의 치료 철학

REBT 이론은 그 상당부분이 심리학보다는 철학에 뿌리를 두고 있다. REBT는 인지적, 정서적, 행동적 이론이며, 결코 지적인 작업만을 강조하지는 않는다. 이 이론의 중요한 점은 내담자의 근본적인 철학이 변하기를 도모한다는 점이다. 또한, '긍정적 사고'라고 불리는 것을 강조하지도 않으며, 부정적 사고를 무조건 낙관적 사고로 대체하려고도 하지 않는다.

한 예로 도널드는 돌아가신 부모님의 재산을 중간에 가로채려고 동생들에게 거짓말을 한 일로 매우 심한 죄책감을 가지고 있었다. 도날드는 REBT 상담회기 동안 비합리적 신념을 논박하고 그것과 맞지 않게 행동해 보고, 문제가 되는 자신의 생각, 감정, 행동을 찾아 분석해 보았다. 그 결과 핵심적인 합리적 신념, 즉 근본적으로 효율적인 새로운 철학을 깨달을 수 있었다. 그는 단지 일시적으로 기분이 좋아진 것이 아니라 근본적으로 좋아졌다. REBT에서는 근본적인 철학적 변화를 시도하는데, 인생을 살아가는 개인의 관점을 근본적으로 변화시키고 이를 지속적으로 유지할 수 있도록 돕는다. 이는 부정적인 자동적 사고를 변화시키는데 그치지 않고 개인의 핵심적인 비합리적 신념을 변화시키는 것이다.

4. REBT에서 보는 인간에 대한 관점

(1) 인간의 본성에 대한 관점

합리정서행동치료는 인간이 합리적이고 '올바른' 사고와, 비합리적이고 '올바르지 못한' 사고를 할 수 있는 가능성을 모두 가지고 태어난다는 가정에 기초한다. 사람은 자기 보존, 행복, 사고와 언어, 사랑, 다른 사람들과의 대화, 성장과 자기실현 등의 경향을 가지고 있다. 또한 그들은 자기 파괴, 사고 회피, 게으름, 실수의 끝없는 반복, 미신, 인내심 없음, 완벽주의와 자기 비난, 성장 잠재력의 실현 회피 등의 경향성도 가지고 있다. REBT는 중요한 일이나 관계에서 원하는 것을 이루기 위해서 내담자가 열의를 갖도록 격려하지만, 강한 열망이 "나는 반드시 성공해야 한다. 그렇지 않으면 나는 무가치한 존재다."와 같은 절대적인 요구로 확대되지 않도록 조심해야 한다고 경고하고 있다. 그런 절대적인 요구는 역기능적인 부정적 감정, 특히 공황이나 우울을 초래하고, 그 결과 건강한 열망 자체를 봉쇄해 버릴 수 있기 때문이다.

REBT 이론에 따르면 한쪽에는 바람(desires)과 선호(preference), 다른 쪽에는 강요적 당위성(musts)과 요구(demands)가 있는데, 이 둘은 본질적으로 연결되어 있으며 실제로 모든 인간은 이 두 가지 성향을 다 가지고 있다. 우리 모두는 다양한 강도의 바람, 즉 가벼운 수준, 보통 수준, 아주 강한 수준의 바람을 가질 수 있는데, 이런 바람은 타고난 생물학적 이유와도 관련되고 가족 및 문화적 양육과정의 영향에 따른 것이기도 하다. 인간은 그들이 바라는 바람이 강할수록 그것을 타인에게 강요하고 명령하듯이 적용하려는 경향이 커진다. 타인이 자신을 좋아해 주길 바라는 욕구가 그렇게 크지 않을 때는, 누가 자기를 좀 싫어해도 견딜만하다. 그런데 인정받고 싶은 욕구가 너무 강렬하면 "사람들은 나를 좋아해야만 한다! 그렇지 않은 것은 절대 참을 수 없으며 그것은 내가 호감 가는 사람이 아니라는 의미이다."라는 식으로 의식적인 혹은 무의식적인 요구를 타인에게 일방적으로 적용하기 쉽다.

REBT는 인간이 실수를 할 수 있다는 것을 인정하고, 계속 실수를 하면서도 더 평화롭게 사는 것을 배우는 창조물로서의 자신을 수용하도록 돕는다. 엘리스가 지적한 인간에 대한 기본적인 가정은 다음과 같다.

① 인간은 외부의 조건에 의해서라기 보다도 스스로가 자신의 정서적 혼란을 일으키는 여건을 만든다(신념 : 자신이 창출→그 신념에 따라 스스로 정서적으로 혼란하게 되는 경향성).
② 인간은 사실을 왜곡하고 정서적 혼란을 일으키게 하는 생득적, 문화적 경향성을 가지고 있다.
③ 인간은 동시에 사고하고, 느끼고, 행동하며, 이들은 상호간에 영향을 주고 받는다.

④ 인간은 자신의 사고, 정서와 행동의 과정을 바꿀 수 있는 능력이 있다.

또한 엘리스는 인간을 자기와 대화하고(self-talking), 자기를 평가하며(self-evaluating), 자기를 유지하는(self-sustaining) 존재로 보았다.

(2) 인간의 정서에 대한 관점

REBT에서는 사고의 결과로 정서가 나타난다고 보고 있다. 따라서 정서 장애는 개인이 믿는 비합리적이며 비논리적인 사로고 인하여 발생된 것이며, 그 결과 자기패배적인 감정이나 행동을 나타낸다고 주장한다. 우리는 아동기 동안 중요 타인으로부터 비합리적 신념을 처음으로 학습한다. 게다가 우리는 스스로 비합리적 독단이나 미신을 만들어내기도 한다. 그 때 우리는 자기 암시와 자기 반복의 과정에 의해, 그리고 마치 그것이 유용한 것처럼 행함으로써 자기 패배적 신념을 능동적으로 재 주입 시킨다. 따라서 역기능적인 태도들이 현재에도 우리에게 영향을 미치게 되는 것은 부모가 반복하였기 때문이라기보다는 초기에 교육받은 비합리적 사고를 우리 자신이 반복하기 때문이다. 따라서 REBT에서는 내담자에게 합리적인 생각을 갖도록 도와 보다 적절한 정서와 행동이 이루어지도록 하는 것이 핵심 과제로 삼는다.

한편 REBT에서는 정서를 적절한 정서와 부적절한 정서로 구분한다. 적절한 정서는 다시 긍정적인 정서와 부정적인 정서로 구분할 수 있다. (긍정적 정서: 행복, 호기심, 사랑 등/부정적 정서: 불쾌감, 걱정, 초조 등) 이러한 적절한 정서는 그것이 부정적인 경우에도 앞으로 행동하는데 더 나쁜 결과를 초래하는 것을 방지하며, 자기가 바라는 바를 더 잘 성취할 수 있도록 하고, 자기가 바라지 않는 것을 줄일 수 있도록 주의하고 조심하게 해준다.

부적절한 정서는 "반드시~을 해야 한다." "반드시~이어야 한다.", "절대로~해서는 안 된다."라는 식의 절대적인 명령이나 요구와 관련되는 정서이며, 자기가 좋아하거나 원하는 일이 이루어지지 못할 때 느끼는 불안, 모욕감, 우울감, 절망감, 적대감, 무가치감 등과 같은 격렬한 부정적 감정을 말한다. 이러한 정서가 바람직하지 못한 이유는 상황을 바꾸는 데에 전혀 도움이 되지 못할 뿐만 아니라, 오히려 더욱 악화시키며 목적달성에 방해가 되기 때문이다. 엘리스는 우리가 혼란에 빠져 있을 때, '반드시 ~해야 한다, 당연히 해야 한다'를 주의 깊게 살펴보아야 한다고 말한다. 이러한 요구들은 분열적 감정과 역기능적 행동들을 만들어 내기 때문이다.

REBT는 대부분의 정서장애의 핵심이 '비난'이라고 주장한다. 그러므로 우리가 신경증이나 성격장애를 극복하려면 자신과 타인에 대한 비난을 하지 않는 것이 좋다. 대신에 우리의 불완전함에도 불구하고 우리 자신을 수용하는 것을 배우는 것이 중요하다.

엘리스는 정서장애를 일으키는 핵심적인 비합리적 신념이 있다고 하였는데 다음은 11개의 핵심적인 비합리적 신념이다.

① 우리는 주위의 모든 사람들로부터 항상 사랑과 인정을 받아야만 한다.
② 우리는 모든 면에서 반드시 유능하고 성취적이어야 한다.
③ 어떤 사람은 악하고, 나쁘며, 야비하다. 그러므로 그와 같은 행위에 대하여 반드시 준엄한 저주와 처벌을 받아야만 한다.
④ 일이 내가 바라는 대로 되지 않는 것은 끔찍스러운 파멸이다.
⑤ 인간의 불행은 외부 환경 때문이며, 인간의 힘으로서는 그것을 통제할 수 없다.
⑥ 위험하거나 두려운 일이 일어날 가능성이 언제든지 존재하므로 이것은 커다란 걱정의 원천이 된다.
⑦ 인생에 있어서 어떤 난관이나 책임을 직면하는 것보다는 회피하는 것이 더 쉬운 일이다.
⑧ 우리는 타인에게 의존해야만 하고, 자신이 의존할만한 더 강한 누군가가 있어야 한다.
⑨ 우리의 현재 행동과 운명은 과거의 경험이나 사건에 의하여 결정되며, 우리는 과거의 영향에서 벗어날 수 없다.
⑩ 우리는 우리 주변 인물에게 환난이 닥쳤을 경우에 우리 자신도 당황할 수 밖에 없다.
⑪ 모든 문제에는 가장 적절하고도 완벽한 해결책이 반드시 있기 마련이며 그것을 찾지 못한다면 그 결과는 파멸적이다.

5. 성격이론에 대한 관점: A-B-C-D-E 이론

성격의 ABCDE 이론은 REBT 이론과 실제의 중심이다. A(Activating

event)는 사실, 사건, 개인의 행동이나 태도 등이다. C(Consequence) 는 그 사람의 정서적·행동적 결과 혹은 반응이다. 반응은 적절할 수도 있고 부적절할 수도 있다. A(활성화시키는 사건)가 C(정서적 결과)를 직접적으로 일으킨다고 할 수 없다. A에 대한 그 사람의 신념인 B(Belief)가 주로 정서반응인 C의 원인이 된다. 여러 가지 구성요소의 상호작용은 다음과 같이 도표화 할 수 있다.

A(활성화 시키는 사건) ← B (신념:Belief) → C(정서적·행동적결과: Consequence)
↑
D(논박하는 중재:Disputing) → E(효과:Effect) → F(새로운 감정:Feeling)

1 선행사건(Activating Event) : 개인에게 정서적 혼란을 야기하는 어떤 사건.
예) 시험에 떨어짐, 실직, 여러 사람 앞에서 상사로 부터의 꾸짖음 당함 등

2 신념체제(Belief System) : 어떤 사건이나 행위 등과 같은 환경적 자극에 대해서 개인이 갖게 되는 태도 또는 사고방식. (합리적 신념, 비합리적 신념 모두 존재)

3 결과(Consequence):선행사건에 접했을 때 비합리적인 태도 내지 사고방식을 가지고 그 사건을 해석함으로써 느끼게 되는 정서적 결과.
(불안, 원망, 비판, 죄책감 등과 같은 감정/ 정신질환을 앓기 쉬움/ 주로 방어적 태도)

4 논박(Disputing) : 자신이 가지고 있는 비합리적인 신념이나 사고에 대해서 도전해 보고 과연 그 사상이 사리에 맞는 것인지를 다시 한 번 검토해 보도록 상담자가 촉구하는 것

5 효과(Effect) : 내담자가 가진 비합리적인 신념을 철저하게 논박함으로써 합리적인 신념으로 대치한 다음에 느끼게 되는 자기 수용적인 태도와 긍정적인 감정의 결과. (인지적 효과, 정서적 효과, 행동적 효과/새로운 철학으로의 도달)

6 감정(Feeling) : 상황에 대한 적절한 새로운 감정

정서적 혼란은 어떻게 생겨나는가? “그 이혼은 전적으로 내 잘못이다”, “나는

초라한 실패자이고 나는 모든 것을 잘못했다", "나는 가치 없는 사람이다" 와 같은 비논리적인 문장을 내담자가 끊임없이 자신에게 되풀이함으로써 생긴다. 앞에서도 말했듯이 엘리스는 "당신이 생각한 대로 느낀다"라고 반복해서 말한다. 우울증이나 불안 같은 혼란스러운 정서적 반응은 내담자의 자기 패배적 신념체계에 의해 생기고 유지되며, 이 신념은 자신이 통합하고 창조한 비합리적인 사고에서 나온다.

상담에서 중요한 과정은 D-즉, 논박의 과정이다. 본질적으로 D는 상담자가 내담자들에게 그들의 비합리적인 신념에 도전하도록 도와주기 위한 과학적인 방법을 적용하는 것이다. 여기서 내담자들은 논리적인 원리들을 배우고, 이 원리를 통해 비현실적이고 증명할 수 없는 가설들을 파괴할 수 있다. 이러한 논박의 과정은 크게 3가지로 구분된다.

첫째, 탐지. 내담자들은 그들의 비합리적 신념들, 특히 그들의 "~하지 않으면 안 된다" "나는 ~해야 한다"는 식의 절대적인 관념과 '끔찍스러운 자기비하'를 탐지하는 방법을 배운다.

둘째, 반박. 탐지가 끝난 후 내담자들은 논리적이고 경험적으로 질문하는 방법과 그들 자신에게 강렬하게 논쟁해서 그것을 행히지 않는 빙법을 배움으로써 그들의 역기능적인 신념을 반박한다.

셋째, 변별. 내담자는 합리적인(자기-원조적)신념과 비합리적인(자기-패배적)신념을 변별하는 것을 배운다.

REBT는 내담자의 비합리적인 신념을 최소화하기 위해 많은 다른 인지적·정서적·행동적 기법도 사용하지만, 심리상담/치료 회기 동안 일상생활 모두에서 논박하는 과정을 강조한다. 결국 내담자들은 실제적인 측면을 가지는 효과적인 철학 E에 도달한다. 새롭고 효과적이며 합리적인 철학이 부적절한 사고를 적절한 사고로 바꾸는 것이다. 우리가 이렇게 하는데 성공하면, 새로운 감정 F를 창출하게 된다. 새로운 감정은 우리가 심한 불안이나 우울을 느끼지 않고 상황에 적절한 느낌을 갖게 된다는 것이다. REBT의 궁극적인 효과는 우울증과 자기-비난의 감정을 최소화 하는 것이다.

앞에서 살펴본 성격의 ABCDE 이론을 정리해 우리의 역기능적 성격을 변화시키는 철학적 재구성의 과정은 다음과 같다.

(가) 자신의 정서적 문제들을 만들어내는 책임이 대체로 우리 자신에게 있다

는 사실을 완전히 인식하는 것.

(나) 우리가 이 혼란들을 유의미하게 변화시킬 수 있는 능력을 가지고 있다는 사실을 인정하는 것

(다) 우리의 정서적 문제가 대부분 비합리적 신념으로부터 나온다는 것을 인식하는 것

(라) 이 신념들을 명백히 지각하는 것

(마) 자기 패배적 신념 등을 논박할 만한 가치를 찾는 것

(바) 우리가 변화하려면 신념과 이에 따르는 역기능적 감정/행동을 반박하기 위해서 정서적·행동적 방식으로 열심히 노력해야 한다는 사실을 수용하는 것

(사) 남은 생애 동안에도 혼란스러운 결과를 근절하거나 변화시키는 REBT 방법을 시행하는 것.

6. 치료의 과정

(1) 치료 목표

REBT는 내담자를 혼란시키는 가장 기본적인 가치관 중의 일부를 검토하고 변화시키기 위해 고안되었다. REBT에서 사용되는 많은 방법들은 내담자가 더 현실적이고 실현가능한 인생철학을 습득함으로써 정서장애와 자기-패배적 행동들을 최소화 하는 것을 목표로 한다. 또한, 인생에서 잘못된 것에 대해 자신 또는 타인을 비난하는 경향을 감소시키고 차후의 어려움을 다루는 방법들을 배우는 것이다.

(2) 치료자의 기능과 역할

심리상담/치료자는 구체적인 과제를 가진다. 각각의 단계는 다음과 같다.

1단계: 내담자를 REBT로 유도한다(REBT에 대한 설명-강의식/시범).
2단계: 내담자의 문제점에 대하여 진단 내지 평가를 한다.
3단계: 비합리적 신념체제를 밝힌다.
4단계: 논박의 단계

REBT의 틀 내에서 심리상담/치료하는 사람들은 대부분 다른 심리상담/치료

자와는 다른 역할을 한다. REBT는 근본적으로 인지적이며 지시적인 행동 과정이기 때문에, 때로는 상담자와 내담자간의 밀접한 인간관계에 대해서 그리 신경을 쓰지 않는다. 그들은 대개 교육을 강조하는 설득 방법을 사용한다. 엘리스는 REBT 심리상담/치료자들이 해야 할 것들을 다음과 같이 요약하고 있다.

- 내담자에게 많은 장애 행동을 유발하는 기본적 비합리적인 사고를 찾아내도록 격려한다.
- 내담자에게 자신의 생각이 타당한지를 확인하도록 한다.
- 내담자에게 자신이 가진 사고의 비논리적 속성을 보여준다.
- 유머를 사용해 내담자가 가진 사고의 비합리성에 직면시킨다.
- 논리적 분석을 통해 내담자의 비합리적 신념을 최소화 한다.
- 내담자의 신념이 얼마나 비생산적이며 어떻게 정서적·행동적 장애를 일으키는지 보여준다.
- 비합리적 사고를 경험적 토대를 가진 더 합리적인 사고로 대치할 수 있는 방법을 설명한다.
- 사고에 과학적 접근을 적용하는 방법을 가르쳐서 그들이 관찰 할 수 있도록 하고, 자기 파괴적 방식으로 느끼고 행동하게 만드는 현재나 미래의 비합리적 사고와 비논리적 추론을 최소화 할 수 있게 한다.
- 인지적·정서적·행동적 기법을 사용해서 내담자가 직접 자신의 감정을 처리하도록 도와 장애에 대항해서 행동하도록 한다.

내담자는 자신이 가지고 있는 어떤 비합리적 신념이 역기능적 정서와 행동을 만든다는 것을 이해할 때, 상담자는 내담자에게 왜 오래되고 잘못된 생각을 버리지 않고 거기에 매달리는지 검토하게 한다. 대개 통찰만으로는 성격변화를 가져오지 못하지만, 계속해서 자신을 파괴하는 방식을 알게 하고 그들도 변할 수 있다는 것을 알도록 내담자를 도울 수 있다. REBT 상담자는 열심히 일하고 행동적 숙제를 열심히 이행함으로써 정서 장애와 행동 장애를 만드는 비합리적 사고를 최소화 할 수 있음을 내담자에게 적극적으로 가르친다.

(3) 상담자와 내담자의 관계

REBT의 완전한 수용 혹은 관용이라는 개념은 인간중심치료의 무조건적 긍정적 수용과 아주 비슷한 개념이다. 내담자는 근본적으로 실수하기 마련인 인간이며, 전적으로 선하거나 악하기만 한 존재가 아닌 그저 인간일 뿐이라는 관점에서 그러하다. 하지만 관계 지향적인 심리상담/치료와 달리, REBT는 인간적 온정이나 공감적 이해는 중시하지 않는다. 너무 많은 온정이나 이해는 상담자로부터 인정을 얻기 위한 의존심을 길러주게 되어 역효과를 낼 수 있기 때문이다. 또한 REBT는 자유연상, 꿈, 내담자의 과거, 감정에 대한 끊임없는 표현과 탐구, 전이 현상을 다루는 것도 중요시 하지 않는다. REBT는 적극적이고 지시적인 형태의 치료로 카운슬러나 치료자는 일종의 권위적인 인물 내지 다정한 교사의 역할을 한다.

7. 상담기법

합리정서행동 심리상담/치료자들은 중 다양식적이고 통합적인 입장을 취한다. 이들은 다양한 인지적·정서적·행동적 기법들을 내담자에게 맞게끔 적용하지만, 정서적 기법보다는 인지적 기법과 행동적 기법을 강조한다.

(1) 인지적 기법

REBT 상담가들은 상담/치료 과정에서 대개 강력한 인지적 방법을 사용한다. 이들은 내담자가 스스로에게 계속해서 말하고 있는 것이 무엇인가를 신속하고 직접적인 방법으로 보여준다. 그런 후 내담자가 더 이상 그러한 자기 진술을 하지 않게끔 현실에 기초한 철학을 획득하도록 독려하면서 자기 진술들을 다루는 방법을 가르친다. REBT는 주로 사고, 논박, 논쟁, 도전, 해석, 설명, 교수 등의 방략을 주로 사용한다. 다음은 REBT에서 사용하는 인지적 기법들이다.

① 논박하기:

REBT에서 가장 널리 알려진 기법 중 하나로 논박은 내담자의 신념 체계가 얼마나 유용한 것인지 스스로 평가하도록 돕는 기법이다. 논박은 교육적 방식과 소크라테스식 방법으로 진행될 수 있다. 교육적 방식은 정보를 전달하는 과정으로, 합리적 신념과 비합리적 신념이 어떻게 다른지 이해시킨다. 교육은 내담자에게 합리적 정서행동치료가 무엇인가를 알려주는 것으로 치료 초반에 유용하다. 그러나 초기가 지나면 내담자의 비합리적 신념을 찾아내고 논박하기 위해 소크라테스적인 질문을 많이 던지는 것이 필요하다. 논박의 방법에는 다음 4가지 방식이 있다.

(가) 기능적 논박(Functional Disputes)

내담자에게 그의 신념과 그에 수반하는 정서, 행동의 실제적 유용성에 대해 의문을 갖도록 하는 것을 말한다. 기능적 논박에서는 내담자가 지닌 신념, 행동, 정서가 내담자가 추구하는 목표를 성취하는데 얼마나 도움이 되는가를 평가한다. 내담자는 기능적 논박을 통해 자신의 신념이 정말로 원하는 목표 달성에 방해가 되고 있다는 점을 깨닫게 된다.

(질문 : 그것이 당신에게 도움이 됩니까? 이런 방식으로 생각, 행동하는 것이 당신에게 어떤 영향을 줄 것 같습니까?)

(나) 경험적 논박(Empirical Disputes)

경험적 논박은 신념의 사실적인 근거를 평가한다. 즉, 내담자가 가진 신념이 사회적 현실에 부합하는가를 평가한다. 경험적 논박을 통해 내담자는 자신이 근거 없는 믿음, 전혀 말이 되지 않는 신념을 고수해 왔다는 점을 이해하게 된다. 이 때 치료자가 그의 염려를 알아주고, 비합리적인 두려움과 합리적인 걱정을 구분할 수 있도록 돕는 일이 매우 중요하다.

(질문 : 그런 생각을 뒷받침할 만한 증거가 있습니까? 그 말이 옳다는 증거가 어디에 있습니까? 어디에 그런 말이 나옵니까?)

(다) 논리적 논박(Logical Disputes)

논리적 논박은 내담자의 비합리적인 신념이 기반하고 있는 비논리적인 추론에 의문을 제기하는 것인데, 이런 비논리성은 내담자의 소망이나 바람에 의해 나타난다. 내담자는 이러한 논박을 통하여 자신이 인생에 대해 비현실적인 기대를 품어 왔으며 내담자가 바라는 일이 꼭 이루어져야 한다는 비합리적 생각을 깨달을 수 있다.

(질문 : 이 일이 사실이기를 바란다거나 당신에게 편하다고 해서 이 일이 반드시 그렇게 되는 것일까요? X뒤에 반드시 Y가 나오리라는 논리는 어떻게 나온 것이지요?)

(라) 철학적인 논박(Philosophical Disputes)

철학적인 논박에서는 삶에 대한 만족이라는 주제를 내담자와 함께 다룬다. 내담자는 눈앞의 문제에 너무나 몰두해 있어서 삶의 다른 부분에 내재한 가능성을 보지 못하는 경우가 많이 있다.

(질문 : 이 부분에서 당분간 당신이 원하는 대로 되지 않을지라도 다른 부분에서 만족을 느끼고 행복할 수 있지 않을까요?)

논박을 할 때 주의할 점

논박은 내담자가 스트레스를 많이 받지 않는 편한 상황일 때 진행하는 것이 매우 중요하다.

② 합리적 대처말(Rational Coping Statements)

합리적 대처말은 보통 논박을 설득력 있게 진행시키고 난 후에 적용하는 일종의 자기말 이지만, 때로는 내담자의 신념을 탐색하는 과정 중에서 적용될 수 있다. 합리적 대처말은 내담자에게 용기를 불어넣는 말로서 사회적 현실에 부합하는 내용으로 이루어진다. 내담자는 스스로에게 반복함으로써 그런 생각을 스스로에게 강화시킨다.

(예: 난 할 수 있어/이런 상황에서 내가 굳이 화낼 필요는 없어/나는 이 일을 완수할거야. 그렇지만 내가 이 일에서 성공하지 못한다고 하더라도 그것이 곧 실패자라는 것을 의미하는 것은 아니야/그 사람이 행동하는 방식이 맘에 들지는 않아. 하지만 굳이 그가 변하지 않아도 난 잘 대처할 수 있어.)

③ 모델링(Modeling)

모델링은 내담자가 자기 틀에서 벗어나도록 하는 데 효과적일 수 있다. 내담자는 평소 존경하는 사람으로 책에서 접한 인물이나 개인적으로 아는 사람을 선정한다. 치료자는 그 사람의 어떤 특성이 닮고 싶은지 내담자에게 묻고, 치료기간 동안 그 사람을 참고할 대상으로 삼는다.

④ 참조하기(Referenting)

참조하기는 일종의 가벼운 '비용대비 효과 분석'을 하는 것으로 시작된다. 참조하기 과정에서 내담자는 자신의 비합리적인 생각과 행동을 변화시킬 때 수반하는 실제적 이득과 손실을 따져 리스트를 만들어 본다. 이런 기법의 목적은 내담자로 하여금 변화하고자 하는 이유를 마음속에 되새기게 함으로써 변화의 동기를 강화시키고자 하는데 있다. 여기에서 내담자가 이 리스트를 늘 간직하고 다니면서 정기적으로 검토하도록 만드는 것이 매우 중요하다.

(예 : 흡연자의 경우 자신의 담배 중독의 단점을 10~15개 정도 적어 놓고 하루에 5~10번 정도 의식적으로 보도록 한다.)

⑤ 인지적 과제(Cognitive Homework)

상담자는 내담자들에게 자신의 문제 목록 표를 만들고, 절대적 신념을 찾고, 그 신념을 논박할 수 있는 기회를 주어야 한다. 이 때 내면화된 신념을 찾아내기 위해 내담자들에게 과제를 부여하는데, 이러한 과제는 내담자가 일상생활에서 부딪히는 많은 문제들을 ABC 이론에 적용하도록 하는 것이다. 이처럼 내담자는 회기 이외의 시간에도 촉발 사건을 찾고, 비합리적 신념을 탐색하여, 이것에 대해 적극적으로 논박하면서 이를 더욱 효과적인 대처말로 대체해 보라고 권유한다. 이러한 방법들을 통해 내담자들은 점차적으로 불안을 다루는 방법과 비합리적인 사고에 대항하는 방법을 배운다.

(예 : 때때로 내가 어리석게 행동하더라도 이것이 나를 어리석은 사람으로 간주하는 것은 아니다/나는 할 수 있다. 나는 할 수 있는 한 최선을 다할 것이다/사랑 받는 것이 좋지만 모든 사람이 나를 좋아하지는 않을 것이고, 그것이 세상의 끝은 아니다.)

⑥ 독서치료/심리교육적 숙제

독서치료와 심리교육적 숙제를 도입하면 치료 과정을 보완하고 이후 회기에서 행할 작업을 더 강화할 수 있다(예 : 유익한 시청각자료, 팸플릿, 책, 강연, 워크숍, 특정 주제에 대한 집단 모임).

치료자는 여러 자료를 제시한 뒤 그런 자료가 실제로 내담자에게 도움이 되었는지를 평가해야 하며, 내담자가 그 자료와 관련된 질문을 던질 수 있으므로 이에 대비해야 한다.

⑦ 확대 적용

내담자가 자신의 주변 친구나 친척의 비합리적 신념을 수정하도록 돕는 경험을 해 본다면 자신의 문제를 좀 더 효과적으로 다룰 수 있을 것이다. 이는 자신의 문제보다 다른 사람의 문제를 분석하는 것이 더 쉬울 수 있기 때문이다. 다른 사람의 비합리적 신념을 찾아보는 것은 자신의 신념을 찾는 것보다 훨씬 덜 위협적이며, 이런 경험이 내담자의 문제에까지 일반화 될 수 있다.

⑧ 치료 회기 녹음하기

다양한 많은 주제를 다루느라 난관에 봉착해 있는 내담자의 경우, 녹음된 치료내용을 본인에게 다시 들려주는 것이 매우 도움이 될 수 있다. 내담자는 녹음

테이프를 반복해서 들으면서 추가로 생각해 볼 거리를 계속 찾아내며, 이런 과정이 치료를 강화시킬 수 있다. 또한 녹음된 내용을 들으며 내담자는 그 자신의 목소리에 진정 귀 기울여보는 경험을 하며, 문제가 되는 자신의 사고를 찾아낼 수도 있다.

⑨ 재구성(Reframing)

재구성은 내담자가 자신의 문제를 새롭게 조망해 볼 수 있도록 돕는 방법으로 다양한 치료 접근에서 두루 사용되고 있다. 이 기법에서 치료자는 내담자가 자신의 문제를 긍정적인 관점에서 다시 볼 수 있도록 격려한다.

인지적 기법의 요약

인지적 기법의 세 가지 목적은 비합리적인 생각을 발견하고 도전하고 새로운 생각으로 바꾸는데 있다. 인지적 과정은 REBT의 초석이라 할 수 있다. 내담자가 생각하는 방식에 철학적인 변화가 일어날 때 정서와 행동 모두에서 긍정적인 효과가 나타날 수 있다.

(2) 정서적 기법

정서적/체험적 기법은 REBT의 인지적 개입을 보완하고 강화하기 위해서 사용된다. 정서적 기법은 비합리적 신념을 찾아 확인하는 것보다는 인지적 기법을 통해서 얻은 사고의 긍정적인 변화를 좀 더 활성화시키고 증가시키는데 더 관심을 쏟는다.

① 합리적 정서 심상 형성(Rational Emotive Imagery)

합리적 정서 심상 형성은 REBT 접근에서 사용되는 핵심적인 정서적/체험적 기법 중 하나이다. REI의 목적은 첫째, 내담자가 문제 상황에서 느낄 수 있는 적절하고 합리적인 정서를 찾을 수 있도록 돕는 것이고, 둘째, 습관처럼 자연스럽게 나오는 자기말과 대처기제를 체험적으로 탐색하도록 도우며, 셋째, REI를 연습해서 스트레스 상황에서 이를 활용할 수 있도록 돕는 것이다. 방법은 다음과 같다.

- 내담자에게 눈을 감도록 지시하고 강한 역기능적 정서를 경험한 최근의 상황을 회상해 보도록 한다.

- 내담자가 당시의 상황과 괴로운 감정을 생생하게 잘 떠올렸다고 치료자에게 신호를 보내면, 치료자는 내담자에게 그 괴로운 감정을 불안, 분노 등으로 명명해 보게 한다.
- 이어 내담자로 하여금 심한 정서적 고통을 합리적인 수준의 건강한 부정적인 정서로 바꾸도록 한다.
- 서서히 현실로 돌아와 눈을 뜨게 한 후 내담자에게 "이 작업을 마칠 때 당신은 어떤 느낌이었습니까?" 라고 질문하며 대답을 그대로 받아 적는다.
- 그 후 정서적 고통을 변화시키기 위해 내담자가 어떻게 했는지 물어보고 그대로 받아 적는다.(내담자의 표현 그대로 적는 것이 중요!)
- 이 과정을 통해 내담자는 건강하지 못한 극단적인 정서적 고통이 건강한 부정적인 감정으로 대체되는데, 이 때 자신의 생각이 어떤 작용을 했는지 확인해 볼 수 있다.

REI 동안 건강하지 못한 감정 대신 건강한 감정을 내담자가 떠올릴 수 있게 하는 것이 중요하며, 가능한 한 내담자 스스로 건강한 감정을 떠올릴 수 있게 하는 것이 좋다. 치료자는 REI를 적용할 때, 흔히 내담자에게 30일 가량은 매일 연습하도록 지시한다. 이는 내담자가 건강하지 못한 감정을 건강한 부정적인 감정으로 익숙하게 바꿀 수 있도록 하기 위해서이며, 그렇게 하면 실제 스트레스 상황에 당면했을 때 적응적인 생각을 더욱 쉽게 떠올릴 수 있기 때문이다.

② 대처말 숙달시키기

이 방법은 앞 장에서 언급했던 합리적인 대처말에 감정적인 요소를 더함으로써 합리적인 대처말의 효과를 증가시키기 위한 것이다. 상담자는 내담자가 합리적인 말을 만들었으면 이런 대처말을 열의를 가지고 집중해서 연습할 수 있도록 도와야 한다. 내담자는 건강하지 못한 비합리적인 자기말을 지금까지 의심 없이 열심히 연습해 왔다. 그래서 치료자는 내담자가 합리적이고 건강한 자기말 (예: 내가 그 일에서 실패한다 하더라도 그것이 나를 한 인간으로서 완전한 실패자가 되게 하는 것은 결코 아니다)을 성실하게 연습해서 숙달하도록 만들어야 한다.

③ 녹음을 이용한 강력한 논박하기

이 방법은 인지적 기법에서 설명한 '녹음'과 정서적 기법인 '대처말 숙달시키기' 기법의 효과를 결합해서 활용하는 것으로, 내담자의 유용한 합리적 신념을 훨씬 강하게 키울 수 있다. 치료자는 내담자에게 비합리적인 방식으로 사고하는 데 그동안 얼마나 열정적으로 헌신해 왔는가를 강조할 필요가 있다.

④ 역할극(Role Playing)

역할극은 내담자에게 위협적이지 않은 분위기 속에서 인지적, 정서적, 행동적 문제를 탐색할 수 있게 해 주고, 앞으로 닥칠 상호작용을 준비해서 다양한 해결책을 실험해 볼 수 있게 한다. 이 기법의 장점은 내담자가 원하는 만큼 많은 연습을 할 수 있고, 그때마다 치료자가 피드백을 줄 수 있다는 것이다. 역할극은 자기주장 훈련과 분노 다스리기 훈련에도 아주 유용하게 사용된다.

- 치료자와 내담자는 타인과의 상호작용 장면을 하나 정한다. (상호작용 장면은 이전에 심리적 고통을 일으켰거나 앞으로 고통이 될 수 있는 것으로 내담자가 다루고 싶어 하는 장면이여야 한다.)
- 내담자는 자신의 역할을 맡고 치료자는 내담자가 미리 일러 준 다른 사람의 역을 맡는다.
- 역할 사이에 대화가 이루어진다(대개 내담자가 작업하고 싶은 구체적인 시나리오를 제공하며 이 시나리오는 내담자의 많은 문제와 관련된다. 역할극은 대개 1~5분 사이에 진행됨).
- 역할극이 끝나면 치료자는 내담자에게 역할극이 어땠는지, 역할극 동안 어떤 생각이 들었고 어떤 감정이 생겨났는지, 역할극 중 달리 하고 싶었던 것이 있었는지 등을 질문한다.
- 치료자는 이러한 과정을 통해 논박하고 변화시켜야 하는 내담자의 비합리적 신념을 확인할 수 있다.

⑤ 역 역할극(Reverse Role Plying)

역 역할극은 3가지 면에서 역할극과 구별된다.

i) 치료자가 내담자 역을 맡는다.

ii) 내담자가 효율적으로 의사소통하는 치료자나 다른 타인의 역할을 한다.

iii) 치료자가 시나리오에 나오는 내담자 역할을 잘 소화하기 위해 때로는 연습이 필요하다.

역 역할극은 내담자가 자신의 비합리적 신념을 구체적으로 논박하도록 돕는데 효과적이다. 치료자와 내담자가 역할을 바꿈으로 내담자는 이제 자신의 비합리적 신념을 적극적으로 논박해야 하는 위치에 서게 된다. 이때 치료자는 내담자가 이전 상담회기에서 보여 준 것처럼 비합리적 신념을 강하게 고집해야 한다.

⑥ 유머

사람들은 때로 자신에 대해, 자신이 잘못할 수 있다는 것에 대해 지나치게 심각하게 고민하는 경향이 있다. 치료자는 때로 내담자가 자신을 가벼운 마음으로 바라볼 수 있게 격려할 수 있어야 한다. 또 내담자의 신념 중 어떤 것은 극단적으로 적용할 경우 우스꽝스러운 결론에 이를 수 있음을 내담자에게 인식시켜 줄 수 있어야 한다. 심각한 문제를 다룰 때, 치료자는 과장과 비교를 잘 활용하고 회기 중에 익살스러운 어리석음을 적절하게 잘 활용할 수 있어야 한다. 물론 유머가 항상 적절한 것은 아니다. 상담자는 유머를 치료적인 개입으로 언제 어떻게 활용할지 판단해야 한다. 유머가 회기 중에 자연스럽게 이해되고 어색하지 않았다면, 대개는 적절하게 활용된 것으로 볼 수 있다.

⑦ 치료자의 무조건적인 수용

치료자로서의 역할 중 하나는 가능할 때마다 내담자에게 긍정적이고 도움이 되는 태도와 신념을 보여 주는 것이다. 이를 위한 한 가지 방법이 바로 내담자가 아무리 나쁘고 자기 패배적으로 행동하더라도 내담자를 무조건적으로 수용하는 것이다. 이를 로저스는 '무조건적인 긍정적 수용'이라 일컬었다. 내담자의 무조건적인 자기수용을 증가시켜 주고 싶다면 내담자가 무조건적인 수용을 직접 경험할 수 있도록 치료자가 보여주는 것이 매우 좋다.

⑧ 무조건적인 자기수용과 무조건적인 타인수용 가르치기

치료자는 내담자에게 무조건적인 수용을 직접 경험하게 해 주는 것에 더해, 무조건적인 자기 수용과 무조건적인 타인수용에 관한 이론을 적극적으로 가르치고 연습시키는 것이 필요하다. 이때 인간이 몇 가지 행동이나 성격적 특징만으로 단정 지어 그로 평가 될 수 있는 존재가 아니라는 철학적인 인식을 심어주는 것이 중요하다. 치료자는 내담자 스스로가 자신의 좋아하지 않는 행동을 찾아 변화시킬 수 있도록 도와야 하며, 그 과정에서 내담자는 자신도 잘못할 수 있는 한 인간임을 겸손하게 수용할 수 있어야 한다. REBT

에서는 내담자에게 조건적인 자부심보다는 무조건적인 자기수용을 그들이 항상 선택할 수 있다고 강하고 일관되게 가르치고 있다. 무조건적인 타인수용은 다른 사람이 한 행동이 아닌 다른 사람을 존재 그 자체로 항상 수용하는 것이다. 무조건적으로 삶을 수용하는 입장은 현재의 불행한 상황을 변화시킬 수 없음에도 불구하고 삶과 현실을 그대로 수용하는 것이다. 이런 점은 REBT가 다른 인지행동치료보다 철학적인 면이 강함을 시사해준다.

⑨ 격려

상호작용적인 치료자로서, 우리는 내담자를 격려하는 것을 치료 관계의 자연스러운 한 부분으로 이해하고 있다. 치료자는 흔히 내담자가 변화를 시도하는 것에 대해 격려하는데, 그에 못지않게 내담자가 이미 이룩한 것을 인정해 주는 격려도 중요하다.

⑩ 참만남 작업(Encounter Exercises)

참만남 작업은 인지적, 정서적, 행동적 문제를 상담 장면에서 그대로 활성화시켜 준다는 점에서 체험적 과정이라 할 수 있다. 이와 같은 유형의 작업은 여러 사람이 필요하기 때문에 흔히 집단 상담이나 워크숍 형태로 실시된다.

(3) 행동적 기법

정서적 기법과 유사하게, 행동적 개입은 비합리적 신념을 논박하고 대체시킴으로써 얻어진 인지적 성과물을 더욱 강화시키기 위해 사용된다. 이는 내담자가 이제 막 경험하기 시작한 자신의 사고 양상에 대한 통찰을 강화시키고 경험적으로 지지하기 위해서 필요한 과정이다.

① 강화

행동적 강화물은 치료회기 후에 부여하는 숙제를 내담자가 잘해 오도록 돕는 기능을 한다. 강화물로는 내담자가 좋아할 만한 일이라면 어떤 것이든 가능하지만, 자신이나 타인에게 해가 되는 것은 해당하지 않는다. 강화는 숙제를 긍정적으로 인식하게 만들어 숙제를 하면서 가질 수 있는 내담자의 잠재적인 부정적 생각을 줄여 주는데 도움이 된다.

내담자가 '작업' 과제를 마치도록 돕기 위해서 처벌이 강화와 함께 이루어 질 수 도 있다. 일반적으로 강화물은 내담자가 하기로 한 '작업'을 마치는데 소요되는 시간이나 들인 노력에 상응하는 것이어야 한다.

② 벌칙(Penalties)

행동적인 벌칙 역시 강화와 동일한 방식으로 주어진다. 강화와 다른 점은 벌칙은 숙제를 하지 않았을 때 주어진다는 것이다. 벌칙은 내담자가 싫어하는 일을 하도록 하는 것이다(예 : 화장실 청소, 재활용 쓰레기의 분리수거 등).

벌칙은 강화와 함께 사용할 때 더욱 효과적이다. 내담자는 벌칙을 받게 되면, 강화는 받을 수 없다. 하지만 벌칙과 강화는 대개 변화에 대한 동기가 상당히 높은 내담자에게만 사용해야 한다. 만일 내담자가 치료에 오는 것도 힘들어 한다면, 숙제만 하도록 하고 벌칙이나 강화는 부여하지 않는 것이 바람직하다.

③ 수치심 깨뜨리기 작업(Shame Attacking Exercises)

수치심 깨뜨리기 작업은 REBT의 중요한 행동적 기법중의 하나이다.

> 나는 1955년부터 REBT를 시행하면서, 내가 깨달은 것 중 하나는 수치심이 정서 장애에서 핵심적 역할을 한다는 점이다. 우리가 수치스럽다고 여기는 일을 할 때, 보통 우리는 자신이 한 행동을 비난하고 '이건 나쁜 거야. 다시는 하지 말아야지.'라고 스스로에게 말한다...(중략)...그러나 문제는 과잉 일반화시키는 인간의 성향이다. 인간은 어리석고 반사회적인 일을 '잘못된' 것이라고 여기는 데에 그치지 않는다. 우리가 정말로 수치심을 느낄 때는 자기 자신 전체를 '잘못되고 창피한 존재'로 평가한다...(중략)...수치심 깨뜨리기 연습은 당신이 자기 전체에 대한 평가가 아닌, 당신의 수행만 평가하도록 도울 것이다. 일반적인 사회적 기준에서 보면 당신의 수행이 '부족하거나 부적절' 할 수 있다. 하지만 당신 자체가 '부족하거나 부적절한 사람'인 것은 결코 아니다.

이런 수치심 깨뜨리기 작업을 통해 내담자는 효율적인 새로운 철학, 깊은 철학적 통찰을 얻을 수 있다.

④ 기술 훈련

내담자의 문제가 때로는 어떤 기술의 부족과 관련되는 경우가 있다. 이때 내담자는 자신의 부족한 기술을 향상시킬 수 있는 적절한 교육을 받을 수 있다. 기술훈련은 매우 현실적인 방법이다.

(예: 대인관계 기술이 서툰 사람/취업해야 하는데 업무 능력이 부족한 사람)

⑤ 역설적 과제(Paradoxical Homework)

역설적 과제는 겉으로 보기에 환자가 변하고자 하는 모습과는 반대로 해 보는 것이다. 이러한 모습에는 인지, 정서, 행동이 모두 포함될 수 있다. 수면장애를 경험하고 있는 사람에게 자지 말라고 하고, 불안한 생각으로 고통 받는 사람에게 하루에 몇 번씩 의도적으로 그 생각을 적극적으로 해 보라고 말한다. 완벽주의자에게 일부러 실수를 하도록 하는 과제를 부여한다. 숙제의 목적은 내담자가 자신의 문제를 재구성해 보고, 그 과정에서 현실을 검증해 보도록 돕는데 있다.

⑥ 재발 방지(Relapse Prevention)

재발방지는 여러 가지 인지적, 정서적/체험적, 행동적 기법이 다수 포함될 수 있다. 재발방지가 가장 필요한 사람들은 중독 환자다.

재발 방지 기법의 순서

- 상담자는 내담자와 함께 재발 충동을 야기하는 생각과 경험에 대해 살펴보고 문제가 되는 상황을 이겨 낼 수 있는 방법을 같이 궁리한다.
- 합리적인 대처말을 잘 익히기 위해 역할 연습과 심상 연습을 할 수 있다.
- 문제가 재발하였을 때에는 자기 수용이 무엇보다 중요하다는 점을 강조한다. (자기비하를 하지 말아야 함을 강조!)

⑦ 실제 상황 둔감화

우리는 어떤 것을 너무나 두려워 한 나머지 그것을 반드시 피해야 한다는 비합리적인 생각을 경직되게 하기도 한다. 그것을 피할 때마다 그 순간에는 고통을 벗어나는 것처럼 보일 수 있다. 그러나 문제를 회피하면 고통은 줄어드는 것이 아니라 오히려 증가한다. 실제 상황 둔감화의 목적은 정서적 고통을 야기하는 것이 상황이나 대상이 아니라 비합리적인 생각이라는 점을 보여 주고자 하는 것이다. 내담자를 비합리적으로 두려워하는 대상에 실제적으로, 심상적으로 반복 노출시킴으로써 그 대상과의 비합리적이고도 강력한 연합을 느슨하게 만들 수 있다. 노출을 통해서 내담자가 위협 대상을 마주하게 되면 불편하기는 해도 생각처럼 그렇게 위협적이지는 않다는 것을 알게 된다.

⑧ 어려운 상황에 머물기

내담자가 힘들어 하는 상황에 머물고 버텨 보도록 격려하는 개입이며 실제상황 둔감화의 한 종류이다. 어려운 상황에 머물러 보는 것은 그 상황을 견디는 방법을 배울 기회가 되며, 그 상황이 자신에게 도움이 되는 점이 없는지 합리적으로 따져 볼 기회도 된다. 또한 불편하기는 해도 그 상황을 감당할 수 있다는 자각을 증가시켜 준다.

⑨ 합리적인 신념에 따라 행동하기

REBT는 내담자에게 비합리적인 생각에 반응하지 않고, 합리적인 사고로 전환하여 행동하도록 돕는다. 또 다른 방법은 내담자로 하여금 일부러 합리적인 생각만 가지고 있는 것처럼 행동하도록 격려하는 것이다. 이런 기법을 '되고 싶은 모습이 된 것처럼 행동하기'라고 이름 붙일 수 있다. 만일 내담자가 자신이 원하는 것을 선택하여 합리적인 생각에 기초해 행동부터 옮긴다면 오히려 동기가 뒤따를 것이다. 동기와 의지는 종종 앞서지 않고 뒤따라온다.

(주요 주제 : 자기주장훈련, 자신감 높이기, 논박하기, 강박적 공포 다루기, 꾸물거림 극복하기, 합리적인 자기말, 분노 줄이기, 자기 수용 등)

REBT 활용 시 유의할 점

1. 치료회기 간 숙제부여는 REBT에서 상당히 강조되는 부분이며 인지적, 정서적/체험적, 행동적 숙제 중 어느 것이든 치료회기 밖의 시간을 활용하는 것은 치료적 진전에 상당한 기여를 한다.
2. 내담자에게 다양한 접근을 실험해 보고 시도해 보는 것은 성공적인 치료에서 아주 중요한 부분이다.

- 상담자의 치료 접근에 새로운 개입을 무리 없이 통합시키는 데 연습이 필요하다.
- 학생들마다 자신이 선호하는 학습 방법이 있듯이 내담자에 따라서 특정 개입방법에 상당히 잘 반응하는 사람이 있는가 하면, 같은 개입에 대해 전혀 효과를 보지 못하는 내담자도 있다. 따라서 치료자는 항상 개방적인 태도로 이 모든 과정을 일종의 실험처럼 여기고 자신만의 스타일을 발전시켜 나가야 한다.

2. 인지행동모델 사례

1) 사례 소개

- 이름: 김영희(가명)
- 나이: 39
- 학력: 고졸
- 직업: 비정규직
- 결혼 형태: 이혼
- 동반 자녀: 1남

클라이언트는 사업을 하는 남편과 아들을 둔 평범한 가정주부였다. 몇 해 전 남편의 사업이 부도가 나면서 가정은 많은 어려움에 처하게 되자 남편은 술을 더 많이 마시기 시작하였고 가정의 기물과 클라이언트를 폭행하고 그 횟수도 점점 잦아졌다. 그러나 클라이언트는 친정 식구들에게 알려질까 혼자 참으며 그 상황을 극복하려고 했지만 남편의 폭행과 알코올중독증세는 더욱 심해졌고 클라이언트에 대한 언어 및 성폭행도 더욱 심해졌다. 손이나 발은 물론이고 칼이나 도구를 이용해서 구타하기 시작하였고 의처증 증세도 심했다. 약 5년간 3차례나 상해진단서를 발급했으며 몇 주씩 입원하기도 했다. 그래서 지금은 남편과 이혼을 한 상태이며 남편은 알코올 중독으로 전문병원에 수용된 상태이고 클라이언트는 쉼터에서 생활하고 있다.

2) 클라이언트의 문제

처음에 클라이언트는 사회복지사와도 말을 하지 않으려 하고 시선을 피하는 등 우울증과 대인기피증상을 보였으며, 정서적으로 매우 불안해보였다. 쉼터에 들어온 지 약 1주일 후부터 사회복지사와 어느 정도 라포가 형성되어 함께 이야기도 나누고 본인의 가정과 남편의 이야기도 조금씩 하기 시작하였으나 비합리적인 신념이 대화 내용에 내포되어 있다.

① 인지적 문제- 비합리적인 신념과 인지적 불일치. (클라이언트는 반드시 돈을 벌어야한다고 하며 돈을 많이 벌면 자신의 건강과 자신을 무시하던 모든 사람들로 부 터 자신이 인정받고 절대로 무시도 당하지

않는다고 생각하고 있었다.)

② 심리적 문제- 우울증과 심리적인 장애를 겪고 있으며 자신의 불행이 외부적 요인에 의한 것이라고 생각하고 있다.

③ 정서적 문제- 폭행과 불안, 공포 같은 환경에 오래 노출되어 대인기피증이 심하고 위험하거나 두려운 것에 대한 늘 염려 하고 있다.

3) 실천목표

① 비합리적인 신념을 합리적인 신념으로 바꾸어 생각할 수 있도록 돕는다.

② 심리적인 장애, 우울증 등의 증상은 비합리적이고 비논리적인 사고의 결과로 수반된 것이므로 논리적이고 이성적인 사고로 재구성 할 수 있도록 한다.

③ 관찰학습과정을 통해 클라이언트가 원하는 행동을 학습할 수 있도록 돕는다.

4) 개입 절차

(1) 접수와 관계형성

◈ 클라이언트와 라포를 형성하고 관찰을 통해 클라이언트의 상황을 파악하여 가장 힘들어 하는 문제가 무엇인지 경청한다.

◈ 정보 수집 및 문제 사정

사회복지사가 클라이언트를 친근하게 대하자 라포가 형성되었고 클라이언트는 좀 더 편안하게 자신의 문제를 이야기 할 수 있게 되었다. 사회복지사가 클라이언트의 문제를 관심 있게 경청하고 지지를 보내자 클라이언트는 자신의 문제를 모두 사회복지사에게 털어 놓았다. 클라이언트와 상담 중에 클라이언트가 사용하는 비합리적인 신념이나 인지적불일치가 되는 내용을 사회복지사가 기록하여 제시하자 자신의 문제를 인정하면서 클라이언트 자신이 변화되고 싶다는 언어적 반응을 보여 클라이언트의 부정적인사고를 긍정적으로 변화시키려는 시도를 시작하였다.

(2) 문제 우선순위 설정

① 클라이언트가 사용하고 있는 부정적 인지, 사고체계를 탐색한다.

② 면담을 통해 부정적 인지, 사고체계의 내용을 분석한다.

③ 부정적 사고를 순기능적 인지, 사고체계로의 전환한다.

(3) 변화의 지속을 위한 과제제시

인지행동 치료프로그램을 통해 사회복지사는 클라이언트에게 과제를 제시하고 비합리적인 신념을 합리적 신념으로 재구성한다. 이후 피드백을 통해 문제를 클라이언트 스스로가 인지하고 문제해결을 위해 적극적으로 노력 할 수 있도록 회기마다 과제를 제시하였다.

5) 인지행동 프로그램 주제별 목표와 내용

회기	주 제	목 표	내 용
1회	지금 여기서 시작해요!	-집단원간 신뢰감과 친밀감 형성 -프로그램 성격, 목적 및 활동에 대한 이해 -명상호흡을 통한 긴장이완과 심신의 안정	-환영인사 -집단소개, 각자의 소개 -프로그램의 성격, 목적, 및 활동에 대한 설명 -명상호흡법 소개 -이완훈련(체계적 둔감법) -과제(평상시 자주 쓰는 말 중 비합리적인 말 찾아오기)
2회	내가 되고 싶은 것은?	-공동체의 친밀감 강화와 자기 개방 구체화 -별칭 짓기를 통한 욕구 파악 -비합리적인 신념과 언어를 스스로 인식하기	-별칭 짓기, 명찰달기 -일상에서 비합리적인 말 찾아내기 -과제(내가 정말 하고 싶은 것은 무엇이고 왜 나는 할 수 없었는지?)
3회	나의 감정 들여다 보기	-과제를 통해 감정의 변화와 긍정적인 사고 이끌어내기 -폭력과 관련된 구체적 경험 나누기와 감정탐색	-결혼생활 과정에서 참고 억제하는 삶속에서 잃어버린 나의 감정 찾아보기 -폭력과 관련된 경험나누기 (화가 났지만 너무 무서워 움직일 수가 없어요.)
4회	화가 나요!	-대인관계 반응패턴에 대한 방어기제 탐색 -감정인식과 표출	-대인관계시 반응탐색.(내가 남편으로부터 폭행을 당하는데 이웃들은 아무도 도와주지

		-빈의자 기법을 통한 감정해소 -정서적 조절 능력 향상	않았어요. 오히려 나를 조롱하고 무시하는 것 같아요.) -(내가 이웃이 되어보니 나도 선불리 도와주지 못 할 것 같아요.)
5회	나는 소중해요.	-척도질문을 통한 남편에 대한 감정 탐색 -긍정적인 자아상 확립 -자존감 향상	*척도질문 -(한 3점 정도인 것 같아요. 예전엔 자상하고 가정적인 남편이었는데 술 때문에....) -비디오 시청(제목:000) -강점관점(칭찬 프로그램)
6회	마음의 소리에 귀 기울려 봐요.	-왜곡된 사고의 비합리적인 신념의 탐색 -긍정적 사고로의 저환 -의사소통 훈련(역할극을 통해)	-생각 전환 활동 -의사소통 프로그램 -역할극을 통한 치료(남편: 당신은 사업이 어렵고 내가 많이 힘들어할 때 나와 대화도 많이 하지 않고 돈을 많이 벌어오지 못 한다고 무시하고 나를 집에서 허수아비처럼 대했잖아! 아내: 저는 몰랐어요. 당신이 그렇게 힘든지 그리고 아이에게 신경을 쓰느라.... 미안해요.)
7회	용서로의 여행!	-용서의 의미를 알고 선택 -용서를 통한 참 자유 경험 -타인수용능력 향상	-역할극을 통한 치료 -남편과 주변사람들에 대한 나의 감정을 나타내며, 긍정적인 방향으로 감정을 이끌어내기. -과제: 주변사람들과 대화하기(3명 이상, 경청하기)
8회	주위를 보세요!	-경청의 방법 습득과 긍정적 해결방안 모색 -주변사람들로 부터의 지지를 통한 역량강화	-사례별 문제 의뢰 -당신은 소중해요. -내가 인지하는 주변인, 주변인이 인지하는 나에 대해 알아보기

9회	다시 태어난 나를 위해.	-인생에 대한 책임감과 삶에 대한 소중함 인식 -미래에 대한 준비 -삶에 대한 목표 제시 -의사소통 훈련 습득	-나의 생애 설계 -의사소통 프로그램: 대인 관계에서의 대화법 -자존감 회복과 인생 설계
10회	이제부터 시작이야.	-긍정적이고 감사하는 삶 -자신의 변화와 성장에 대한 인식과 의지 강화 -정리와 평가	-나에게 쓰는 편지 -칭찬의 파도 -정리와 평가 -거듭남의 축하 -사후 검사

* 척도질문~ 1점에서 10점까지 있는 척도에서 10점은 문제가 해결되었다고 확신하는 것을 말하고 1점은 문제가 가장 심각할 때를 말한다.

1) 이 사례는 박애경(2008), '가정폭력 피해여성의 자아존중감과 우울에 대한 인지행동모델 적용에 관한 연구' 한영신학대학교 대학원 사회복지학과 석사학위논문을 재구성하였다.

6) 평가와 종결

자신의 감정을 남편에게 잘 전달하지 못하고 남편의 행동에 대한 이해가 없었음을 인정하고, 클라이언트는 스스로의 문제를 제시하고 해결하려는 긍정적이고 합리적인 방향으로 나아지고 있다.

*평소에 갖고 있던 역기능적인 인지체계가 합리적이고 대안체계로 변화되었는가를 확인한다.

*인지사고 체계의 변화로 인해 이전의 문제가 현실생활 속에서 어느 정도 해결 되었는가를 확인한다(최경화 외, 2010).

3. Beck의 인지치료

1. Aaron T. Beck의 생애와 인지치료 이론의 발달

- 아버지 Harry Beck과 어머니 Elizabeth Temkin의 셋째 아들이자 막내. 부모는 모두 러시아에서 미국으로 이주한 유태인

- Aaron은 뉴잉글랜드에서 태어나고 성장하며 교육을 받음

- 문학과 교육을 중시하는 가족 속에서 주관이 뚜렷하고 정치적 관심이 많은 부모에 의해 양육됨

- 딸이 어려서 유행독감으로 사망하자 어머니가 깊은 우울증에 빠져 여생동안 지속됨

- 1921년 7월 18일 막내 아이인 Aaron Temkin Beck이 태어나면서 어머니의 우울증이 호전됨

- 질병으로 인해서 Aaron은 일차적으로 불안증세와 공포증을 지니게 되었고 자주 학교에 결석하게 되었는데, 이러한 일들은 자신이 무능학 어리석은 사람이라는 신념을 갖게 만듦

- 자신이 어리석고 무능한 사람이라는 신념은 그와 일치하지 않는 증거들에 의해 극복될 수 있었음. 왜냐하면 Aaron은 학교에서 계속 우수한 성적을 거두었기 때문임

- Hope 고등학교에서 반 수석으로 졸업했으며, 형들을 따라 브라운 대학에 진학

- 브라운 대학에서 영어와 정치학을 전공했지만 예술, 음악, 회계학 등 사실상 공학을 제외한 모든 분야의 강의를 들음

- 1942년, 브라운 대학에서 우등생으로 졸업하고, 예일 의과대학에 입학

- 혈액/상처 공포증 : 실험실의 연구를 통해서가 아니라 체험을 통해 체계적 둔감법을 알게 되었다고 함. 수술이 다가올 때면, 자신을 그러한 상황에 점진적으로 노출시켜서 수술실에 들어갈 즈음에는 다소 불안하기는 해도 수술을 진행할 수 있었다고 함

– 아동기에 형성된 또 다른 공포는 질식에 대한 공포였음. 형인 Maurice가 종종 베개로 Aaron을 숨 막히게 하는 장난을 하곤 함. 세살 때 백일해와 만성 천식을 앓은 것도 질식의 공포를 더 심하게 만듦

– 버림받음, 대중강연, 높은 곳에 대한 공포를 지니고 있었음. 높은 곳에 대한 공포를 극복하기 위해 피사의 사탑에 올라가기도 함

– 1946년 의과대학을 졸업한 후에도 여전히 전공분야를 결정하지 못하고 있던 Beck은 가능한 한 넓은 경험을 쌓기 위해서 로드아일랜드 병원에서 순회인턴을 하게 됨

– 1946년부터 1948년까지 외과, 피부과, 산부인과, 감염내과, 신경과를 비롯한 다양한 전공분야에서 수련을 받음. 마침내 매력도 있고 정확성을 요하는 신경학을 전공분야로 정함

– 정신과를 전공하게 된 것은 상황적인 이유 때문

– 1949년에야, 메사추세츠 프래밍햄에 있는 쿠싱 보훈병원 신경과에서 전공의 과정을 시작함. 그해 말, 신경정신과 과장이 정신과 전공의가 부족한 것을 알고 모든 신경과 전공의들에게 정신과에서 6개월씩 순환근무를 하게 함

– Beck은 자신의 실용주의적 성향으로 인해 정신분석을 이해하기 힘든 것이라고 생각

– 6개월이 되어 갈 즈음에, Beck은 좀 더 시간이 흐르면 정신분석을 잘 이해할 수 있게 될 것이라고 생각하면서 정신과에 남기로 결정

– 1953년 정신과의사 자격증 얻고, 1954년 펜실베이니아 의과대학 정신과의 전임강사가 됨

– 필라델피아 정신분석연구소에서 받고 있던 분석 수련을 마치고 1958년에 수료

– 1959년에는 펜실베이니아 대학 정신과의 부교수가 되어, 같은 해에 처음으로 연구비를 받게 되어 꿈에 관한 연구를 시작함

– 그의 학문적 관심은 정신분석적 가설을 검증하는 연구를 설계하여 실제로 시행해보는 것이었음. 이렇게 그는 정신분석적 원리를 검증하기 위해서 연구를 시작하였는데, 결과적으로 인지치료를 발전시키게 됨

– 한 환자를 치료하면서 여러 수준의 인지가 있음을 이해하게 되었으며 환자의 '자동적 사고'를 중시하게 됨

- 실험적 연구와 임상적 관찰을 통해서 정신분석적 모델을 포기하게 됨
- 그는 "내가 정신분석학계와 결별하게 된 이유 중의 하나는 피상적인 허울 때문에 정신분석의 권위를 인정할 필요가 없다는 생각에서였다. 내가 얻는 자료는 그러한 권위보다 더 신뢰할 수 있는 것이었다."라고 말한 바 있음
- 1960년부터 1963년까지는 그에게 전문가로서 가장 중요한 시간이었음
- "나는 정신분석이론을 재검토하기 시작했으며 연구를 진행하고 있었다. 모든 것이 무너지는 것 같았다. 그러던 중에 인지치료가 태동하게 되었다. 한두 해 사이에, 나는 그 이후에 일어난 모든 것의 골격을 만들었다."
- Beck은 정신분석이론의 많은 부분을 거부했지만, 인간의 내면적 세계와 개인이 사건에 부여하는 의미가 중요하다고 생각함

2. 인지치료의 정의

- 다양한 정신과적 장애(예 : 우울, 불안, 공포, 통증 등)를 다루는 데 사용되는 적극적, 지시적, 시간제한적, 구조화된 접근
- 개인의 정서와 행동을 주로 그가 세계를 구조화하는 방식에 의해 결정된다는 이론적 근거에 기초(Beck, 1967, 1976)
- 사람들의 인지는 과거 경험으로부터 발전된 어떤 태도나 가정(인지도식)에 기초함
- 치료기법들은 왜곡된 개념화와 이러한 인지 밑에 깔린 역기능적 신념(도식)을 파악하고 현실을 검증하며 수정하기 위해 고안된 것
- 사고를 재평가, 수정함으로써 전에는 극복할 수 없다고 생각한 문제나 상황에 대처하는 것을 학습함
- 다양한 인지적 책략과 행동적 책략을 사용
- 환자의 잘못된 생각과 부적응적인 가정을 파악하고 검증하는 것을 목표로 함
  - 부정적, 자동적 사고(인지) 감찰
  - 인지, 정서, 행동 간의 관련성 인식
  - 왜곡된 자동적 사고의 증거와 반대증거 검토
  - 편파된 인지를 보다 현실지향적인 해석으로 대체
  - 경험 왜곡의 소인으로 작용하는 역기능적 신념 파악하고 수정
- 다양한 언어적 기법들 사용(먼저 인지치료의 이론적 근거 설명→자신의 부정적 사고를 인식하고 감찰하여 역기능적 사고일지에 기록하는 것 가르침→기

록된 인지와 가정들 검토→특정 표적증상(예: 자살충동)을 지지하는 인지(예 : 내 삶은 쓸모없고 나는 내 삶을 변화시킬 수 없어)가 파악되면 이에 대한 논리적, 경험적인 탐색이 이루어짐)

– 행동적 기법은 더 심각한 우울증 환자들에게 사용:행동 변화뿐만 아니라 행동과 연관된 인지를 끌어내기 위해 사용됨

– 행동적 책략들 중 대표적인 것 : 주간활동시간표(환자가 시간단위로 자신의 활동을 기입하는 것), 숙달 및 즐거움 평정표(환자가 자신의 활동을 숙달 및 즐거움의 측면에서 평정토록 하는 것), 점진적 과제부여 기법(환자가 달성이 어렵거나 불가능하다고 생각하는 목표에 도달할 수 있도록 과제수행단계를 세분화하여 단계별로 점진적으로 과제를 수행토록 하는 것)

– 치료자가 직면하는 중요한 문제는 어떤 유형의 개입을 언제 수행할 것인지 결정하는 것

– 행동적 기법과 인지적 기법은 각각 나름대로의 장점과 적용 영역이 있음

– 행동적인 방법은 무기력을 없애고 환자를 움직여 건설적인 행동을 하도록 하는 데 상대적으로 더 효과적

– 인지적 기법은 특정 사건에 대한 그릇된 추론을 수정하는데 적절한 유형의 개입방법(행동과제는 추론하는 유형의 인지적 문제를 다루는 데는 부적절할 것)

– 치료는 보통 일주일 간격으로 15~25회기 동안 진행

3. 인지치료의 새로운 특징

– 인지치료는 ‘면접의 형식적 구조’와 ‘초점을 두는 문제의 종류’에서 전통적인 심리치료와 다름

– 협력적 경험주의(collaborative empiricism) : 정신분석이나 내담자 중심치료 등의 전통적인 심리치료와는 달리, 치료자는 줄곧 적극적이며 끊임없이 환자와 상호작용. 치료자는 특정 설계에 따라 치료를 구조화하는데, 그 과정에서 환자의 참여나 협력을 중요시

– 지금 여기(here & now) : 정신분석적 치료와 대조적으로, 지금 여기에서의 문제에 초점을 두고, 현재의 관찰내용을 명료하게 하기 위한 목적이 아니라면 아동기 기억에는 주의를 기울이지 않음. 무의식적 요인을 해석하지 않음

– 행동치료와 대비되는 점 : 사고, 감정, 소망, 백일몽, 태도 등과 같은 내면적(정신적) 경험에 강조점을 더 둔다는 점

4. 인지치료의 일반적 가정

① 지각과 경험은 검열(inspective)과 내성(introspective) 자료를 포함하는 능동적 과정
② 환자의 인지는 내적, 외적 자극의 종합을 반영
③ 개인이 상황을 어떻게 평가하는가는 일반적으로 그의 인지(사고나 시각적 심상)에 나타남
④ 이러한 인지는 그 개인의 "의식의 흐름" 혹은 현상적 장을 구성하며, 이는 자신과 자신의 세계, 과거, 현재에 대한 그의 관점을 반영
⑤ 기저에 있는 인지구조의 내용이 변화되면 정서상태와 행동패턴도 영향을 받음
⑥ 심리치료를 통하여 환자는 자신의 인지적 왜곡을 자각
⑦ 이러한 역기능적 구성개념을 수정하면 임상적으로 호전될 수 있음

– 인지치료의 철학적 기원은 스토아 철학자들로 거슬러 올라감. 에픽테투스는 그의 저서『교본(The Enchiridion)』에서 다음과 같이 쓰고 있음

인간은 사물로 인해 고통 받는 것이 아니라 그것을 받아들이는 관점으로 인해 고통 받는다. 스토아학파와 마찬가지로 도교, 불교 등의 동양철학에서도 인간의 감정은 생각에 기초한다고 강조해왔다. 아무리 강렬한 감정이라도 생각을 바꾸면 통제할 수 있다는 것이다.

5. 우울증의 인지모형

– 체계적인 임상적 관찰과 실험적 검증으로부터 발전된 것(Beck, 1963, 1964, 1967)

– 인지삼제, 도식, 인지적 오류의 세 가지 주요한 개념을 가정

1) 인지삼제(認知三題, Cognitive triad)

– 환자가 독특한 방식으로 자기 자신과 자신의 미래, 자신의 경험을 바라보는 세 가지 주요 인지패턴으로 구성

① 첫 번째 요소는 자기 자신에 대한 부정적 견해 : 자기 자신을 결점이 많고 부적절하며 연약하고 아무 것도 없는 존재로 봄. 자신을 평가절하하거나 비난하는 경향. 행복과 만족을 얻는 데 필수적이라고 생각되는 자질이 자

신에게는 결여되어 있다고 믿음

② 두 번째 요소는 자신의 경험을 부정적으로 해석하는 경향 : 모든 환경과의 상호작용은 결국 패배와 박탈로 귀결된다고 잘못 해석

③ 세 번째 요소는 미래에 대한 부정적 견해 : 우울한 사람들은 미래를 보면서 자신의 현재 어려움이나 고통이 무한히 계속될 거라고 예상. 조만간 착수하게 될 어떤 과제를 떠올리면 실패를 먼저 예상

– 인지모형에서는 우울증의 기타 징후나 증상들이란, 부정적 인지양상이 활성화되어 나타난 결과라고 봄(예: 자신이 거부당했다고 잘못 생각하게 되면 실제로 거부당했을 때 느끼는 부정적 감정과 같은 감정으로 반응하게 될 것)

– 동기적 증상(예 : 의지의 마비, 도피 혹은 회피욕구 등)도 부정적 인지의 결과

– 의지의 마비는 비관주의와 절망감에서 비롯 : 부정적인 결과를 기대한다면 목표에 헌신하거나 일을 착수하려 하지 않을 것

– 자살욕구란, 해결할 수 없는 문제나 견딜 수 없는 상황으로부터 도피하려는 욕구의 극단적 표현으로 이해할 수 있음

– 의존성의 증가 : 자신을 무기력하고 무능력하다고 보는 반면, 과제 난이도에 대해서는 비현실적으로 과대평가. 자신이 떠맡은 일은 결국 실패할 것이라고 기대. 따라서 보다 유능하다고 생각하는 타인의 도움이나 위안을 구하게 됨

– 우울증의 신체적 증상도 설명 : 무감동과 활력 저하

2) 우울증적 사고의 구조적 조직화

– 도식 : 유사한 유형의 사건들에 대해서 일관적인 반응을 보이게 만드는, 비교적 안정적인 인지패턴

– 이 개념은 우울한 사람은 그의 삶 속에 긍정적 요인이 객관적으로 존재함에도 불구하고 왜 고통유발적이고 자기패배적인 태도를 유지하게 되는가를 설명

– 개인이 어떤 상황에 직면하면 그 상황과 연관된 도식이 활성화됨

– 도식은 개인이 접하는 자극들을 선별하고 구분하여 부호화하기 위한 기초를 이룸. 개인은 도식을 통해 자신의 경험을 범주화하고 평가

– 어떤 도식이 활성화되느냐에 따라 경험을 구조화하는 방식이 달라짐

– 우울증과 같은 정신병리 상태에서는 어떤 상황에 대한 환자의 개념화는 당시에 활성화된 역기능적 도식에 맞게 왜곡됨

– 이런 이질적인 도식이 더욱 활성화되면 논리적으로 별로 연관이 없는 다양

한 자극들에 의해서도 그 도식이 촉발됨

– 경미한 정도의 우울증 환자는 자신의 부정적 사고를 어느 정도는 객관적인 눈으로 바라볼 수 있으나, 우울증이 더 심해짐에 따라, 점차로 부정적 생각들에 의해 지배받게 됨

3) 잘못된 정보처리

– 우울한 사람들에게는 체계적인 사고의 오류가 있어서 반대증거에도 불구하고 부정적 사고의 타당성에 대한 환자의 신념이 유지됨(Beck, 1967)

① 임의적 추론(arbitrary inference) : 결론을 지지하는 증거가 없거나 증거가 결론과 배치되는데도 불구하고 어떤 결론을 이끌어내는 과정

② 선택적 추상화(selective abstraction) : 맥락에서 벗어난 한 가지 세부 특징에 초점을 기울이고 더 현저한 다른 특성들은 무시한 채 이러한 경험의 단편에만 기초하여 전체 경험을 개념화하는 것

③ 과잉일반화(overgeneralization) : 하나 또는 그 이상의 특수한 사건들에 기초하여 일반적인 법칙이나 결론을 도출하여, 그 개념을 관련되지 않는 상황에까지 광범위하게 적용하는 패턴

④ 과장과 축소(magnification and minimization) : 어떤 사건의 중요성이나 정도를 심하게 왜곡하여 평가하는 오류

⑤ 개인화(personalization) : 외부사건을 자신과 관련지을 근거가 없는데도 이를 관련짓는 경향

⑥ 흑백논리, 이분법적 사고(absolutistic, dichotomous thinking) : 모든 경험을 양극단의 범주 중 하나로 평가하는 경향. 이를테면 완벽하지 않으면 결함투성이고, 순결하지 않으면 불결하며, 성자가 아니면 죄인이라는 식. 환자는 자신을 묘사하는 데 있어서 극단적으로 부정적인 범주를 선택

– 우울한 사람은 자신의 경험을 비교적 미성숙한 방식으로 구조화하는 경향이 있음

– 생활 중에 부딪치는 사건들에 대하여 광범위하고 전반적인 판단을 내리기 쉬움. 그 의미들은 대개 극단적, 부정적, 범주적, 절대적, 판단적. 따라서 감정반응 또한 부정적이고 극단적인 경향

– 성숙한 사고 : 여러 차원으로(단일 범주로가 아니라), 질적인 용어보다 양적인 용어로, 절대적인 기준보다는 상대적인 기준에 따라서 생활상황들을 통합하는 사고

6. 우울증의 인지치료 수행을 위한 전제조건

① 우울증이라는 임상적 증후군을 확고하게 이해하고 있어야 함
② 자살 의도가 있는 환자를 알아내고 자살위험을 판단할 수 있는 전문적인 기술이 있어야 함
③ 인지치료자가 되기를 열망하는 사람은 우선 좋은 심리치료자가 되어야 함. 관심과 수용, 동정 등의 인간적 분위기로 환자를 대할 수 있는 능력과 같은 특성들을 지니고 있어야 함

7. 인지치료의 한계

① 연구목적을 제외하고는, 기존 연구들을 통해 이 접근에 반응적이라고 밝혀진 유형의 환자들에게만 이 치료가 적용되어야 함
② 단극성, 비정신병적, 우울 외래 환자에게서만 그 효과가 입증됨. 따라서 양극성 우울증과 퇴행이 심하거나 자살위험이 높은 환자들에게는 입원과 '신체적' 치료들과 같은 표준적 치료절차를 적용해야만 함
③ 인지치료 접근이 항우울제 투여보다 더 바람직하다고 믿어지는 단극성 우울증 환자들에게만 이 접근을 사용하는 편이 좋음

8. 인지치료를 배우면서 빠지기 쉬운 함정

① 치료적 관계를 경시하는 것
② 양식화, 변덕스러움, 지나치게 조심스러움
③ 지나치게 환원적이고 단순화시킴
④ 지나치게 설교적이거나 과도하게 해석적임
⑤ 지나치게 피상적임
⑥ 우울증 환자들에게 부정적으로 반응하는 것 – 환자의 자기패배적인 반응에 대해 생산적으로 반응하기 위한 가장 좋은 방법 중 하나는 환자를 공감하려는 시도. 환자의 현상적 세계에 들어감으로써 치료자는 환자의 저항이 그가 현실을 이해하는 방식의 불가피한 결과라는 것을 이해할 수 있음
⑦ '지적 통찰'을 받아들이는 것

4. 인지치료에서 치료관계 응용

1. 바람직한 치료자의 특성

- 따뜻함(warmth) : 따뜻함을 드러내는 데 적절한 균형을 유지해야 한다.
- 정확한 공감(accurate empathy) : 치료자가 환자의 세계로 들어가서 환자가 느끼는 대로 환자의 삶을 보고 체험하는 것. 치료자는 자신의 태도나 기대를 환자에게 투사함으로써 환자의 보고를 왜곡시키지 않도록 특별히 주의해야 함. 지나치게 공감에 의존하면 치료자는 환자의 자신과 세계에 대한 자동화된 부정적 표상이 진실하다고 잘못 받아들일 수 있음. 공감과 동정을 구별하는 것은 중요. 동정은 연민에 보다 가깝고 환자의 고통을 적극적으로 공유하는 것. 한편, 공감은 정서적 요소와 더불어 지적 요소를 포함. 또한 환자의 감정으로부터 자신을 분리시키는 능력까지도 포함한다.
- 진실성(genuiness) : 모든 형태의 심리치료에서 중요한 요소. 진실한 치료자는 환자에게 뿐만 아니라 자신에게도 정직. 진실성을 환자에게 전달하는 기술도 지녀야 한다.

5. 치료적 면접의 구조

1. 치료자를 위한 구체적 지침

1) 환자의 '개인적 패러다임' 인정하기
2) 환자에게 '명명하기'를 피하고 가치판단을 하지 말 것
3) 자기패배적 행동의 원인을 '무의식적 원망'으로 돌리지 말 것
4) 환자의 욕구에 따라 활동 및 구조화 수준을 조정할 것
5) 질문을 주된 치료도구로 이용하기
   - 질문의 목적

① 중요한 진단적, 전기적, 배경적인 정보의 획득
② 환자의 심리적 문제의 본질에 대한 개념화
③ 환자의 현재 생활상황, 특별한 스트레스원, 사회적인 지지체계에 대한 개관
④ 대처기제, 스트레스를 견디는 힘, 기능수준, 내성하고 자기객관화 할 수 있는 능력의 평가

⑤ 모호하고 추상적인 호소를 구체적이고 분명한 문제로 전환하는 것
⑥ 문제에 대한 다양한 대안적 접근에 대해 질문함으로써 의사결정을 주도하도록 하는 것
⑦ 환자가 특정한 대안을 선택할 수 있도록 함. 그 한 접근법은 대안의 장점과 단점들에 대해 평가하고 가장 바람직하지 않은 대안을 삭제하도록 하는 것
⑧ 부적응적인 행동의 결과를 조사하도록 유도. 예를 들어, 침대에 계속 누워있음으로써 얻는 것이 무엇인가?
⑨ 보다 적응적인 행동의 가치를 평가. 무엇을 잃게 되는가? 자기주장을 함으로써 비난받을지도 모를 모험을 하는 것의 이점은 무엇인가? 손실은 무엇인가?
⑩ 불쾌한 정동이나 역기능적 행동과 관련된 환자의 구체적 인지를 끌어내는 것
⑪ 특별한 사건이나 상황이 환자에게 어떤 의미를 갖고 있는지 확인하는 것
⑫ 환자가 부정적인 자기평가의 기준을 검토하도록 유도(예: 무가치감, 나약함, 무능함 등)하는 것
⑬ 환자가 자기에 대한 추론 시에 부정적인 단서만 선택적으로 추출한 것을 예시함
⑭ 긍정적인 경험을 무분별하게 부정하거나 박탈하는 경향을 예시함
⑮ 환자가 이전에는 닫아버렸던 문제영역에 대해 문을 열고 탐색하도록 유도

6) 논쟁이나 주입식 교육보다는 질문을 사용할 것
7) 유머를 적절히 사용할 것

6. 행동기법의 응용

1. 행동변화를 통한 인지의 변화

- 치료자는 환자가 사실상 이전 수준의 기능을 상실한 것이 아니라 그의 낙담과 회의가 노력에 필요한 자원을 이용하기 어렵게 했다는 것을 보여줄 수 있음
- 치료자는 구체적인 목표지향적 활동을 처방함
- 인지치료에서 이용되는 행동기법들의 궁극적인 목표는 부정적인 태도를 변

화시켜 환자의 수행을 증가시키는데 있음
- 행동치료자에게 있어서는 행동수정 자체가 목적이 되지만, 인지치료자들에게 행동수정이란 인지변화라는 목적을 위한 수단이 됨
- 행동변화를 환자의 관점에서 보는 것이 중요함
- 단지 행동이 변했다고 해서 부정적으로 편파된 인지가 변하지는 않음 – 그보다는 행동의 변화를 통해 부정적인 평가를 확인할 수 있음
- 행동변화는 환자로 하여금 자신의 부적절성과 무능력에 대한 생각을 경험적으로 평가할 기회를 제공한다는 점에서 중요
- 치료자는 환자의 준거틀을 이해하고 여기에 치료적 절차의 근거를 두어야 함

2. 활동계획표 짜기

- 구체적이고 특정한 활동계획의 처방 – 우울증 환자들이 우울기 이전에는 비교적 쉽게 달성했던 일을 수행하거나 끝내는 데 어려움이 있다는 임상적 관찰에 근거를 둠
- 활동계획표의 사용은 환자의 동기상실, 비활동성, 우울사고에의 집착에 대항하도록 도움
- 시간단위로 환자의 시간계획을 짜는 기법은 일정 수준의 활동량을 유지하고 비활동성으로 되돌아가는 것을 방지함
- 치료자는 환자에게 이 기법의 근거를 제시해야 함 – 최소한 치료자는 환자에게 활동이 환자의 선입관을 감소시키고 그의 정서를 고양시켜줄 수 있는지를 결정해줄 '실험'을 해보자고 권할 수 있음
- 치료자와 환자는 특정한 활동을 정하고 환자는 매 과제를 수행하는 동안 자신의 생각과 감정을 감찰할 것에 동의함
- 환자와 협조해서 활동계획을 짜는 것은 환자가 자신의 시간을 통제할 수 있다는 것을 보여주는 데 중요한 단계가 될 수 있음
- 활동계획표는 일과를 구조화해주고 환자의 일상 활동을 평가하는 정보를 제공
- 일일활동기록은 환자가 표현하는 "나는 아무 일도 할 수 없다"는 반복된 생각을 검증할 기초를 제공함. 또한 환자로 하여금 우울증에서 조금이라도 벗어나게 해주는 활동이 어떤 것인지를 깨닫게 해줌

3. 숙련도와 즐거움 기법

- 즐거움을 줄 수 있는 활동은 '강화조사계획표'나 '즐거운 사건 계획표'를 사용해서 평가할 수 있음
- 치료자는 매일 일정 시간 동안 특정한 즐거운 활동에 참여하도록 과제를 부과하고 그 활동을 할 때 기분의 변화나 우울사고의 감소를 기록하도록 함
- 환자가 다양한 활동에 참여할 때에는 각 활동의 숙련도(M)와 즐거움(P)를 기록하도록 하는 것이 도움이 됨
- 숙련도 : 특정한 과제를 수행할 때 느끼는 달성감
- 즐거움 : 그 활동과 관련된 즐거운 감정
- 숙련도와 즐거움은 5점 척도로 평정 : 0점은 아무런 숙련도나 즐거움이 없을 때, 5점은 숙련도와 즐거움이 최대일 때 평정됨
- 이 평정척도를 이용하여 환자는 부분적인 성공과 약간의 즐거움을 느낄 수 있게 됨
- 이 기법은 환자의 이분법적 사고를 줄이는 경향이 있음

4. 점진적 과제 부여

- 문제정의 : 예를 들면, 자신에게 중요한 목표를 달성할 수 없다는 환자의 믿음
- 계획수립 : 쉬운 과제에서 복잡한 과제로 단계적 과제 부과
- 특정한 목표 도달에 성공한 것을 환자가 즉각적이고 직접적으로 관찰. 계속적인 구체적 귀환정보는 환자에게 자신의 기능적 능력에 대한 새로운 교정적 정보를 제공
- 환자의 의심, 냉소적 반응, 자신의 성취를 과소평가하는 것을 환기시키기
- 환자 자신의 실제 수행에 대한 현실적인 평가를 하도록 격려하기
- 환자가 자신의 노력과 기술로 목표에 도달했다는 사실을 강조
- 새롭고 보다 복잡한 과제를 환자의 협조 하에 고안

5. 인지적 시연

- 환자에게 어떤 과제를 완료할 때까지 매 단계를 순서대로 상상하도록 요구하는 기법
- 환자에게 그 활동에 필수적인 세부 사항들에 주의를 기울이게 하고 정신이

오락가락 하는 경향을 줄이도록 함

- 나아가 각 단계를 시연하게 함으로써 환자는 과제를 수행할 수 있는 미리 프로그램 된 체계를 갖추게 됨
- 인지적 시연의 또 다른 목적은 과제의 성취를 방해할 수 있는 잠재적인 인지적, 행동적, 환경적 '장애물'을 알아내는 것

6. 주장훈련과 역할연기

- 주장훈련은 구체적인 기술에 초점을 맞추고, 시범(modeling), 지도(coaching), 행동시연(behavior rehearsal)과 같은 기법들을 포함
- 역할연기는 단순히 치료자나 환자가 어떤 역을 맡고 그 역에 따라 사회적인 상호작용을 하는 것을 말함
- 역할연기는 환자에게 또 다른 관점을 보여주거나 적절한 정서표현을 방해하는 요인을 명료화하는 데 이용될 수도 있음
- 역할연기는 환자로 하여금 자기동정을 일으키는 방식으로 이용될 수도 있음

7. 인지치료 기법

1. 인지치료 기법의 이론적 근거

- 특수한 인지기법을 치료에 적용함에 있어서, 치료자는 우울증에 대한 인지모형의 틀 안에서 작업하는 것이 중요
- 인지치료의 핵심적인 부분은 치료자가 적절한 정보를 얻어서 환자의 세계로 들어가 그 환자가 현실을 조직화하는 방식을 경험할 수 있는 것으로 구성됨

2. 환자에게 이론적 근거 설명하기

1) 환자에게 '인지'를 규정하기 : 치료자는 인지를 "당신이 그것에 주의를 기울이지 않으면 잘 인식되지 않을 순 있는 사고나 심상"으로서 규정할 수 있음
2) 감정과 행동에 대한 인지의 영향 : 사고와 감정 간의 관계를 논증(예: "유도된 심상기법")
3) 인지와 최근의 경험들

4) 자동적 사고의 탐지
5) 자동적 사고들과 심상들의 검토 및 현실검증

3. 재귀인 기법

- 재귀인 기법은 환자가 혐오적인 사건을 비현실적으로 자신의 능력이나 노력 부족과 같은 개인적인 부족함에 귀인할 때 사용됨
- 요는 환자의 모든 책임감을 면제하는 것이 아니라 혐오적인 경험에 기여하는 다양한 가외 요인들을 밝히는 것
- 객관성을 얻음으로써 환자는 자기비난의 짐을 덜 뿐만 아니라 열악한 상황을 헤쳐나가는 방법을 찾을 수 있고 재발을 방지할 수도 있음
- 재귀인은 자기비난이 지나친 사람이나 어떠한 부정적인 사건에 대해서라도 자기책임으로 돌리는 사람들에게 특히 유용
- 치료자는 자기비판을 초래한 사건들의 '실상'을 개관하거나, 환자가 다른 사람의 행동에 비해 그 자신의 행동에 책임을 무겁게 부여하는 상이한 기준을 가지고 있는 것을 보이거나(이중 기준), 어떠한 부정적인 결과에 대해서도 100% 책임이 있다는 그 환자의 신념에 도전하도록 함으로써 자기 비난하는 환자의 인지들을 공박하는 법을 택할 수 있음

4. 역기능적 사고들의 기록

- 인지와 반응을 횡선에 평행하게 기록하는 것은 그 인지들을 검토, 평가, 수정하기 시작하는 한 방법
- 환자에게 한 칸에 그의 인지를 쓰고 그 옆의 칸에 합리적인 반응을 적도록 가르침. 나머지 칸에는 환자의 감정과 행동, 그리고 인지에 선행하는 상황이나 사건의 구체적인 내용을 적도록 하는 과제를 줄 수도 있음
- 기록형식은 환자가 역기능적인 사고와 심상을 인식하는 데 도움이 될 수 있음
- 환자가 자동적 사고(혹은 인지)의 개념을 이해한 다음에는 치료자는 자세히 그 양식의 사용을 설명해야 함
- 치료자의 주요 과제는 환자가 그의 부정적 인지에 대한 합리적인 반응을 생각하도록 돕는 것

5. 반응계산기의 사용

- 대부분의 환자들은 그들의 부정적인 자동적 사고의 전형적, 반복적 본질을 인식하기 못하기 때문에, 보조기법을 사용하여 이러한 인지들을 확인하고 감찰하는 것을 도울 수 있음
- 손목시계를 닮은 골프계산기를 응용하여 특수 설계된 반응계산기를 이러한 목적으로 사용할 수 있음

▶참고문헌◀

Albert Ellis·Catharine MacLaren, 서수균·김윤희 공역(2007), 합리적 정서행동치료, 학지사.

Albert Ellis, 홍경자·신선남 편역(1995), 화가날 때 읽는 책, 학지사.

Garald Corey, 조현춘·조현재 공역(2003), 심리상담과 치료의 이론과 실제.

김희수·박경애(2002), REBT를 적용한 진로 집단 상담 프로그램이 대학생의 진로발달에 미치는 효과. 한국심리학회지: 상담 및 심리치료, Vol.14, No2.

우울증의 인지치료(1996), Aaron T. Beck 저, 원호택 외 공역, 학지사.

윤순임 외(1995), 현대상담·심리치료의 이론과 실제, 중앙적성 출판사.

인지치료 -이론과 실제-(1997), Judith S. Beck, Ph.D. 저, 최영희 외 공역, 하나의학사.

인지치료의 창시자 : 아론 벡(2007), Marjjorie E. Weishaar 저, 권석만 역, 학지사.

최경화 외(2010), 사회복지실천기술론, 신정.

제 9 장

인본주의치료모델

1. 칼 로저스(1902~1987)의 생애와 연혁

1. 생애와 연혁

인본주의 심리학의 대변자인 로저스는 반세기 동안 그가 발전시킨 사상을 반영하는 삶을 살아왔다. 그는 늘 의문하는 자세, 변화에 대한 진정한 개방, 그리고 개인적으로나 직업적으로 미지의 세계를 향해 기꺼이 접하려는 용기로써 살아왔다. 초기의 저서에서 로저스(1961)는 가족의 분위기가 친근하고 따뜻하였을 뿐만 아니라 엄격한 종교적 분위기로 특징지어졌다고 기술하고 있다. 놀이는 제한되고 청교도적 윤리가 미덕으로 칭송되었다. 그는 소년기에 사회의 일원으로서보다 학문에 관심을 쏟았기 때문에 고립된 존재였다.

대학시절에 그의 관심과 학과는 농업에서 역사로 다시 종교로 그리고 마지막으로 임상심리로 바뀌었다. 위스콘신대학교 2학년 때 그는 신학을 공부하기 시작하여 3학년 때는 북경에서 열린 "전 세계 대학생기독교연합회"에 참석하게 되었다. 이것은 그에게는 가장 중요한 경험이었다. 왜냐하면 그로 하여금 사람들의 종교적 신념이 매우 다양하다는 인식을 하게끔 해주었기 때문이다. 그는 이 시기를 심리적으로 독립을 성취한 시기로 간주했다. "가장 주요한 것은 나는 처음으로 부모의 종교적 생각들에서 탈피하여 더 이상 그들과 함께 할 수 없다는 것을 인식한 것이다"(1961). 졸업할 시기에 그는 의문을 품고 결시를 했다. 그는 유니온 신학대학에서 공부했는데 그 후 콜롬비아 대학의 사범대학으로 옮겨 심리학을 공부하기 시작하여 1931년에 박사 학위를 받았다. 신학교를 떠나 심리학을 공부하려고 결심하게 된 데에는 신학교의 학생을 통제하는 수업이 그로 하여금 그가 배운 종교적 신념에 대해 의문을 품게 해주었기 때문이다. 그는 어떤 특별한 종교적 독단이 요구되는 그런 분야에서 일할 수 없음을 인식하였다.

1928년에서 1962년까지 그는 몇 가지의 연구 과제를 할당받았다. 그러나 대학 졸업생을 위한 기존의 교육정책에 동의하지 않았기 때문에 결국 대학교수직을 떠났다. 1964년에 캘리포니아의 라 졸라(La Jolla)에 있는 "서부행동과학협회"에 임원으로 참여하였다. 이 협회는 인간관계의 능력을 향상시키려는 사람들을 위한 기관이었다. 여기서 그는 1960년대의 만남의 집단 운동을 활발히 육성시켜 나갔다. 1968년에 로저스와 동료들은 라 졸라에 인간을 이해하기 위한 상담소를 열었다. 상담분야에서의 인간적 접근법의 기수로서 그는 미국뿐 아니라 전 세계에 영향을 미쳤다. 말년의 몇 년 동안 그는 국제적인 외교에 참여했고 핵보유 경쟁에 대한 글을 썼다.

한 인터뷰에서 그는 만약 부모와 이야기할 수 있다면 그가 이룩한 공헌에 대해 그들이 무엇을 알아주었으면 좋겠느냐는 질문을 받았다. 그는 모친에게 중요한 어떤 것도 말한다는 것은 상상할 수 없다고 대답했다. 왜냐하면 모친이 부정적인 판단을 하리하고 확신하고 있었기 때문이다. 재미있게도 그의 이론의 핵심 주제는 내담자가 변화하려면 무조건적인 경청과 수용이 필요하다는 것이다.

1) 역사적 배경

1940년대에 로저스는 개인치료에서 지시적이고 정신분석적인 접근법에 대한 반동으로 비지시적 상담으로 알려진 상담방법을 발전시켰다. 그는 “상담자는 최고의 것을 안다”라는 지시적 상담의 기본 가정에 도전했을 때 대단히 벅찬 감동을 받았다. 그는 또한 충고, 암시, 상담자의 지시, 설득, 교수, 진단, 해석 등 일반적으로 받아들여지고 있던 치료과정의 타당성에 대해 도전하였다. 그의 기본 가정은 인간은 본질적으로 신뢰로우며 치료자 측의 직접적인 지시가 없이도 자신과 자신의 문제를 이해할 수 있는 잠재적 능력을 갖고 있으므로 치료관계에 참여하게 되면 자기 지시적으로 성장할 수 있는 가능성이 있다는 것이다. 처음부터 로저스는 치료자의 태도와 성격특성을 강조했으며 치료과정의 결과를 결정하는 요소로 내담자와 치료자 간의 관계의 질(quality)을 강조했다. 그는 치료자가 가진 이론이나 기법에 관한 지식은 그 다음에 놓인다고 계속 강조하였다.

그의 초기 관심은 개인 상담과 심리치료였다. 후에 성격에 대한 체계적 이론을 발달시켰으며 이 자아이론을 개인 상담에 적용했는데 이것을 후에 내담자중심 심리치료라고 다시 명명하였다(Rogers, 1951). 다음 10년간 그와 동료들은 심리치료의 과정과 결과에 대해 광범위한 연구를 함으로써 내담자중심 접근법의 중심 가설을 계속 검증해 나갔다. 이 연구에 기초해서 이 접근법은 계속 수정되어 갔다(Rogers, 1961).

내담자중심 치료법은 원래 심리적 도움을 원하는 사람들은 자신의 삶을 지시할 수 있는 책임감이 있다고 보는 것인데 점차 그 영향의 범위가 다양한 영역에까지 확장되었다. 내담자중심의 철학은 교육에 적용되어 학생중심의 교수법을 만들었다. 1960년대와 1970년대에 로저스는 인간성장 집단의 기수로서 기여하였고 그의 생각을 여러 유형의 사람들과 함께 하는 만남의 집단에 적용하였다(Rogers, 1970). 그리고 행정가, 소수집단, 종족과 문화가 다른 집단, 국제적인 관계로 확산시켰다(Rogers, 1977). 광범위한 분야에 걸친 그의 영향과 특히 만년의 정치에 대한 관심 - 인간은 어떻게 힘을 획득하고, 소유하고 , 분배하고, 지배하며, 다른 사람과 자신들을 제어하는가? - 때문에 이 접근법은 인간중심적 접근법이라고 불리어진다.

2) 실존주의와 인간중심주의

정신분석과 행동주의적 접근법에 대한 이론적 대안으로 “제3세력의 심리학”

에 속하는 인본주의이론은 실존적 심리치료, 인간중심적 심리치료, 그리고 펄스에 의해 발달된 게슈탈트(Gestalt) 심리치료와 같이 실존주의 철학에 기원을 두고 있다. 인간중심적 치료와 게슈탈트 치료는 경험적이고 관계지향적인 것들이다. 이것들은 실존적 전통에 근거한 철학에서 발달한 인간중심적 접근법이다. 그러나 실존주의 이론이 소외, 무의미, 불안 등과 같은 인간존재의 유한성과 비극적 측면에 초점을 두는 반면, 인본주의 이론에서는 사랑, 선택, 창조성, 의미, 가치, 자아실현과 같은 인간의 자아실현 경향과 긍정적 측면에 초점을 둔다는 점에서 차이가 있다.

한편으로는 역사적 접맥 때문에 그리고 한편으로는 실존적 사고와 인간중심적 사고를 대표하기 때문에 그 관점을 명확히 분류할 수 없어서 실존주의와 인간중심주의라는 용어의 결합이 학생과 이론가들에게 혼란을 주기도 한다. 이 두 관점들은 서로 공통적으로 내담자가 긍정적, 건설적인 의식으로 선택할 수 있는 능력을 지녔다는 믿음에 대한 관점을 공유하고 있다. 또한 자유, 선택, 가치, 개인적 책임성, 자율성, 목적, 의미라는 용어를 공통적으로 강조하고 있다. 그러나 실존주의적 치료자들은 우리들이 내적 의미가 부족한 사회에서 정체감을 창조하기 위해 불안을 선택한다고 보는 반면, 인간주의적 치료자들은 우리들 각자는 자신의 내부에 자기를 실현시킬 수 있는 능력과 본질을 갖고 있으며 의미를 발견함으로써 불안을 보다 덜 야기하는 위치를 취할 수 있다고 본다.

인간중심적 상담자들의 기본 관점은 만약 적절한 양육 조건을 제공해 준다면 그것이 자동적으로 자기실현화로 밀고 갈 잠재력이 되어 긍정적인 방향으로 "자동적으로"(automatically)성장하리라는 환상에 사로잡혀 있다.

반대로 실존적 치료자들은 우리가 고려할 수 있는 "존재"와 "본질"은 없고, 우리는 단지 매순간 이 조건에서 무엇을 선택해야 하는가 하는 선택의 순간에 직면하는 존재라는 것이다. 얄롬(1980)은 인간중심적 심리학자들을 실존적 치료자들의 "일시적이고 화려한 미국인 사촌"이라고 표현하고 있다. 그는 미국의 인간주의 심리학은 유럽의 실존적 전통과 여러 가지 기본 관점에서 다르다는 것을 지적하고 있다.

유럽의 실존적 전통의 초점은 인간의 한계성, 불확실함과 무에서 기인하는 불안에 대한 직면과 이에 대한 고려에 있다. 인간주의 심리학자들은 이와는 달리 한계성이나 우연성보다는 발달의 가능성을, 수용보다는 자각을, 불안보다는 절정경험과 전 세계적인 일치성, 삶의 의미보다는 자기실현을, 분리나 고독보다는 나-당신과의 만남을 강조한다.

모든 인본주의 심리학자들 중에 로저스는 기본 원리와 개념을 상담에 적용한 지도적 인물이다. 그는 실존적 개념들로부터 많은 것들을 끌어내고 있는데, 특히 치료의 핵심인 내담자와 상담자의 관계에 그것들을 적용하고 있다.

2. 주요 개념들

1) 인간본성에 대한 관점

로저스의 저술에 일관되게 나타나는 중심 주제는 만약 존경과 신뢰의 풍토가 조성된다면 인간은 긍정적이고 건설적인 방향으로 발전하려는 경향을 지닌다는 데 대한 깊은 믿음이다. 그는 인간은 신뢰할 수 없으며 우월하고 "탁월한"위치에 있는 사람에 의해 지시받고, 동기화되고, 가르침을 받고, 처벌받고, 보상받고, 통제되고, 지배받아야 한다는 가정에 기초한 이론적 체계들에 대해 공감하지 않는다.

그는 성장을 계속 촉진시키는 분위기를 만들어서 개인을 발전하게 하고 유능하게 만드는 **상담자의 세 가지 속성**이 있다고 보았다. 이 속성들은 ① 순수성 또는 진실성, ② 수용 또는 돌봄, ③ 깊은 이해 등이다. 로저스는 만약 이런 태도를 지니고 조력자가 내담자와 대화한다면 내담자들은 덜 공격적이 되고 자신과 주변 세계의 경험에 보다 개방적으로 된다고 가정하였다.

이러한 **긍정적인 인간관**은 치료의 실제에 중요한 의미를 갖는다. 개인은 부적응한 상태로부터 건강한 심리적 상태로 나아가려는 내재적인 능력을 갖고 있다는 신념 때문에 상담자는 일차적으로 내담자에게 책임을 갖게 한다. 인간중심적 접근법에서는 상담자를 치료에 대해 가장 잘 아는 권위자라고 생각하지 않으며 또한 내담자를 단지 치료자의 지시에 따르는 수동적인 존재로 생각하지 않는다. 그래서 치료는 자각과 결정을 할 수 있는 내담자의 능력에 근거한다.

이런 각도에서 사람을 본다는 것은 상담자가 인간본성의 건설적인 면에 초점을 둔다는 것과 사람에게 있어 무엇이 올바른가에 초점을 둔다는 것 그리고 치료에서 사람을 귀중하게 여긴다는 것을 의미한다. 따라서 치료는 증상의 진단과 처치의 과정 그 이상이다. 그것은 내담자들이 그들의 세계에서 어떻게 다른 사람들과 해동하는가에 초점을 두며, 어떻게 건설적 방향으로 움직여 갈 수 있으며, 어떻게 자신의 성장에 장애가 되는 방해물들(자신의 내부에서 오는 것과 외부에서 오는 것 모두)에 성공적으로 부딪혀 가는가에 초점을 둔다. 그 함축된 의미는 치료란 "규정에 적응하게 하는 것"이상이라는 것이다. 그리고 이 접근법은 단지 문제해결을 하는 데서 멈추지 않는다. 인간주의적 태도를 지닌 임상가들은 내담자들로 하여금 이런 종류의 삶은 끊임없는 투쟁을 요구한다는 것을 인식시키면서 완전하고 자발적인 삶을 살도록 도전하게 한다. 그러나 사람은 결코 자기 실현화된 최고 상태의 존재에 도달하지는 못한다. 단지 사람은 자기실현화 그 자체의 과정에 참여할 뿐이다.

2) 기본 특성들

로저스는 인간중심이론을 치료를 위한 완전하고 고정된 이론으로 제시하지는 않았다. 그는 다른 사람들이 그의 이론을 확고부동한 정론(dogma)으로서가 아니라 치료과정이 어떻게 발전하는가에 대한 일련의 잠정적 원리로서 보기를 원하였다. 로저스와 우드(1974)는 인간중심적 접근법을 다른 모형들과 구별하는 특성들을 기술하였는데 대략 다음과 같다.

인간중심접근법은 현실과 좀 더 완전하게 만날 수 있는 내담자의 능력과 책임감을 강조한다. 내담자들은 자신들을 가장 잘 아는 사람들로서, 성장하는 자기자각을 바탕으로 해서 자신에게 보다 적합한 행동을 발견할 수 있는 사람들이다.

이 접근법은 내담자의 현상적 세계를 강조한다. 정확한 공감과 내담자의 내적 준거를 이해하려는 노력을 갖고 치료자는 주로 내담자의 자아와 세계에 대한 인식에 관심을 갖는다.

이와 같은 심리치료의 원리들은 모든 내담자들 즉 "정상인", "신경증환자", "정신병환자"에게 모두 적용된다. 심리적으로 성숙하고자 하는 충동은 인간 본성에 깊이 뿌리 박혀 있다는 관점에 근거한 인간중심적 치료는 심리적 부적응의 정도가 심한 사람뿐만 아니라 비교적 정상 수준에서 기능하는 사람들에게도 적용된다.

인간중심접근법에 의하면 심리치료는 건설적인 인간관계의 하나의 본보기에 불과하다. 내담자가 혼자서 할 수 없는 것을 도와주는 다른 사람과의 관계 자체에서 또는 그런 관계를 통해 내담자는 치료적 성장을 경험한다. 이것은 내담자의 치료에서의 변화를 돕는 일치성 있는(외적 표현과 행동이 내적 감정이나 생각과 일치하는)그리고 수용적이고 공감적인 상담자와의 관계이다. 인간중심적 접근법에서 치료자의 기능은 즉시 제공되어야 하고 내담자에게 접근 가능해야 하며 그들의 관계에서 만들어진 지금-여기의 경험에 초점을 맞추어야 한다.

아마 심리치료에 관한 어떤 다른 접근법보다 인간중심이론은 치료의 과정과 결과에 대한 연구를 통해 발전해 왔다고 할 수 있다. 이 이론은 고정된 것이 아니라 수많은 상담관찰을 통해 성장해 왔으며 인간본성과 치료가정에 대한 이해를 증진시키는 새로운 연구로서 변화를 계속할 것이다.

따라서 인간중심치료법은 일련의 기법도 아니고 확정된 이론도 아니다. 상담자가 보여 주는 일련의 태도와 신념에 뿌리를 둔 이 접근법은 상담자와 내담자가 그들의 인간성을 통해 성장경험에 참여하는 존재양식으로서 그리고 함께 하는 여정으로서 특징지을 수 있을 것이다.

3. 치료의 과정

1) 치료목표

인간중심접근법의 치료목표는 전통적인 접근법의 치료목표들과 다르다. 인간중심접근법에서는 개인의 보다 큰 독립성과 통합성의 정도에 치료목표를 둔다. 초점은 인간의 현재의 문제가 아니라 인간 그 자체에게 주어진다. 로저스(1977)의 관점에서 보면 치료의 목표는 단순히 문제를 해결하는 것이 아니라 내담자들의 성장과정을 도움으로써 그들이 현재 대처하고 있는 그리고 미래에 대처하게 될 문제들에 대해 보다 잘 대처할 수 있게 돕는 것이다.

로저스(1961)는 심리치료를 받으러 오는 사람들의 대부분은 "진실로 내 자신을 어떻게 발견할 수 있을까? 내가 진실로 바라고 있는 바대로 될 수 있을까?어떻게 나의 겉모습의 배후로 들어가 진정한 내 자신으로 될 수 있을까?"와 같은 의문을 갖고 있다고 한다.

치료의 기본목표는 개인이 완전한 기능을 발휘하는 사람이 되도록 도울 수 있는 환경을 제공하는 것이다. 그러나 이런 목표를 향한 작업을 하기 전에 우선 쓰고 있는 가면을 꿰뚫어 보아야 한다. 이러한 가면은 내담자들이 사회화 과정을 통해 발달시킨 것이다. 내담자들은 이런 가면을 씀으로써 자신들과 접촉할 기회를 잃었다는 것을 인식하게 된다. 치료기간 중의 안전한 분위기에서 그들은 다른 가능성들도 인식하게 된다.

치료과정을 통해 가면들이 벗겨져 나가면 그 가면 뒤에서는 어떤 종류의 사람이 나타날까? 로저스(1961)는 ① 경험에 대해 보다 개방적이고, ② 자신을 신뢰하며, ③ 내적 기준에서 평가할 수 있고, ④ 성장을 기꺼이 계속하려는 자기실현화를 이루려는 사람이 나타난다고 기술하고 있다. 이런 특성들을 격려하는 것이 인간중심적 치료의 기본 목표이다.

(1) 경험에 대한 개방

경험에 대한 개방은 선입관을 가진 자아구조에 맞추어 현실을 왜곡하지 않고 현실을 있는 그대로 보는 것이다. 방어의 반대인 경험에 대한 개방은 자아가 외계에 존재하는 실체에 대하여 좀 더 잘 자각하게 되는 것을 뜻한다. 이것은 또한 사람의 신념은 고정된 것이 아니라 좀 더 나은 지식과 성장에 대해 자기를 개방할 수 있으며 모호성을 수용할 수 있다는 것을 뜻한다. 사람은 현재의 상황에서 자신을 인식할 수 있으며 새로운 방법으로 자신을 경험할 수 있는 능력을 갖고 있다.

(2) 자기신뢰

치료목표 중의 하나는 내담자가 자기신뢰감을 갖도록 돕는 것이다. 치료의 초기 단계에서 종종 내담자는 자신과 자신의 결정을 잘 믿지 않는다. 내담자가 자신의 경험에 대해 보다 개방적으로 됨에 따라 자기신뢰감이 나타나게 된다.

(3) 내적 근거에 의한 평가

자기신뢰감과 관련되어 내적 근거에 의한 평가는 실존의 문제에 대한 해답을 발견하기 위하여 좀 더 자신을 살펴보는 것을 의미한다. 자신의 인격상을 파악하기 위하여 밖을 살피는 대신에 점점 더 자신의 중심으로 눈을 돌리게 된다. 자신의 행동기준을 결정하고 삶의 결정과 선택을 자신 속에서 찾는다.

(4) 성장을 계속하려는 자발성

자기(self)를 성장의 산물로 보지 않고 성장의 과정으로 보는 것이 중요한다. 비록 내담자를 성공적이고 행복한 상태(마지막 산물)로 만들기 위해 어떤 기법을 사용해서 치료를 시작한다 하더라도, 내담자는 성장이란 하나의 계속적인 과정이라는 것을 깨닫게 된다. 내담자는 고정된 실체라기보다는 자기지각과 신념에도전하는 유동적 과정에 있는 존재이며 새로운 경험과 전환에 대해 자신을 개방하는 존재이다.

이 네 가지 특성들은 치료의 방향을 이해하는 데 필요한 일반적 구조를 제공해 준다. 상담자는 내담자를 위해 특수한 목표를 선택하지 않는다. 인간중심치료이론의 초석은 조력자인 상담자와의 관계를 갖는 내담자는 자신의 목표를 정의하고 명료화하는 능력을 갖고 있다는 관점이다. 그러나 많은 상담자들은 내담자 스스로가 그의 특수한 목표를 결정하도록 하는 것이 어렵다는 것을 경험하게 될 것이다. 내담자가 자신의 방향을 발견할 수 있다는 개념에 대해 말하는 것은 쉽지만 내담자가 자신에게 경청하고 자신의 지시에 따르도록 격려하는 데에는-특히 상담자가 원하지 않는 것을 내담자가 선택했을 때에는 내담자에 대한 상담자의 상당한 존경심과 용기가 필요하다.

2) 상담자의 기능과 역할

인간중심접근법에서 치료자의 역할은 그의 존재양식과 태도에 있는 것이지 내담자에게 "무엇을 하도록"시키는 기법을 이행하는 데 있진 않다. 이 접근법에 대한 연구들은 상담자의 지식·이론·기법보다 그의 태도가 내담자에게 성격변화를 일으키게 한다고 지적하고 있다. 기본적으로 치료자는 자신을 변화의 도구로 사용해야 하며 내담자와 인간 대 인간의 수준에서 만나게 될 때 그의 "역할"은 역할이 없는 중요한 그 무엇이 된다. 치료자의 기능은 치료의 연속적인 과정을 따라서 내담자의 성장을 촉진시키는 치료분위기를 조성하는 것이다.

그래서 인간중심치료자는 자각하기를 거부당했거나 왜곡된 내담자의 삶의 영역을 탐구하기에 필요한 자유를 내담자에게 허용하며 내담자가 이런 자유를 경험할 수 있도록 돕는 관계를 만들어 준다. 내담자는 자신과 주변세계에 대해 덜 방어적으로 되며 자신의 가능성에 대해 보다 개방적으로 된다.

가장 우선적이고 중요한 것은 상담자는 내담자와 진실한 관계를 맺고자 해야 하다는 것이다. 편견적인 진단으로 내담자를 이해하는 대신에 상담자는 순간순간의 경험에서 내담자를 만나 내담자의 세계로 들어감으로써 내담자를 돕는다. 상담자의 진지한 배려, 수용성 그리고 공감적인 태도를 통해 내담자는 그의 방어적 태도와 고정된 인식을 버리고 개인의 기능을 좀 더 높은 수준에서 발휘할 수 있게 된다.

3) 치료에서의 내담자의 경험

인간중심치료에서 치료의 변화는 치료에서의 내담자의 경험과 상담자의 기본 태도에 대한 내담자의 인식에 좌우된다. 만약 상담자가 자아탐색에 도움이 되는 분위기를 조성한다면 내담자는 치료의 초기에 그가 부인했던 감정들을 다시 새롭게 경험하고 탐색할 기회를 갖게 될 것이다. 다음에 기술된 문장은 치료에서 내담자의 경험에 대한 일반적인 개요이다.

내담자는 불일치 상태에서 치료자를 찾아온다. 즉 내담자의 자기인식과 현실적 경험사이에는 불일치가 있다. 예를 들면 어떤 대학생이 장차 의사가 되고 싶은데 성적이 평균이하이므로 의과대학에 갈 수가 없는 경우가 그것이다. 내담자가 자기를 어떻게 보는가? (자기개념), 또는 내담자가 자신을 어떻게 보고 싶어 하는가? (이상적인 자기개념)와 학교성적이 나쁘다는 현실사이의 불일치가 불안과 개인의 취약성을 초래할 것이며 그것이 치료받으려는 동기를 제공할 것이다. 내담자는 자신에게 문제가 있다는 사실과 또는 적어도 변화를 위한 가능성을 탐색하기 바라는 현재의 심리적 적응에 불안을 느끼고 있다는 사실을 인식해야 한다.

내담자는 우선 상담자가 해답과 지시를 주기를 기대하거나 치료자를 마술적인 해결을 주는 전문가로 보려고 할 것이다. 내담자가 치료를 받으려는 이유 중의 하나는 자신의 무기력한 느낌과 결단을 내리거나 효율적으로 자신의 생을 지시할 수 없는 무능함 때문일지도 모른다. 내담자는 치료자의 가르침을 통해 그 '길'을 발견하려고 할 것이다. 그러나 인간중심적 이론의 체계 속에서 내담자는 상담자와의 관계에서 자신이 책임을 져야 한다는 것을 배우게 되고 더 많이 자기를 이해하기 위해 이 관계를 활용해야 하며 그럼으로써 더 자유롭게 된다는 것을 알게 된다.

치료의 초기 단계에서의 내담자의 행동과 감정을 몇 가지 언급해 보면 극도로 고정된 신념과 태도, 내적 장애, 자기중심성의 결여, 자신의 감정을 있는 그대로 느끼지 못하는 것, 자아의 더 깊은 부분과 접하지 않으려는 단절된 마음, 친밀성에 대한 두려움, 자기에 대한 근본적인 불신, 분열, 자신의 감정과 문제를 외면하려는 경향들로 특징지을 수 있다. 상담자에 의해 조성된 치료적 분위기 즉 안전하고 신뢰감 있는 환경 속에서 내담자는 그의 개인적인 숨겨진 국면을 탐색할 수 있게 된다. 상담자의 진실성, 내담자의 감정에 대한 무조건적인 수용성 그리고 내담자의 내적 근거를 가정하는 능력 등을 통해 상담자는 내담자로 하여금 점차 방어하는 위치에서 벗어나 가면 뒤에 있는 문제와 맞서게 한다.

치료가 진행됨에 따라 내담자는 감정의 영역을 보다 폭넓게 탐색할 수 있게 된다. 이제 내담자는 두려움, 불안, 죄의식, 수치심, 증오, 분노, 그리고 너무 부정적으로 보았기 때문에 자아구조 속에 수용하거나 결합할 수 없었던 다른 감정들을 표현할 수 있게 된다. 그래서 내담자는 심적 압박감을 덜 느끼고 덜 왜곡하며, 자아에 대한 모순과 혼동을 수용하고 통합하려는 방향으로 나아가게 된다. 내담자는 모든 경험에 더욱 개방적으로 되고 덜 방어적으로 되며 순간의 감정에 보다 잘 접촉하게 된다. 또한 과거에 덜 얽매이게 되고 결정론적 입장에서 벗어나며 자유롭게 결단을 내리게 되고 자신의 생을 효율적으로 다스릴 수 있다고 믿게 된다. 요약하면 치료에서의 내담자의 경험은 자신을 심리적인 감옥에 가두었던 결정론적인 속박으로부터 벗어나게 하는 것이다. 점차로 자유가 증대됨에 따라 내담자는 심리적으로 보다 성숙하게 되며 보다 자기실현화로 나아가게 된다.

4) 치료자와 내담자 간의 관계

인간중심치료의 기본 가설은 다음과 같은 문장으로 요약된다. "만약 내가 어떤 형태의 관계를 제공한다면(if~, then)성장과 변화를 위하여 그 관계를 활용할 수 있는 능력을 자신 속에서 발견하게 될 것이며, 그래서 개인적 발전이 일어나게 될 것이다." 나아가 로저스는 "중요한 긍정적인 성격의 변화는 관계 상황 이외에서는 일어나지 않는다."고 가정하였다.

치료관계의 특징은 무엇인가? 내담자가 성격변화를 일으키는 데 필요한 자유를 경험하기에 적합한 심리적 분위기를 조성하는 데 도움이 되는 인간 중심적 치료자의 결정적 태도는 무엇인가? 로저스에 의하면 다음 여섯 가지 조건이 내담자의 성격 변화를 가져오는 필요충분조건이라고 한다.

① 두 사람이 심리적인 관계를 갖는다.
② 우리가 내담자라고 부르는 첫 번째 사람은 불일치의 상태에 있고 상처받기 쉬우며 불안한 상태에 있다.
③ 우리가 상담자라고 부르는 두 번째 사람은 두 사람의 관계에서 일치성이 있고 통합되어 있다.
④ 치료자는 내담자에 대해 무조건적인 긍정적 관심을 갖는다.

⑤ 치료자는 내담자의 내적 근거에 대하여 공감적 이해를 가지며 이것을 내담자에게 전달하려고 노력한다.

⑥ 치료자는 공감적 이해와 무조건적인 관심을 내담자에게 전달한다.

로저스는 이 이외의 어떤 다른 조건도 필요하지 않다고 가정하였다. 만약 이 여섯 가지 조건이 치료기간에 존재한다면 내담자의 건설적인 성격의 변화가 일어날 것이다. 이 조건들은 내담자의 유형에 따라 변하는 것이 아니고, 나아가 이런 조건들은 다른 접근법에도 적용할 수 있으며, 심리치료뿐만 아니라 개인적 관계에도 적용할 수 있다. 치료자는 많은 전문지식을 가질 필요가 없다. 정확한 심리진단은 필요하지 않으며 오히려 그것이 효율적인 치료를 방해하는 경우가 더 많다. 로저스는 그의 이론이 충격적이며 급진적이라는 것을 안다. 그의 이론은 상당한 논쟁을 일으켰다. 왜냐하면 로저스는 다른 치료자들이 효율적인 심리치료의 방법으로 간주하는 많은 조건들이 필수적인 것이 아니라고 주장했기 때문이다.

치료적 관계를 통해 내담자뿐만 아니라 치료자도 성장하고 변화한다는 것에 주목해야 한다. 그래서 그가 기술한 관계의 힘은 치료자와 내담자 모두에게 영향을 준다. 그의 관점에서 보면 내담자와 치료자의 관계는 평등의 관계이다. 왜냐하면 치료자는 치료과정에서 자신을 비밀스럽게 감추거나 신비스럽게 하려고 해서는 안 되기 때문이다. 내담자는 치료자가 자신을 보호하고 존중해 준다는 것을 발견함에 따라 점차로 자신을 가치 있는 존재로 보게 된다. 치료자의 진실성을 경험함으로써 내담자는 가장(pretense)에서 벗어나 자신과 치료자를 진실로 만나게 된다.

치료관계의 핵심을 이루는 치료자의 세 가지 성격 특성 또는 태도는 일치성 혹은 진실성, 무조건적인 긍정적 관심, 정확한 공감적 이해이다.

(1) 일치성 혹은 진실성

로저스의 최근의 저서에 의하면 세 가지 특성 가운데 가장 중요한 것을 일치성이다. 일치성은 치료자가 진실하다는 뜻으로 치료기간에 치료자는 완전히 신뢰할 만하다는 뜻이다. 치료자에게는 거짓된 태도가 없고 그의 내적 경험과 외적 표현은 일치하며 내담자와의 관계에서 일어나는 감정이나 태도를 솔직히 표현한다. 진실한 치료자는 자발적이며 긍정적이건 부정적이건 자신의 행동이나 감정에 솔직하다. 부정적인 감정을 표현(또는 수용)함으로써 치료자는 내담자와 정직한 대화를 촉진 시킬 수 있다.

진실성을 통해 치료자는 좀 더 큰 진실성을 성취하기 위해 투쟁하는 인간의 본보기를 제시한다. 치료관계에서 치료자는 성내고, 실패하고 좋아하고, 매력을 느끼고, 관심을 갖고, 싫증나고, 귀찮아하는 모든 것들을 표현한다. 그러나 이것은 치료자가 모든 느낌을 충동적으로 나누어 가져야 한다는 것을 의미하는 것은 아니다. 왜냐하면 자기개방(self-disclosure)은 적절해야 하기 때문이다. 그리고 치료자가 짜증을 내고 성을 내는 원인이 내담자에게 있어서는 안 된다. 치료자가 너무 완고해서 솔직해질 수 없다는 데 어려움이 있다. 하나의 인간으로서 무엇인가를 솔직하게 표현할 수 없다면 아무리 내담자를 위해 생각을 공유한다고 해도 불일치될 수 있다. 그러므로 치료자는 자신의 감정에 책임을 져야 하며 내담자와 충분히 만나는 능력을 방해하는 감정이 무엇임지 탐색해야 한다.

물론 치료의 목표는 치료자가 내담자와 자신의 감정을 계속 토론하는 것이 아니다. 그러나 인간중심적 접근법은 비조작적이며 진실한 인간관계의 가치를 강조하고, 의미 있는 의사소통이 방해될 때 솔직하고 정직한 피드백의 잠재적 가치를 강조한다. 이 접근법은 또한 치료자가 내담자에 대해 느낀 것과 다른 방향으로 행동하면 치료에 방해가 된다는 사실을 강조한다. 그러므로 만약 치료자가 내담자를 싫어하거나 인정하지 않으면서도 수용하는 것처럼 가장한다면 치료는 되지 않을 것이다.

로저스의 일치성의 개념은 단지 완전히 자아 실현한 치료자만이 상담에서 효율적일 수 있다는 것을 의미하는 것은 아니다. 치료자도 인간인 이상 그가 완전히 진실한 인간이기를 기대할 수는 없다. 인간중심 치료법은 치료자와 내담자의 관계가 일치될 때 치료과정이 진전된다고 가정한다. 일치성은 "전부이거나 전연 아닌" 토대 위가 아니라 연속선상에 존재한다.

(2) 무조건적인 긍정적 관심과 수용

치료자가 내담자에게 전달해야 할 두 번째 태도는 내담자를 하나의 인격체로서 깊고 진실하게 돌보는 것이다. 돌본다는 것은 내담자의 감정이나 생각, 행위의 좋고 나쁨의 평가와 판단에 의해 영향 받지 않는다는 점에서 무조건적이다. 치료자는 내담자를 수용함에 있어 규정을 정하지 않고 무조건 존중하고 따뜻하게 받아들인다. 이것은 "나는 당신을 어떤 때만 받아들이겠다."가 아닌 "나는 당신을 있는 그대로 받아들이겠다."는 태도이다. 치료자는 내담자를 있는 그대로 존중한다는 의사전달을 해줌으로써 치료자의 수용을 잃는다는 염려가 없이 자유로이 자신의 감정과 경험을 갖도록 돕는다. 수용은 감정을 가진 내담자의 권리를 인정하는 것이다. 그러나 모든 행동을 다 인정하는 것은 아니다. 모든 표출된 행동이 다 인정되거나 수용될 필요는 없기 때문이다.

치료자의 돌봄이 비소유적이어야 한다는 것도 역시 중요하다. 만약 돌봄이 치료자 자신이 인정받고 사랑받으려는 데에서 기인한다면 내담자의 건설적 변화는 저해된다. 무조건적 긍정적 관심은 모두이거나 전연 아닌 토대 위에 있는 것이다. 일치성과 마찬가지로 그것은 연속선상에서의 정도의 문제이다.

로저스(1977)에 의하면 비소유적 온정으로 내담자를 돌보고, 칭찬하고, 수용하며 그리고 가치를 인정해 줄수록 치료가 성공적으로 될 가능성이 크다고 한다. 또한 그는 치료자가 언제나 수용과 무조건적인 관심을 가질 수 는 없다는 점도 분명히 하고 있다. 분명히 그는 치료자가 내담자에 대해 무조건적 긍정적 관심을 반드시(should)가져야 한다고 말한 것은 아니다. 그럼에도 불구하고 "만약 관계 속에 이런 요소들이 상당히, 그리고 자주 존재하지 않으면 내담자의 건설적인 변화는 일어나기 어렵다"고 말하고 있다.

내담자에 대한 수용을 강조하는 의미는 내담자를 존경하지 않거나 싫어하는 또는 혐오하는 치료자는 치료에서 좋은 결과를 얻을 수 없다는 것이다. 내담자는 치료자의 관심이 부족하다는 것을 느끼면 점점 방어적으로 될 것이다.

(3) 정확한 공감적 이해

치료자의 주요 과업 중 하나는 치료기간 중에 상호작용을 통해 나타나는 내담자의 경험과 감정을 민감하고 정확하게 이해하는 것이다. 치료자는 내담자의 주관적인 경험 특히 지금-여기의 경험을 이해하도록 노력한다. 공감적 이해의 목적은 내담자가 자신에게 더욱 밀접히 다가가게 하고 더욱 깊고 강한 감정을 경험하게 하여 내담자 내부에 존재하는 불일치성을 인식하여 해결하도록 격려하는 데 있다.

공감적 이해는 치료자가 이런 느낌들을 잃지 않으면서 마치 자신이 내담자인 것처럼 내담자의 감정을 느끼는 것을 의미한다. 내담자의 경험의 세계 속에서 자유로이 움직이므로 치료자는 내담자에 대해 알고 있는 것을 전달할 뿐만 아니라 단지 희미하게 알고 있는 것도 말할 수 있다. 정확한 공감적 이해의 단계에서는 명백한 감정의 인식을 넘어서 내담자가 경험 속에서 미처 느끼지 못했던 감정까지도 치료자가 인지할 수 있다. 치료자는 내담자가 부분적으로 인식했던 감정의 자각을 확산시킬 수 있도록 돕는다.

공감은 단순한 감정의 반영 그 이상의 것이다. 그것은 반영하는 이상의 것이며 치료자가 일률적으로 사용하는 인위적인 기법 이상이다. 단순한 객관적 지시가 아니며 "나는 당신의 문제가 무엇인지 이해한다."는 식의 깊고 평가적인 이해이다. 공감은 내담자를 깊이 있고 주관적으로 이해하는 것으로 내담자와의 일체감이다. 치료자는 자신의 감정을 내담자의 그것에 부합시킴으로써 내담자의 주관적 세계를 이해할 수 있게 된다. 그러나 치료자는 자신의 정체성이 분리되지 않도록 해야 한다. 로저스는 치료자가 자신의 정체감(identity)의 분리 없이 내담자가 현재 보고 느끼는 주관적인 세계를 파악할 때 내담자의 건설적 변화가 일어난다고 믿고 있다.

다른 두 개념이 그렇듯이 정확한 공감적 이해는 일련의 연속선상에 존재하며 전부이거나 모두 아니거나의 문제가 아니다. 치료자의 공감의 정도가 클수록 내담자의 치료가 발전하는 기회는 더욱 커진다.

4. 적용 : 치료기법과 절차

로저스의 관점에서는 심리치료가 발달함에 따라 그 초점은 치료기법에서 치료자의 인간성, 신념, 태도 그리고 치료관계로 옮아간다. 그래서 치료관계는 치료자의 말이나 행동보다 결정적 요인이 된다. 인간중심적 구조에서는 "기법"은 수용, 존경, 이해를 표현하고 전달하며 그리고 생각하고 느끼고 탐색함에 의해 내담자가 내적 준거의 구조를 발달시키도록 돕는 것이다. 전략의 하나로서 치료자가 기법을 사용하면 관계를 비인간화시키게 된다. 기법은 치료자의 솔직한 표현이어야 하며 이를 의식적으로 사용해서는 안 된다. 왜냐하면 그렇게 하면 치료자는 참되지 못하기 때문이다.

1) 인간중심심리치료의 발전

인간중심접근법에서 기법의 위치에 대한 독자의 이해를 돕기 위해 로저스의 이론의 발전에 대해 다음과 같이 간추려 제시한다. 하트(Hart, 1970)는 발전의 시기를 세 단계로 나누었다.

① 제1기(1940-1950) : 비지시적 심리치료이 단계에서는 치료자가 수용적이며 비간섭적인 분위기를 만들어 줄 것을 강조한다. 수용과 명료화가 주요기법이다. 비지시적 치료를통해 내담자는 자신과 삶의 상황에 대해 통찰하게 된다.

② 제2기(1950-1957) : 반영적 심리치료치료자는 주로 내담자의 감정을 반영해 주고 관계에서 위협을 피한다. 반영적 치료를 통해 내담자는 자아개념과 이상적 자아개념 간의 일치성의 정도를 발전시킬 수 있게 된다.

③ 제3기(1957-1970) : 경험적 심리치료 기본적 태도를 표현하려는 치료자의 광범한 행동영역이 접근법을 특징짓는다. 치료는 내담자의 경험과 치료자의 경험의 표현에 중점을 둔다. 내담자는 연속선상에서 직접 경험을 사용하는 것을 배움으로써 성장한다.

초기에 비지시적 치료자들은 내담자와의 상호작용을 현저하게 피하였다. 치료자는 내담자의 상황을 명료화해 주는 사람으로서의 역할을 하였고 자신의 인간성은 드러내지 않았다. 이 시기에는 질문, 탐색, 평가 그리고 해석 같은 지시적 기법들과 개인의 역사, 심리검사 그리고 진단 같은 지시적 과정들은 거의 사용하지 않았다. 왜냐하면 그것들은 외적인 주거기준에 의존하는 것이기 때문이다. 인간중심적 치료는 주로 내담자의 내적인 성장 욕구에 의존한다.

후에 치료는 인지적인 것을 강조하는 것에서부터 통찰로 이끄는 명료화로 옮아갔다. 반영적 치료자는 내담자가 말하는 의미론적 의미보다 정서적 의미에 예민하게 반응한다(Hart, 1970). 치료자의 역할은 내담자의 느낌에 대한 반응을 강조하도록 재구성되고 정교하게 이론화되었다. 단지 내담자가 언급한 것만을 명료화시키는 것이 아니라 치료자의 감정도 반영한다. 내담자의 자아개념을 재구성하기 위해 치료자는 치료관계에서 위협의 근원을 제거하고 거울과 같은(반영적인)역할을 함으로써 내담자가 더욱 자신의 세계를 이해할 수 있게 돕는 작업을 한다(Hart, 1970). 한 인간으로서의 치료자의 문제는 아직 이 이론체계에 포함되지 않았다.

세 번째 시기인 경험적 심리치료에서는 성격을 변화시키기 위한 "필요충분" 조건을 강조하였다. 이 시기에는 효율적 치료를 위한 필수조건으로 치료자의 일치성, 적극적인 수용과 관심 그리고 공감적 이해 등을 결정적 요소로 내세웠다. 이 접근법에서 치료의 초점은 내담자 감정의 반영으로부터 내담자와의 관계에서 치료자의 즉각적인 느낌을 표현하는 것으로 옮아간다. 현재의 이론에서는 과거의 단계에서는 바람직하지 못하다고 여겼던 표현, 의견, 느낌 등을 포함한 치료자의 행동에 보다 큰 유연성을 허용하고 있다.

2) 최근의 동향들 : 인간중심심리치료

최근의 발달에 근거해서 제4기(1970년대 중반-1980년대)를 첨가할 수 있다. 이 시기에서는 치료관계에서 치료자가 자신의 생각, 가치, 느낌 등을 충분히 사용하여 치료에 개입할 것이 강조되고 있다. 초기의 인간중심적 치료의 관점에서는 치료자나 다른 조력자가 그들의 가치나 왜곡이 조력 관계 속으로 침투되지 않도록 규정하였다. 그들은 주로 목표설정, 충고, 해석, 그리고 탐색을 위한 주제 제시 등을 사용하였다. 그러나 최근의 이론에서는 그런 금지들이 줄고 치료자가 보다 적극적으로 치료관계에 참여할 수 있는 자유를 허용하고 있다. 듣고 반영하고 이해한 것을 이야기하는 제한된 방법보다 보다 다양한 방법들을 사용하도록 격려하고 있다. 그 목적은 적용하는 기법이나 유형에 관계없이 내담자가 깊이 있게 수용 받고 있다는 것을 느끼게 해 주는 분위기를 만드는 데 있다.

이 네 번째 시기에서 로저스는 개인심리학 이외의 여러 인간관계의 접근법을 적용하려고 시도하였다. 예를 들면 로저스가 발전시킨 1970년대의 개인성장 및 만남의 집단운동이 그것이다. 이 시기에는 또한 평화봉사단이나 VISTA 같은 기구에서 일하는 사람들을 기르는데 인간중심적 원리를 적용하였다. 학교나 행정조직에서도 이 접근법을 많이 사용하였다. 인간중심적 접근법이 쓰인 또 다른 예로는 1970년대 이래로 활발해진 가족치료, 병원, 임상, 행정과 경영 그리고 외국과의 관계 등에서 이 접근법이 적용되었다.

5. 요약 및 평가

1) 요 약

인간중심접근법은 인간은 자기실현을 하려는 내적 욕구를 갖고 있다는 철학에 기초해있다. 나아가 로저스의 인간관은 현상학적이다. 즉 사람은 자신의 실재(reality)에 대한 지각에 의해 자신을 구성한다는 것이다. 사람은 자기가 인지하는 실재에서 자기실현에 대한 동기를 부여받는다.

로저스의 이론은 불행을 초래하는 내담자는 그 원인을 이해할 수 있는 능력을 자신 속에 갖고 있다는 가정에 근거해 있다. 또한 내담자는 자기 지시적이고 건설적인 인간으로 변화하려는 능력도 갖고 있다. 만약 일치성을 가진 치료자가 내담자와 함께 따뜻함, 수용, 정확한 공감적 이해로 특징 지워질 수 있는 관계를 만들어 준다면 내담자의 개인적 변화가 일어나게 된다. 치료적인 상담은 내담자가 경직된 자기방어를 지양하고, 부정하고 왜곡시켰던 자아체제의 여려 면들을 통합하고 받아들이는 안정성과 수용의 관계인 나와 너, 인간 대 인간의 관계에 기초를 둔다.

인간중심접근법은 내담자와 처료자의 인간적인 관계를 강조한다. 치료자의 태도는 기법이나 지식 그리고 이론보다 결정적인 것이다. 만약 치료자가 내담자에게 ① 일치성이 있는 사람이고, ② 내담자의 감정과 인간성을 따뜻하게 무조건적으로 수용하는 사람이며, ③ 내담자가 지각하는 대로 내담자의 내적 세계를 예민하고 정확하게 인지할 수 있는 사람이라고 느껴지면 내담자는 그의 잠재적 성장능력을 해방시켜 주는 이런 관계를 사용하여 되고자 하는 사람으로 변화해 갈 것이다.

이 접근법은 1940년대에 로저스가 발전시킨 이래로 계속 성장·변화해 왔다. 그 변화는 여러 시기로 특징 지워진다. 처음이 비지시적 상담, 그리고 다음이 반영적 상담, 경험적 상담으로 알려져 있다. 그리고 다시 인간중심적 접근법으로 발전하였다. 최근의 적용과 실제에서는 과거보다 치료자나 조력자의 적극적 참여가 강조되고 잇다. 치료자는 치료관계 속에 완전히 개입할 수 있게 되었으며 자신의 가치 반응과 치료에서 일어나는 것에 대한 자신의 느낌 등을 보다 폭넓게 전달할 수 있게 되었다.

인간중심접근법은 치료의 방향에서 내담자의 책임성을 강조한다. 치료자는 계속 내담자에게 행동과 결정에 대한 책임을 부과하기 때문에 내담자는 결국 자신의 능력으로써 행동이나 결정에 직면하게 된다. 치료의 일반목표는 내담자로 하여금 경험에 보다 개방적으로 되고 자기신뢰감을 가지면 내적 기준에 의한 평가를 발달시키고 기꺼이 계속적인 성장을 하려는 존재가 되게 하는 것이다. 특수 목표가 내담자에게 부과되지 않으며 내담자가 가치나 목표들을 선택한다.

2) 인간중심접근법의 공헌

상담자 교육에서 가장 현저하게 쓰이고 있는 방법들은 아마도 인간중심접근법일 것이다. 그 한 가지 이유는 이 기법이 갖는 확고한 안정성 때문이다. 이것은 능동적인 경청과 내담자에 대한 존경, 내담자의 내적 준거체제 선택, 내담자를 앞지르지 않고 내담자와 보조를 맞추어 해석해 주는 접근법이다. 인간중심치료자는 보통 내담자의 경험의 내용과 감정을 반영하고 느낀 점을 명백히 전달하며 내담자가 자신의 능력을 통합하여 해결책을 발견하도록 격려하고 돕는다. 그러므로 이 접근법은 치료자가 해석하고 진단하며 무의식의 영역을 검토하고 꿈을 분석하여 완전한 성격변화를 꾀하려는 지시적 치료모형보다 훨씬 안전하고 무난하다. 상담심리학, 성격의 역동성, 정신병리학에서 미숙한 배경을 가진 사람들에게 인간중심적 접근법은 내담자가 심리적인 해를 입지 않고 치료받을 수 있게 하는 보장을 해준다.

인간중심접근법은 개인과 집단상황에 각기 다른 방법으로 기여한다. 이 접근법은 내담자의 주관적 세계를 이해할 수 있게 하는 인간주의적 기초를 제공하고 내담자의 말을 경청하게 하는 기회를 제공한다. 더욱이 치료자가 자신의 말을 경청하고 있다는 것을 느낄 때 내담자는 자신의 방법으로 감정을 표현하게 되며 그들 자신이 될 수 있게 된다. 내담자는 새로운 행동을 시험해 보는 데 있어 자유로움을 느끼게 된다. 자신에 대해 책임을 질 것이며 상담의 진행속도를 결정할 수 있게 된다. 내담자는 자신을 변화시키려는 목표를 기초로 하여 탐색하고 싶은 영역을 결정한다. 인간중심적 치료에서 치료자는 내담자에게 즉각적이고 특별한 피드백을 제공한다. 치료자는 내담자의 깊숙한 감정을 반영하는 거울과 같은 역할을 한다. 이렇게 하여 내담자는 전에는 단지 부분적으로만 알았던 자아구조의 면에 대해 더욱 선명하게 알게 되고 더 깊은 의미를 얻게 된다.

심리치료에 대한 또 다른 주요한 공헌은 검증할 수 있는 가설로서 그의 이론을 서술한 것과 그의 가설을 열심히 검증하려고 한 점이다. 그를 비평하는 학자들까지도 그가 상담과정과 심리치료의 결과에 대해 광범위한 연구를 스스로 하고 또 다른 사람들에게도 하도록 격려한 것에 대해 인정한다. 그의 치료법과 성격변화에 대한 이로는 굉장한 발견적 효과를 가져왔다. 비록 많은 논쟁이 일고 있지만 그의 업적은 치료자나 이론가들에게 치료양식과 신념을 점검하도록 도전하였다. 인간중심적 치료의 주요한 추진력은 개인의 변화에 관계된 핵심조건을 도전하였다. 인간중심적 치료의 주요한 추진력은 개인의 변화에 관계된 핵심조건을 임상적으로 검증해 온 것이다. 그런 검증으로부터 새로이 지식을 얻어 이론과 방법을 수정해 왔다고 말할 수 있다.

또 다른 공헌은 보다 수준 높은 심리학을 배우지 않은 사람들로도 진실성, 공감적 이해, 무조건적 긍정적 관심 등의 치료조건을 개인이나 직업면에서 사용할 수 있다는 것이다. 이 접근법의 기본 개념은 직선적이고 이해하기 쉬워서 사람에게 힘을 주도록 격려하는 데 좋다. 핵심 기법들(주의, 경청, 보살핌, 명료화, 이해 등)은 조력관계의 일에 종사하는 많은 사람들의 일에 적용할 수 있다. 이 기법들은 또한 다른 치료체제에서도 기초로서 사용된다. 만약 상담자가 이런 관계나 대화기술이 부족하다면 내담자를 위한 치료프로그램을 효율적으로 수행할 수 없게 된다.

인간중심접근법이 가장 중요한 가치를 발휘하는 것은 위기상담의 경우이다. 조력의 직업(간호, 의약업, 교육, 행정)을 갖고 있는 사람들은 다양한 위기상황에 접한다. 원하지 않은 임신, 병이나 외상 또는 사랑하는 사람의 상실 등 위기로 이끄는 특수한 생의 사건들을 생각해 보라. 비록 조력자가 정신위생학적인 교육을 받지 못했다 하더라도 만약 이 장에서 기술된 기본 태도를 갖는다면 내담자가 위기에 대처하는 것을 보다 잘 조력할 수 있을 것이다. 어떤 사람이 위기에 처했을 때 치료의 첫 단계는 그에게 자신을 충분히 이야기할 기회를 주는 것이다. 진실로 경청하고 듣고 이해하는 것이 이 시점에서 가장 필수적이다.

비록 개인의 위기가 조력자와의 한 두 번의 접촉으로 해결되는 것이 아니지만, 그런 접촉은 뒤에 오는 수용적 조력에 길을 여는 방법이 된다. 만약 위기에 처한 사람이 자신이 이해받고 수용되고 있다는 것을 느끼지 못하면 상황은 점점 나빠져서 그 사람은 "정상으로 돌아 올" 희망을 잃고 다시는 도움을 구하지 않게 될지도 모른다. 진실한 지지, 돌봄 그리고 비소유적인 온정은 인간이 무엇인가를 함으로써 위기상황을 해결하도록 동기화시키는 다리를 세우는 긴 여정일지도 모른다. 위기에 처해 있는 사람이 반드시 답을 원하는 것은 아니다. 그는 자신을 이해하고 돌보아 줄 사람을 필요로 하며 그의 경험과 느낌을 조력자에게 말하고 싶어 한다. 또한 그는 "모든 것이 곧 잘 될 거예요"라는 식의 거짓된 보증을 원하지 않는다. 돌보는 사람과의 현실적이고 심리적인 접촉은 치료를 가능하게 한다.

비록 개인적으로 나는 인간중심적 접근법에 나 자신을 묶는 데에 편안함을 느끼지 않지만 로저스가 이룬 업적에 최대의 존경을 갖고 있으며 그와 그의 동료들이 상담의 분야에 끼친 공헌에 최고의 존경을 바치고 싶다. 그의 영향에 대해 어떻게 느끼느냐고 묻자 로저스는 "나는 놀란다. 그리고 내가 끼친 영향에 대한 경외심을 갖는다. 나는 결코 그런 꿈을 꾸어 본 적도 없고 내가 끼친 영향의 정도를 상상해 본 적도 있다"고 대답하였다.

그리고 로저스(1980)은 다음과 같이 쓰고 있다

상담의 영역이 확대되었다. 심리치료에 객관적인 엄밀성과 연구를 하도록 길을 열어 주었으며 주관적 현상에 대한 경험적(실증적)연구를 가능하게 하였다. 그것은 모든 수준에서의 교육의 방법에 변화를 가져다주었으며 산업체(군대까지도)의 지도성의 개념이나 사회사업, 간호업, 그리고 종교적인 일에 변화를 가져왔다. 그것은 만남의 집단 운동에서 큰 역할을 담당했으며 과학철학에 영향을 끼쳤다. 그것은 종족과 문화 간의 관계에 영향을 주었으며 신학과 철학을 하는 학생들에게도 영향을 주었다.

3) 인간중심접근법의 한계와 평가

인간중심접근법의 취약점은 어떤 치료자는 내담자를 문제에 도전하게 하지 않고 단지 그를 돕는 경향을 갖는다는 데 있다. 이 접근법의 기본 개념을 잘못 이해함으로써 어떤 치료자는 반영과 공감적 경청에 대한 그 반응과 상담유형의 범위를 제한하고 있다. 비록 단지 듣고 반영하고 이해한 것을 전달하는 데에 가치가 있다고 하더라도 심리치료는 이런 것들 이상으로 구성된다. 물론 경청과 반영은 치료관계의 필수성분이지만 그것들을 치료자체와 혼동해서는 안 된다. 이런 문제 때문에 로저스가 격려한 "배려적인 직면"(caring confrontations)에 대해 주의해야 한다. 후기의 심리치료에 대한 저술과 필름에서 보여 준 것처럼 그는 직면을 처리하는 관점을 바꾸었다. 그는 상담자가 엄격한 치료조건을 설정하지 말라고 누누히 당부하고 있다.

이 접근법의 한계점의 하나는 "내담자 중심"이기 때문에 치료자 자신의 인간성과 독자성을 잃기 쉽다는 것이다. 역설적으로 말하면 치료자는 자신의 능력과 가치를 감하는 정도가지 내담자에게 몰두하게 되기 때문에 그의 성격이 내담자에게 영향이나 효과를 미치지 못하게 된다. 치료자는 내담자의 욕구와 목적을 부각시킴과 동시에 자신의 성격을 자유로이 사용해야 한다.

따라서 우리는 이 접근법이 단지 경청이나 반영 기법 이상의 것이라는 데에 주의해야 한다. 이것은 치료관계를 이끌어 가는 치료자의 태도에 기초해 있으며 다른 무엇보다 치료자의 진실성이 치료관계의 능력을 결정한다. 만약 치료자가 수동적이며 비지시적인 형식으로 그의 독특한 주체성과 양식을 드러내지 않는다면 내담자에게 해를 주지는 않을지라도 영향을 줄 수는 없을 것이다. 치료자의 진실성과 일치성은 이 접근법에서 대단히 중요하므로 이 기본 토대 위에서 치료자는 자연스럽게 그렇게 해야 하며 내담자에게 자신의 반응을 표현하는 적절한 방법을 발견해야 한다. 만약 그렇지 않으면 이 접근법은 내담자와 함께 일함에 있어 무의미하고, 지루하며, 무사안일하고, 비효율적인 치료형태로 전락할 가능성이 많게 될 것이다.

또 하나의 제한점은 인간중심적 치료의 기본 개념을 이해한(또는 이해하지 못한)치료자가 이 개념을 실체에 적용할 때의 방법에 관계되는 것이다. 불행히도 이 접근법을 확고한 신념으로 받아들여 그 적용을 제한시키는 사람들이 있다.

비록 필자는 그들이 기꺼이 가설을 검증 가능한 주제로 만들고 엄밀한 실증적 과정을 밟고 있다는 점에 찬사를 보내고 있지만, 많은 연구자들은 이 접근법에서 주장하는 가장 중요한 부분에 방법론적 오류가 많다고 지적하고 있다. 그들은 이런 과학적 단점으로서 치료를 자원하지 않은 통제집단을 사용한 점, 치료효과를 평가하는 자기보고식 평정이 갖는 신뢰성의 문제, 그리고 적절치 못한 통계절차를 사용한 점들을 들고 있다. 따라서 인간중심접근법이 효율적이고 결론짓기 전에 이 접근법의 일반효과를 결정하는 연구절차를 보다 엄격하게 점검해 볼 필요가 있다.

필자는 이 접근법이 치료관계를 시작하는 데 탁월한 위치를 차지한다고 본다. 왜냐하면 신뢰감이 성립되지 않으면 존경의 태도, 돌봄, 수용, 온정 등이 교환되지 않아서 치료에 실패하게 되기 때문이다. 그러나 이것이 반드시 치료관계를 발전시키는 것만이 아니다. 비록 필자는 로저스가 기술한 것처럼 이것이 내담자의 변화를 가져오는 핵심조건으로 보지만 인간중심적 접근법이라 불리는 것보다 지시적인 치료의 지식과 기술이 치료자에게 요구된다고 본다. 나아가 내 관점으로는 이 접근법의 효율성을 위해 치료자는 절충적 방법을 발달시켜야 한다고 본다. 게슈탈트 이론, 교류분석, 행동치료, 합리적-정서적 치료 그리고 현실치료 등의 기법과 절치를 이 접근법에 통합시켜야 한다. 필자는 모든 접근법을 활용하여 일하는 것이 바람직하다고 생각한다.

6. 인본주의치료모델 사례

1) 사례 개요

클라이언트는 같은 아파트단지에 사는 나(사회복지사)의 딸 친구엄마이다. 안정감과 다정한 분위기로 가정을 우선순위에 두는 전업주부인 그녀는 한동안 서로 바빠서 인사조차 나눌 수 없었다. 궁금해 하던 중에 우연히 만났을 때, 그녀의 얼굴에는 수심이 가득했고, 겸연쩍은 듯 망설이다가 다가오면서 반갑게 인사하였다. 그동안 다른 전문가들을 만나 상담을 하며 여러 방법을 시도해 보았지만, 미해결된 상태여서 몇 번이나 만날 때마다 이야기를 하고 싶었다며 상담을 요청했다.

2) 사정

(1) 클라이언트에 관한 사항

· 자라난 배경 : 호남의 유복하고 전통을 중시하는 가정에서 자라나 어려움 없이 순탄하게 자랐다. 친정어머니의 경제적 능력이 뛰어나 물심으로 의지하며 밀접한 관계에 있다.

· 발달 사항 : 오래 전부터 불교를 믿는 가정에서 태어나 대학에서 한문학을 전공한 후, 교사로 재직하다가 결혼하였다. 시댁도 전통적으로 불교를 믿어 왔으며, 경제력은 있으나 가부장적이고 권위적인 집안이다. 성격은 차분하고 다소곳하며, 작은 키에 평범한 외모, 단정한 모습의 손수 자가용을 몰고 다니는 강남의 중상류층이다. 중년의 공허함을 달래기 위해 가끔씩 옛 애인(대학교수)이 고향에서 서울에 올라오면, 남편의 눈을 피해 낮 시간을 이용하여 데이트를 한다.

· 클라이언트의 능력에 관한 사정 : 이미 다른 전문가를 만나 자신을 진단하고는 있었지만, 상담을 통해 클라이언트의 잠재적인 능력 개발이나 흡족한 지지가 아닌, 지시적이고 분석적이어서 실생활에 적용하기에는 만족스럽지 못하였다. 상담이 시작되면서 클라이언트의 능력은 자기인식과 함께 적극적인 행동으로 문제를 해결하는 데 스스로 책임을 인정하며 대처해 나갔다.

(2) 가족에 관한 사항

① **가족 상황 및 개인적 특성**

· **남편** : 대학 졸업 후, 유명제과인 S기업의 shop manager이면서 여유자금으로 주식에 투자하며 손실을 많이 보았으나 여전히 투자에 관심을 두는 중년이다. 가부장적 위상으로 독선적인 성격으로 나름대로 가정에 충실한다고 하나 현실도피형 가장으로서 가정의 위기의식이 결여되어 있다. 큰딸에게 많은 기대와 관심이 있지만, 작은딸에게는 눈길조차 보내지 않고 아내에게만 상담해 보라며 방관으로 일관한다. 막내아들에게는 자주 놀아주고 자상한 아빠가 되려고 한다.

· **큰딸** : 고등학교 2학년으로 우등한 성적으로 부모에게 인정을 받으며, 믿음을 주어 자신 있게 생활한다. 친구관계도 원만하나 바로 아래의 여동생에게는 지배적이며 무관심과 배타적으로 대하고, 반면 남동생에게는 다정하게 대하며 애정을 갖고 귀여워한다.

· **작은딸** : 중학교 3학년으로 학교성적은 최상위권이고, 예술감각이 뛰어나 특히 미술에 자질이 보이고 자존심이 무척 강하다. 문제는 가정에서 고립된 작은딸로 인해 집안에 늘 문제가 발생하고, 미운 오리새끼가 되어 가족 누구와도 타협하지 않은 채, 반항을 계속하고 있다. 남동생을 속으로는 귀여워하는 것 같으나 겉으로는 냉정하게 대하며, 특히 아빠와 언니에게는 신경증적인 이상행동을 서슴없이 한다.
상담을 시작한 이후, 엄마의 변화된 모습을 관찰하며 반신반의하는 태도로서 행동의 진위를 탐색해 보기도 하고, 때로는 공격적으로 돌발하기도 한다. Alfred Adler의 출생순위가 성격형성에 미치는 전형적인 middle crisis model로 평가된다.

· **막내아들** : 유치원생으로 집안의 외아들로, 늦둥이로 과잉보호 속에 부모의 사랑을 한 몸에 받는다. 큰 누나는 잘 따르나 작은 누나와는 서먹한 관계이다.

② **부부관계**

사이는 좋은 편이나, 남편의 편견과 아집으로 작은 딸의 양육방식에 관한 의사소통에 문제가 있다.

3) 개입과정

Rogers가 「인간으로서의 성장에 관하여」(1961)에서 제시하고 있는 7단계의 개입 과정에 맞추어 클라이언트가 표현한 감정들을 중심으로 변화과정을 살펴보기로 한다.

(1) 제1단계

사정 결과, 클라이언트뿐만 아니라 가족의 전반적인 문제로 집중적인 관리가 필요했으나, 문제를 야기하는 딸이 나의 딸 친구라는 점에서 허심탄회하게 마음을 나누는 데 있어서의 한계와 남편의 비협조, 큰딸의 방관자적 태도 등으로 인해 클라이언트가 원하던 가족상담은 불가능했다.

대안으로 클라이언트가 적극적이고 문제해결의 의지가 강하여 클라이언트를 중심으로 하는 상담을 시작하였다. 이미 상담을 해 본 경험이 있어서 문제를 분석하는 능력은 있지만, 주로 남편에게 문제의 원인을 돌리고, 자신의 잘못을 부정(denial)하며, 부모로서의 책임을 인식하거나 허용하지 않으려 하고 합리화하기에 급급했다.

(2) 제2단계

자기 자신이 아닌 남편과 큰딸의 비협조 등 외적 문제에 대해 말하기 시작하며, 자신은 그동안 가정주부로서 충실했고, 남편이 주식투자로 인해 상당한 재산손실을 보았다는 식으로 가정문제에 있어 자신이 주체가 아님을 강조한다. 자신의 주관적인 경험에 대해 말하기를 꺼리며, 작은딸의 가정과 학교생활의 부적응 문제와 그로 인한 갈등이 어느 정도 자신에게도 책임이 있다는 것을 인식하고 있지만, 그것을 주변의 탓으로 돌리고 있다.

(3) 제3단계

현재가 아닌 과거에 일어났던 것으로, 주로 과거의 감정에 대해 이야기한다. 클라이언트는 남편의 고지식하고 현실을 수용하지 못하는 등 아내에 대한 감정적 배려 부족으로 옛날의 남자친구와 밀회를 즐기는 것에 대해 "서로 결혼한 후에도 나를 아직 사랑하는 그 남자가 친절하고 지적인 분위기로 감동을 준다"며 늘 새로워지고 활기 있게 한다고 하였다. 남편이 모르게 만나지만 잘못된 것이라 생각하지 않고, 이러한 행동들이 자신에게 위안을 준다고 생각한다.

(4) 제4단계

상담이 거듭되면서 클라이언트의 감정표현의 흐름을 유지시켜 주기 위해 경청과 심리적 지지로 자신이 수용되고 이해되고 있다고 느끼게 되자, 보다 더욱 자유롭게 현재의 느낌이나 경험을 표현하고 있다. 클라이언트도 처음엔 다른 가족들처럼 딸의 이상행동을 문제 삼아 말썽부리는 사춘기 청소년으로 방치하며 무신경하려고 노력했다고 한다. 충고와 설득·회유를 반복하며 개선되기를 바랐으나, 더 악화되는 행동을 지켜보며 동정하는 마음으로 변했지만, 그것은 마음속의 계획이었지 클라이언트의 행동은 효과적인 개선책에 미치지 못해 오히려 딸에게는 엄마의 모습이 가식적이고 일시적인 것으로 비추어져 신뢰를 받지 못하고 있다고 자기의 모순을 어느 정도 표현하였다.

(5) 제5단계

클라이언트의 적극적인 행동으로 해결책을 자유롭게 찾고 스스로 느낄 때까지 생각을 강화시켜 주는 심리적 분위기를 만드는 데 노력을 하였다. 점차적으로 자신의 모순을 인정하는 것에 대한 두려움이 있으나, 방어기제로 사용하던 부정의 감정들이 자각되기 시작하였다. 작은딸의 충동적인 행동과 거침없는 말투 등에 대해 '진정한 엄마'로서 부족했음을 느끼고 있다.

(6) 제6단계

이전의 방어기제들이 차차 줄어들고, 자신을 있는 그대로 받아들이게 된다. 문제를 해결하는 방법을 스스로 계획하고, 긍정적인 말과 행동으로 현재나 장래에 대해 통합적으로 대처하려는 시도를 한다. 딸이 친구와의 부적응과 대인기피증으로 더 이상 학교생활을 계속할 수 없음을 인식하고, 담임선생님과 상의 끝에 딸이 원하는 예원중학교 미술부에 친정어머니의 경제적 도움으로 편입하기로 결정을 하였다.

(7) 제7단계

상담이 종결에 접어들면서, 클라이언트 자신이 새로운 통찰을 이끌어내는 효과를 볼 수 있었다. 클라이언트의 정서에 일관된 모습으로 교감하며, 비판적이고 불필요한 동정심을 보이지 않으면서 단지 수용하는 자세로 통찰과 자기이해가 자연스럽게 이루어지기를 기다렸다. 클라이언트의 변화되어 가는 모습을 지켜보면서 가족들, 특히 남편이 작은딸에게 조금씩 관심을 보이기 시작했고, 큰딸도 대립관계에서 점차 완화되고 있으며, 작은딸도 편입 후 새로운 환경을 극복하지 못한 채, 방황은 계속되고 있지만 본인이 좋아하는 미술 실력을 발휘하고 있다. 특히, 부부는 모든 위기를 극복하기 위해 오랫동안 믿어 온 불교 대신 기독교에 자신을 맡기고, 집회와 성경공부 · 기도모임 등으로 마음을 의지하며 갈등을 치유하려는 노력을 계속하고 있다.

4) 결 론

부부는 함께 교회생활을 하는 등 새로운 패턴으로 가정을 재조직화하고 있다. 작은딸은 예원중학교의 독특한 학교 분위기에 적응하지 못하여 결국은 중퇴하고, 가족과의 마찰을 줄이고 좀 더 자유스럽게 활동하기 위해 지방의 대안학교에 다니고 있다. 그 후 클라이언트는 전공(한문학)을 살려 문화센터에서 자원봉사하며, 충분히 기능하는 인간으로 살아가고 있었다(최경화 외, 2010).

▶참고문헌◀

Brian Thorne(2007), 이영희 외 역, 칼 로저스, 학지사.
Raymond J. Corsini 외 편, 김정희 역(2004), 현대심리치료, 학지사.
윤순임 외(1995), 현대 상담·심리치료의 이론과 실제, 중앙적성출판사.
최경화 외(2010), 사회복지실천기술론, 신정.

현실치료모델

현실요법이란 정신과 의사인 Glasser가 주장한 것으로, 인간의 모든 행동은 자신의 욕구를 충족시키기 위하여 스스로 선택한 것이므로, 효율적이고 책임감 있는 선택을 함으로써 스스로 행복해 질 수 있다는 것이다. 따라서 Glasser는 흔히 정신과 환자라고 불리는 사람들이 보이는 이상행동 또한 그들의 욕구를 충족시키기 위하여 스스로 선택한 것이라고 해석한다. 다만 그들은 비효율적이고 책임감이 결여된 선택(이상행동 등)을 하기 때문에 의사의 역할은 약물 치료나 정신분석이 아닌, 그들이 효율적이고 책임감 있는 선택을 할 수 있도록 도와주는 것이라고 한다.

1. 현실요법의 창시자, William Glasser

현실요법은 미국의 William Glasser 에 의하여 창안된 심리치료이다.

- William Glasser 의 일생을 살펴보면,

– 1925년 오하이오주 클리브랜드에서 출생, 공업전문학교 졸업 후 19세에 화공기사가 됨

이어 23세 임상전문가가 된 후, 28세 정신과 의사가 됨

– L.A의 켈리포니아 UCLA대학과 재향군인 병원에서 전문과정중 정신분석치료 방법 익힘.

훈련 중 정신분석치료에 불만족을 느껴 현실치료방법 모색함

– 재활치료 센터나 청소년 감화원 등에서 정신치료를 하였고

– 1963년 공립학교의 자문위원으로 활동 중 '낙오자 없는 학교 만들기'를 위해 힘씀

– 1964년 4월 현실요법이란 용어를 공식적으로 사용(논문 : Realistic Therapy: A Realistic Approach to the Young Offender)

– 1965년 Realistic Therapy 개념을 발전시킴(Realistic Therapy : A New Approach to Psychiatry)

– 1967년 로스엔젤레스에 William Glasser연구소를 개설하여 현실요법 집중과정과 교재 연구에 힘씀

2. 현실요법 이론적 배경

Glasser는 그의 동료인 O'Donnell과 함께 현실요법의 발전을 단계별로 설명하고 있다.

1) William Glasser가 보는 현실요법 발전의 3단계

Glasser는 현실요법과 선택이론 발전에 공헌한 사람들을 위주로 단계를 나누어 설명한다.

(1) George L. Harrington

Harrington은 그래써가 정신과 수련의로 일할 때의 지도교수로서 그와 함께 정신치료의 새로운 치료방법을 모색하고 적용하였던 사람이다. 그의 스승의 이름을 따서 단계의 이름을 붙였는데, 그들은 전통적인 정신치료의 비효율성을 탈피하여 새로운 이론과 치료방법을 개발하려고 노력하였는데 그곳에서 사용하고 있는 전통적인 정신분석치료와 약물치료에 대한 방법에 회의를 느껴 새로운 치

료 방법을 개발 적용한 결과 새로운 효과가 입증되어 많은 환자들에게 도움이 되었다. 그 후 그는 10대의 비행청소년들을 위한 '벤추라 학교'에 처음 현실요법을 적용하였으며 1962년 미국 청소년훈련기관협의회에서 현실정신의학이라는 이름으로 현실요법을 처음 소개하였다.

(2) William Powers

미국 시카고 William Powers의 뇌의 통제체계설은 현실요법의 이론적 배경이 된 선택이론을 발전시키는 근거가 되었다. 그래써는 그의 '행동과 지각 인식의 통제'라는 저서를 통해복잡한 뇌의 기능에 대해 보다 알기 쉽게 그의 선택이론을 발전시켰다.

(3) Edward Deming

Deming은 미국인으로 통계적 품질관리방식을 연구하여 일본을 부강하게 만드는데 크게 영향을 준 장본인이다. 미국에서는 비록 그의 이론이 환영을 받지 못했지만 혁신적인 품질관리체계방식을 적용한 그의 이론은 일본경제 부흥의 원동력이 되었다. 그래써는 선택이론을 데밍의 경영방식에 적용한 결과 종업원들이 자신들의 질적 세계를 추구하고 기업의 품질관리향상에 도움을 주어 일본경제부흥에 이바지 하였다는 것을 알고 자신의 현실요법에 그의 이론을 접목시켜서 '질적인 학교'와 '질적인 관리자가 되는 길'을 구체적으로 제시하였다.

2) O'Donnell이 보는 현실요법 발전의 5단계

(1) 현실요법의 잉태기(1958~1962)

1958년 그래써는 그의 스승인 해링톤이 말한 환자의 과거사나 감정을 중시하는 것보다 현재 무엇을 하고 있는가에 중점을 둔다는 가르침에 영향을 받아 전통적인 정신분석치료에 연연하지 않고 7년간 현실요법의 적용에 대해 연구했는데 이것이 현실요법의 모태가 되었다.

(2) 로스엔젤레스에서의 현실요법(1962~1967)

그래써는 자신의 아이디어와 그의 스승인 해링턴의 아이디어를 접목하여 적용한 치료를 벤추라 학교에서의 경험을 토대로 1960년에 그의 저서 '정신건강 아니면 정신병인가?'를 발간하였고 현실정신의학이란 지칭을 현실치료라는 용어로 바꾸어 강의하고 책을 저술하였다.

(3) 현실요법확장기(1967~1977)

현실요법연구의 부설기관인 교육센터를 만들었고 오더넬과 함께 공립학교 현장에 현실요법을 적용하였다. '낙오자 없는 학교'가 대표적인 교육프로그램이며 여러 전문직에 종사하는 사람들은 위해 현실요법 집중훈련과정도 만들었다.

(4) 현실요법 확산을 위한 조직 재편기(1977~1982)

현실요법에 대한 관심이 많아져 1970년 말 일리노이주 Park Forest에 지역사회센터를 세우고 일반인을 위한 현실요법 훈련을 실시하였다.

(5) 1980년 초부터 지금까지의 확장기

현실요법연구소는 연 3회 현실요법저널과 회보 등을 간행하고 다양한 사례연구와 발표, 지도자훈련과정 등에 힘쓰고 있다.

3. 현실요법과 선택이론

현실요법은 개인이 경험하는 현실적응에서 원하는 만큼의 만족을 얻지 못하는 사람에게 전문적으로 훈련을 받은 사람이 촉진자로서 안내해주는 과정으로 내담자의 현재 행동에 초점을 두고 그 행동이 내담자가 원하는 것을 얻을 수 있는지 살피는 상담방법으로 우리들의 행동을 선택하는 책임을 우리에게 있다는 것을 강조한다. 선택이론은 자극과 반응 이론과는 반대로 내면적 개인의 동기에 의하여 행동한다는 것을 강조하며 우리의 삶은 생존, 사랑, 힘, 즐거움, 자유 등의 다섯 가지의 기본 욕구에 의하여 행동한다는 생각을 근거로 한다.

1) 선택이론

1996년 그래써는 현실요법의 근간을 이루고 있는 이론의 이름을 바꾸었다. 원래의 이름을 '통제이론(Controal Theory)'에서 '선택이론(Choice Theory)'으로 바꾼 이유는 선택으로서의 행동이 그의 이론의 가장 중요한 핵심이 되었기 때문이다. 그러나 두 가지의 명칭은 때론 혼용되어 사용되기도 한다. 인간의 행동은 초기 아동기 갈등의 직접적인 결과나 외부의 자극 때문에 어쩔 수 없이 일어나는 것이 아니라 우리 내부에서 비롯되는 것이라고 한다. 그래써의 선택이론은 개인이라는 생명체가 하나의 선택체계로서 어떻게 뇌의 작용에 의해 자신의 행동을 통제 할 수 있는가를 설명해주는 긍정적인 이론으로 내가 물을 먹고 싶을 때 나의 손을 이용하여 물이 들어있는 컵을 들고 입술에 대고 목으로 넘기는 행동을 했다면 이는 나의 행동에 대해 통제력을 발휘했다고 설명한다. 즉, 모든 인간은 자기를 통제하고자 하고 또한 자기 환경세계를 통제하려고 한다는 것이다.

(1) 현실세계와 인식되는 세계(Perception System)

인간이 경험하는 지식세계는 감각 체계와 지각 체계를 거치면서 나름대로의 특별한 사진기로 찍혀 지각세계로 전달된다. 자기가 원하는 것 모두가 질적인 세계(Quality World)에 실현되기를 원하는 최상의 사진이 되기를 희망한다. 인간은 일생을 통하여 더 중요하다고 생각하는 사진을 바꿔 끼우면서 인생의 방향도 변화시킨다. 그래써는 현실세계는 감각체계(Sensory System)와 지식여과기(Knowledge Filter), 가치여과기(Value Filter)로 구성된 지각체계(Perceptual System)를 통하여 인식하게 된다고 한다. 1차적인 지각체계는 모든 현실을 그대로 받아들이는 일을 하는 지식여과기이고 2차적인 지각체계는 우리들이 가지고 있는 각자의 가치여과기를 통하여 자기가 이상적이라고 믿는 것이나 욕구를 즉시 채워 줄 수 있는 작업을 한다. 그러나 현실에서는 완벽하게 다 인식한다는 것은 불가능하다. 그래써에 의하면 우리들은 우리의 머리 속에 참 현실과는 무관하게 우리가 원하는 대로만 사진을 찍는 지각용 카메라를 가지고 있다고 한다. 또한 그 카메라와 함께 좋은 것 나쁜 것, 무의미한 것을 가려내는 세 종류의 꼬리표도 가지고 있다고 한다. 어떤 상황이 카메라에 들어오면 자신이 원하는 것에는 좋은 꼬리표인 황색, 원하지 않는 나쁜 것은 적색, 무의미한 것은 녹색 꼬리표를 단다. 이 꼬리표는 매우 주관적이며 자기 욕구충족 중심적이다. 자기가 좋아하는 좋은 꼬리표는 별 문제가 되지 않지만, 나쁜 꼬리표가 될 경우, 현실세계와 원하는 것의 차이가 클 경우 그 차이를 감소시키기 위하여 어떤 행동을 취하게 된다. 나쁜 꼬리표가 많은 경우 이들을 거부하려는 비생산적인 논쟁, 싸움, 거절, 음모 등을 만들게 할 수도 있다. 적은 꼬리표 사용이 상황을 좀 더 객관적으로 볼 수 있고 자신의 생활을 통제할 수 있다. 카메라 뒤에는 인지하는 것을 통과시키는 가치여과기가 있는데 이곳의 가치 여과 필터는 서로 다른 가치 정도를 대변해 주며 서로 충족할 수 있도록 가치의 정도를 조정하여 타인들과 잘 지낼 수 있도록 도와주는 역할도 한다. 가치 여과기의 적색 꼬리표가 적을수록 행동하는 데 덜 압박감을 느끼게 되고 융통성과 창의적인 사고를 할 수 있게 된다. 그러나 이 모든 것을 완벽하게 인식할 수는 없고 부분적이며 주관적인 것으로 표현 된다.

(2) 전 행동(Total Behavior)

우리의 욕구는 자동차의 엔진에 해당되고 원함은 핸들이 되어 전행동이라는 차는 가고 싶은 방향으로 가게 된다. 전 행동은 앞바퀴의 활동하기(Doing), 생각하기(Thinking)와 뒷바퀴의 느끼기(Feeling), 생리기능(Physiology) 등의 4요소로 구성되는데 이 요소들이 모여 하나의 행동으로 나타나기 때문에 모든 행동에는 이 네 가지 요소가 꼭 들어있다고 본다. 활동하기 요소에는 강한 통제력을 가지고 있어서 이를 적극적으로 변화시킨다면 나머지 요소들은 자동적으로 변화된다고 한다. 즉 적극적인 활동하기에 많이 관여 할수록 좋은 감정과 유쾌한 생각, 생리적인 편안함을 수반된다는 것이다. 인간은 전행동을 통해 자신이 원하는 것을 얻으려고 노력한다. 예술가가 작품을 구상한 것을 완성하듯이 우리들은 내면적인 상에 맞추어 자신의 세상이라는 작품을 만들려고 노력한다. 현실요법에서는 개인의 행동변화는 활동하기에서부터, 그리고 개인의 환경변화는 그의 환경이나 개인의 행동을 변화시키기보다 변화를 원하는 자신의 활동하기에서 출발하는 것이 더 현실적이라 보며 개인의 선택임을 상기시키고 느낌 표현은 동사로 표현한다. 전행동의 중추적인 역할을 하는 활동하기 외에 느끼기 부분은 개인의 상태를 감지하는 온도계같이 쉽게 감지할 수 있으며 우리의 감정의 부정적 또는 긍정적 느낌을 통해 우리가 원하는 것에 영향을 준다. 계획하기, 자기 인정, 자기 평가, 자신이나 타인의 평가, 다양한 독백들은 생각하기로 나타내어지는데 활동하기와 함께 중추적인 역할을 담당한다(선택이론이 현실에서 어떻게 일어나는가를 설명하는 예 : 초대).

(3) 인간의 기본 욕구(Basic Need)

인간의 뇌는 구뇌와 신뇌로 구성되는데 구뇌는 크기가 작고 의식이 없으며 우리가 무의식적으로 하는 행동, 숨을 쉬는 행위, 가장 절박하고 기본적인 것을 포함하며, 신뇌는 우리가 의식하는 것들의 중심부이며 대뇌피질로서 구뇌보다 훨씬 뒤에 발달되었다. 기본적인 인간의 욕구는 심리적이고 정신적 욕구인, 소속, 힘, 자유, 즐기고 싶은 욕구와 구뇌에 자리한 생존의 욕구로 구성된다. 이러한 다섯 가지 욕구에 의해 인간은 끊임없이 행동하는데 그래써는 인간의 욕구는 유전적인 속성이므로 이것을 채우는 방법으로서 바램은 개인마다 차이가 있다고 한다. 간혹 과로로 사망하는 사람이 뉴스에 나오곤 하는데 구뇌는 신뇌의 명령을 받기 때문에 생존 욕구보다는 힘 욕구나 재미 욕구가 우선시되기 때문이다. 힘 욕구 중 이기는 것은 일에서의 경쟁관계에서 이기는 것을 뜻하는데, 이 힘 욕구를 인간관계에서 만족시키려고 하면 상대방의 힘 욕구는 좌절되므로 갈등을 불러 온다. 그러면, 불행하다고 느끼는 이유는 무엇인가? 앞서 말한 욕구가 충족되지 않기 때문이다. 그런데 중요한 것은 이 다섯 가지 욕구가 균형을 이루어야 행복하다는 점이다. 예를 들어 시험을 잘 못보고 집에 들어오는 아이가 "엄마, 안아줘."라며 아기 목소리를 내는 경우가 있다. 아이는 시험에서 힘 욕구를 충족시키지 못해 불행하다고 느끼므로 자신이 쉽게 충족할 수 있는 사랑 욕구를 충족하려고 하는 것이다. 일단 사랑 욕구가 충족되므로 행복하다고 느끼지만 이는 오히려 욕구간의 불균형을 초래하게 된다.

① 소속욕구

사랑하고 나누고 협력하고자 하는 인간의 속성

소속의 욕구는 생리적인 욕구와 같이 절박한 것은 아니지만 인간이 살아가는데 원동력이 되는 기본 욕구이다.

② 힘에 대한 욕구

경쟁하고 성취하고 중요한 존재이고 싶어 하는 속성

모든 살아있는 피조물 중에서 인간만이 힘의 욕구를 끝까지 포기 하지 않는다. 이에 매력을 느끼면 소속의 욕구에 대한 다른 욕구와의 갈등의 원인이 된다. 부부사이의 힘의 욕구와 통제는 부부관계를 파괴하는 원인이 된다.

③ 자유에 대한 욕구

이동과 선택을 마음대로 하고 싶은 속성

자기의 욕구를 충족하는데 타인의 자유를 침범하지 않으며 타인과의 타협을 통하여 절충안을 만들어야한다.

④ 즐거움에 대한 욕구

그래써는 인간의 즐거움에 대한 욕구는 유전적이고 기본적인 지시라고 하며 이 욕구를 충족시키기 위해 때로는 생명의 위험도 감수하는데 이러한 단순한 놀이를 위한 즐거움을 찾는 욕구보다 학습의 욕구야 말로 즐거움을 추구하는 욕구충족 활동이라고 했다. 1969년 '낙오자 없는 학교'를 저술하는 동안의 이 즐거움을 만끽했다고 한다. 즐거움이 없는 삶이란 생각할 수 없지만 이 한 가지 욕구충족으로 다른 욕구나 다른 사람의 욕구에 방해를 주어서는 안된다고 한다.

⑤ 생존에 대한 욕구

이 욕구는 구뇌에 의해 생성되는 것으로 구조가 작고 호흡, 땀, 혈압 조절 등 신체 구조를 움직이고 건강을 유지하도록 하는 중요한 일을 담당한다. 그래써는 우리를 행동하게 하는 원천은 유전인자들의 속성의 하나로 생리학적인 지시가 포함되며 이는 구뇌의 지시로 이루어지는데 대부분의 경우 신뇌의 협동으로 조절된다. 우리 몸에 수분이 없을 때 의식적으로 행동을 주도할 수 없는 구뇌는 신뇌에게 도움을 요청하여 갈증을 해소한다. 신뇌 역시 여러 욕구를 구뇌 없이 충족되지 못한다. 우리는 자신의 욕구를 충족하기 위해 나름대로의 질적인 세계를 머리 속에 보관하여 인식된 세계와 비교하여 갈등, 만족을 하며 살아간다.

(4) 인간 행동의 재조직과 창의성 그리고 정신 질환(Behavior system)

행동체계는 두 부분으로 나뉘는데 조직화된 행동과 재조직하는 행동들의 행동 단위로서 이는 독립된 별개의 행동이나 생각들을 조직 또는 재조직으로 인식하게 되고 유용하게 쓸 수 있도록 조직된다. 재조직과정은 눈에 보이지 않는 생각이나 잠재적인 행동들로 끊임없이 변하는 상태에 놓여있는데 우리는 어렸을 때부터 끊임없이 재조직하는 행동을 반복하면서 창의성을 추가로 만들고 우리의 인성도 변화시킨다. 즉 그래써는 인간의 두뇌 속의 행동체계는 우리가 태어나는 순간부터 욕구를 충족시키는데 필요한 수많은 행동들을 배우는데 저마다의 개인적이고 독특한 방법으로 끊임없이 조직과 재조직을 하며 자기가 현명하다고 여기는 창의적인 아이디어를 전행동에 옮겨 자기 인성의 기초를 만들어 간다고 한다. 창의적인 재조직으로서 정신질환은 어떤 특정한 행동이 다른 사람들에게는 미친 짓으로 보여도 조직화된 행동인 광적 행동을 통해 타인을 통제하는 것이다. 광적인 개인 창의성이란 것은 정상적인 우리들 대부분이 비정상적이라 생각하는 행동들로 환각, 망상 등을 포함한 정신병을 말한다.

2) 현실요법이론

(1) 주요개념

그래써는 현실요법의 통제 이론이 우리가 어떻게, 왜 어떤 특정한 방법으로 행동하는가를 설명해 줄 수 있는 가장 합리적인 이론을 가진 현대 심리학 이론이라고 말하고 인간의 모든 행동들은 인간의 다섯 가지 욕구를 만족시키려고 항상 노력하며 이러한 과정에서 인간과 환경세계를 통제하기 위해 최선의 선택을 모색한다고 한다. 또한 현실요법은 개인이 책임을 지고 인간의 욕구를 만족시키는 행동을 어떻게 선택하는 가를 배우는 동시에 다른 사람들의 욕구도 존중해 주어야 함을 상담자를 통해 익히는 것이다.

(2) 현실요법의 특징

현실요법은 다른 상담과는 다르게 신경증적 행동, 정신병적 행동, 정신신체화 행동이나 중독증적인 행동 모두를 자신의 욕구충족을 위한 최선의 선택이라고 말하며 현실을 중시하고 전이 및 역전이의 필요성을 인정하지 않고 의식세계 속에서 현실지각을 중요시하여 자기 욕구충족을 위해 합당한 방법을 찾는 특징을 보인다. 전통적인 정신분석치료와 다른 특징을 다음에서 비교 할 수 있다.

첫째, 내담자가 정신질환을 앓고 있다는 개념을 용납하지 않는다.

둘째, 내담자의 과거보다 현재에 초점을 둔다.

셋째, 상담자는 초연한 전이적 대상 인물이 아니라 따뜻한 인간적인 위치에서 내담자와의 친밀한 관계를 가진다.

넷째, 무의식적인 행동의 원인을 배제하고 행동의 진단보다는 욕구, 바램과 비교하여 그 행동 선택을 평가한다.

다섯째, 행동의 도덕성과 책임성을 강조한다.

여섯째, 통찰과 허용성을 통하여 내담자의 행동이 변화하기를 기대하기 보다는 적극적으로 효과적인 욕구 충족을 위한 새로운 방법을 교육시켜 주는 것을 강조한다.

(3) 인간 행동관

현실요법에서 보는 인간은 자신과 주위 사람들이 자신을 사랑하고 가치 있게 여기면 성공적인 정체감이 발달하며 그렇지 못하면 패배적인 정체감이 발달한다고 본다. 즉, 개인의 바램이나 질적인 세계와 지각세계가 불일치하는 경우에는 갈등이 생기면서 문제행동을 선택한다고 본다. 현실요법에서는 이러한 내담자의 성공적 정체감을 강조하며 내담자가 선택한 행동과 결과에 대해 책임을 지도록 한다. 즉, 내담자 자신의 욕구를 충족할 수 있는 합리적인 행동을 배우거나 계획함으로서 성공적으로 현실을 살아갈 수 있는 방법 탐구에 초점을 둔다. 내담자로 하여금 자기의 통제력을 키워가도록 도와주는 것이 바로 상담의 목표인데 상담에서는 적극적 지지, 자기욕구와 바램, 자기선택 행동점검, 자기행동평가, 자기계획과 교육 등을 사용한다. 최근에 그래써는 인간은 누구나 자기의 질적인 세계를 추구하기 위해 최선을 다하기 때문에 진정한 의미에서 패배적 정체감은 없다고 주장한다. 즉 자기행동을 선택할 때 언제나 최선을 다했기 때문에 성공적 정체감 비해 탈 성공적일 수는 있어도 실패라는 개념은 적당하지 않다고 한다고 한다.

4. 현실요법의 적용과 진행절차

1) 현실요법의 원리

인간이 원하는 것과 현실세계에서 지각되는 것 사이에 차이가 있음을 느끼게 되면 갈등이 생기고 어떤 행동을 선택하려는 동기가 생기게 된다. 이에 자기가 원하는 것을 얻을 때 까지 계속하여 어떤 행동을 하게 된다. 우볼딩은 현실요법의 전개에 적용되는 그래써의 선택이론을 다섯 가지로 요약한다.

– 첫째 원리 : 인간은 자신의 욕구와 원함을 충족하기 위해 행동을 하게 된다. 욕구는 인간의 유전적인 속성으로 생래적이고 보편적인 것이고 유전인자 속에 지시된 것이나 바램은 특이하고 개인적인 것이다. 인간은 자신이 원하는 것을 얻어야 만족하며 그 행위는 만족 될 때 까지 계속 된다

– 둘째 원리 : 개인이 경험하는 환경으로부터 얻어진 지각현상과 자신이 원하는 것과의 차이(좌절)는 행동유발의 원인이 된다.

– 세째 원리 : 활동하기, 생각하기, 느끼기와 생리적 기능으로 이루어진 인간의 전행동은 목적이 있다. 즉 인간의 행동은 사람이 원하는 것과 얻고 있다고 지각한 것 사이의 간격을 줄이고자 고안 된 것이며 모든 행동은 만들어진 것이

기 때문에 정적인 용어보다 동작언어를 사용하여 현재 진행형 동사로 표현된다. (예) 우울해 하고 있다. 혼란해 하고 있다.

- 넷째 원리 : 활동하기, 생각하기, 느끼기와 생리적 기능은 분리 될 수 없는 것으로 인간의 내부에서 생성되며 대부분 선택이다. 우리가 원하는 것을 얻으려고 외부세계를 나름대로 조정하려 할 때 바라던 물질이 제대로 손에 들어오지 않는다. 바램의 대상은 지각일 뿐이다. 우리가 지각하는 것들은 외부세계에서 들어 올 때 지각체계를 통해 걸러진 다음 내면세계에 심상으로 통합된다.

- 다섯째 원리: 인간은 지각을 통해 사물을 본다. 지각에는 두 가지의 보편적인 수준이 있는데 일차수준의 지각은 사물의 사건이나 상황에 대한 지식 정보를 포함하며, 사물을 그대로 받아들이고 이차수준의 지각은 사물에 대한 판단을 내리고 주관적 가치를 부여하며 말이나 행동으로 자신의 입장을 표명하는 차원이다.

2) 현실요법의 진행절차

(1) 상담환경 바꾸기

현실요법의 두 가지 과정은 상담환경 가꾸기와 내담자를 행동변화로 인도하는 과정으로 구성된다. 상담이라는 예술은 이 두 과정을 조화롭게 엮어서 내담자로 하여금 그들의 삶을 스스로 평가하고 바람직하게 방향을 선택하는 것이다.

우볼딩은 현실요법의 진행 과정을 그래써의 상담환경 가꾸기와 행동변화로 인도하는 과정을 통하여 설명하는데 전 상담은 상담환경 가꾸기라는 기초 위에 진행된다고 한다.

- 첫째, 친근감을 가지고 내담자의 이야기 경청하기
- 둘째, 내담자의 과거사가 현재 상황을 설명하는데 도움이 되지 않는 한 이야기 하는 것을 허용하지 않기
- 셋째, 내담자의 느낌이나 생리 현상을 전행동과 분리시켜 논의하지 않도록 하기
- 넷째, 무책임한 행동에 대해 변명을 허용하지 않고 내담자가 하기로 약속한 것을 이행하지 않을 경우 그 행동의 자기 선택에 대해 책임으로 연결시키기

– 다섯째, 벌이나 비판하지 않으면서 내담자의 행동선택에 대한 필연적 결과를 깨닫게 하기

- 권장사항(전 과정에 걸쳐 친밀한 관계 유지하기)

상담자는 효과적인 상담을 위해 다음을 지키도록 한다.

ⓐ 주의를 기울이는 행동하기 : 얼굴 표정, 수용적인 자세, 언어적 행동, 비언어적인 행동, 바꾸어 말하기 등을 사용함

ⓑ AB법칙(Always Be~) 실시하기 : 항상 침착하기, 항상 예의 바르기, 항상 신념 갖기, 항상, 열성적이기, 항상 진실하기, 항상 확고한 사고하기

ⓒ 판단을 보류하기 : 내담자의 어떤 행동도 내담자 자신의 욕구를 충족시키려는 최선의 선택으로 보아야 하며 성급한 판단은 잠시 미루어 두기, 수용이 중요함

ⓓ 예상하지 않은 행동하기 : 내담자의 고통스러운 상황을 잠시 잊도록 행동하기, 역설적인 기법사용하기, 재구조화하고 명상하기

ⓔ 가능한 건전한 유머 사용하기 : 이성적인 범위 내에서 즐거움에 대한 욕구를 충족할 수 있도록 돕기

ⓕ 자기답게 개성 있게 하기

ⓖ 자기 자신을 개방하기 : 자신 나누기의 제한된 자기 노출은 도움이 된다. 자신의 개인적인 스타일에 적응하기

ⓗ 은유적 표현에 귀기울이기 : 비유적인 말을 사용하기

ⓘ 주제에 귀기울이기 : 도움이 되는 행동이나 가치 판단에 중점두기

ⓙ 요약하거나 초점 맞추기 : 내담자가 말하는 것에 초점을 맞추고 '실세계'에 관해서 보다, 오히려 내담자가 원하는 관점에 초점 두기

ⓚ 결과를 허용하거나 떠 맞기 : 내담자의 바람직하지 않은 행동에 대해 책임지우기

ⓛ 침묵을 허용하기 : 책임감을 부여하고 생각할 수 있도록 하기

ⓜ 윤리적이기 : 내담자의 행동이 자살이나 타인의 해가 될 행동을 할 것이 명백할 경우 상담자는 합법적이고 적절한 행동을 취하기, 자살위협이나, 난폭성을 어떻게 다룰 것인가 알기

- 금지 사항

ⓐ 상담자는 내담자의 변명을 받아들이지 않도록 유의하기

ⓑ 상담자는 내담자를 비판, 처벌, 논쟁을 하지 말고 내담자 자신이 저지른 행동의 결과에 대한 책임을 지도록 하기

ⓒ 내담자를 쉽게 포기하지 않기

- 기타권장사항

상담이 종료 된 후에도 내담자가 시도하고 있는 변화들을 강화시켜주기 위해 사후지도, 자문, 연구, 지속적인 교육을 함으로서 계속 교류하는 것이 바람직하다. 상담자는 자신의 일에 대한 피드백을 받기 위해 동료 상담자에게 정보를 서로 교환 할 수도 있으며 이는 내담자를 효율적으로 돕는 것뿐 아니라 끊임없는 자기 자신의 성장을 위해서도 필요하다.

(2) 행동 변화를 위한 상담과정

그래써는 상담의 예술은 상담의 변화에 도움이 되는 환경을 조성하는데 사용되는 기술들의 구성요소들을 잘 섞어 내담자로 하여금 자기들의 삶을 평가하고 더 효과적인 방향으로 나아가게 하는 데 있다고 한다. 우볼딩은 이러한 기술들은 쉽게 기억되도록 WDEP라는 공식을 이용하여 학생들이나 내담자들에게 개념을 이해시키고 가르치는 유용한 도구로서 만들었다. 이 용어의 각 글자는 독립적인 과정을 말하는 것이 아닌 내담자가 자신을 삶을 잘 통제함으로서 자신과 사회를 만족시키는 방향에서 자신의 욕구를 충족시키도록 도움을 준다. 그래써는 인간의 바램(Want)을 내면세계 또는 사진첩(Picture Album)이라 지칭하던 것을 1990년 초부터 질적인 세계(Quality World)라고 개칭하였다. 인간은 욕구를 충족시키기 위해 'want'를 필요로 하는데 이것들을 모아 놓은 것을 '좋은 세계(quality world)'라고 부른다. 즉 좋은 세계는 내가 좋아하는 사진들을 모아 놓은 사진첩이라고 생각하면 된다. 이 'want'를 얻기 위해 내가 취해야할 행동을 'doing', 앞으로의 계획을 'plan', 위 세 가지가 현실적인지, 효과적인지 평가하는 것을 'evaluation'이라고 한다. 이 "W.D.E.P."를 내담자 스스로가 선택할 수 있도록 돕는 것이 현실 요법 상담의 목적이다. 대부분의 내담자들은 자신이 불행한 이유를 자신의 과거나 주변 환경, 다른 사람에게 돌리는데 이는 사실이 아니다. 왜냐하면 첫째, 인간은 행동뿐만 아니라 감정도 선택하기 때문

이다. 한 가지 사건에 대해 모든 사람들이 동일하게 느끼지 않는다. 감정 또한 내가 행복하기 위해 선택해야 한다. '우울해진 것'이 아니고 자존심을 상하지 않고 다른 사람의 존중을 받기 위해, 현실 상황에서 벗어나기 위한 노력을 하지 않기 위해 '우울해하기'를 선택한 것이다. 둘째, 내담자가 생각하는 자신의 과거나 주변 환경 등은 지극히 주관적인 것이기 때문이다. 예를 들어 아빠와의 갈등으로 상담을 하는 아들은 아빠가 옳지 못한 행동을 하거나 좋은 사람이 아니라고 생각하지만, 그 아들의 동생은 아빠를 좋은 사람으로 생각하기도 한다. 이때 큰 아들의 '좋은 세계'에는 아빠가 빠져있지만 작은 아들의 좋은 세계에는 아빠가 들어가 있다는 뜻이다. 따라서 인간이 불행한 이유는 자신의 과거나 주변 환경, 다른 사람이 아니고 스스로가 '불행해하기'를 선택했기 때문이며, 스스로 'WDEP'를 선택함으로써 스스로 행복할 수 있다. 이를 두고 Glasser는 "우리는 과거나 현재의 'victim'이 될 수 없다. 내가 스스로 선택하지 않는 한."이라고 말했다.

① W 단계(WANT) : 욕구, 바램, 지각 탐색하기

이 과정에서 치료자는 내담자가 자신의 사진첩 속에 들어 있는 욕구들을 조직하고 명확하게 하며 우선순위를 정하도록 도와준다. WDEP 체계 중에 W는 상담자는 내담자에게 다음과 같은 질문을 함으로서 내담자의 문제 해결을 돕는다.

– 무엇을 원하는가?: 내담자 자신이 원하는 것을 얻는 방법과 원하는 것을 방해하는 것이 있는지 상세히 말하도록 돕는다.

– 진정으로 원하는 것이 무엇인지? : 내담자가 지니고 있는 지적인 세계인 바램, 혹은 '사진첩'속의 사진을 찾게 되어 자기 욕구가 무엇인지 알게 된다.

– 사람들이 당신에게 원하는 것이 무엇이라고 생각하는지? : 내담자가 내담자에게 영향을 끼치고 있다고 믿는 세상을 어떻게 보는 가를 알 수 있다. 주위 사람들과 내담자가 원하는 것의 일치, 불일치를 알아봄으로서 내담자 자신의 마음속의 사진(바램)에 내포되어 있는 근본적인 욕구(5가지 욕구)가 무엇인지 확실하게 보도록 돕는다.

– 당신은 어떤 시각으로 사물과 환경을 바라보는가? : 내담자의 지각체계를 탐색할 수 있다.

– 당신은 상담자에게 무엇을 바랍니까? : 상담자가 내담자에게 어떤 도움을 제공해야 하는지 에 대해 구체적인 사항 등을 알 수 있도록 한다.

–상담자는 '문제의 해결을 위해 기꺼이 노력하겠습니다.' 등의 말을 함으로써 내담자와의 관계에 진지한 상담 확약 얻을 수 있다. 이때에 상담자와 내담자의 우호 관계는 후에 이루어질 상담 과정에 상당한 영향을 준다.

② D 단계(DOING : 전행동 탐색하기)

D는 하기(doing)를 의미한다. 이 단계는 전행동을 평가하는 과정이며 활동하기, 생각하기, 느끼기와 생리적 기능 등 네 요소로 구성된다. 모든 것이 전행동 형성에 필요하지만 이 중에서 우리가 잘 통제 할 수 있는 것이 활동하기와 생각하기이며 느끼기와 신체 반응 보다더 초점을 맞춘다. 우볼딩은 이 단계에서 적용되는 질문인, "당신은 무엇을 하고 있습니까?"의 각각의 단어가 중요함을 강조한다. 이 과정은 상담자가 상담과정 초기에 내담자에게 상담의 전반적인 방향에 대하여 탐색하도록 도와주는 절차이며 내담자의 보다 구체적인 행동에 초점을 맞추어 4단계로 구분 된다.

– '당신은' : 내담자의 변명하거나 남의 탓으로 돌리려는 의도를 중단시키고 자기가 행동의 주인임을 확인한다.

– '무잇을' : 내담자가 내면세계로 들어가 자기 행동에 대해 가치판단이나 평가할 수 있을 뿐 아니라 자기 통제의 영역에 대해서도 확인 해 볼 수 있는 기회를 제공한다. 이과정의 또 하나의 목적은 내담자 앞에 상징적인 행동을 보이면서 내담자 자신의 모습을 객관적인 각도에서 바라보게 하는 것이다.

– '하고' : 이 부분에 중점을 두는 것은 활동요소이며 다른 상담방법에서 감정요소를 강조하는 것과는 다르다. 시험공부를 하지 않고 불안 해 하고 있는 학생이 있다면 이 불안한 감정은 효율적이지 못한 활동요소 때문이며 행동동기를 해결하지 못한 좌절에 그 원인이 있다고 한다. 우리의 욕구는 우리가 원하는 것과 얻는 것의 차이가 좁혀 졌을 때 충족되는 것이다.

– '있습니까?' : 내담자가 현재의 행동에 초점을 맞출 수 있도록 도와준다. 내담자의 현재 생활에서 욕구들을 어떻게 충족시키고 있는지를 아는 것은 중요하다. 베트남 전쟁시 재향군인들은 조국에 대한 충성에 대해 인정을 받지 못하고 있다고 생각하는데 이러한 거부와 냉담함이 자신들의 욕구와 바램을 충족시키지 못하게 하자 음주나 우울증, 정신질환, 가족학대 등의 파괴적인 행동을 보인다. 현재를 강조하지만 때로는 과거의 이야기가 수용되기도 한다.

③ E 단계(EVALUATION) : 행동과 계획에 대한 자기 평가하기

그래써는 자기평가를 현실요법의 핵심이라고 보았고 우볼딩은 이것을 과정이라는 아치의 한 가운데 있는 주춧돌이라고 보았다. 자기평가는 상담과정의 가장 중요한 구성요소이며 전달체계의 중심이라는 것이다. 치료자들은 내담자들에게 단지 그들의 행동과 바램, 지각, 약속의 단계, 계획들을 묘사하게 하는 것만이 아니다. 즉, 그들의 삶이 원하는 곳으로 가고 있는지, 바램이 현실적이며 도움이 되는지, 그들의 행동이 그들로 하여금 원하는 것들을 갖게 하는지 판단하게 하고 여러 가지 형태로 평가하는 것이다.

– '당신의 지금의 행동이 당신에게 도움이 됩니까?' : 내담자가 자신에게 최대의 이익을 가져다 주는 행동인지를 보게 하여 자기 행동의 평가가 문제 해결의 출발점이 된다는 것을 인식하는데 도움을 준다.

– '당신이 지금하고 있는 것은 당신이 진정으로 원하는 것을 얻는데 도움이 됩니까?' : 이는 내담자의 구체적인 행동을 살피고 최근에 하고 있는 행동들이 자신이 추구하는 것들에 도움을 주고 있는지 판단하는데 도움을 준다.

– '당신이 행동하는 것이 규칙에 어긋납니까?' : 규칙을 위반하는 내담자의 행동 대해 자신의 활동요소를 관찰하는데 도움을 준다.

– '당신이 원하는 것은 현실적이거나 실현 가능한 것입니까?' : 내담자의 원하는 것이 현실적인지 평가하고 바램의 성취에 초점을 맞춘다.

– '그런 식으로 보는 것이 당신에게 도움이 됩니까?' : 이차적인 지각수준, 특히 부정적인 지각수준을 직시하는데 도움을 준다.

– '상담의 진행과 당신 인생의 변화에 대해 어떻게 약속을 하시겠습니까?' : 내담자가 문제 해결과 보다 나은 자기 통제를 하기 위해 성실한 노력을 기울이도록 돕는다.

– '도움이 되는 계획입니까?' : 내담자 자신의 계획이 효과적인가, 욕구를 충족할 수 있는 실현 가능성이 있는 것인가를 평가한다.

④ P 단계(PLAN) : 계획하기

이 과정은 계획과 실행과정으로 긍정적인 행동계획, 계획에 대한 약속, 과정에 대한 마무리 제언으로 이루어진다. 계획을 세울 때에 가장 효과적인 좋은 계획은 내담자에 의해 세워진 계획이며 두 번째로 좋은 계획은 돕는 이와 내담자가 함께 세운 계획이고 마지막은 돕는 이에 의해 세워진 계획이다. 내담자가 계

획을 세우고 실행할 때 자기들의 에너지의 방향을 재조정하고 활동의 선택을 함으로써 자신들의 삶에 책임을 지게 된다. 현실요법을 사용하는 것은 계획을 용이하게 하고 내담자에게 성공적인 계획하기의 특징들 $SAMI^2C^3$를 가르치는 것이다.

$SAMI^2C^3$는 다음과 같다.
S=Simple 간단하고 이해 가능하며 복잡하지 않다.
A=Attainable 실현가능하고 현실적으로 실행가능하다.
M=Measurable 측정가능하고 모호하지 않으며 정확하다.
I=Involved 꼭 필요할 때는 상담자의 도움으로 행한다.
I=Iimmediate 즉각적이며 필요 이상 지연하지 않는다.
C=Controlled 내담자, 학생, 피고용인에 의해 통제 된다.
C=Consistent 일관되거나 반복적이다. 이상적인 계획은 반복되거나 습관적인 것이다.
C=Committed 약속된 확고함이다.

상담의 마지막 단계에 속하는 계획하기에서 상담자가 염두에 두어야할 사항을 살펴본다.

- 다섯 가지 욕구가 충족되는 계획
- 명확하고 단순한 계획(예 : 공부를 싫어하는 학생은 자기가 조금이라도 좋아하는 과목을 하루에 5분씩 들여다보기만 하는 계획)
- 현실적이고 실현 가능한 계획
- 어떤 행위에 대한 중단이 아닌 특정 행위를 하도록 권장하기(내담자가 가지고 있는 부정적인 사고를 긍정적으로 바꿀 수 있도록 도와준다.)
- 활동자에 기초한 계획(상담자는 내담자의 힘이나 성취욕구에 초점을 맞추도록 노력한다.)
- 구체적이고 현실적인 계획
- 측정가능하고 반복적인 계획
- 진행중심적인 계획
- 재평가를 할 수 있는 계획
- 계획한 것을 이행할 수 있도록 만드는 단호함이 있는 계획

– 내담자의 책임감을 강화시켜주는 계획

– 계획에 대한 약속하기 단계 : 계획하기 단계의 연장으로 내담자에게 '당신 마음이 변하거나 계획대로 하지 않게 되면 어떤 결과가 나타나게 되는 것을 알고 있습니까? 의 질문으로 이행의 다짐을 재확인하는 단계로 현실요법의 마지막 제언 단계이다.

5. 상담자의 역할

상담자는 문제의 해결책을 제시하는 것이 아니라 'W.D.E.P.'를 통해 내담자 스스로가 선택하도록 한다. 이는 내담자는 본인의 문제를 해결할 수 있으며 문제를 가장 잘 해결할 수 있는 사람이 내담자이기 때문이다. 내담자가 'doing'탐색을 하는 과정에서 답을 구하기 어려울 때가 있다. 상담자가 생각해도 내담자의 환경과 조건에서 내담자가 할 수 있는 일을 찾기 어려워 보일 때이다. 이때는 '기적 질문'을 하게 되는데 "기적이 일어난다면 어떻게 살고 있을 것 같습니까?", "그 세상에서는 당신이 어떤 행동을 할 것 같습니까?"를 질문해 거꾸로 내담자가 원하는 세상에서 내담자가 하고 있을 것 같은 "doing"을 시도해 보는 것이다. 또는 "전에 행복했던 전이 있습니까?"라고 물어 그 때 했던 행동을 다시 한 번 시도해보게 할 수 있다. 또 비자발적인 내담자, 즉 상담을 스스로 원하는 것이 아니라 다른 사람에 의해 억지로 끌려오는 경우도 있다. 이 때 내담자는 'want'를 말하기를 거부하는데, '더 이상 상담하러 오지 않는 것'을 want로 삼아 상담을 이끌어 가면 된다. 내담자는 'doing'을 '좋은 세계'에서 탐색하게 되는데 상담자는 내담자의 좋은 세계에서 quality하지 않은 그림은 빼고 quality한 그림을 넣어 주는 역할을 맡는다. 각각의 picture는 사람이나 사물 또는 신념, 이 세 가지로 구성되는데, 그 중 '사물'과 '신념'은 '사람'에 따라 움직인다. 예를 들어 특정한 목사님(사람)을 싫어하는 사람은 그 교회(사물)도 다니지 않게 되고 신앙(신념)도 약해지게 된다. 또 어떤 선생님(사람)을 좋아하는 학생은 그 과목(사물)의 공부를 열심히 하기도 한다. 따라서 상담자가 내담자의 좋은 세계에 그림을 넣어주기 위해서는 먼저 상담자 자신이 내담자의 좋은 세계에 들어가 있어야 한다. 그래서 상담 초기의 상담자와 내담자의 관계 맺기가 중요한 것이다.

6. 내담자의 회복단계에 따르는 현실요법의 적용

현실요법을 적용하는 과정에서 일어날 수 있는 두 가지 문제점에 대하여 생각해 볼 수 있다. 첫째는 현실요법이 내담자의 감정이나 정서적인 면을 취급하지 않는다는 점이고, 둘째는 현실요법이 지나치게 직선적이고 지시적이라, 내담자의 유형에 따라 그 적용과 융통성의 한계가 어떻게 형성되고 있는지에 대한 것이다. 첫 번째의 문제점을 보면 현실요법에서는 내담자의 나빠진 기분, 자기의 기분을 나쁘게 해준 사람이나 사건에 대해 내담자가 어떻게 반응할까를 선택할 책임은 내담자 자신이 가졌음을 강조한다. 내담자의 감정 상태를 알아내는 측정계로서 의미가 있는 것이다. 누가 얼마나, 오래 전부터, 왜, 내담자의 기분을 상하게 했는지에 대해서는 중요시 하지 않다. 두 번째, 현실요법이 다른 치료법에 비해 직선적이고 지시적이라는 것은 사실이다. 그러나 내담자의 유형이나 치료단계, 회복 단계에 따라 융통성 있게 조절된다. 따라서 절충식 상담이라 할 수 있다.

미국의 심리 상담가 Terry Gorski는 6가지의 회복단계를 제시하고 우볼딩은 이것을 현실요법의 상담과성에 합리적으로 접목시켰다. 여섯 단계는 전후 서로 의존적이기 때문에 단계별 구분이 명료하지 않다.

1단계 : 과도기적 회복단계

내담자가 자신이 겪고 있는 갈등이나 어려움을 호소하는 단계로서 매사 정보가 부족하고 행동에 대한 자기 평가 없는 상태이므로 행동선택에 대한 범위가 빈곤한 편이다. 따라서 상담자는 지시적으로 상담에 개입하여 평가하고 강력한 제안을 함으로서 내담자가 그런 활동평가에 뒤 기울이도록 하는 것이 중요하다. 이 단계에서는 자기평가와 계획에 무리가 없도록 하는 것이 가장 중요하며 내담자 스스로 할 수 있는 효과적인 행동을 선택하도록 도와주어야 한다. 내담자는 정서적으로 무력감과 의기소침한 상태이므로 현실요법의 4가지 심리적인 욕구 중 소속의 욕구를 채워주는 것이 필요하며 상담자와의 친밀한 관계를 형성하는 것이 상호 신뢰감 형성에 중요한 영향을 미친다.

2단계 : 고정화단계

내담자의 정서 상태는 삶의 대열에서 자신만이 낙오 되었다는 위기감과 재낙

오에 대한 불안을 느끼고 있으므로 상담자는 장기 계획보다 24시간의 계획을 구체적으로 세워 하루를 충실하게 살아갈 수 있도록 유도해야하며 여전히 지시적이고 충분한 정보를 제공해 주어야한다. 전행동 중 특히 활동하기에 초점을 두고 달성할 수 있는 쉬운 활동을 제공함으로서 성취에 대한 자신감을 얻도록 도와주어야 한다. 2단계는 6개월~1, 2년이 소요 되므로 인내심을 가지고 진행시키는데 계획 세우기 원칙에 의거 단순하고 실천 가능한, 그리고 반복적으로 빈도수를 측정할 수 있는 부분에 초점을 두어야 한다. 그러나 홀로 서기의 힘이 부족한 것을 염두에 두고 장점을 격려 하면서 내담자 스스로 자신을 평가하게 하는 것이 중요하다.

3단계 : 회복초기단계

이 단계에서 내담자는 자기의 문제 상황에 대처하는 방법을 배우며 신체적인 건강 상태도 긍정적으로 변화하기 시작하므로 전행동의 활동, 사고, 감정, 생리기능이 균형을 유지하기 시작한다. 현실요법과 통제이론을 배울 수 있는 단계로 내담자의 생각이 합리적인 활동으로 변하며 스스로 자신의 계획에 대해 평가하면서 효과적인 행동을 배운다. 상담자는 지시적인 강도를 약하게 조절하며 계속 자기 평가하기를 돕는다. 그러나 계획이 항상 내담자의 욕구와 바램을 충족할 수 있는가를 살펴야한다.

4단계 : 회복 중기 단계

내담자가 균형 있는 삶의 형태를 구축해 나가기 시작하는 것을 스스로 인식할 수 있게 되는 시기로 편안함을 느끼며 상담의 횟수도 줄고 도의적인 삶에 대한 책임이 증가하는 단계이다. 상담자는 지속적인 인정과 지지로 내담자의 소속, 힘 , 자유, 그리고 즐거움의 욕구가 충족될 수 있는 많은 경험을 하도록 도와준다. 지시적인 강도는 거의 낮은 상태이다.

5단계 : 회복 후기 단계

내담자는 자기중심적인 태도에서 타인 중심적인 태도로 변하기 시작한다. 사랑하는 사람들과 친밀한 관계 유지를 하고 효과적인 방법으로 자기 욕구 충족을 하면서 남의 욕구를 방해하지 않는 책임지는 인간으로 성숙한 모습을 보인다. 특히 소속욕구의 만족으로 자신 있고 독자적인 계획과 자기평가 능력이 증대된다.

6단계 : 회복 유지 단계

내담자는 긍정적인 증후를 보이면서 생산적인 삶을 산다. 적극적인 삶의 주인이 되고 질적인 삶의 주인이 되는 것이며 상담을 받을 필요가 없다.

7. 현실요법의 공헌과 훈련과정

1) 현실요법의 공헌

현실요법은 '여기와 현재'에 중점을 두고 상담을 하기 때문에 문제해결이 용이하다. 또한 성과 환경특성을 포함한 모든 계층에 광범위하게 도움을 주는 것은 통제이론이 시대 환경이나 문화적인 요인하고 무관하게 인간의 생래적인 속성을 근거로 한 인간의 뇌의 기능 이론이기 때문이다. 정신질환을 앓고 있는 사람에게도 적용이 된다고 한다. 그러나 현실요법이 당면하고 있는 한계점은 현실요법에서 사용하는 질문들이 과연 내담자들에게 항상 효과적인 결과를 가져오는가에 대한 확인성이다. 이러한 문제 상황 해결의 열쇠는 내담자의 손에 달려있다. 현재 현실요법은 가족치료, 부부 혹은 부모 자녀 관계를 개선하기 위한 치료, 알콜, 약물 중독 재활상담치료 등 일상생활에서 광범위하게 적용되고 있으며 현실요법 연구소의 운영과 교육자훈련과정 등에 많은 교사가 참여하여 활동하고 있고 우리나라에서도 현실요법자격증을 취득한 사람들 중심으로 훈련과정이 활발하게 운영되고 있다.

2) 현실요법의 훈련과정

1968년 창설된 그래써의 연구소를 중심으로 전 세계 수 십 곳에서 현실요법을 위한 집중 훈련 과정이 개설되어 있다. 기초 과정은 통제이론 강의를 듣고 역할 연습 훈련을 하며, 자격증취득을 위해서는 6개월 동안 실습이 필요하고 실습 후에도 다양한 훈련과정을 마쳐야 한다. 현실요법 훈련과정은 질적인 체험학습, 이론에 대한 이해 확인, 참가자들 끼리 역할 연습 등이 있다. 전 과정은 질적 향상을 위한 분위기 조성, 즉 피드백과 자기 평가를 이용하여 전문가의 도움을 받아야 한다.

8. 현실요법 상담사례

현실요법은 내담자의 배경이나 문제 행동에 대한 정보 없이 바로 내담자의 바램과 욕구 탐색, 행동 탐색, 평가하기, 계획하기를 한다.

–W. Glasser의 Role Play : 문제의 청소년 자녀를 둔 어머니의 상담사례
(국제현실치료연차대회중 w. Glasser의 Role Play 축어록)

축어록 분석방법: 선택이론의 절차가 상담자반응에서 어떻게 적용되었는가를 확인하기

1) 상담자의 잘한 점, 2) 상담방향, 3) 보완할 점 중심으로 관찰하기.

상 1: 자, 무슨 이야기를 하시고 싶으신가요?(바램탐색)

내 1: 아들이 열여섯 살인데 술을 너무 마셔요. 마약도 하는 것 같고요. 아들이 자라니까 이렇게 인생이 불행해요. 저는 도움이 필요해요.

상 2: 행복할 때는 어떤 때 십니까?(예상치 않은 질문)

내 2: 직장에서 일할 때는 좋아요. 그런데 퇴근시간인 다섯 시만 되면 다른 사람이 되는 것 같아요. 제가 원하는 건 오후 5시부터 다음날 아침 9시까지도 행복한사람이 되고 싶은 거예요.

상 3: 인생의 어떤 부분은 통제가 되고 어떤 부분은 통제가 되지 않는군요. 직장에서 행복 하게 느끼는 걸 보면 거기서는 통제가 되는 것 같은데요. 통제가 되는 것은 기분 좋은 일이지요.(선택이론 가르침)

내 3: 그게 집에서는 안 되는 것 같아요.

상 4: 아들 때문에 걱정이 되는 것은 잘 알겠어요.(요약하기) 그런데 달라지면 어떻게 달라지고 싶지요?(바램탐색)

내 4: 제가 보험회사에서 부사장인데 일 할 때는 아주 잘해요. 그런데 집에서는 모든 것이 다 산산조각이 나있는 것 같아요. 청소도 엉망이고 정돈도 엉망이고 집에 어떤 구조화가 되어 있지 않은 것 같아요.

상 5: 집이 정돈되고 깨끗한 걸 구조화된 것으로 보시나요?(구체화하기)

내 5: 누군가가 집을 좀 정돈해주었으면 좋겠어요. 아주 통제가 불가능한 것처럼 느껴져요.

상 6: 경제적인부분은 제가 잘 모르겠지만 그런 문제라면 청소하는 사람

을 불러서 만족한 청소상태를 유지하는 방법도 있을 것 같은데요. 직장 다니는 사람들은 많이들 도움을 받기도하지요.(제안하기)

내 6: 그것도 방법이 되겠지요. 그렇게 된다고 하더라도 왜 집에서는 뭐든지 그렇게 통제가 되지 않는지 모르겠어요.

상 7: 집을 깨끗이 하는 건 누구의 목표지요?(바램탐색)

내 7: 아이들의 목표가 아니고 내 목표인 것 같아요. 딸도 하나있거든요. 그러나 그런 생각 을 하지도 못했어요. 집안은 엉망진창인 것처럼 느껴지고 늘 괴로운 추억이 가득 차있어요. 지속적인 공포의 감정도 있고요. 일생을 전 남편에 대한 공포를 느끼며 살고 있는 것 같아요.

상 8: 전 남편에 대해 공포를 느끼십니까? 헤어지신지는 얼마나 되었습니까? (현재 상황에 대해 알아보기)

내 8: 8년 전에 이혼하고 남편은 캘리포니아로 갔지요. 저는 멤피스로 오구요. 나하고 아이 들을 늘 학대했지요. 집이 직장만 같으면 더 바랄게 없겠어요.

상 9: 아들이 당신을 해롭게 하나요?(전행동 탐색)

내 9: 캘리포니아에 있는 전 남편과 비슷해요. 술 마시고 행패부리고 하는 게요.

상10: 아들을 볼 때면 남편의 생각이 나시는 건가요?(주제를 명료화하기)

내10: 네. 두려워요. 아들에 대해 생각하면 힘도 없고 희망도 없이 절망적으로만 느껴져요. 아들을 어떻게도 멈출 도리가 없어요.

상11: 구체적으로 어떤 일을 아들이 하고 있지요?(구체화하기)

내11: …술을 퍼마시고 술병을 내던지고…나를 때린 일도 있어요. 차분하게 대처를 하려고 해도 그렇게 되지를 않아요.

상12: 그럴 때 어떻게 하셨어요?(전행동 탐색)

내12: 소리 지르고 비명을 지르고 나쁜 말을 퍼붓고…그랬지요.

상13: 그 다음에 어떻게 하셨지요?(전행동 탐색)

내13: 아들이 문을 꽝 닫고 들어앉아서 더 이상 어떻게 되지는 않았어요.

상14: 다음날 아침에 어떻게 되었지요?(전행동 탐색)

내14: 우리는 그때 이야기하지 않았어요.

상15: 아들이 바라는 것은 무엇인가요?(아들의 바램탐색)

내15: 아들은 지금 바로 치료센터로 가고 싶어 하고 있지요. 그렇지만 전에 보면 치료 센터도 효과가 없어요. 나오기만 하면 술을 다시 퍼마시는걸요.

상16: 그가 집에 올 때 어떻게 대하세요?(전행동 탐색)

내16: 어떻게 해보려고 아무리 말을 해도 내 말을 듣지 않아요.

상17: 당신은 자신의 행동은 통제할 수 있지만 아들을 마음대로 통제할 수 는 없지요(선택이론 가르침).

내17: 그러면 제가 아들을 통제하려고 해서 이런 문제가 생긴다는 말인가요? 제가 어떻게 하기 때문에 이 아이가 그러는 것은 아니에요.

상18: 알겠어요. 직장에서 당신은 부하 직원에게 고함치고 야단치고 그러십니까?(직장에서 전행동 탐색)

내18: 그러지는 않습니다. 무슨 일이 있으면 알아듣도록 이야기를 하지요.

상19: 아들에게도 무슨 일이 있을 때 그렇게 이야기를 하십니까?(전행동 탐색)

내19: 이야기가 통하지 않아요. 아들이 술에 취해 들어오거나 하면 전 남편이 들어오는 것처럼 느껴지고 공포감이 느껴져요.

상20: 아들이 두려우십니까?(아들에 대한 지각체계탐색)

내20: 무기를 가지고 들어올지도 모른다는 생각이 들어요.

상21: 그렇게 굉장히 두려울 때 할 수 있는 일이 무엇이 있을까요?(대안모색하기)

내21: 파출소에 신고할 수 있어요.

상22: 파출소에 신고하는 것은 좋은 방법이 아닌 것 같아요. 그 외에 어떻게 해보실 수 있으세요?(대안모색하기)

내22: 딸의 방으로 가서 문을 잠그거나 안전한 장소를 찾아볼 수 있지요.

상23: 안전한 장소라면 어디가 있지요?(구체화하기)

내23: 친구 집에 가지요. 호텔에 가고 싶지는 않아요.

상24: 그런 친구가 있습니까?(주변자원 확인하기)

내24: 지금 사귀고 있는 남자친구가 있어요.

상25: 그 사람은 이런 모든 일들을 다 알고 있습니까?(관계탐색)

내25: 알고 있어요.

상26: 그렇다면 아들이 술 마시고 들어올 때 갈 데가 있다 이거지요. 두 번째 방법으로는 딸의 방에 가서 문을 잠글 수 있구요.(대안모색하기)

내26: 그렇지요.

상27: 당신은 그래도 아들이 술을 마시고 들어오면 무서운가요?(지각체계탐색)

내27: 그 아이가 문에 서있는 걸 보면 자기아버지가 문에서 있는 걸 보는 것 같고 그 다음 에 무슨 폭력을 행사할지 몰라 너무 무서워요.

상28: 아들의 이름이 무엇이지요?

내28: 아들 이름은 켄(Ken)이예요.

상29: 켄에게 무섭다거나 전 남편생각이나 공포스럽다는 어떤 메시지를 보내지 않고 그애 자신에게 초점을 맞출 수 있는 방법이 있을까요?(계획하기)

내29: 어떻게 하면 될까요?

상30: 비 심판적이 되고 두 사람이 서로 이기려고 들지 않는 방법이 있지요.(제안하기)

내30: 어떻게 하면 되지요?

상31: 켄에게 좋은 사람(nice person)이 되어주는 거지요.(메타포사용)

내31: 무어라고하면 좋을까요?

상32: 우선 아들을 5분정도라도 안정(calm down)시키는 거지요.(제안하기)

내32: 어떻게 해도 소용이 없어요. 안정하라고 말해도 소용이 없구요.

상33: 어떻게 하면 좋을지 제가 제안(suggest)해볼까요?(제안하기)

내33: 네.

상34: 이렇게 하면 어떨까요. 켄. 부엌으로 와라. 내가 커피 만들어 줄게. 이렇게 해볼 수 있어요?(계획하기)

내34: 그렇게 하면 부엌으로 와서 또 술을 마시려고 들 거예요.

상35: 그럴지도 모르지요. 그렇지만 내가 공격하는 기운을 낮추면 저쪽도 공격하는 기운이 낮아질 수 있거든요.(메타포사용)

내35: 제가 원하는 건 평화스러운(peaceful)거예요. 그걸 집에서 지키지 못하게 하니까 아 들에게 너무 화가 나고 싫어요.

상36: 그가 다시 때릴까봐 두려운가요?(주제에 귀 기울이기)

내36: 네. 그래서 그가 술에서 깨어났을 때도 아주 싫은 소리를 하게 되요.

상37: 서로 인간으로 대하는 것이 아주 중요한일입니다. 서로 존중하고 이야기를 하는 것이 아주 중요한 일이지요.(초점 맞추기)

내37: 아들이 어렸을 때는 서로 이야기를 했어요.

상38: 지금이야말로 이야기할 필요가 아주 많은 시점인 것 같은데요?(초

점 맞추기)

내38: 이야기가 통하지 않아요.

상39: 이야기 해보세요(talk to him). 어떻게 하라고 하는 대신에요. (instead of telling him what to do).(계획하기)

내39: 그럼 이렇게 된 데는 제 문제가 크다는 말인가요?

상40: 그런 이야기가 아닙니다. 아들에게 커피를 만들어주면서 그저 이야기를 해보라는 것 이지요. 어떻게 하라고 야단치거나 네가 두렵다는 메시지를 주지 말고요.(제안하기)

내40: 그게 될까요?

상41: 한번 그렇게 해보면 어때요. 그 아이는 16살입니다. 우리마음대로 어딘가 끌고 갈 수 도 없고 집안 어디다 묶어둘 수도 없지요.(유머사용하기)

내41: 그 아이가 집에 취해서 만취 한 상태에서 행패를 부리려는 걸 보는 건 정말 끔찍해요.

상42: 아이가 집에 돌아오는 걸 원하십니까?(바램 탐색하기)

내42: 그럼요. 아들이 집에 돌아오는 걸 원해요. 그렇지만 술에 취하지 않고 깨어있는 상태로요

상43: 그러니까 아들이 집에 들어오는 걸 원하기는 술에 취하지 않고 깨어있는 상태로 오기를 원하는 거지요.(초점 맞추기)

내43: 네.

상44: 그래서 어떻게 하셨습니까?(전행동 탐색하기)

내44: 술 마시고 들어오면 마구 화내고 야단치고 그랬지요. 그게 소용이 없으면 아침에 아 들이 집을 나갈 때 제발 술 마시고 들어오지 말라고 나는 그런 꼴 보기 싫다고 말하고는 했지요.

상45: 그렇게 말하면 효과가 있었나요?(평가하기)

내45: …아니요. 점점 더 상태가 나빠지기만 한 것 같아요.

상46: 그러니까 그렇게 말하면서 그 애를 대한 게 아무 도움이 안 되었다는 말이지요.(요약하기)

내46: …그렇게 된 셈이지요.

상47: 그럼 다르게 말한다면 어떻게 해보면 좋을까요?(제안하기)

내47: 이렇게 말해보면 어떨까요? 켄. 너는 나한테 아주 중요한 사람이야.

상48: 처음부터 갑자기 그렇게 말하는 건 좀 너무 무겁지 않을까 싶은데요.

(계획에 대한 평가)

내48: 이렇게 말해볼까요? 나는 네가 집에 오기 바래.

상49: 그렇게 말해보실 수 있겠어요?(계획하기)

내49: 그렇게 말해 본적은 없었어요. 이렇게 하라. 저렇게 하지 말라. 이렇게 하는 게 정말 싫다. 그렇게만 말했었지요.

상50: 그런 이야기는 많이 할수록 관계가 멀어지게 되지요. 아들인 켄은 그런 이야기를 하 거나 듣고 싶지 않을 겁니다.(평가하기)

내50: 가르치거나 설교하는 것을 그만두어야할까요?

상51: 이미 가르치거나 설교하는 건 수천 번 하셨을 겁니다. 소용이 있었던가요?(평가하기)

내51: …아무 소용이 없었지요.

상52: 아들이 집에 있을 때 자면 그대로 놓아두고 안자면 커피를 끓여 주실 수 있겠어요? 가르치거나 설교하지 않구요(제안하기)

내52: 그렇다면 무슨 이야기를 하면 좋을까요?

상53: 네 친구가 되어줄게. 나는 네 엄마고 너를 사랑한다, 같은 말을 하면 좋겠지요.(제안하기)

내53: 아들이 어떻게 나올까요?

상54: 모르지요. 아들이 뭐라고 말하면 잘 듣고, 말하지 않으면 당신이 말하세요.(제안하기) 그럴 때 꼭 기억해 두실일은 가르침이나 설교는 소용없다는 점입니다.(평가하기)

내54: 그렇게 하면 좋은 관계가 유지될까요?

상55: 우선 두 사람이 좀 더 가까워질 가능성은 있지요(평가하기). 가까워지고 싶지 않으십니까?(바램탐색) 아들과 가까워지면 상담 받느라고 돈들일 필요도 없어 돈도 안 들게 되지요.(유머사용).

내55: …

상56: 당신은 사업을 할 때 첫째로 좋은 관계를 유지하려고 들지 않으십니까? 소리치고 고함지르고 하면 보험업무가 잘 이루어질 수 가없지요. 집에서도 마찬가지입니다.(예측하게 하기)

내56: 아버지를 따라한다는 말을 아주 싫어하는데도 자주했어요.

상57: 아버지를 아들도 두려워하고 있을지 모릅니다(요약하기).

내57: 내 감정에 휩싸여 그런 생각을 하지 못했어요. 아들이 어렸을 때 아버지를 몹시 무서워했지요.

상58: 지금 현재 상태에서 실제로 남편이 문제입니까? (초점 맞추기)

내58: …사실 그런 건 아니에요.

상59: 아들이 말하고 싶어 하는 관심사는 어떤 것들이 있나요?(초점 맞추기)

내59: 야구경기며 하키 팀에 관한거지요.

상60: 그런데 관해 자연스럽게 이야기해보실 수 있어요?(계획하기)

내60: 네. 해볼 수 있을 것 같아요. 전에는 그런 이야기를 많이 했지요.

상61: 중요한 것은 있지도 않은 남편이 지금 당신과 아들에게 부정적인 영향을 끼치지 않도록 아이를 대하는 점이지요(계획하기).

내61: 알겠어요. 그렇게 한번 해볼게요. 딸하고는 잘 지내거든요.

상62: 아주 좋습니다. 어떻게 되는지 제게 전화해주시겠습니까? 필요하다면 다시 제게 돌아 와서 다른 방법을 찾아보지요.(약속받아내기)

내62: 그렇게 할게요.

상63: 여기 올 때 기대했던 것과 많이 다릅니까?(평가하기)

내63: 네. 어떻게도 도움받기 어려우리라고 생각했었는데 이제는 무언가 해볼 수 있다는 생각이 들어요.

상64: 자. 그럼 집에 가셔서 이야기한대로 해보신 후 전화로 우리 다시 이야기를 나누어보지요(약속하기)

내64: 감사합니다.

▶참고문헌◀

윤순임 외 14인(1995). 현대상담·심리치료의 이론과 실제, 중앙적성출판사.

박애선 역(2001). 21세기와 현실요법, 시그마프레스.

김인자(2001). 현실요법과 선택이론, 한국심리상담연구소.

게슈탈트심리치료

1. Perls의 생애와 연혁

-Fritz. Perls 삶의 추적-

Gestalt Therapy는 독일 출생의 유대계정신과 의사인 Fritz. Perls에 의해 창안됨

- Fritz. Perls의 일생을 살펴보면,
- 1893년 7월 8일 베를린에서 태어나 성장하고 28세 의학박사 취득
- 1925년부터 7년간 정신분석 훈련받음
- 1926년 프랑크푸르트에서 Kurt Goldstein 만남(유기체이론 접함)
- 1930년 Laura Perls와 결혼 후 2명의 자녀 둠
- 1933년 히틀러를 피해 네덜란드로 피난 감

-1934년 히틀러에 의해 추방되어 탄압을 피해 남아프리카에 가서 정신분석학회창립

-1936년 마리엔바드에서 개최한 세계정신분석학회 참석 '구강적 저항'이론발표(프로이드에게 받아들여지지 않음)

-1941년 Ego, Hunger, and Aggression 쓰기 시작하여 1942년 발간(공격본능이론을 비판하여 프로이드학파와 결별) Laura Perls의 공헌이 컸다고 함.

-1946년 미국 뉴욕으로 가서 뉴욕게슈탈트연구소에서 활동함(책 발간-학계에서 인정받지 못함)

-1947년 Paul Goodman, Ralph Hefferline 와 함께 'Gestalt Therapy'쓰기 시작함

-1950년 "알아차림"에 대한 이론 정립, '게슈탈트 치료'라는 용어 만듬

-1952년 Paul Goodman, Ralph Hefferline과 공저로 "게슈탈트 치료"책 발간

–1960년 켈리포니아 이주 Esalen Institute에서 연구원으로 worksghop 활동하기 시작함

이 때 정신분석의 쇠퇴와 실존주의 정신의학 사조 도입의 영향으로 게슈탈트 치료가 인정받기 시작함. 제 3세력인 인본주의 심리학의 흐름을 주도함.

–1969년 캐나다 Vancouver에서 Gestalt community를 만들고 활동함

–1970년 3월 14일 76세로 시카고 Memorial 병원에서 수술 후 심장 멈춤으로 사망함.(죽기 전까지 게슈탈트 상담을 교육계 응용에 주력함)

–게슈탈트 치료이론의 이론적 배경–

게슈탈트 치료는 Perls에 의해 만들어진 이론으로 인간의 심리적 장애나 고민은 인간이 가지고 있는 심리과정의 두 요소의 대립으로 생기므로 이러한 부조화의 요소들을 서로 명확히 하기 위해서는 대결시키고 그 결과 조화가 잡힌 유기적 자기 제어(organistic self–regulation) 메카니즘으로 회복하는 것을 치료의 목적으로 한다. 기본적인 학설은 Perls 자신의 정신분석적인 의견과 철학적인 실존주의를 배경으로 한 게슈탈트 심리학, 골드슈타인의 사고방식이 배경으로 되어 있다. 즉 정신분석에 있어서의 동기와 방위에 대한 역동적 이해와 게슈탈트 심리학에서의 지각, 인지 전체와 상호 관련성 인 것 즉, '전체는 부분의 총화 이상이다.'라는 사고방식, 그리고 골드슈타인의 유기체적인 개념을 사용하여 그의 이론과 기법을 발전 시켰다. 특히 강조한 것은 인간은 인지만이 아닌 운동적, 정서적, 사회적 행동 전체를 포함하여 부분적 제 기능을 유기적(전체적)으로 평형과 통합을 유지해야 한다고 하였다.

– 게슈탈트 심리학의 이론 중에서 도입한 치료 관점 들

① 개체는 장을 전경과 배경으로 구조화하여 지각한다. 관심을 끄는 부분은 전경, 나머지는 배경으로 지각한다. (예)데이트하는 남자에게 여자 친구 : 전경, 길 가는 사람 : 배경

② 개체는 장을 능동적으로 조직하여 의미 있는 전체로 지각, 즉, 게슈탈트를 형성화여 지각한다. (예)오늘은 그 동안 밀렸던 집안일을 했다.

③ 개체는 자신의 현재 욕구를 바탕으로 게슈탈트를 형성하여 지각한다. (예)백지에 그려진 원 : 빵 이나 공으로 지각

④ 개체는 미해결된 상황을 완결 지으려는 경향을 가진다. (예) 대화도중 중단된 경우 다시 완결하려는 것

⑤ 개체의 행동은 개체가 처한 상황에 따른 전체의 맥락을 통해 이해된다. (예)지하철 안에서 노래하는 장님의 행동은 한국사회의 구조문제와 승객들의 동정심이란 맥락 속에서 이해함

– Goldstein의 유기체 이론 : 뇌손상 환자의 연구를 통하여 유기체는 자기 조정의 원리에 따라 장을 전경과 배경으로 나누어 지각한다.

– Karen Horney의 당위(should)개념 : 개체 내면세계가 상전과 하인의 양극으로 분열되는 현상으로 성격이론에 영향을 미쳤다.

– Wilhelm Reich의 신경증 구조와 신체이론 : 게슈탈트 치료 이론에 많은 영향을 주었는데 이는 신경증 구조와 신체 관계로 정신분석학의 새로운 방향에 영향을 주었고 우리의 신체활동과 감각운동이 심리 작용과 밀접한 관계가 있다고 하여 신체언어의 중요성을 강조하고 모든 신경증은 신체적인 고착에 의해 나타난다는 추상적인 억압 대신 신체적인 방어라는 개념을 만들었다. 펄스는 이러한 이론을 접목하여 신체와 감각, 감정, 욕구, 사고 ,행동 등을 하나의 의미 있는 전체로 보았고 인간의 행동은 이러한 기계적인 연합이 아닌 통합하는 의미 있는 전체라는 것, 환경과 개체 역시 같은 맥락에서 생각하였다.

이외에 레윈의 장 이론, 모레노의 사이코드라마, 라인하르트의 연극과 예술철학, 하이데거와 마르틴부버의 실존철학, 동양사상의 도가와 선의 사상 등의 광범위한 영향을 받아 탄생하였다. 그러나 이러한 이론들은 모든 이론의 혼합인 비빔밥이 아닌 외부의 이론들을 독자적인 관점에서 통합함으로서 하나의 정체성을 확립하였으며 항상 새로운 경험을 받아들여 어떤 치료보다 개방적이라는 것이다.

그의 주요 치료 이론의 기본적인 관점은 다음과 같다.

첫째, Here and Now의 원리로 과거의 회상이나 미래의 예측은 피하고 현재형으로 대화하는 것을 강조한다. 지금=경험=인지=현실이다.

둘째, 나와 너의 원리로 대등한 관계로 서로 주고받는 것을 강조한다. 누구에 대하여 말하는 것은 피하고 그 사람을 향하여 항상 말을 건다.

셋째, 나의 원리로 자기 자신을 수동적인 경험을 받은 자로서가 아니라 책임 있는 행위자로 간주하며 '내가'라는 표현을 사용한다.

넷째, 인지의 연속 원리로 펄스의 "머리는 버리고 감각에 의지하라"라는 주장에 따라 "지금 여기에서 경험의 내용에 계속 초점을 맞춘다."

2. 주요개념

1) 게슈탈트

게슈탈트(Gestalt)는 '전체, 형태, 모습,'이란 뜻을 가진 독일어

개체가 어떤 자극에 노출되면 그것들을 하나하나의 부분으로 보지 않고 완결, 근접성, 유사성의 원리에 의해 자극을 하나의 의미 있는 전체 혹은 형태, 즉 게슈탈트로 만드는 경향이 있다.(예 : 설거지). 게슈탈트를 치료의 의미로 확장하여 사용하는데 이때는 '개체에 의해 지각된 자기의 행동 동기'를 뜻한다. 자신의 욕구나 감정을 하나의 의미 있는 행동동기로 조직화하여 지각하는 것인데, 어머니가 아이들 안아보고 싶은 것, 음악을 들으며 커피를 마시고 싶은 것 등등 크고 작은 행동들은 모두 게슈탈트들이다. 이것을 형성하는 이유는 우리의 욕구나 감정을 하나의 유의미한 행동으로 만들어 실행하고 완결 짓기 위해서인데, 이들을 환경과의 접촉을 통하여 해소하려 한다. 개체는 자신의 모든 활동을 게슈탈트를 형성함으로써 조정하고 해결한다. 만약 게슈탈트형성에 실패하면 심리적, 신체적인 장애를 겪게 되므로 건강한 삶이란 분명하고 강한 게슈탈트를 형성할 수 있는 능력과 같다.

2) 전경과 배경

우리가 대상을 인식할 때 관심 있는 부분은 지각의 중심부분으로 떠올리지만 나머지는 배경으로 보낸다. 이처럼 어느 한 순간에 관심의 초점이 되는 부분을 전경이라 하고 관심 밖에 놓여있는 부분을 배경이라 한다. 건강한 개체는 매순간 자신에게 중요한 게슈탈트를 선명하고 강하게 형성하여 전경으로 떠올릴 수 있지만 그렇지 못한 개체는 전경과 배경으로부터 명확하게 구분하지 못한다. 이러한 구분을 명확하게 하지 못하는 사람은 자신이 진정으로 하고 싶은 일이 무엇인지 잘 모르며 매사 결정하는데 혼란스러움

을 갖는다. 개체가 전경으로 떠올렸던 게슈탈트를 해소하면 그것은 배경으로 물러나고, 다시 새로운 게슈탈트가 형성되어 전경으로 떠오르고, 해소되면 배경으로 물러나는 이러한 전경과 배경의 순환과정을 게슈탈트의 형성과 해소, 또는 전경과 배경의 교체라고 한다. 건강한 개체가 자연스러운 전경과 배경의 교체가 일어난다.(예: 아이의 갈증)

3) 미해결과제

완결되지 못한, 또는 해소되지 못한 게슈탈트를 미해결 과제라 한다. 이러한 미해결 게슈탈트는 계속 해결을 요구하며 전경으로 떠오르려고 하기 때문에 다른 게슈탈트가 선명하게 떠오르려는 것을 방해한다.(예 : 아내와 싸운 남편) 미해결 과제가 많아질수록 개체는 자신의 유기체 욕구를 효과적으로 해소하는데 실패하게 되어 마침내 신체적, 심리적인 장애를 일으킨다. 미해결 과제가 쌓이는 이유는 개체가 자연스런 유기체 활동을 인위적으로 차단하기 때문이며 게슈탈트 치료는 이러한 미해결과제를 완결 짓는 일이 중요한 목표가 된다. 이러한 미해결 과제를 해결할 수 있는 방법은 '지금 여기(here and now)'를 알아차리는 것이다. 펄스는 이를 헤결하기 위해서 프로이드와 같이 무위식의 깊은 내면에 박혀있는 과거사를 끄집어 낼 필요가 없다고 말한다. 즉, 미해결 과제는 끊임없이 전경으로 떠오르려고 하기 때문에 항상 지금 여기에 그 모습을 드러내고 있으며, 개체는 그것을 회피하지 않고 알아차려야 한다는 것이다. 이러한 미해결과제는 한국적인 개념으로 보았을 때 한(恨)과 같은 의미라고 보아도 무방하다고 한다. 한이 많이 쌓이면 지금 여기에 깨어 있는 실존적인 삶을 살 수 없다.

3. 알아차림-접촉주기

전경과 배경의 교체에서 알아차림과 접촉은 매우 중요한데, 개체는 알아차림과 접촉을 통하여 전경과 배경을 교체하기 때문이다. 이때 알아차림은 게슈탈트 형성과 관계하며 접촉은 게슈탈트의 해소에 관계한다. 알아차림(awareness)은 개체가 자신의 유기체 욕구나 감정을 자각한 다음 게슈탈트로 형성하여 전경으로 떠올리는 행위이며 접촉은 전경으로 떠오른 게슈탈트를 해소하기 위해 환경과 상호작용을 하는 행위를 말한다. 이렇게 생성과 해소의 반복과정을 알아차림-접촉주기라고 부르는데 다음 그림과 같이 6단계로 나뉜다.

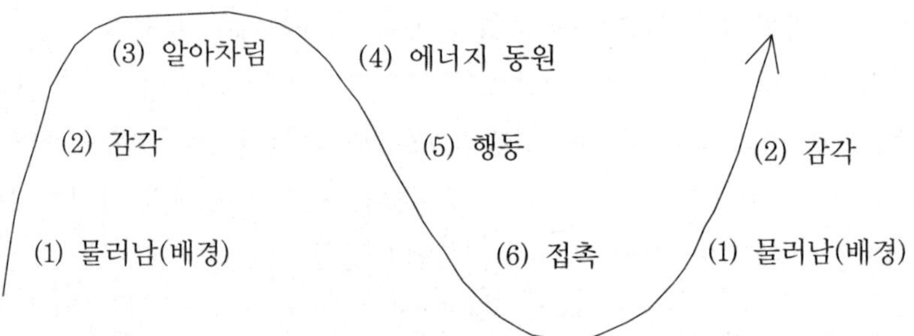

(알아차림 접촉 주기의 예)

한 농부가 들에서 일하다가 갈증을 느껴 물을 마셨다. 그리고 한동안 일에 열중했는데, 이번에는 허기를 느꼈다. 그는 잠시 일손을 놓고 참을 먹었다. 잠시 후 하던 일을 계속하는데, 갑자기 아들의 등록금 문제가 생각나 일이 손에 잡히지 않았다. 그는 하던 일을 멈추고 논두렁에 앉아 담배를 피워 물고 멍하니 생각에 잠겼다.

먼저 (1)배경에서 (2)어떤 유기체 욕구나 감정이 신체감각의 형태로 나타나고 (3)이를 개체가 알아차려 게슈탈트를 형성하여 전경으로 떠올리고 (4)이를 해소하기 위해 에너지(흥분)를 동원하여 (5)행동으로 옮기고 (6)마침내 환경과의 접촉을 통해 게슈탈트가 해소된다. 그러면 이 게슈탈트는 배경으로 물러나 사라지고 개체는 휴식을 한다. 그런데 잠시 후 다시 새로운 욕구나 감정이 배경으로부터 떠오르고 이를 알아차려 게슈탈트를 형성하고 해소하는 새로운 알아차림-접촉주기가 되풀이 된다.

-알아차림-접촉주기 과정의 단절에서 나타나는 장애들

알아차림은 누구에게나 갖추어져 있는 자연스런 능력이다. 다만 접촉 경계의 혼란으로 개체는 자신의 알아차림을 인위적으로 차단하고 그 결과 게슈탈트 형성에 실패한다. 만일 농부가 할 일이 너무 많이 있었다면 그 일에 열중한 나머지 갈증이나 허기를 알아차리지 못했을 것이다. 게슈탈트 치료이론에서는 모든 정신 병리 현상은 알아차림의 결여로 인해 발생한다고 본다. 만일 개체가 개체-환경 장에서 일어나는 중요한 현상들을 잘 알아차린다면 미해결과제가 생기지 않고 따라서 정신 병리 현상도 생기지 않는다고 한다. 접촉은 게슈탈트를 해소하기 위해 환경과의 상호작용인데 농부가 물을 마시고 참을 먹는 행위가 접촉이다. 즉 에너지를 동원하여 실제로 환경과 만나는 행동이다. 게슈탈트가 형성되어 전경으로 떠올라도 환경과의 접촉을 통해 완결짓지 못하면 배경으로 사라지지 않는다. 접촉은 알아차림과 함께 서로 보완적으로 작용하며 유기체의 성장을 돕는다. 어느 한 쪽이 결여 되면 전경과 배경의 원활한 교체가 불가능하다. 즉 농부가 자신의 미해결과제인 등록금 문제를 알아차리기는 했지만 당장 환경과의 접촉을 통해 해결하지 못했기 때문에 전경과 배경의 교체에 실패한다. 건강한 유기체는 환경과의 교류를 통하여 알아차림-접촉주기를 자연스럽게 반복하여 성장한다. 만일 이러한 주기가 단절되면 개체는 미해결과제가 쌓이고 마침내는 심리적 장애를 일으킨다.

다음은 위의 6단계 중 어느 한 곳의 단절에서 일어나는 장애들에 대한 설명이다.

① 배경으로부터 감각이 나타나는 과정에서의 장애

신체의 고통이나 불편 등이 무시되어 느껴지지 않는 다거나 외부환경에서 일어나는 사건들이 지각이 되지 않는 현상으로 이는 깊은 수면상태나 약물복용 상태 혹은 정신의 해리 상태에서 관찰되는데, 이러한 사람들을 에너지를 회복하는데 문제를 느끼며 우울증에 빠질 수 있다. 분열성 성격장애를 보이는 내담자가 이러한 감각장애를 보이는데 이는 신체적 감각이나 환경적 자극에 대해 최소화시키거나 왜곡시켜버려 이들을 잘 느끼지 못한다(예 : 감기몸살을 자주 앓는 일 중독자).

② 감각과 알아차림 사이의 장애

신체감각에 대해 지각은 이루어지지만 이를 환경과의 유기적인 관련 속에서 하나의 의미 있는 유기체의 욕구나 감정을 알아차리지 못하는 현상이 발생할 수 있다. 이러한 장애가 생기면 개체는 어떤 신체 감각은 지각하지만 그것을 잘못 해석을 하는 일이 생긴다. 어떤 환자가 불안 상황에서 호흡이 빨라지고 심장이 뛰는 현상을 불안 반응이라 느끼지 못하고 심장마비로 잘못 해석하거나 정신분열증 환자가 어떤 감각을 종양이라고 잘못 지각하기도 한다. 이러한 단절상태는 오랫동안 자신의 욕구를 억압해왔기 때문이며 이들은 게슈탈트로 형성되어 전경으로 떠올릴 수 없다.

③ 알아차림과 에너지 동원 사이의 장애

게슈탈트 형성에는 성공했지만 이를 해소하기 위한 에너지 동원 혹은 흥분에는 실패한 경우로 이러한 현상은 지식인이나 강박장애 환자에게 관찰될 수 있다. 머리로는 이해하지만 에너지가 동원되지 않아서 행동으로 못 옮기는 경우이다. 이들은 만일 자신들이 분노감, 성적 감정, 자기주장 등을 표현 한다면 무슨 큰 일이 벌어지거나, 아니면 다른 사람들로부터 비난이나 조롱을 받을 수 있다는 공포감을 가지고 있다. 이런 불합리적인 공포는 부모로부터의 내사 때문이며 부모들의 무비판적인 견해를 그대로 받아들여 행동해 왔기 때문에 자신의 에너지에 대한 신뢰감이 없는 것이다. 오랫동안 내사된 도덕적 규범에 따라 행동해 왔기 때문에 자신에 대한 에너지를 별로 사용하지 않았고 또한 우연히 에너지를 접촉한다 하더라도 피하거나 외면해 버린다. 치료자는 이들이 신체적인 활동이나 감정표현 등 자신의 에너지를 사용하는 연습을 시켜주어야 한다. 즉, 고함을 지르게 한다든가, 베개를 때라면서 분노감을 발산한다든가, 춤을 추면서 흥분 에너지를 발산하도록 연습시키는 것이 좋으며 어린 아이들처럼 놀이를 통한 발산하는 것도 좋은 방법이다.

④ 에너지 동원과 행동 사이의 장애

에너지 동원에는 성공하지만 게슈탈트를 완결시키는 방향으로 이를 사용하지 못한다. 즉, 동원된 에너지를 외부 환경을 향해 행동으로 옮기지 못하고 차단해 버린다. 내담자는 자신의 분노감을 자각하고 에너지를 동원하지만 이 에너지를 분노감을 느끼는 대상에게 표출하지 못하고 자기 자신에게로 돌려 자신을 비난하고 질책하는 행동으로 바꾸어 버린다. 동원된 에너지를 효과적인 행동으로 연결시키면 못하면 개체는 게슈탈트의 완결 대신에 긴장과 죄책감을 느끼게 되고 이런 행동이 만성적으로 반복되면 해소되지 않은 긴장으로 만성긴장, 고혈압, 동맥경화, 성기능장애, 당뇨병, 암 등을 일으킬 수 있다. 신경증 환자가 이러한 차단을 많이 하는데 외부 현실과 접촉하기가 두려워 생각이나 관념, 공상, 자기합리화 뒤에 숨어 버린다. 이단계의 장애는 지나치게 심한 에너지 동원으로 발생할 수도 있다. 불안 신경증 환자의 경우 항상 신체가 들떠 있어 행동할 준비가 되어있지만 무슨 행동을 할 지 몰라 안절부절 한 상태에 있다. 에너지를 효과적으로 사용하지 못하여 게슈탈트를 완결하지 못한다. 이러한 현상은 이들이 내사한 부모의 해로운 평가 때문에 발생한다. 부모의 자신에 대한 부정적인 평가3를 입증하기 위해 무의식적으로 자기 패배적이거나 파괴적인 행동을 하여 대인 관계를 어렵게 한다. 친구들에게 의도적으로 불친절하게 행동하거나, 지루하고 싫증나는 방식으로 대한다든가 하여 친구들의 미움을 자초하기도 한다.

⑤ 행동과 접촉 사이의 장애

어떤 내담자는 에너지를 동원하여 행동으로 옮기지만 접촉에 실패하여 게슈탈트를 완결하지 못하는데 이러한 현상은 내담자의 행동이 목표대상을 잘 겨냥하지 못하고 산만하게 일어남으로 발생한다. 에너지를 효과적으로 사용하지 못하고 여기저기 흩어버리기 때문에 자신이 원하는 결과를 얻지 못하는 것이다. 임상적으로 전형적인 히스테리 환자의 행동이 이에 해당된다. 이들은 말이 많고 행동도 분주하지만 자신의 체험을 잘 통합하지 못하는데 음식을 먹으면서도 맛을 음미하지 못한다. 외적인 현실과 제대로 접촉을 못해 공허감을 느끼면 성에 집착하거나 마약을 복용한다. 그러나 이러한 행동은 자신의 유기체 욕구를 효과적으로 해소하지 못하고 에너지만 낭비하는 결과를 초래한다.

⑥ 접촉과 물러남 사이의 장애(리듬장애)

정상적인 경우라면 개체는 접촉이 끝나면 자연스럽게 만족하여 뒤로 물러나서 쉬게 되는데 어떤 내담자는 항상 긴장하여 정상에 머무르려고 한다. 즉 만족을 모르는 인간들이다. 리듬이 있는 삶이란 때로는 혼돈과 당황, 부끄러운 실패까지도 포함하는 생동적이고 다양한 변화의 과정을 받아들이는 삶이다. 따라서 자신이 이루어놓은 성과가 다소 불완전하더라도 받아들이고 객관적으로 바라보는 여유 있는 마음자세가 필요하다.

4. 치료의 목표

게슈탈트 치료에서 추구하는 목표는 서로 독립적이라기보다 상호 관련이 되어 있다.

1) 체험확장

내담자는 자신의 억압된 감정이나 욕구를 직면하는 것을 두려워하고 방어를 위해 많은 에너지를 사용하므로 결과적으로 창의적인 삶을 살지 못한다. 게슈탈트 치료에서는 내담자의 방어를 해제하고 억압했던 자신의 부분들을 다시 접촉하게 해주어 내담자의 체험 영역 즉, 나 경계(I-boundary)를 확장시켜 준다. 이러한 경계가 넓어질수록 자신들의 욕구와 감정을 다양하게 체험 할 수 있게 된다.

2) 통합

통합은 자기와 세계에 새로운 인식을 가져오며 경험을 통하여 자신에 대한 새로운 개념을 형성하는 것이 치료의 중요한 목표이다. 소외되었던 자신의 부분들을 통합하는 것은 자신에 대한 새로운 개념형성을 하게 해주고 이는 체험을 통하여 이루어진다.

3) 자립

게슈탈트의 기본치료의 입장은 내담자가 스스로 자신을 보살필 수 있다고 믿으며 따라서 치료자는 내담자의 이러한 자립능력을 일깨워 주고 그 능력을 다시 회복하도록 도와주는 방향으로 이루어진다. 즉 내담자 스스로 자신의 내적 힘을 동원하여 자립하는 것을 강조한다.

4) 책임자각

펄스에 의하면 책임이란 어떤 상황에서 능동적으로 반응할 수 있는 능력이라고 한다. 개체는 자신의 유기체 욕구와 상황에 깨어 있으면서 이들에 대해 자유스럽게 반응할 수 있을 때 진정한 행동의 선택권이 있으며 또한 그렇게 될 때 자신의 행동에 대해 진정으로 책임질 수다. 궁극적으로 치료는 내담자가 타인에게 의존하려는 자세를 버리고 자립함으로써 자신의 행동을 스스로 선택하고 책임질 수 있도록 도와주는 것이다.

5) 성장

내담자의 증상 제거보다 성장에 관심이 많은데 이는 개체를 어떤 고정적인 대상으로 보기 보다는 환경과의 관계 속에서 스스로 성장 변화해 나가는 생명체로 보기 때문이다. 즉 내담자 인격의 어떤 병적인 부분을 제거하거나 교정하는 것이 아니라, 내담자의 자생력을 길러 주어 스스로 혼란을 극복하고 마침내 새롭게 성장하는 것이다.

6) 실존적인 삶

개체가 어느 정도까지 기대역할을 수행하는 것은 현실적으로 필요하지만 이를 완전하게 수행하라고 요구하는 내사된 도덕적 명령은 개체의 존재를 부정하고 삶을 파괴하는 요소가 된다. 따라서 실존적인 삶은 남보다 나은 자신을 입증하는 대신에 자기 자신이 되려고 노력한다. 즉 자기 자신의 진정한 존재 가능성을 매 순간 마다 실현시키는 데 삶의 진정한 의미를 찾는다.

5. 접촉경계혼란

건강한 개체는 접촉경계에서 환경과 교류하면서 자신에게 필요한 것은 받아들이고 해로운 것은 경계를 닫음으로서 자신을 보호한다. 그러나 경계에 문제가 생기면 이러한 환경과의 유기적인 교류접촉이 차단되고 심리적, 생리적 혼란이 생기게 되는데 이것이 접촉경계혼란이다. 펄스는 이러한 접촉경계혼란이 일어나는 원인으로 내사, 투사, 융합, 반전, 자의식을 들었고 폴스터는 자의식 대신 편향을 추가하였다. 게슈탈트 치료자들은 모든 정신병리 현상은 항상 접촉경계 혼란으로 인해 발생한다고 보았고, 유기체 이론에 입각하며 볼 때 그것은 심리적 또는 생리적 장애이며 미해결과제와 동일한 개념으로 보았다.

1) 내사(introjection)

개체는 공격성을 사용하여 외부에서 들어온 것들의 구조를 파괴하여 자신의 흡수할 수 있는 형태로 바꾸어 놓는데 펄스는 이를 '치아공격성'이라 불렀다. 치아공격성은 음식물 섭취행동에서 관찰할 수 있는데 유아들이 엄마의 젖을 그냥 삼키다가 치아가 생김으로서 음식물을 씹어 먹는다. 즉 치아공격성을 사용함으로써 음식물을 파괴하여 신체의 일부분으로 동화시킨다. 만일 음식물을 씹지 않고 그냥 삼키면 소화되지 않아 결국 병을 일으키게 되는데 이러한 원리는 개체와 환경과의 관계에서도 이용된다. 개체가 환경으로부터 공격성 사용을 제지당하게 되면 권위자의 행동이나 가치관을 무비판적으로 수용하게 된다. 이렇게 자신의 것으로 동화시키지 못 한 채 남아있으면서 개체의 행동이나 사고방식에 악영향을 미치는 타인의 행동방식이나 가치관을 내사라고 한다. 개체는 매 상황에서 발생하는 자신의 다양한 욕구에 따라 행동하지 못하고 내사된 것들의 명령에 따라 그것들이 마치 자신의 것 인양 알고 살아간다. 얌전해라, 착하게 굴어라, 부모님께 순종하라, 모든 사람에게 인정을 받아야만 한다, 함부로 나서지 마라, 등 대부분이 사회행동과 관련이 있어 개체의 자율적인 행동을 억누르는 초자아의 명령이다. 이는 문화적인 영향이나 성에 따라 다르게 나타날 수 있다. 여성의 경우, 여자는 조신해야 하고 남성은 용감해야한다. 등이다. 따라서 펄스는 내사는 마치 음식물을 제대로 씹지 않고 넘김으로서 발생하는 복통이나 설사가 되는 것처럼, 사회와 부모의 가치관을 비판을 통하여 자기 것으로 동화시키지 못하고 무비판적으로 받아들임으로서 내면적인 갈등을 일으키는 현상이라고 말한다. 치료자는 내담자들로 하여금 부모나 사회의 부당한 요구에 대해 자신의 경계를 확실하게 느끼도록 해주어야한다. 즉 상사의 무리한 요구에 대하여 싫지만 복종하며 자신욕구나 감정을 전혀 표현하지 않는 내담자가 있다면 빈 의자기법을 이용하여 '싫습니다'라고 말하도록 시키는 것이 필요하며, 어릴 때의 상황을 재현시켜 부모에게 '싫습니다'라고 말하도록 시키는 것은 매우 중요한 일이다.

2) 투사(projection)

내담자가 자기의 생각이나 욕구, 감정 등을 타인의 것으로 지각하는데 이러한 현상을 투사라고 한다. 게슈탈트 치료에서는 투사의 범위를 정신분석에서 보다 좀 더 넓게 잡는다. 현실왜곡이 병적으로 심각하지 않더라도 선택적 지각현상이 일어나면 투사로 본다. 게슈탈트 치료에서 투사를 창조적인 투사와 병리적인 투사로 나누어 보는데 전자는 새로운 상황에 능동적으로 대처하는 방편으로 의도적인 상상력과 창의력을 사용하는 반면, 후자는 개체가 직면하기 힘든 자신의 내적 욕구나 감정을 회피하기 위해 무의식적이고 반복적으로 사용한다. 개체가 투사를 하는 것은 자신의 욕구가 좌절되는 것보다 고통을 덜 받게 되기 때문이다. 즉 개체가 자신 속의 받아들이기 힘든 부분들을 부정해 버리고 타인에게 돌림으로서 심리적인 부담을 덜 수 있기 때문이며, 또한 자신의 억압된 욕구를 동시에 충족시키는 효과도 가질 수 있다.

3) 융합(confluence)

펄스는 융합이란 밀접한 관계에 있는 두 사람이 서로 간에 차이점이 없다고 느끼도록 합의함으로서 발생하는 접촉경계혼란이라고 하였다. 이는 갑이 행복하면 을도 행복하다고 느끼는 마치 일심동체의 관계와 같은 것이다. 겉으로 보면 서로 지극히 위해 주고 보살펴주는 사이인 것처럼 보이지만 내면적으로 서로 독립적으로 행동하지 못하고 의존관계에 빠져있는 경우가 많다. 이러한 관계는 부부, 부모나 자식관계에서 많이 발견되지만, 오래된 친구, 개인과 소속단체에서도 존재할 수 있다. 이들은 서로 마치 하나의 개체인 것처럼 사는데 이러한 상태를 깨뜨리는 행위는 상대편의 분노와 짜증을 사게 되며 융합을 깨뜨리려는 사람은 죄책감을 느끼게 된다. 펄스는 이러한 죄책감과 짜증은 융합 관계의 위협이 닥치면 나타나는 감정이라 한다. 그는 융합관계에 놓여 있는 사람들은 서로 아무런 새로움이 없이 서로에게 매달려 생기 없는 삶을 살아간다고 했으며 융합으로 인한 자기 경계를 갖지 못할 때 개체는 자신의 욕구와 감정을 제대로 해소 할 수가 없어서 결국, 삶의 미해결 과제를 축적시킨다고 했다(예 : 미혼 여성과 어머니).

4) 반전(retroflection)

반전은 개체가 다른 사람이나 환경에 대하여 하고 싶은 행동을 자기 자신에게 하는 것을 또는 타인이 자기에게 해주기를 바라는 행동을 스스로 자기 자신에게 하는 것을 말한다. 즉 타인에게 화를 내는 대신 자기 자신에게 화를 내거나, 타인으로부터 위로를 받는 대신 자위하는 것이다. 이러한 행동은 개체가 성장한 환경이 억압적이거나 비우호적이어서 자연스런 접촉행동을 할 수 없을 때 나타난다. 펄스는 반전을 다른 접촉경계 혼란과 비교하여 설명하였는데, 내사를 보이는 사람은 다른 사람이 기대하는 대로 행동하고, 투사를 하는 사람은 타인이 자기에게 하고 있다고 생각하는 행동을 타인에게 하고, 병적인 융합관계에 있는 사람은 나와 너를 구분하지 못하고 한 덩어리가 되어 있으며, 반전을 하는 사람은 자기 자신이 두 부분으로 분열되어 있어 자기 자신과 행동한다고 하였다. 이러한 사람은 타인과 함께 있을 때에도 혼자 속으로 내적 대화를 하거나 딴 생각을 하면서 타인과의 접촉을 회피한다. 이들은 '나는 나 자신이 부끄럽다. 나 자신을 보살펴야한다. 나 자신에게 말한다. 나 자신을 스스로 통제해야한다.' 등의 이야기를 스스로 자주 한다. 강박증상이나 열등의식, 죄책감, 우울증 또한 반전의 한 형태로 나타난다.

5) 자의식(egotism)

개체가 자기 자신에게 지나치게 의식하고 관찰하는 현상이며 이것은 자신의 행동에 대한 타인의 반응을 지나치게 의식하기 때문이다. 이런 사람은 타인은 유심히 관찰하고 다른 사람의 반응에 매우 민감하다. 따라서 환경과의 접촉 교류를 방해하고 유기체의 자연스런 활동들을 제지하여 자기 내부에 갇히게 되어 접촉경계의 혼란에 빠지게 된다. 자의식이 많은 사람은 다른 사람으로부터 존경을 받고 싶고 관심을 끌고 싶지만 거부당할까 두려워 자신의 행동을 제대로 드러내놓지 못한다. 이는 충족되지 않은 자기애 욕구에 의해 발생한다고 한다. 자의식이 심한 사람은 자신을 조정하여 현실에 잘 적합하게 만들고 표면적으로 전혀 문제가 없는 소위 '점잖은 부류의 신사'층 들이다. 이러한 사람들은 자신의 성격에 대해 잘 알고 있고 자신의 문제를 분석적으로 잘 이해하고 있으나 자신과 환경을 통합적으로 체험하지 못한다고 한다. 게슈탈트 치료에서는 자의식을 치료하기 위해 명상법을 사용하기도 한다. 무한대의 시간과 공간을 명상해 봄으로서 자아로 부터의 해방감을 느낄 수 있다고 한다.

6) 편향(deflection)

내담자는 자신과 접촉하고 있는 환경이 감당하기 힘들 거라고 예상할 때 이러한 경험으로부터 압도당하지 않기 위해 접촉을 피해 버리거나 자신의 감각을 둔화시킴으로 환경과의 접촉을 약화시키는데 이것이 편향이다. 이러한 행동이 습관화 되면 개체는 타인이나 환경으로부터 고립되며 삶의 활력과 생동력이 감소되고 무기력하게 된다. 말을 장황하게 하거나 초점을 흩트리는 것, 말하면서 상대방을 쳐다보지 않거나 웃어버리는 것, 구체적으로 말하지 않고 추상적인 차원에서 맴도는 것, 자신의 감각을 차단시키는 것 등의 행동을 말한다.

6. 성격변화단계

심리치료를 통해 성격의 변화하는 모습과 성숙하게 되는 변화과정을 비유적으로 설명한 개념이다.

첫째, 피상층(clinic or phony layer)은 형식적이고 의례적인 규범에 따라 피상적으로 만나는 단계이다. 치료초기로서 내담자는 자신의 행동을 노출시키지 않으므로 진정한 변화가 일어나지 않는다.

둘째, 공포층(phobic) 혹은 연기층(role playing layer)으로 개체가 자신의 모습으로 살아가지 않고 부모나 주위의 환경에 대한 기대역할에 따라 행동하며 살아가는 단계이다. 전형적인 예로 모범생, 지도자. 중재자, 반란자, 희생자. 구세주, 등이며 역할 연기에 의존하는 사람들은 자신이 진정 누구인지 깨닫는 대신에 자기는 어떠어떠한 사람이 되어야 한다는 관념에 산다.

셋째, 교착층, 또는 막다른 골목의 단계인데, 이 단계에서는 개체가 지금까지 한 행동에 대해 그만두고 자립을 시도하지만 공포를 느낀다. 이것이 막다른 골목의 체험인데 이런 경우 치료자는 내담자가 이러한 상황을 피하지 말고 직면하고 견디어 내라고 격려해야한다.

넷째, 내피층(implosive layer)으로 내담자는 자신이 억압하고 차단해 왔던 감정을 알아차린다. 이러한 유기체 에너지들은 오랫동안 차단되어 왔기 때문에 상당한 파괴적인 상태를 보이는데 외부로 이러한 에너지를 발산하면 타인과의 관계가 악화되는 것이 두려워 자신의 내부로 향하게 하는데 이런 경우 반전행동을 많이 보인다.

마지막으로 폭발층(explosive layer)인데 개체는 더 이상 자신의 욕구와 감정을 억압하지 않고 직접 외부대상에게 표현한다. 이 단계가 되면 치료가 종결된다. 여기서 내담자는 통합적인 체험을 하게 된다. 이러한 단계를 알아차림-접촉주기와 관련하여 비교해 볼 때 표피층과 공포층은 게슈탈트가 잘 안되는 단계이고, 교착층은 형성은 되었지만 에너지 동원이 잘 되지 않는 단계이며, 내피층은 에너지가 동원되었지만 행동으로 옮기는 단계가 차단된 상태이고, 폭발층은 마침내 개체가 게슈탈트를 순조롭게 해소하고 완결 짓는 단계라 할 수 있다.

7. 치료자의 태도와 과제

1) 치료자의 태도

(1) 관심과 감동능력

치료자는 내담자의 존재와 그의 삶에 대한 이야기를 진지한 흥미와 관심을 가지고 들어주어야하며 이야기에 심취하고 감동할 수 있는 능력을 가지고 있어야 한다. 내담자의 이야기를 신나게 들어준다는 것은 그들의 삶을 긍정해주고 받아들여준다는 것을 의미한다.

(2) 존재허용적인태도

치료자의 가치관과 계획에 따라서가 아닌 내담자 스스로의 본성에 따라 자신의 존재를 실현해 나갈 수 있도록 허용해 주어야한다. 내담자의 존재를 허용하는 것은 그가 가고 있는 길을 허락하는 것으로 나의 욕심, 나의 기대를 포기하는 것부터 시작한다.

(3) 현상학적 태도

모든 치료는 내담자에게서 나타나는 생명현상의 흐름을 따라가면서 진행되어야한다. 스스로 문제를 해결하고 탐색과 실험을 통하여 내담자자 찾을 수 있도록 도와주어야한다. 치료자들이 은연중 자신이 없는 부분의 방향은 피하고 자기에게 익숙한 길로 내담자를 이끌어 가거나, 또는 치료자 자신의 문제를 내담자에게 투사하여 싸름 하는 경우 등은 없어야한다. 따라서 치료자는 항상 내담자로 하여금 자기 스스로 자신의 치료 주제를 정하도록 하고 작업의 방향이나 깊이도 스스로 정하도록 하도록 허용해 주어야한다.

(4) 창조적 대응

치료자는 내담자가 가지고 있는 고정된 시각에 대한 대안을 제시해 줄 수 있어야한다. 내담자 자신과는 다른 눈으로 사물을 볼 수 있어야하며 창조적인 생명력을 발휘할 수 있는 촉매 역할을 해 주어야 한다. 펄스는 치료란 창조적인 태도를 통하여 문제에 대한 새로운 해결을 가져다준다고 했으며 이는 유기체나 환경 안에 있는 것이 아니라 개체가 환경과 접촉하는 과정에서 발견된다고 하였다. 따라서 치료자는 항상 창조적인 도약을 할 준비가 되어 있어야하며 새로운 가정을 채택할 유연성이 필요하다. 내담자가 저항을 보일 때 같은 행동을 계속 요구할 것이 아니라 내담자가 받아들일 수 있는 행동의 대안을 준비해야 하며 자유스러운 분위기 속에서 내담자가 자신을 능동적으로 탐색할 수 있도록 도와주어야한다.

2) 치료자의 과제

(1) 알아차림과 접촉증진

게슈탈트치료의 주된 과제는 내담자로 하여금 자신의 욕구와 감정을 분명히 알아차리고 이를 환경과의 접촉을 통해 잘 해소 할 수 있도록 도와주는 일이다. 내담자의 알아차림을 높여주기 위해 내담자를 분석하는 것보다 자신의 감각자료를 더욱 많이 활용해야한다. 내담자의 얼굴표정이 어두워진다거나 신체 자세가 달라지는 것 등을 관찰하여 말해 줌으로써 내담자로 하여금 그들의 내적인 상태를 지각할 수 있도록 하는 것이다. 또한 내담자의 신체 행동이나 표정 뿐 아니라 언어습관에도 주의를 기울여야한다. 어떤 내담자는 핵심을 빙빙 돌리거나 냉소적인 표현을 많이 쓰는데 이러한 언어습관이 내담자의 문제를 반영하기 때문이다.

(2) 좌절과 지지

펄스는 치료자는 내담자의 자립적인 태도나 행동을 격려하고 지지해 주되 의존적인 태도나 회피행동은 좌절시켜야한다고 말한다. 좌절이란 치료자가 내담자의 의존적이거나 회피하는 태도에 대하여 강화를 해 주지 않음으로서 내담자가 좌절을 느끼는 것이다. 좌절은 내담자가 자신에게 닥친 좌절의 의미를 바로 이해할 수 있을 때와 치료자의 따뜻한 배려를 동시에 느낄 수 있을 때만 치료의 효과가 있다. 두 사람 사이에 가장 경계해야할 것은 내담자로 하여금 치료자에게 의존하도록 만드는 것인데 이는 두 사람 모두에게 해가 된다. 지지는 치료에서 가상 중요한 부분으로 내부분의 내담자가 자기의 행동을 부정적인 측면으로 생각하는데 이에 치료자가 내담자의 병리현상을 지적해 주는 것은 내담자의 부정적인 시각을 강화하고 신뢰 관계에 해를 끼칠 수 있다. 치료자는 내담자의 건강한 부분을 발견하여 인정해 주고 지지해 줌으로써 자신감을 회복하고 자신감의 바탕위에 스스로 문제를 해결할 수 있다.

(3) 저항의 수용

저항은 내담자가 치료자를 신뢰하지 못하기 때문에 일어나는 행동인데 이러한 저항을 해결하는 방법은 치료자가 이해심과 인내심을 가지고 내담자를 따뜻하게 대하는 동시에 저항행동을 계기로 치료자 자신의 행동을 다시 한 번 검토해 보아야한다.

8. 게슈탈트치료기법들

좋은 치료란 인위적인 기법이나 트릭을 사용하지 않고 자연스러운 대화와 만남으로써 진행되는 것이다. 기법 자체보다는 기법이 사용되는 배경이나 목적을 잘 이해하는 것이 중요하다.

(1) 욕구와 감정자각

게슈탈트 치료에서 가장 중시되는 것 중의 하나가 지금 여기에서 체험되는 욕구와 감정을 자각하는 것이다. 자기 자신 및 환경과의 접촉하고 교류할 할 수 있게 되어 성장과 변화가 가능하게 한다. (예)지금 어떤 느낌이시죠?, 지금 무엇을 지각하셨는지요? 지금 좀 화가 나시나 보죠. 나는 ~을 하고 싶다고 외쳐보세요. 등)

(2) 신체자각

치료자는 자주 내담자에게 현재의 상황에서 느끼는 신체적 감각을 자각하게 해주는데 이때 신체적으로 에너지가 가장 집중되어 있는 부분에 대한 자각을 중시한다. 이것은 에너지가 통합되어 있지 않은 감정들과 관련이 있기 때문이다. (예)당신의 호흡을 자각해보세요. 얼굴이 하얗게 변했네요. ~

(3) 환경자각

내담자는 자신의 미해결과제에 몰입해 있기 때문에 주위환경에서 일어나는 사건이나 상황에 대하여 잘 지각하지 못하여 현실과 단절되어있다. 따라서 치료자는 현실과의 접촉을 증진시킴으로서 미해결과제를 자각하고 해결할 수 있도록 힘을 실어준다. 공상과 현실은 다르다는 것을 알아차리도록 도와준다. (예) 눈을 감고 상대방의 얼굴을 떠올려보세요. 어떤 차이가 느껴지십니까? 주변을 둘러보세요. 주위에서 들리는 소리에 귀를 기울여 보세요.

(4) 언어자각

내담자의 언어사용 습관에 따라 다양한 행동특성이 나타나는데 이를 면밀히 관찰하여 잘못된 언어습관을 고쳐주는 것이 중요한 치료의 과제이다. 언어를 명료화시키는 것이 중요한데 내담자의 언어행동 가운데 문제가 되는 것이 책임회피적인 언어사용이다. 이때 언어형식을 바꾸어 말하도록 요구함으로서 자신의 욕구나 감정, 행동을 스스로 책임지게 도와줄 수 있다. 즉, "…하여야 할 것이다. ~하면 안 될 것이다." 등의 객관적인 용어보다 "나는 ~하고 싶지 않다. 나는 ~하기 싫다." 등으로 바꾸어 행동에 대한 내담자의 책임의식을 높여 줄 수 있다. 따라서 내담자의 생각이나 감정, 행동에 대한 책임의식을 높여주기 위해 개발된 여러 가지 기법들이 있다.

– 언어자각 기법들 –

– '그것' 대신 '나'를 사용(예 : 그것이 떨리고 있습니다. → 나는 손이 떨리고 있습니다.)

– 명사 대신 동사 사용

– 수동문 대신 능동문 사용(예 : 나는 질식할 것 같아요.→나는 나 자신을 질식시키고 있습니다.)

– 하지만 대신 그리고 ('하지만'이란 접속사를 '그리고'라는 말로 바꾸어 말하여 회피에서 오는 내담자의 모순된 행동을 자각시킴. 예 : 늦지 않으려고 했지만…)

– 자시의 입장만 밝히지 않고 질문만 하지 않기(자신의 동기를 감추고 행동의 책임을 타인에게 떠넘기려는 시도일 수 있으므로)

– 언어게임하기(투사문제를 해결할 수 있는 방법으로 내담자가 하는 말끝마다 "…그리고 그 책임은 제가 집니다." "…그렇게 보는 것이 나의 시각입니다." 라고 덧붙인다(예: "내목소리가 떨리고 있습니다. 그리고 그 책임은 내가 집니다." "나는 개똥이가 얄밉게 보입니다. 그러나 그렇게 보는 것은 나의 시각입니다."등). 이 게임의 의미는 내담자가 자신의 모든 행위의 주체임을 알고 그 책임을 자신에게 있다는 것을 지각하도록 도와주기 위한 것이다.

(5) 책임자각

프로이드가 내담자의 성장 장애는 어린시절문제라고 하는데 반해 펄스는 성인으로서 책임을 지기 거부하기 때문이라고 한다. 지금 여기서의 문제를 강조하는 것이다. 결정을 내리지 못하는 것은 결과에 대한 책임의 두려움 때문이다. 따라서 결정을 내린다는 것은 자신의 행동을 스스로 선택한다는 의미인데 어떤 행위에 대해 스스로 결정을 내리고 책임 질 때 성숙한 인격이라고 할 수 있다.

(6) 실험

넓은 의미에서 실험이란 게슈탈트 치료에서 사용하는 모든 기법을 총칭한다. 즉 내담자와 치료자가 함께하는 모든 탐색적인 활동을 말한다. 여기서는 실험을 다른 기법과 동등한 하나의 좁은 의미로 사용한다. 즉 내담자의 문제를 밝히고 이해하며 해결하는데 창의적인 아이디어를 구상하여 내담자와 함께 하나의 상황을 연출함으로서 문제 해결을 돕는 기법이다. 어머니에 대한 양가감정을 분석하는 대신에 어머니와의 양가감정이 드러나는 상황을 연출해냄으로서 치료자와 내담자 모두 내담자의 양가감정을 눈으로 볼 수 있도록 만드는 것이 실험이다. 또는 어머니에 대한 양가감정을 빈 의자에 앉은 어머니에게 표현해 봄으로써 어떤 일이 벌어지는지 체험을 해 보는 것도 실험이 될 수 있다(예 : 청결벽, 목표지향적, 상사압력, 영결식, 기념파티). 그러나 중요한 것은 치료자는 실험을 하기 전에 내담자의 신뢰정도, 신체적인 증상, 불안정도, 언어사용 능력 등을 미리 사전 조사해 두어야 한다.

(7) 현재화기법

과거의 사건을 마치 지금 여기에서 일어나는 사건처럼 체험해 줌으로서 과거 사건에 관련된 내담자의 생각이나 감정, 욕구, 환상, 행동을 지금 여기서 일어나는 현상들로 다룰 수 있기 때문이다. 어머니의 죽음에 대한 애도 작업을 하지 못한 내담자에게 죽음 장면을 현재화 하여 재 체험하게 함으로서 미해결과제를 완결시켜줄 수 있다. 또한 미래에 예기되는 사건을 지금 여기서 일어나는 것처럼 현재화시켜 다룸으로서 내담자로 하여금 공상적 차원이 아닌 현실적인 차원에서 문제를 직면하도록 돕는다. 고시 공부하는 청년의 불안과 불면증에 대해 치료자는 “자, 당신이 고시시험에 다시 낙방했다고 가정해 봅시다.”의 가정과 질문을 주고 내담자가 스스로 현실 지각을 하는 동시에 자신에게도 현실에 적응할 수 있는 능력이 있음을 발견하도록 도와준다.

(8) 실연

내담자가 자신에게 중요했던 과거의 어떤 장면이나 미래의 있을 수 있는 장면들을 현재 상황에 벌어지는 장면으로 상상하여 어떤 행동을 실제로 해보는 것이다. 이는 알아차림을 증가시키고, 미해결과제들을 완결시켜주며, 내담자의 지각된 강점과 약점을 모두 연기해 봄으로서 자신의 소외된 부분을 통합할 수 있고 또한 자신의 양극성을 다룰 수 있으며, 과거의 행동방식을 청산하고 새로운 행동방식을 실험해 봄으로서 새로운 행동방식을 습득할 수 있다.

(9) 현실검증

현실 검증이란 내담자로 하여금 그들이 생각하는 현실이 상상하는 것과는 다르게 반드시 동일하지 않다는 사실을 알아차리게 해주는 것을 말한다. 이때 치료자는 내담자의 자신의 감각을 활용하여 훈련시킴으로서 현실과 자신이 만든 환상을 구별할 수 있도록 도와준다. (예)내담자 – '사람들이 날 비웃을 지도 모른다는 생각이 들어요'. 치료자 – '그러면 여기에 있는 사람들의 표정을 한 사람씩 살펴보세요. 이제 당신이 본 것을 말씀해 보세요.'

(10) 빈 의자기법

이 기법은 가장 많이 사용하는 기법으로 현재 치료 장면에 와있지 않은 사람과 관련된 사건을 다룰 때 사용된다. 누구누구에게 말하는 대신 직접 말하도록 시킴으로서 구성원들이 내담자의 문제 상황과 함께 여러 가지 행동들을 직접 관찰할 수 있다는 이점이 있다.

(11) 자기부분과의 대화

내담자의 인격이 내사된 부분들로 인하여 서로 분열되어 통합되어 있지 못할 때 내담자의 내적 부분들끼리 서로 대화를 시킴으로써 내담자의 내면을 통합할 수 있도록 도와주는 기법이다. 대부분의 내담자는 자기의 행동이나 감정이 내사된 것을 깨닫지 못한다. 이에 치료자는 내담자의 말이나 행동을 관찰하여 내사를 찾아내어 이를 내담자에게 의식화시켜 주어야한다. 흔히 사용하는 기법은 내사된 부분과 유기체 욕구 또는 감정을 두 개의 빈 의자에 나누어 앉히고 서로 대화를 시키는 방법이다. 대화가 시작하면 치료자는 내면에 존재하는 두 부분간의 내적 갈등을 외적인 갈등으로 풀어주어야 한다. 서로의 싸움을 통하여 화해와 양보, 타협을 만들어준다. 내담자는 두 부분 사이를 왕래하면서 양쪽의 입장을 알고 진정한 통합의 의미를 알게 된다. 인격 분열의 한 형태로 펄스는 상전(top dog)과 하인(under dog)

이라는 용어를 사용하였는데 이는 무의식적 행동을 지배하는 두 개의 자기부분이며 상전은 프로이드의 초자아 개념에 해당되는 것으로 내사된 가치관이나 도덕적 명령들로서 권위적이고 지시적이다. 반면, 하인은 억압되고 희생된 인격의 측면이며 늘 괴롭힘을 당하고 태만스러운 행동을 하는 데 결국 상전과의 싸움에서 이기게 된다. 표면적으로 상전에게 당하는 것 같지만 상전이 몰아 부침에 변명을 하고 주어진 상황에 회피함으로 상전과의 싸움에서 저력을 보이는데 이것이 우리가 가지고 있는 인격의 한 부분의 모습이다. 끝없는 싸움으로 창조적인 에너지는 고갈되는데, 이것을 펄스는 신경증적인 '자기고문 게임'(self torture game)이라고 불렀다. 치료자는 이 게임을 중단시켜 서로의 진정한 대화의 통로를 열어주고 대화로서 해결하도록 돕는다.

(12) 직면

직면한다는 것은 회피하지 않고 있는 그대로를 받아들인다는 의미인데, 현실에서 내담자는 자신의 진정한 욕구를 회피함으로서 미해결과제를 쌓아간다. 치료자는 이러한 회피 행동을 직시하는 동시에 자신의 진정한 동기를 직면하도록 해 줌으로서 미해결과제를 완결하도록 주도록 도와야한다. 흔히 내담자는 웃음으로 곤란한 상황을 회피하려고 하는데, 이때 치료자는 '웃지 않고 말씀해 보시겠어요?' '지금 감정이 어떠신지요?' '당신은 지금 무엇을 회피하고 계십니까?' 라고 물으면서 내담자가 처한 지금의 상황을 직면할 수 있도록 한다.

(13) 과장하기

내담자의 표현에서 잠재된 분노 감정이 암시 될 때 이를 과장하여 표현하도록 함으로서 내담자의 분노감정을 직면시켜줄 수 있다. 이러한 작업은 상상이 현실이 아닌 허구하는 것을 깨닫도록 하는 데 있다. 말을 더듬는 사람에게 더 더듬도록 하거나 몸을 떨고 있는 내담자에게 더욱 더 몸을 떨도록 요구함으로서 그 행위를 완결 짓도록 하는 것이다. 이 기법은 내담자의 신체 언어를 자각시키는 데도 도움을 줄 수 있다.

(14) 머물러 있기

내담자로 미해결 감정들을 피하지 않고 직면하여 견뎌냄으로써 이를 해소하도록 도와주는 기법이다. 이는 회피와 방어를 못하게 하고 자신의 감정을 직면하게 해줌으로써 미해결의 감정을 완결시켜준다. 미해결 감정을 치료하는 방법은 그것을 직면하고 거기에 머무르는 것이 최선의 방법인 경우가 많다. 슬픈 감정을 느낄 때 그것을 회피하지 않고 그 안에 머무름으로서 슬픔을 받아들이는 것이다. 많은 내담자들은 공백을 두려워하여 이를 피하기 위헤 계속 잡담을 하거나 타인에게 관심을 돌리기도 한다. 불안 신경증이나 공포증 환자의 대부분은 이완상태를 싫어한다. 이런 경우 치료자는 내담자에게 명상이나 자율훈련을 사용하여 이완하도록 유도한 후 그 상태에서 그대로 머무르게 하는 것이 도움이 된다.

(15) 알아차림 연속

지금 여기에서 자신과 환경에 일어나는 모든 것을 일어나는 그대로 연속하여 알아차리는 것 즉, 전경으로 떠오르는 것을 놓치지 않고 계속해서 알아차리는 것을 의미한다. 알아차림 – 접촉 주기를 차단하지 않고 전 과정을 자신의 감정과 욕구의 흐름, 환경의 변화들을 놓치지 않고 자연스럽게 따라가는 것이다. 이는 현재 순간에 중요한 유기체와 환경의 현상들을 자각하는 것이다. 어느 순간에 중요한 현상에 충분히 집중하여 몰입하고 그것이 해결되면 다음 현상으로 넘어가는 자연스런 흐름의 방식이다. 이것은 우리의 사고 뿐 아니라 신체, 정신 감각, 정서, 상상, 차원들을 모두 포괄한다. 지금 여기의 현상을 우리의 실존체험을 통하여 맞아들이는 것이다. 연습방법으로 내담자는 자신의 모든 경험에 대해 '지금 나는 ~~을 알아차립니다.' 식으로 언어화해서 표현하는 것이다(예 : 나는 지금 방안에 이중섭의 그림이 걸려 잇는 것을 알아차립니다. 나는 지금 밖의 빗소리를 알아차립니다. 지금 마음이 불안해 지는 것을 알아차립니다…).

(16) 양극성의 통합

우리 몸은 양극성으로 이루어져 있는데 이 양극성 어느 한 쪽만 많이 발달한 사람의 경우 양극성의 다른 측면을 억압하거나 투사하고 있을 가능성이 있다. (예: 가학증적인 남자의 고양이 던지기) 친절하기만 한 사람은 그 친절은 자신의 공격성을 감추기 위한 가식이거나 자신에 있는 분노감이나 짜증과 잘 접촉하지 못하기 때문에 한 쪽만 나타나는 것 일 수 있다. 반대로 거친 행동을 하는 사람은 자신의 여성적이고 부드러운 측면을 접촉하지 못하고 있거나 그러한 면을 접촉하기가 두려워 공격행위로 방어하고 있을 수 있다. 남녀의 파트너 선정에 있어서도 양극성의 문제가 관련될 수 있다. 서로 사랑에 빠질 때 흔히 자기의 양극성이 개발되지 않은 쪽을 투사하는 현상이 관찰된다. 자신감이 부족한 여성이 자신감 있는 남자를 선택한다든가, 소극적인 남성이 적극적인 여성을 선택한다든가, 혹은 성질이 급한 여성이 느긋한 남성을 선택하는 경우 등이다.

게슈탈트 치료에서는 내담자로 하여금 미성숙한 양극성을 개발하도록 돕거나 억압하거나 투사시킨 양극성의 측면을 다시 접촉하여 통합할 수 있도록 돕는다. 즉, 자신의 부드러움을 억압하고 있는 내담자에게는 실험을 통하여 이 부분을 접촉하고 통합하게 해주고 자신의 약한 모습을 인정하기를 거부하는 사람은 그러한 측면을 진정으로 받아들이는 것이 강해지는 것임을 체험하도록 도와주어야한다.

(17) 반대로 하기

반대로 하기 실험은 내담자에게 자신의 투사를 자각하고 통합하는 기회를 갖도록 해주기도 한다. 내담자는 대개 어느 한 습관이나 생각에 집착한 나머지 자신의 현재 행동과 다른 대안적 행동 가능성이 있다는 사실을 미처 잘 생각하지 못한다. 즉 자신이 옳다고 생각하는 것과 반대되는 행동을 한다. 따라서 내담자가 이제까지 회피해왔던 행동을 함으로써 오히려 문제를 극복할 수도 있다. 소심하고 위축 된 사람이 앞뒤를 가리지 않고 행동해 본다든가, 매우 협조적이고 고분고분한 사람이 심술궂고 비협조적인 행동을 시연해 봄으로써 내담자 자신이 이제까지 전혀 고려해 보지 않았던 행동 영역과 접촉하게 되고 따라서 새로운 행동도 가능성을 발견하게 되어 자신의 고정된 행동패턴을 벗어버릴 수 있다.

(18) 창조적 투사

우리는 끊임없이 투사하면서 살아간다. 투사 그 자체는 나쁜 것이 아니고 투사를 잘 활용하면 더욱 창조적인 삶이 될 수 있다. 투사에는 창조적인 투사와 병적인 투사가 있다. 전자는 자기 자신이 투사행위의 주체임을 자각하는 반면, 후자는 이를 자각하지 못하며 자신의 투사가 마치 사실인 것처럼 확신한다는 것이다. 창조적인 투사를 하는 사람은 투사물이 자기 자신이 만들어낸 것임을 알고 있고 그 투사가 일치 할 수도 있고 안 할 수도 있다는 것을 알고 있지만 병적인 투사를 하는 사람은 투사물이 자기 자신의 것임을 알지 못하며 그 것들이 마치 객관적으로 외부에 존재하는 실체인 것으로 생각한다. 우리는 창조적인 투사를 통하여 타인의 상태를 알아차리거나 공감하는데 도움을 받을 수 있다.(예: 지원이의 투사) 그러나 병적인 투사를 하는 사람은 세계를 병적으로 색칠하는데, 성불능자는 세계를 거세적으로 지각하고 난폭한 사람은 파괴적으로, 잔인한 사람은 가학증적으로, 자신의 동성애적인 경향성을 두려워하는 사람은 모든 사람을 동성애자로 지각한다. 심리치료는 이러한 병적인 투사를 창조적인 투사로 바꾸어 주는 작업이라 할 수 있다. 치료자는 내담자에게 자신의 무의식적인 투사를 의식적으로 시연해 보게 하여 이제 까지 소외되어 왔던 자신의 인격의 부분들을 느끼고 통합할 수 있게 해 준다.

(19) 꿈 작업

정신분석에서는 꿈을 분석하고 꿈의 무의식적인 의미를 해석하지만 펄스는 이러한 작업은 지적인 게임에 불과하며 개체가 유기체를 현실과 만나는 것을 방해하므로 해로울 수도 있다. 게슈탈트 치료에서는 꿈을 우리 자신의 일부로 투사한 것으로 보는데 사람, 나무, 물, 모든 것이 우리의 투사물이라고 본다. 투사된 것을 다시 찾는 방법이 꿈의 각 부분들과 동일시해보는 것이다. 즉 내담자가 자신의 꿈에 등장하는 각 부분들을 차례로 동일시하여 그것들이 되는 것이다. 괴물이 쫓아오는 악몽을 꾼 내담자에게 자신이 스스로 괴물이 되어 자기를 쫓아가는 상상을 하거나 실제 연기를 해본다. 이런 실험을 통해 자기 자신 속의 압제자와 접촉을 갖게 되고 자기 자신을 괴롭히는 존재는 다름 아닌 자기 자신임을 알아차리며 서로 화해할 수 있기 때문이다. 그러나 꿈 작업을 할 때 주의해야 할 점은 꿈의 내용들이 마치 지금 여기에서 일어나는 것처럼 상상하며 작업을 해야 한다는 것인데 왜냐하면 더 생동감 있고 그 감정에 깊게 몰입할 수 있도록 하기 위해서이다. 내담자는 꿈의 부분들이 되어서 말을 하도록 하고 가능한 모든 부분들을 하나씩 차례로 시연해 보는 것이 좋다. 부분을 통하여 전체를 통합하여 해석할 수 있기 때문이다. 또한 꿈을 활용하여 내담자의 내면세계나 내적 동기들을 탐색할 수 있는데 꿈의 부분들로 하여금 서로 싸우거나 대화하도록 시키는 방법이 이에 해당된다. 상전과 하인의 싸움과 비슷한 양상일 수도 있는데 이런 과정을 통해 서로의 차이점을 지각하고 인정하며 마침내 화합에 이르게 된다.

> 나는 지금 중절모를 쓴 사람을 추적하고 있습니다. 내 손에는 권총이 들려 있습니다. 나는 지금 회심의 미소를 짓고 있습니다. 드디어 골목까지 바짝 추격했습니다. 탕탕!

꿈이 계속되거나 오랫동안 기억되는 것은 게슈탈트가 완결되지 않았기 때문이며 꿈 작업은 치료자와 함께 하는 것이 원칙이지만 불가피한 경우 혼자도 할 수 있는데 이런 경우 빈 의자를 두 개 혹은 여러 개 갖다 놓고 자리를 옮겨 앉으며 꿈의 부분들을 시연 하고 탐색한다.

(20) 통찰과 의미 발견

이것은 어떤 특정한 기법이라기보다 내담자가 치료를 통하여 자신의 문제와 삶에 대해 새로운 시각을 갖게 되는 것을 뜻한다. 치료자는 내담자가 자신의 문제의 원인을 통찰하도록 도와주고 새로운 행동을 통하여 그러한 문제들을 극복하는 체험을 해줌으로써 자신의 문제와 삶에 대해 새로운 조망을 얻고 의미를 발견하도록 도와주어야한다. 내담자가 과거 어린 시절에 겪었던 경험들을 근거로 현재 상황을 판단하는데, 이러한 경우 왜곡되는 경우가 많다. 내담자는 자기의 왜곡을 혼자 깨닫기 힘들기 때문에 치료자가 해야 할 일은 내담자가 현재의 상황이 과거 상황과 동일하지 않다는 사실을 명확히 알아차리도록 도와주어야 한다. 치료자는 내담자의 모든 문제의 원인은 자기 자신에게 있으며 해결책도 자신에게 있다는 것을 깨닫도록 해 주어야한다(예 : 모태신앙의 여성).

(21) 숙제

게슈탈트 치료에서 '지금 여기에'를 강조하기 때문에 숙제를 내주는 것이 잘못된 것이라 생각하는 경우도 있지만 실제로 많은 경우 숙제 기법을 즐겨 사용한다. 치료 상황에서 새롭게 체험한 것들을 실제 생활에 적용하여 삶의 변화를 주는 것이 치료의 최종 목표라고 볼 때 숙제는 이러한 목적을 달성하기 위한 매우 유용한 도구이다. 치료시간에 학습한 것을 밖에서도 실험해 볼 수 있도록 숙제를 내준다. 민일 타인의 눈을 바라보지 않는 내담자가 있다면 그에게 치료 시간 외에 다른 사람과의 눈 접촉을 계속 연습해 보라고 숙제를 내준다. 또한 빈의자를 놓고 아버지와의 대화를 시도한 내담자에게 필요에 따라 실제로 아버지에게 자신의 감정을 말하거나 편지를 쓰게 하는 숙제도 좋은 방법이다. 이것은 치료 시간에 배운 것을 복습하는 의미 외에 현실 검증을 해 보는 중요한 의미도 포함된다. 즉, 치료상황에서 학습한 것은 인위적인 것이 될 수 있으므로 내담자에게 숙제를 내 줌으로서 치료의 장에서 실험한 것들을 현실적으로 검증하는 기회를 제공할 수 있다.

9. 치료의 평가와 활용

- 게슈탈트 치료가 가지고 있는 문제점들 -

(1) 성격이론의 미흡

게슈탈트치료자들은 창의적인 치료 작업에 치중한 결과 개체의 발달과정에 대한 정교한 성격이론을 만들어내지 못했다. 이러한 것은 1940년대의 정신분석 입장과의 차별화를 강조한 나머지 지나치게 반구조주의 경향을 띄게 됨으로서 나타난 것으로 추상적인 개체관을 낳게 하고 현실에 대한 구체적인 행위자로서의 일관성 있는 개체의 조망을 상실하게 만든다. 치료자들은 창의적인 치료에 치중한 나머지 체계적인 연구를 소홀히 했으며 이것의 극복으로 게슈탈트 치료이론의 성격이론 특히 '자기' 개념을 정교화하기 위하여 정신분석의 대상관계이론을 접목시키려는 노력들이 활발하게 이루어지고 있다.

(2) 미분화된 치료절차

게슈탈트 치료는 현상학적인 입장을 고수함으로서 임상진단체계를 지나치게 무시하는 경향이 많았고 이에 체계적인 연구와 치료에 대한 지적을 받고 있다. 내담자의 문제를 파악함에 있어 주로 자신의 직관에 많이 의존하고 즉흥적으로 대처하는 방식을 취해 왔는데 이러한 현상은 게슈탈트의 장기적인 발전을 위하여 바람식하지 못하다. 따라서 치료현상에서 내남자들의 상황이나 문제들을 변별 진단하여 그에 따른 세분화된 계획을 세우고 치료결과를 평가하는 등의 체계적인 연구 활동이 필요하다.

(3) 기법의 남용

게슈탈트 치료에서 기법이 갖는 의미는 내담자의 억압된 감정이나 욕구, 신체감각, 사고패턴, 행동패턴 등을 알아차리도록 도와주는 보조수단에 지나지 않는다. 그러나 지나친 기법의 사용으로 내담자와 치료자 사이를 소외시켜서 새로운 문제를 야기 시킬 위험에 있다. 또한 맥락과 의미를 무시한 단순한 기계적인 기법 적용은 게임에 불과하다. 따라서 기법 사용 시 내담자의 특성이나 내적 상태를 고려하여 알맞은 기법을 적시에 사용해야 한다.

(4) 장기치료 연구의 부족

게슈탈트 치료는 집단치료나 워크숍, 치료시범, 치료자훈련 등 여러 가지 활동에 치중하는 경향이 있었고 개인 치료에 있어서도 단기간의 치료에 역점을 두고 장기적인 치료에 소홀했던 측면이 있다. 여러 가지 치료 효과 검증이나 새로운 이론의개발 등을 위해서는 장기간에 걸친 치료연구가 필수적이다.

▶ 참고문헌 ◀

윤순임 외 저(2000), 현대상담·심리치료의 이론과 실제, 중앙적성출판사.
김정규(2006), 게슈탈트심리치료, 학지사.
노안영 역(1996), 펄스의 게슈탈트적 자기치료, 학지사.
우재현·정덕규 공역(1994), 게슈탈트치료, 정암서원.

Fritz Perls의 자서전 속에 담겨 있는 시 중에 한편을 소개 합니다.

나는 오른쪽과 왼쪽, 위와 아래로 과녁의 한복판을 놓친 화살과
과녁의 모든 불완전한 만남을 사랑한다.

나는 수천의 실패한 모든 시도를 사랑한다.
거기에는 단지 한 개의 과녁의 한복판과 수천의 좋은 의지가 있다.

친구여, 완벽주의자가 되지 말라. 완벽주의는 저주, 그리고 긴장이다.
당신은 과녁의 한복판을 맞추지 못할까 두려워서 떤다.
만약 당신이 있는 그대로 둔다면 당신은 완전하다.

친구여, 실수하는 것을 두려워하지 말라. 실수는 죄악이 아니다.
실수는 다른 어떤 것, 아마도 창조적으로 새로운 어떤 것을 하는 방법이다.
친구여, 당신의 실수에 대해 부끄럽게 생각하지 말라. 그것에 대해 자랑스러워하라.
당신은 자신의 중요한 어떤 것을 줄 용기를 가졌다.

Fritz Perls –[쓰레기통의 안과 밖; 펄스의 게슈탈트적 자기치료]

제 4 부

사회복지 실천기술의 기록과 평가

제 12 장

사회복지실천의 기록

1. 사회복지실천과 기록의 의미

1. 기록의 목적

사회복지실천에 대해 기록하는 것은 사회복지실천과정의 일부이며, 잘 작성된 기록은 좋은 사회복지실천과 밀접한 관련이 있다. 기록의 우선 목적은 책무성accountability에 있으며 사회복지사는 자신이 전달하는 서비스에 대해 충실히 기록하고 평가함으로써 클라이언트, 기관, 지역 사회에 대한 법적 · 윤리적 책임을 져야 한다. 사회복지실천에서의 기록의 목적과 효능에 대해 정리해보면 다음과 같다.

1) 사회복지 실천 활동 문서화

사회복지의 서비스 내용과 과정 목표달성여부와 성과 기록으로 남겨 문서화함으로써 사회복지실천 활동을 정당화하기 위해서이다. 사회복지실천과정이 문서로 기록되지 않은 경우 사회복지실천 활동이 이루어졌다는 것을 입증할 수 없다. 기록은 필요시 클라이언트에게 유효한 법적 증거로도 활용될 수 있다.

2) 효과적 서비스를 위한 모니터

사회복지사는 기록을 통해 자신의 활동을 객관적으로 조직할 수 있다. 제공한 서비스를 검토·평가·수정할 뿐만 아니라, 서비스 제공방법, 전달체계 그 외의 부분들을 모니터 할 수 있다. 또한 슈퍼비전을 통해 효과적인 서비스를 제공했는지 점검할 수 있게 한다. 슈퍼바이저는 사회복지사가 기록한 내용을 검토함으로써 사회복지사가 클라이언트와 클라이언트의 문제를 정확히 파악하고 적합한 서비스를 제공했는지 평가하고 효과적인 실천을 할 수 있도록 슈퍼비전을 제공할 수 있으므로 궁극적으로 서비스의 질을 향상시키는데 도움이 된다.

3) 사례의 지속성 유지

기록해 놓은 자료로 연계해서 지속적으로 서비스를 제공함으로써 사례의 지속성을 유지할 수 있게 한다. 사회복지실천 활동이 일회성으로 끝날지라도 기록으로 남겨 놓은 경우에는 클라이언트가 이전에 이야기했던 것을 다시 반복하지 않고, 현재 자신이 이야기하고 싶은 것부터 말해도 되는 장점이 있다. 사회복지사가 이직한 경우에도 기록이 있는 경우 그 동안의 사회복지실천과정을 파악하기 용이하므로 클라이언트에게 지속적인 서비스를 제공할 수 있다.

4) 전문가 간 의사소통 활성화

전문직 간에 관점을 공유하여 실천에 활용함으로써 클라이언트를 돕는 다른 전문직과의 의사소통을 원활히 할 수 있다. 예를 들어, 대학병원에서 일하는 정신보건사회복지사는 사회복지실천 활동을 기록함으로써 자신과 팀으로 일하는 의사, 간호사, 임상심리사와 기록을 통해 효과적으로 정보를 주고받을 수 있다.

5) 슈퍼비전의 활성화

초보 사회복지사들이 상담기술을 향상시키고 개입의 질을 높이기 위해서는 지도감독을 받거나 자문을 구하게 된다. 이럴 경우 기록을 보면서 개입이 적절했는지 아닌지를 구체적으로 교육 받을 수 있다. 실습생들의 경우에도 실습일지나 기록을 통해서 실천에 대한 교육과 자문을 받게 된다. 이처럼 자신의 활동 기록과 내용에 대해 상급자로부터 슈퍼비전을 받고, 기관의 관리자나, 슈퍼바이저에게 피드백을 받고 훈련을 함으로써 서비스의 질을 향상시킬 수 있는 것이다.

6) 클라이언트와 정보공유

클라이언트에게 사회복지실천 과정에 대한 정보를 제공함으로써 클라이언트가 사회복지실천 활동에 적극적으로 참여하게 도울 수 있다. 사회복지사는 클라이언트가 자신에 대해 기록한 파일에 접근할 권리가 있음을 기억해야 한다. 따라서 기록은 사회복지사와 클라이언트 간의 정보공유, 의사소통, 치료방법의 도구이다.

7) 행정과 조사연구 자료로 활용

클라이언트의 욕구, 서비스 유형, 직무수행과 관리, 자원배분 등 행정적인 문제를 결정 하는데 중요한 자료이다. 뿐만 아니라 사회복지실천의 발전을 위한 자료로 활용할 수 있다. 예를 들어, 사회복지실천기록에 근거하여 클라이언트들이 호소하는 문제의 유형이나 욕구, 제공한 서비스의 유형 등을 분류한 통계 자료는 클라이언트를 위한 서비스 개발의 지침으로 활용될 수 있다.

그 외에도 사회복지활동개시부터 종결까지의 모든 실천 내용의 문서화하는 기록 작업은. 사회복지사의 사고를 구조화하는데 도움이 된다. 나아가 기록은 효과적인 서비스를 위한 점검, 평가, 수정 등을 위한 기초자료로 활용됨으로써 사회복지 서비스의 효과성과 효율성을 제고하고, 서비스의 질을 평가하는 근거가 된다.

2. 기록의 내용

① 사회복지실천기록에는 기본적으로 클라이언트를 만난 날짜와 시간, 기록을 작성한 날짜가 포함되어야 한다. 클라이언트에 대한 개입의 추이와 클라이언트의 변화를 가늠하는데 필수적인 정보가 될 수 있기 때문이다.

② 클라이언트에 대한 기본 정보를 포함해야 한다. 이름, 나이, 성별, 주소, 직업, 소득, 가족구성, 동거가족 등에 관해 간단명료하게 기록해야 한다.

③ 클라이언트가 사회복지사를 찾아오게 된 사유에 대해 서술해야 한다. 사회복지사를 만나게 된 경위나 의뢰 경위, 의뢰인 등에 관한 정보 및 클라이언트가 호소하는 주요 문제에 대해 간단히 기록해야 한다.

④ 클라이언트의 문제와 상황에 대한 자세한 정보를 서술해야 한다. 사회복지사는 클라이언트뿐 아니라 클라이언트의 주변 인물들을 통해 얻게 된 정보를 연대순 또는 주제별로 기록하게 되는데, 이를 사회력(social history)이라고 한다. 사회력은 클라이언트의 과거와 현재에 관한 깊이 있는 설명으로 인지 및 신체적 발달, 정신적, 신체적 건강상태, 행동-반응 유형, 감정과 정서적 반응, 교육, 직업, 재정, 법적 문제, 결혼, 가족 상황, 가족관계, 동료관계, 비공식적 지

지망, 문화적 배경, 지역사회의 자원과 특성, 주거 환경, 교통 등에 관한 정보를 중심으로 작성하는 것이 일반적이다.

⑤ 사회복지실천 과정에 대해 기록해야 한다. 즉, 클라이언트에 대한 사정, 사회복지사의 개입과 개입 계획, 종결에 관한 내용을 포함한다.

⑥ 사후관리 계획 또는 실제로 이루어진 사후관리 내용에 대해 기록해야 한다. 아울러, 필요시에는 슈퍼비전의 받고 싶은 내용이나 질문에 대해 기록할 수 있다.

3. 기록에서 유의할 점

① 기록은 개입이 끝난 후 이루어지기 때문에 사회복지사의 기억을 돕기 위해 개입 도중에 메모를 하거나 개입 과정을 녹음 또는 녹화하는 방법을 활용할 수 있다. 어느 방법이든 중요한 것은 반드시 클라이언트에게 기록의 필요성을 이야기하고, 메모, 녹음, 녹화에 대해 허락을 받아야 한다는 것이다.

② 클라이언트가 동의하지 않는 경우에는 메모, 녹음, 녹화를 중단해야 하며, 클라이언트가 동의한 경우에도 메모나 문서화된 기록, 녹음 및 녹화 테이프는 보관에 특별히 주의하여 비밀보장의 원칙을 준수해야 한다.

③ 기록은 정확한 표현을 사용해야 한다. 예를 들어, '다음 날', '이틀 후' 등의 표현보다는 구체적인 연월일을 정확히 기록하여 혼란을 방지하고,

④ 가능하면 '뚱뚱한', '작은 키' 등의 표현보다는 '-kg', '-cm'로 기록하는 것이 정확한 정보를 제공할 수 있을 것이다.

⑤ 간결하게 핵심적인 내용을 중심으로 작성해야 한다. 너무 많은 내용을 상세하게 기록하는 경우 내용을 파악하기 어려우므로 다른 사람들이 처음 읽었을 때도 사회복지실천의 주요 내용을 쉽게 파악할 수 있게 핵심적인 것을 중심으로 간결하게 기록하는 것이 바람직하다.

⑥ 가능하면 6하원칙에 따라 누가, 언제, 어디서, 무엇을, 어떻게, 왜 했는지에 대해 기술함으로써 상황파악을 용이하게 해야 한다.

⑦ 진단명은 의료진에 의한 정확한 진단에 의한 것이 아닌 한 사용에 주의해야 한다. 예를 들어, 의료진에 의한 정신과적 진단이 없는 상태에서 우울한 느낌을 많이 갖는 클라이언트를 '우울증' 환자로, 술을 좋아하는 클라이언트를 '알코올 중독자'라고 기록해서는 안된다.

⑧ 기록 중에 잘 모르는 부분은 피하지 말고 잘 모른다고 정직하게 기록하여 다음 면담 때 확인할 수 있게 해야 한다.

⑨ 철자, 띄어쓰기, 시제 등의 문법적인 사항에 유의하여 사회복지사가 전달하고자 하는 내용을 읽는 사람이 바르게 이해할 수 있게 해야 한다.

4. NASW 윤리강령에 나타난 기록에 대한 지침

- 사회복지사는 기록이 포함된 문서가 정확하며 제공된 서비스를 반영한다는 것을 보장하는 적절한 조치를 취해야 한다.
- 사회복지사는 서비스의 전달을 촉진하고 앞으로의 클라이언트에 대한 서비스의 지속성을 보장하기 위해 충분하며 시기적절하게 기록을 문서화해야 한다.
- 사회복지사가 준비한 문서는 가능하면 적절한 한도로 클라이언트의 사생활이 보호되도록 해야 하며, 이러한 문서에는 서비스 전달과 직접적인 관련이 있는 정보만이 포함된다.
- 사회복지사는 장차 쉽게 찾아볼 수 있도록 하기 위하여 서비스가 종료된 후의 기록을 보관해야 한다. 주의 법률이나 관련 계약서에 명시된 기간동안 기록이 보관 및 유지되어야 한다.

2. 사회복지 실천과정별 기록의 내용과 요소

1) 접수단계

- 클라이언트의 문제와 욕구, 서비스 제공여부결정, 클라이언트 또한 기관을 신뢰하고 서비스 이용여부 판단하는 시기이다.

- 상담 신청서 (양식1): 인구사회학적정보
- 초기면접지 (양식2): 클라이언트의 문제와 욕구, 성장, 배경 및 가계도를 통한 클라이언트 체계의 특성, 생활태도를 통한 공식·비공식적 자원 파악

2) 자료수집 및 사정단계

- 자료의 수집: 클라이언트의 문제를 이해하고 분석 해결하는데 필요한 자료를 모은다.
- 동의서(양식3): 비밀 보장에 관한 동의서
- 접촉일지(양식4): 접촉시마다 간략히 상담 내용을 요약하여 기록
- 사회력조사지(양식5): 개인력, 병력, 취업력, 가족력 등을 포함하나 체크리스트
- 사정질문지(양식6): 사정을 용이하게 할 수 있도록 유도하는 기록양식
- 자원조사지(양식7): 개인, 가족, 지역사회의 자원을 조사·평가 하는 기록양식
- 사정 및 개입계획서(양식8): 문제정의, 사정, 개입 목표와 계획을 수립하는 기록양식
- 가계도(양식9-1): 3세대의 관계를 선과 동형으로 나타내는 양식
- 생태도(양식9-2): 의미 있는 체계들과 관계를 그림으로 표현하는 양식
- 사례관리지역사회자원망(양식9-3): 지역사회 자원연계와 관리를 핵심으로 하여 사례 관리시 활용할 수 있는 자원관리양식

3) 목표설정 및 계약 단계

- 목표설정: 사정과정에서 정의된 문제나 요구를 근거로 개입을 통해 일어나기를 바라는 변화를 클라이언트와의 구체적 합의하에 구체적으로 진술하는 것이다.
- 목표선정 및 계약 기록지(양식 9-4): 목표, 세부목표, 클라이언트의 과업, 사회복지사의 역할과 과업을 기록하는 양식

4) 개입단계

- 계약 시에 합의한 바를 실천하는 것으로 변화가 일어나는 단계이다.
- 기록 시 포함하여야 할 요소

① 지난번 이후의 클라이언트의 상황의 상태와 변화에 대한 서술과 과정을 기록한다.

② 지난번 기록 이후의 서비스 활동과 과정에 대하여 기록한다.
③ 중요한 사건을 기록한다.
④ 서비스의 목적이나 계획에 대한 사정 및 변화를 기록한다.
- 면담과정 기록지(양식9-5)
- 요약 기록지(양식9-6)
- 문제 중심 기록지(양식9-7)

5) 종결단계

- 평가단계: 실제 개입의 결과가 얼마나 안정되게 유지될 것인가 결정하는 단계이다.

- 종결단계: 클라이언트가 성취한 것을 확인하고 격려하여 지속적으로 성취된 변화를 유지하고 남아있는 문제에 대한 사후 관리를 계획하는 단계이다.

- 종결보고서(양식10): 개입 종결 후 개입과정과 결과를 요약하여 보고하는 기록양식

6) 기타 실천 대상에 따라 요구되는 기록양식

클라이언트 체계의 크기에 따라 개인 대상 실천, 집단 대상 실천, 가족 대상 실천, 지역사회대상 실천으로 구분된다.

- 집단 프로그램 진행 기록일지(양식11): 집단 프로그램 목표, 진행, 과정, 평가, 다음 목표 및 진행계획을 기록하는 양식

- 가족상담기록지(양식12): 가족의 정의, 가계도, 생태도, 가족생활주기를 토대로 가족을 사정하고 개입목표 토대로 개입 계획 기록하는 양식

- 지역사회분석기록지(양식13): 분석대상, 지역주요지표, 인구사회학적 특성, 사회경제학적 특성 사회복지자원탐색, 사회복지서비스 제안 및 사회복지사 견해로 구성된 기록

3. 기록의 종류와 특성

1) 최소기록 Minimum basic recording

신상정보, 주요문제, 목적, 개입계획, 필요자원, 클라이언트를 위한 행동, 종결상태

2) 과정기록 Process recording

클라이언트와 그 사회 상황에 대해 클라이언트가 면담하면서 이야기 한 내용, 클라이언트의 행동, 사회복지사가 관찰한 것과 판단한 것 등 클라이언트와 사회복지사의 상호작용을 그대로 세밀하게 기록한다.

(1) 내용

면담에 참석한 사람이름, 날짜, 장소, 세션 진행시간, 목적, 계획, 상호작용내용, 사회복시자의 역할과 활동, 클라이언트의 관심사, 상황, 또는 문제 반응에 따른 사회복지사의 사정 분석), 세션 중 사회복지사 활동에 스스로 분석한 내용, 다음 면담계획

(2) 방법

상호작용 내용을 직, 간접적으로 기록하며 상호작용 과정을 세밀하게 표현하기위해 면접내용, 사회복지사의 의견, 슈퍼바이저 코멘트 부분으로 나누어 기록

<표 12-1> 과정기록의 내용

수퍼바이저의 코멘트	면접내용	사회복지사의 느낌	분석
기록된 대화내용 및 사회복지사의 느낌과 분석에 대하여, 수퍼바이저가 추후 코멘트 한다.	언어적 및 비언어적 의사소통을 포함. 면접중에 일어난 일을 모두 기록. 제3자의 존재나, 처음 계획된 면접에 대한 장애요소도 기록	대화 진행시 클라이언트의 반응이 아닌 사회복지사의 느낌을 기록. 전문적 용어는 필요가 없으며, 솔직하고 개방적으로 기록	사회복지사의 느낌의 근원, 면접기법 분석, 효과적인 다른 대안적 접근 등 기록

(3) 장점

① 사회복지 실습이나 교육방법으로 유용하다. 실무교육과 학습수단으로 사회복지 교육에서 널리 사용된다. 초보 사회복지사나 실습생 등이 자신의 활동에 대한 점검과 슈퍼비전 또는 자문을 받을 때 유용하다.

② 세밀하게 기록하면서 자신에 대해 새롭게 인식할 수 있고 서비스 과정에서 자아를 활용 하는 정도가 향상된다.

③ 기관은 기록한 내용을 보면서 사례진행에 대해 점검하고 잘못된 경우가

있으면 사전에 문제를 예방할 수 있다.

(4) 단점

서비스의 상호교류에서 실제로 일어났던 일에 대해 완벽하게 기록하는 것은 불가능하므로 정보가 불완전하며 왜곡될 수 있다. 작성하는데 시간이 너무 소요되어 비효율적이다. 따라서 일반적으로 많이 사용되지 않으며 기록의 목적이나 사례 등에 따라 선택적으로 사용된다. 면담이나 서비스 제공 등에 대해 사회복지사가 기억하는 능력에 따라 기록의 유용성이 좌우된다. 사회복지사가 많이, 정확하게 기억하면 좋은 기록이 되지만 반대의 경우 유용성이 떨어진다.

<표12-2> 과정기록의 예

슈퍼바이저의 코멘트	면담 내용	사회복지사의 느낌 및 분석
	상담실에 클라이언트가 힘이 없이 들어왔다. w : "더운데 찾아오시느라 수고 많으셨죠?" c : "네 조금..." w : "참 덥죠?." c : "그러네요." w : "무슨 일로 오시게 됐어요?" c : "아, 결혼한 지 7년 정도 됐어요. 애기는 여자, 남자 두명이고요. 남편이 그냥 회사를 잘 안 다녀요). w :"언제부터 그랬나요?" c : "맨 처음부터 결혼해 가지고 얘네 아빠가 택시를 했는데, 거진 일을 안 하다시피 하고, 택시회사에 내는 사납금을 갖다가, 계속 백만 원 씩 이백만 원씩 갖다 꼬라박아 넣었어요." w : "그럼, 지금은 일을 그만 두었나요?" c : "네. 지금은 그 빚 안 갚아 준다고, 집에서 아예 그냥 놀고 있어요. 그러면서 아파가지고 또 신경정신과 가서 약도 먹었어요." w :"남편이 신경정신과에 다녔어요." c : "네. 거기서 약을 타서 먹었어요." w : "진단명이 뭐였는데요? " c: "그러니깐 겉으로 봐서는 아무 이상이 없는데..."	'십 년만의 더위라더니 정말 더웠다, 상담실에서는 에어콘이 따로 설치되어 있지 않고 선풍기뿐이라서 후덥지근하고 공기가 탁해서 상담에 집중하기가 어려웠다. 문제가 복잡해짐을 느끼며 약간 혼란스러웠지만, 문제의 가닥을 잡기 위해 클라이언트 남편의 정신과적 문제부터 구체적으로 질문하기로 했다.

(5) 유의사항

① 정직하게 기록한다.

② 기록하는데 너무 집중해서 오히려 면담에 방해가 될 수 있다.

③ 면접 직후에 가능한 빨리 기록한다.

④ 비밀을 보장해야 하고 슈퍼바이저가 검토하고 승인하고 별도로 보관한다.

3) 요약기록(Narrative summary recording)

일반적으로 사회복지 기관에서 가장 많이 사용되는 기록 형태로 시간의 흐름에 따라 변화된 상황, 개입활동, 중요한 정보 등을 요약하여 기록하는 것이다.

(1) 방법

- 중요한 내용 선택, 시간의 흐름별로 조직화하여 기록하거나 주제별 제목 하에 기록한다.
- 시간의 경과에 따라 일정한 기간의 간격을 정하여 기록하는 것으로 사례가 장기간 지속될 경우 유용하며, 주로 클라이언트에게 일어난 변화에 초점을 두어 기록한다.
- 사회복지기관이나 상담 장면에서 많이 활용되며, 시간의 경과에 따라 정보의 변화 내용을 요약하여 기록하며, 장기간의 사례에 유용하다.

(2) 장점

- 사례가 장기간 지속될 경우 유용하다. 전체 서비스 과정을 고려하면서 쉽고 짧게 사용할 수 있다.
- 기록에 융통성이 있고 클라이언트와 그 상황, 그리고 서비스가 갖는 나름의 특수한 본질을 개별적으로 반영할 수 있다.

(3) 단점

① 기록 내용을 조직화 하는 사회복지사의 재량에 상당부분 의존한다.

- 클라이언트의 언어적 표현이나 비언어적 표현 등이 사실적으로 전달되지 않을 수 있다. 클라이언트나 사회복지사의 생각이나 느낌이 잘 드러나지 않을 수 있다.

② 사회복지사의 능력과 투자한 시간에 따라 기록의 질이 좌우 될 수 있다.

③ 기록 내용을 개별적으로 구성하기 때문에 추후에 원하는 정보를 쉽게 찾기 어렵다.
④ 기록시간의 소요가 많아 비효율적이다.

(4) 유의사항

① 복합적이고 개별화된 서비스에 대해서만 요약기록을 활용한다.
② 포함할 내용, 포함하지 않아야 할 내용에 대해 지침을 만든다.
③ 정확도와 신뢰도를 확보한다.
④ 사례노트를 활용한다.

<표12-3> 요약기록의 예

① 주제별 제목 하에 조직화하여 기록한 요약기록

·2000년 12월 1일 오전 10시
·클라이언트(○○○, 30세, 여)와의 개별면담

제시된 문제

클라이언트는 어젯밤 남편이 술이 취한 상태에서 언쟁하다가 남편이 발로 차서 넘어지면서 탁자에 허리를 부딪혀서 다쳤다. 이로 인해 현재 허리통증과 함께 걸음걸이가 불편하다.
남편이 술만 취하면 아내를 구타하며 점점 더 이런 일이 심해지기 때문에 본 기관에 도움을 요청하기로 결심하였다.

가족기능

클라이언트는 결혼한 지 7년 되며, 고졸 후 다니던 직장에서 남편을 만나 1년의 교제 후 결혼하였다. 아이(5세, 남)가 하나 있다. 남편(대졸, 35세)은 IMF 사태 이후의 대규모 감원으로 인해 직장을 잃고 8개월 동안 실직상태에 있다가, 현재는 남편의 친척이 운영하는 작은 사업체에서 일하고 있다. 결혼 후 6개월 때 언쟁 후 따귀를 맞은 것이 결혼 후 처음 폭력을 당한 경험이다. 그 이후에는 폭력이 없다가, 실직사태 이후부터 남편의 음주 및 음주 후 폭력이 증가하였다. 남편의 폭력에 대한 아내의 반응은 함께 소리 지르고 울며 대드는 것이다. 남편은 전에는 때린 다음날에는 클라이언트에게 사과하기도 했지만, 최근에는 사과도 않는다. 남편이 아이를 때리지는 않지만, 아이가 이런 일을 여러 번 보았기 때문에 아빠를 무서워한다. 클라이언트는 나가서 일을 하고 싶어도 특별한 기술도 없고 아이도 어려서 아직은 엄두를 못 낸다. 그러나 아이가 초등학교에 들어가면 취업을 원한다.

현재 상태에 대한 클라이언트의 인식

결혼지속 의사에 대해서 클라이언트는 그 동안 특별히 이혼절차를 알아본 적은 없으나, 가끔 이혼을 생각해 보았으며 오늘은 더욱 강하게 든다고 한다. 그러나 남편이 음주 및 구타 습관만 고치면 좋겠다는 희망을 피력하였다. 허리의 통증에 대해서는 내일까지 계속되면 병원에 가볼 예정이다. 구타 후 경찰에 연락해 본 적은 없으며, 여성의 쉼터에 대하여 들어본 적도 없다. 클라이언트는 당분간 집에 들어가고 싶지 않으며, 쉼터에는 가고 싶지 않고, 짐을 싸서 친정 언니네에 가 있을 계획이다.

사정

클라이언트는 면담시 여러 번 울음을 터뜨렸으며, 어젯밤의 구타사건으로 정서적으로 혼란한 상태로 보인다. 그러므로 본 접수면접에서는 많은 정보를 얻기보다는 위기개입으로서 당장 필요한 조치 및 정서적 지지제공에 주력하였다. 클라이언트가 남편과 분리하여 언니네 집에서 당분간 머물겠다는 결정은 향후 계획을 보다 이성적으로 세우는 데에 도움이 될 것으로 보인다.
남편의 사회경제적 스트레스가 부부문제에 영향을 끼치는 것으로 보이고, 남편 역시 도움이 필요하므로 남편에 대한 개입도 필요하다고 사료된다. 결혼지속 여부에 대해서 클라이언트는 아직 확고한 의사를 밝히지 않고 있다. 그러므로 부부 상담을 할지 여부는 아내와 남편에 대한 개별상담을 몇 회 한 이후에 결정할 것이다. 클라이언트는 '매맞는 아내'가 보이는 정서적 증상을 가지고 있을 가능성이 있으므로 당분간 집중적인 지지적 개입이 필요할 것으로 보인다. 또한 클라이언트는 가정폭력방지법을 비롯하여 주변의 자원체계에 대한 지식이 전혀 없으므로 이에 대한 지식이 필요하다.

계획

① 내일 다시 클라이언트와 면담하여 지적 개입을 계획할 것이다. ② 남편과 연락하여 면담을 약속할 것이다(클라이언트도 동의하였음). ③ 클라이언트를 본 기관과 연계되어 있는 법률상담소와 연결시킬 것이다.

② 시간의 흐름별로 조직화하여 기록한 요약기록

11/ 12/ 99
○○대학병원의 의료사회복지사인 심순영 씨가 어제 아이를 출산한 미혼모 김○○ 씨를 아동복지기관인 본 기관에 의뢰했다. 김○○ 씨는 18세로 벌써 두 번째 아이를 출산했고 첫 번째 아이는 출산 직후 사망했다. 퇴원 후에도 갈 곳이 없어 다시 노숙할 확률이 높은 상태이므로 일단 김○○씨의 동의를 얻어 본 시설에 모자를 같이 입소시키고 아이의 입양문제는 향후 논의하고자 한다.

4) 문제 중심 기록(Problem-oriented record: POR)

현재 문제를 중심으로 문제 영역을 규정하고 사정하고 목록화한다. 개입시작부터 클라이언트의 조건을 분명히 보여주고 계획을 기록하며 무엇이 수행되고 클라이언트가 어떤 반응을 하는지 서술하며 종료 단계에서의 클라이언트의 상황을 서술하게 되는 이 방법은 초점을 극대화하고 효율성을 향상시킨다.

(1) 내용

① 데이터베이스구축: 클라이언트의 문제를 목록으로 작성하기 위한 기본자료
② 문제목록 작성: 문제 목록을 작성하고 새로운 문제를 발견하면 추가한다.
③ 각 문제에 대한 계획: 독립적으로 각 문제에 대해 계획한다.
④ 계획실행: 서비스 진행과 변화 내용에 대해 문제 목록에 기재된 번호에 따라 기록

(2) 방법

- 문제를 확인하고 서비스를 계획하고 전달하는 과정으로 문제를 해결한다.
- 현재 제시된 문제를 중심으로 구성되며, 문제영역을 규명하고 사정하여 그 문제에 대해 무엇을 할 것인지를 계획을 기록한다.
- 문제에 따라 목표를 설정하며 목표달성을 위한 계획을 수립하여 개입하고, 이에 대해 목표의 달성정도를 점검할 수 있다.
- 타 전문직과 함께 일하는 현장에서 효과적이나 전체보다는 부분에 치중, 환경과의 상호작용적 관점이 결여될 수 있다.
- 진행기록은 SOAP의 형태를 취한다.

① Subjective information 주관적 정보
: 클라이언트가 자신의 상황을 어떻게 인식하고 있는지를 나타낸다.
② Objective information 객관적 정보
: 전문가의 직접적인 관찰, 임상적 실험, 체계적인 자료수집
③ Assessment 사정
: 주관적 정보 및 객관적 정보의 검토를 통해 추론된 전문가의 개념화와 결론
④ Plan 계획
: 전문가가 특정한 문제를 제기하거나 해결하는 방법

(3) 장점

① 타 전문직과의 의사소통을 촉진하며 다른 분야와 원활한 공조를 한다.

② 모든 치료계획에 대해 문서화된 추후점검으로 책무성을 향상시킨다.

③ 더욱 쉽고 질 높은 기록검토를 할 수 있다.

(4) 단점

① 기록방법의 특성상 부분화를 강조함으로써 통합적, 체계적인 쟁점들을 왜곡시킬 우려가 있다.

② 기계적이고, 클라이언트의 감정, 욕구, 자원보다는 문제를 강조함으로써 사회복지 실천의 관심 폭을 한정시킬 수 있다.

③ 같은 것을 지속적으로 체크하고 코멘트함으로 인해 반복될 수 있음.

④ 개인을 강조하여 복잡성을 간과하고 단순화할 우려가 있음.

<표12-4> 문제중심기록의 예

데이터베이스(2000년 12월 1일 접수면접에서 얻은 정보에 의해 작성됨)

이름 : ○○○ 나이 : 30세

클라이언트는 결혼한 지 7년 된 기혼여성으로 35세의 남편과 5세 된 아들 하나를 두고 있다. 그는 어젯밤 술 취한 남편으로부터 구타당하여 현재 허리 통증과 함께 걸음걸이가 불편하다. 남편의 반복되는 음주 후 구타행동 때문에 본 기관에 도움을 요청하였다. 경찰에는 연락한 적 없다.

클라이언트의 남편은 IMF 사태 이후의 대규모 감원으로 인해 8개월 동안 실직상태에 있다가, 현재는 친척이 운영하는 작은 사업체에서 일하고 있다. 클라이언트는 결혼 후 6개월 때 맞은 따귀가 결혼 후 처음 당한 폭력 경험이다. 그 이후에는 폭력이 없다가, 실직사태 이후부터 남편의 음주 및 음주 후 폭력이 증가하였다. 남편의 폭력에 대한 클라이언트의 반응은 함께 소리 지르고 울며 대드는 것이다. 남편은 전에는 때린 다음날에는 클라이언트에게 사과하기도 했지만, 최근에는 사과도 않는다. 남편이 아이를 때리지는 않지만, 아이가 부모의 폭력사태를 여러 번 보았기 때문에 아빠를 무서워한다. 클라이언트는 나가서 일을 하고 싶어도 특별한 기술도 없고 아이도 어려서 아직은 엄두를 못 낸다. 그러나 아이가 초등학교에 들어가면 취업하기를 원한다.

문제목록

번호	문 제	확인된 날짜	중단/해결된 날짜
1.	남편의 음주 및 구타	12/1	

2.	클라이언트의 피신처 마련	12/1	12/1	
3.	클라이언트의 허리통증	12/1	12/4	
4.	클라이언트의 정서적 어려움		12/1	
5.	클라이언트의 결혼지속의사 여부 불분명		12/1	12/8
6.	클라이언트의 법 및 자원체계에 대한 지식 부족	12/1	12/4	

초기계획

문제 #1 남편의 음주 및 구타
남편과 연락하여 면담을 약속하고 남편에 대한 심리사회적 사정과 개입을 한다. 음주 및 폭력에 대해서는 전문치료기관에 의뢰한다(남편이 동의한다면). 이러한 개입계획에 남편이 동의하도록 사회복지사와의 관계형성에 주력한다.
문제 #2 클라이언트의 피신처 마련
클라이언트의 희망대로 언니네 집에 머물도록 하고, 이에 관해 추후 점검한다.
문제 #3 클라이언트의 허리통증
클라이언트가 병원치료를 받고 있는지 추후 점검한다.
문제 #4 클라이언트의 정서적 어려움
정서적 어려움의 근원, 강점 및 약점에 대한 사정 및 지지적 개입을 한다.
문제 #5 클라이언트의 결혼지속의사 여부 불분명
이에 대한 클라이언트의 결정을 돕는다.
문제 #6 클라이언트의 법 및 지원체계에 대한 지식 부족
클라이언트를 본 기관과 연계되어 있는 법률상담소와 연결시킨다.

진행노트

날짜 : 12월 6일 클라이언트 남편과의 첫 번째 개별면담

5) 목표 중심 기록(Goal-oriented record : GOR)

과제중심모델이나 목표성취척도로부터 발전을 보게 되었고 목표의 구체화 특징이 있다. 문제에 대한 구체적 기록과 목적에 관해 구체적으로 기록하는 것을 강조한다.

6) 이야기체 기록(narrative recording)

- 사회복지실천분야에서 보편적으로 활용하는 방법의 하나로서 이야기하듯이 서술해나가는 기록형태이다. 클라이언트나 면담상황, 제공하는 서비

스에 대해 이야기하듯 서술하는 기록양식.

- 면담 내용 혹은 서비스 제공과정에서 이야기한 것을 그대로 대화형태로 표현하는 것이 아니라 내용이 정리되어(재구성) 서술된다.

- 이야기체기록은 일정한 틀이나 양식이 있지 않으므로, 즉 표준화나 구조화가 덜 되어 있기 때문에 총괄적인 기록이 가능하며, 클라이언트의 상황, 서비스 교류의 특별한 특성들을 잘 나타낸다.

- 클라이언트와 그 상황, 그리고 서비스가 갖는 나름의 특수한 본질을 개별적으로 반영할 수 있다.

- 단점과 한계를 보완하기 위해서 사례노트를 사용한다. 사례노트는 사례가 진행되는 동안 시간에 따른 활동을 매일 매일 간단히 적어두는 것으로 특히 사례가 장기화되어 길어지는 경우 필요하다.

- 장점: 중요한 정보는 기재하고 그렇지 않은 것은 기재하지 않을 수 있으므로 기록에 융통성이 있고 이 점 때문에 널리 활용된다.

- 단점: 과정기록에 비해 시간이 덜 들지만 기록할 것과 하지 않을 것을 구분하고 재구성하기 때문에 역시 시간이 많이 소요된다. 지나치게 단순화되거나 초점이 흐려질 우려가 있고, 기록자의 관점에 많이 좌우될 수 있다.

4. 기록에서의 유의사항

1) 면접 시 메모

- 면접 중 메모는 최소한만 한다.

메모를 하다보면 면접의 상호작용에서 주의가 산만해지며 클라이언트의 비언어적 표현 및 시선 접촉을 놓치게 된다.

- 사실적인 정보 및 사회복지사가 하기로 한 약속 등은 메모하는 것이 신뢰적이다.
- 면접 중 메모에 대해서는 사전허락을 받는다.
- 면접이 끝난 직후 잊어버리기 쉬운 정보를 메모하는 것은 필요하다.
- 용어선택: 단순하고 명확한 용어의 사용

2) 녹음 또는 녹화

- 기관에서 사례보관을 위해 사용되는 일은 거의 없으며, 주로 학생이나 실무

자의 실무기술을 향상시키기 위한 교육용으로 사용된다.

- 녹음이나 녹화는 클라이언트의 치료적 목적에도 효과적으로 사용될 수 있다.

- 녹음이나 녹화를 할 때 클라이언트에게 그 목적 및 어떻게 사용될 것인지를 정확하게 설명하고 이에 대한 사전허락을 받아야 한다.

- 녹음이나 녹화에서는 클라이언트의 사생활 보장이 매우 중요하므로 테이프 보관에 유의 하고 목적을 다하면 폐기해야 한다.

▶참고문헌◀

1. 양옥경 외(2008), 사회복지실천론, 나남출판.
2. 조휘일 외(2005), 사회복지실천론, 학지사.
3. 최경화 외(2010), 사회복지실천기술론, 신정.

제 13 장

사회복지실천의 평가 및 종결

1. 사회복지실천의 평가

평가를 하지 않으면 서비스의 효과성을 파악할 수 없을 뿐만 아니라 효과성이 없는 서비스 또는 효과성이 입증되지 않는 서비스를 클라이언트에게 제공하게 되어 윤리에 어긋나는 경우도 빚어진다. 따라서 사회복지실천에서의 평가단계는 중요하다.

사회복지실천의 평가는 미리 정해진 틀에 사회복지사가 개입해서 투입한 내용과 결과를 바탕으로 개입의 효과성, 효율성, 클라이언트의 변화를 점검하는 것을 말한다.

▶ 효율성(efficiency): 사용된 자원(시간, 노력, 비용 등)과 얻어진 성과 간의 비율을 말한다. 산출/투입으로도 표실할 수 있어서 분자가 분모보다 커야 효율적인 것이다.

▶ 효과성(effectiveness): 목표가 달성되었는지의 여부를 말한다.

1. 의미

앞서 언급한 바와 같이 사회복지실천에서의 평가단계가 중요하다는 것은 다음과 같은 평가단계의 의미로써 재강조할 수 있다.

① 사회복지사 자신이 개입한 내용을 합당한 틀에 의해 돌아봄으로써 반성할 기회를 가진다.

② 사회복지사의 부족한 점을 발견, 이를 거울삼아 보완된 새로운 활동을 계획할 수 있다.

③ 사회복지실천 현장과 관련하고 있는 잘못된 상황의 요인을 발견하여 이의 시정을 요청할 수 있다.

2. 목적

평가단계가 가지는 의미성을 바탕으로 목표를 구체적으로 언급하면 다음과 같다.

① 개입 활동의 안정화: 사정을 토대로 세워진 계획이 이행되는 과정을 감시하는 역할을 함으로써 사회복지사는 자신의 활동과 관련하여 수시로 주목을 받는다.

② 관계자들에의 보상: 활동 결과의 보고는 클라이언트, 감독자, 프로그램 협력자 등의 관심과 노고를 보상하는 의미를 갖게 된다.

③ 개입 활동 보완: 사례 평가와 이 결과를 바탕으로 다음 사례 활동에 반영하는 것은 사회복지사 자신의 발전을 의미할 수 있다.

3. 유형

위와 같은 공통적인 의미 및 목적을 갖고 있는 사회복지실천에서의 평가는 크게 평가수준에 대한 평가와 내용에 대한 평가로써 구분을 달리하여 유형을 구분하기도 한다.

⑴ 평가 수준에 대한 평가

– 사회치료 평가: 특정한 클라이언트나 가족 또는 소집단에 대한 개입의 효과성과 효율성을 측정하는 것이다.

– 프로그램 평가: 다수의 클라이언트 또는 전체 지역사회에 대한 프로그램의 효과성과 효율성을 측정하는 것이다.

⑵ 시기에 따른 평가 (또는 내용에 대한 평가)

– 형성(formative) 평가: 과정을 재는 것을 말한다. 적용된 운영 절차, 소 프로그램, 사회복지사의 능력, 참여자들의 태도 등의 적합성을 사정하는 것이다. 즉, 실천과정을 점검하는 것을 말한다.

– 총괄(summative) 평가: 결과를 재는 것을 말한다. 계획했던 목표의 달성 여부를 확인하는 것으로 최종결과물을 평가, 성공 혹은 실패와 관련된 요인을 알아내는 것이다.

4. 주체

주체란 사회복지실천에 대하여 평가를 실시하는 자를 의미하며 크게 클라이언트, 자원 참여자, 담당 사회복지사로 나누어 생각해 볼 수 있다.

① 클라이언트: 사회복지사의 성실성과 전문 기술을 주요 영역으로 평가한다.

② 자원 참여자: 클라이언트의 영역을 포함하여 운영 절차를 주요 영역으로 평가한다.

③ 담당 사회복지사: 클라이언트와 자원 참여자가 평가한 내용을 종합하여 이를 정리한다. 또한 사례활동 중 발견된 문제점들을 정리, 이의 시정을 위해 관련인이나 관계기관 또는 관련 정책에 강력히 대응한다.

5. 내용

평가단계에서 주로 다루게 되는 내용은 목표, 계획, 적용 소 프로그램, 활용 자원, 행동체계의 외부 환경. 사회복지사의 태도 등이다.

① 목표: 목표한 내용을 달성한 정도를 평가한다.

② 계획: 개입활동에 관한 전반적인 내용을 평가한다. 즉, 목표의 수준, 활동의 일정과 절차, 평가 방법 등에 대하여 평가한다.

③ 적용 소 프로그램: 여러 프로그램들의 적절성과 효과성을 평가한다. 또, 사회복지사가 이들 소 프로그램을 운용하는 능력에 대해서도 평가한다.

④ 활용 자원: 지역사회로부터 동원하여 활용한 지역 사회 자원의 적절성과 효율성에 대하여 평가한다.

⑤ 행동체계의 외부 환경: 클라이언트 및 체계의 문제 상황과 관계하는 사람, 기관, 행정, 정책 등, 클라이언트(체계)의 문제를 해결해 가는 과정에 밀접하게 영향을 미치는 부분에 대해서 평가한다.

⑥ 사회복지사의 태도: 사회복지사의 성실성을 평가하는 것을 말한다. 또, 사회복지사 자신 의 행동, 태도, 속성들이 개입과정에 어떻게(긍정적 또는 부정적) 영향을 주었는지에 대하 알기 위한 환류 작용이 된다.

6. 원칙

평가 단계에서 일반적으로 지켜야 할 원칙은 다음의 4가지이다.

① 개입 초기에 실시한 사정과 함께 사례에 합당한 평가방법과 평가틀을 만든다.

② 사회복지사 자신의 욕심을 금지, 여러 사람들이 인정하는 합당한 방법과 자료를 토대로 냉정하게 평가한다.

③ 매회의 평가 내용은 종합 평가와 일맥상통해야 한다. 즉, 매회 활동을 평가하고 이 자료를 총괄하여 전체 과정을 평가한다.④ 감독자, 관련인, 여타 전문가들로부터 피드백을 받아야 한다.

7. 전략

전략이라는 것은 평가에서 좀 더 효과적이고 효율적인 평가를 실시하기 위한 하나의 지침이라고 할 수 있다.

① 평가틀을 사례의 특성에 따라 다양한 분야로부터 관련된 사항을 기초로 만드는 것이 바람직하다.

② 질 높은 종합평가를 위해 사회복지사는 매회의 평가를 철저히 하고 활동 중에 노출되는 사항을 꼼꼼히 메모하여 이를 근거로 종합평가에 임하는 것이 바람직하다.

③ 평가의 투명성을 높이고 나아가 자신의 능력향상을 위해 여러 사람들로부터 재평가와 조언을 받는 것이 바람직하다.

8. 평가 도구와 자료

일반적으로 사용되는 평가 도구 및 자료는 이와 같다.

① 설문지: 클라이언트 혹은 자원 참여자들이 읽고 응답하도록 사회복지사가 제공한다.

② 검증된 평가척도: 대부분의 개인의 심리적 변화 정도를 묻는 도구를 말한다.

③ 사회복지사가 사례의 상황에 맞게 직접 만든 것: 전체 과정에 대한 클라이언트와 자원참여자들의 만족도를 측정하는 데 쓰이는 도구를 말한다.

④ 문제상황의 변화 정도: 클라이언트(체계)의 생활상태 혹은 실상의 변화 정도를 눈으로 보거나 귀로 듣고 평가하게 한다.

⑤ 행동체계 성원의 피드백: 사회복지사가 클라이언트와 자원 참여자들로부터 공식 또는 비공식적으로 받은 평가성 조언을 평가의 보조 자료로 삼는다.

9. 기술 및 기법

기술 및 기법 사용에 앞서 측정절차 결정시 다음의 사항을 고려한다.

① 타당성 – 특정하려고 하는 것을 실제로 측정하는가?
② 신뢰성 – 유사한 조건에서 측정 반복시 유사한 결과가 나오는가?
③ 적용의 용이성 – 절차는 짧고 이용이 수월하며 전문가가 아니라도 가능한가?
④ 유용성 – 필요한 정보를 제공하는가?
⑤ 민감성 – 상대적으로 작은 변화와 차이를 알아내는가?
⑥ 비반응성 – 측정으로 인한 현상의 변화나 영향 없이 변화를 알아내는가?

평가에 사용되는 기술 및 기법은 직접적으로 평가하는 것과 간접적으로 평가하는 것으로 구분하여 생각할 수 있다.

※ 직접적인 평가

직접적인 평가는 대상으로 집단으로 하는가, 개인으로 하는가로 구분된다.

1) 집단을 대상으로 하는 경우

(1) **단일집단 사전·사후 설계**

프로그램을 시작하기 전에 사전조사를 실시, 프로그램을 종결하면서 사후조사를 실시하여 프로그램 실시하기 전과 후를 비교하는 방법이다. 이 방법은 비교집단을 구하기가 용이하지 않기 때문에 많이 사용된다. 하지만 내적 타당도는 상당히 낮기 때문에 이 설계를 통해 나타난 결과를 신뢰하기는 어렵다.

▶ 내적 타당도: 종속 변수의 변화가 독립 변수에 의해 일어난 것임을 확신할 수 있는 정도를 말한다. 외생 변수의 개입이 많아지면 내적 타당도는 낮아진다. 내적 타당도에 영향을 주는 요인에는 내재적 요인(역사요인, 성장요인, 실험대상의 변동, 검사요인, 도구요인)과 외재적 요인(선정요인, 통계적 회귀, 모방)이 있다.

▶ 외적 타당도: 종속변수의 변화가 상이한 대상이나 상이한 상황에서도 나타날 수 있는 것인가, 즉 일반화 할 수 있는가에 관한 문제이다. 외적 타당도에 영향을 주는 요인에는 선정된 표본의 대표성, 실험조사에 대한 민감성 측면이 있다.

(2) **실험 설계**

실험 설계는 단일집단 사전·사후 설계와 비교하면 내적 타당도에 저해가 되는 대부분의 요인들을 통제하는 우수한 설계라 할 수 있다. 하지만 ① 클라이언트를 무작위로 실험집단과 통제집단으로 할당한다. ② 독립변인을 실험집단에만 적용하고 통제집단에는 적용하지 않는다. ③ 종속변인의 변화를 측정한다.

의 세 요건을 만족시켜야만 한다.

실험 설계는 방법론적으로 우수하지만 사회복지실천현장에서 이를 활용하기는 용이하지 않다. 이는 유사한 문제를 클라이언트를 대상으로 한 집단은 서비스 제공하고 다른 집단에는 제공하지 않음으로 윤리적인 문제를 야기할 수 있으며 실험설계를 활용하는 연구의 수행을 복지관으로부터 허락받기 쉽지 않기 때문이다.

(3) 유사 실험설계

실험설계의 대안으로 고려해 볼 수 있는 것으로 클라이언트를 무작위로 실험집단과 통제집단으로 할당하는 대신, 실험집단과 유사한 비교집단을 구성하는 방법을 택한다. 비동일통제 집단 설계는 학교 세팅에서 보다 적극적으로 활용할 수 있어 학교사회복지가 확산되고 있는 추세에 그 활용도가 더 높아지고 있다.

2) 개인을 대상으로 하는 경우

(1) 단일체계 설계(Single-Subject Design, SSD)

단일체계 설계는 single-subject design, single-system design, single-case evaluation 등으로 불린다. 용어상은 n=1인 경우를 의미하지만, 한 명 이상의 클라이언트를 대상으로 하는 경우에도 적용 가능하다.

개입이 시작되기 전과 후에 나타나는 클라이언트의 변화를 파악하는 것으로 개입이 시작되기 전 단계인 "기초선 단계"와 개입단계로 나뉜다. **기초선 단계**는 개입이 시작되기 전에 표적문제에 대한 자료를 수집하는 단계를 말한다. 대개 며칠 혹은 몇 주간의 표적행동의 빈도, 강도, 지속시간을 관찰함으로써 설정된다. 시간적 여건이 안 되는 경우, 이전의 행동패턴에 초점을 둔 클라이언트와의 면접, 클라이언트의 가족이나 중요한 타인들과의 면접, 기관 기록, 경찰보고 , 학교보고 등에서 모은 정보를 통해 회고적으로 기초선 설정도 가능하다. 표적행동이 매우 구체적이지 않은 이상, 개입의 영향을 포착하기 위하여 하나 이상의 기초선을 사용하는 복수기초선을 이용하기도 한다. **개입단계**는 개입이 시작된 후 표적 문제에 대한 자료를 수집하는 단계를 말한다.

▶ 목적

SSD는 다음과 같은 목적을 갖는다.

① 시간의 변화에 따른 사건과 사람의 변화를 점검하고 사례 상황을 사정하기 위하여
② 표적사건에 긍정적 또는 부정적 변화가 일어났는지를 평가하기 위하여
③ 실천가의 개입이 이 변화와 원인적으로 연결되는가를 평가하기 위하여
④ 실천가가 개입간의 효과를 비교할 수 있게 하기 위하여

▶ 용도

SSD는 일종의 시계열 디자인으로서 개입의 효과성을 평가하기 위한 설계이다. 따라서 SSD는 집단을 대상으로 하는 실험설계의 대안이 된다. 즉, 집단을 구성해야 하는 문제로부터 자유로우며 다양한 배경의 클라이언트 그리고 그들의 다양한 문제들을 다룰 수 있다.

▶ 시계열 디자인

통제집단이 없는 대신 실험 개입으로 인한 효과를 확인하기 위해 필요 비교의 대상을 동일집단 내의 시계열 자료들에서 도출하는 것으로 복수의 시점에서 자료를 수집하게 된다.

사회복지실천의 일부분으로 단일체계설계를 활용한다. 사회복지사의 주관적인 평가와 더불어 객관적이고 과학적인 방법으로 클라이언트의 변화 또는 진전을 평가할 수 있다.

▶ 절차

① 클라이언트의 문제를 기술한다.
② 표적행동, 태도 등(종속변인)과 측정하는 방법을 구체적으로 기술한다. 즉, 조작적 정의를 내리는 단계이다.
③ 종속변인의 패턴을 밝힌다. 즉, 기초선 단계에서 종속변인의 패턴이 상승, 하강 또는 안정적인지를 파악한다. 일반적으로 기초선 단계에서 최소한 7개 관측점 이상을 수집할 것을 권장한다.
④ 문헌연구를 통해 개입방안(독립변인)과 클라이언트 문제 간의 관계에 대해 기술한다.
⑤ 적합한 단일체계설계 유형을 선택한다.
⑥ 개입단계 자료를 수집하고 기초선 단계와 개입단계의 자료를 그래프로 옮긴다.

⑦ 결과를 분석하고 해석한다.

⑧ 유사한 문제를 지닌 클라이언트와 반복적으로 실시한다. 이는 일반화와 관련이 있다.

▶ 유형

알파벳 A는 기초선 자료가 수집되는 시기를 의미하며 B는 개입기간을 의미한다.

① AB 설계: 기초선의 설정 후에 개입이 뒤따를 것을 말한다.

② ABA 설계: 2차 기초선 측정 후의 개입기간을 생략한 것을 말한다.

③ ABAB 설계: AB 설계를 확장한 유형으로 기초선 단계와 개입단계가 각각 2개로 구성된다. 이는 개입의 효과를 보다 명확히 제시할 수 있다는 장점을 지닌다. 그러나 클라이언트에게 서비스를 제공한 후 평가를 위해서 잠시 보류하는 것에 있어서 윤리적인 문제를 갖는다. 따라서 개입 전 단계와 개입단계에서 충분한 자료를 수집하고 AB 설계를 반복적으로 실시하여 그 결과를 축적해 나감으로써 개입의 효과를 평가하여야 한다.

④ BAB 설계: 즉각적으로 개입을 시작하고 기초선을 설정하기 위해 일시적으로 개입을 멈추었다가 다시 개입을 시작하는 것을 말한다.

⑤ 다중기초선설계(ABCD 설계): 1명 이상의 클라이언트를 대상으로 사용할 수 있는 것으로 개입 시작 시점을 다르게 하는 것이다. 개입의 효과를 보다 명확하게 파악할 수 있다는 장점을 갖는다. 이 설계는 특정 표적문제에 대한 여러 가지 다른 개입의 상대적 효과를 비교할 수 있게 해 준다.

▶ 종속변인 및 측정방법

① 종속변인은 빈도 또는 양으로 측정할 수 있다.

② 표준화된 척도를 사용하여 측정할 수 있다.

이 때, 신뢰도와 타당도가 검증된 척도를 사용하는 것이 여러 면에서 장점이 있다. 그러나 동일한 표적문제를 여러 차례 측정해야 하는 단일사례설계에서 표준화된 척도의 반복적인 사용은 단점이 될 수도 있다.

③ 개별화된 평가척도를 사용할 수 있다. 클라이언트의 표적문제를 관찰하기가 용이하지 않을 때 측정도구로 사용 가능하다.

④ 종속변인의 변화를 발견할 가능성을 극대화하기 위해서 표적 문제를 나타내는 둘 이상의 지표를 측정하도록 한다. 즉, 조작적 정의를 정교하게 내

리고 그에 따라 2-3개의 지표를 찾아내고 이를 측정하도록 한다.

(2) 신속사정도구(Rapid Assessment Instrument. RAI)

클라이언트가 상대적으로 짧은 시간에 기입하며 실천가에 의해 쉽게 사용과 채점이 가능하고 특정시간이나 특정기간의 클라이언트의 상황에 대해 상당히 정확한 모습을 그려줄 수 있는 표준화된 필답 설문지를 말한다.

(3) 과제달성척도(Task Achievement Scaling, TAS)

과제중심적 실천과 조사에서 사용되기 위해 개발된 TAS는 합이된 과제가 실제로 달성된 정도를 측정한다. 그 단순성과 시간과 자료가 부족하여 더 엄밀한 절차가 불가능할 때 사용가능하며 개입이 기초선의 설정이나 단일사례설계의 적용이 어려운 것일 때 특히 유용하다. 클라이언트와 사회복지사가 1-2회밖에 만나지 않는 것과 같은 단기 서비스의 상황에서 사용될 수 있으며 클라이언트가 중요하다고 확인한 활동을 측정할 수 있다.

과제중심적 작업에서 한 회합은 보통 지난 회합 이후에 달성한 것들에 대한 검토를 시작된다.

(4) 목표달성척도(Goal Attainment Scaling, GAS)

목표를 설정하고 목표달성 정도를 측정하기 위해 활용할 수 있는 도구이다. 이 방법은 측정을 위한 차원(내용)이 미리 정해져 있지 않고 클라이언트의 개인 목표에 따라 자유롭게 정할 수 있으며 클라이언트와 사회복지사의 목표가 의미하는 바를 명확히 이해할 수 있도록 원조하여 목표달성 정도를 계량화한다는 장점을 갖는다.

GAS는 계약과 목적설정 단계에서 시작된다. 목적이 선정되고 “목적달성 추후관리지침”이라는 형식에 기입하게 된다. GAS를 이용하여 개입을 평가하는 것은 각 척도의 클라이언트 기능수행 수준을 결정하기 위해 추후면접의 사용을 필요로 한다.

GAS는 목적달성점수의 요약, 목적달성 변화점수 등으로 치료효과에 대한 산술적 측정이 가능하다. 목적달성점수의 요약이란 각 개별척도의 점수들을 단일한 수치값으로 바꿈으로써 만들 수 있으며 목적달성변화점수는 개입전후의 클라이언트 지위의 변화를 말한다(음수 -는 퇴보, 0은 변화 없음을, 양수 +는 진보를 의미한다).

▶ 단계

① 클라이언트의 목표를 결정한다.

② 목표달성 정도를 5점 척도화한다. – 주로 빈도와 주관적 평가를 사용하여 달성되는 정도를 평가한다. **빈도**는 사회복지사, 클라이언트 또는 클라이언트의 주변 인물이 최종목표와 관련이 있는 특정 현상의 횟수를 기록하는 것이다. 이러한 빈도는 개입이 시작되기 전에 표적현상의 기초선 자료로 사용되며 기초선 자료를 개입의 효과성을 측정하기 위한 수단으로 사용된다. **주관적 평가**는 사회복지사, 클라이언트 혹은 그 외의 다른 사람이 표적 현상의 정도, 지속기간, 빈도, 강도에 대해 평가하는 것으로 개별화된 평가척도를 활용하여 표적현상을 측정하는 방법이다.

③ 목표달성척도표를 만든다.

④ 평가를 위한 기간을 정하고 사회복지사와 클라이언트가 함께 목표달성 정도를 평가한다.

▶ 목적달성척도표(목적달성 추후관리 지침) 구성

① 개입이 영향을 미칠 것으로 예상되는 주요한 기능수행의 영역을 확인한다.

② 다른 목적영역과 비교하여 그 목적영역의 중요성을 나타내는 점수를 부여한다.

③ 각 목적영역과 관련하여 가능한 결과를 5수준으로 구체화한다.

▶ 얻을 수 있는 정보

① 개입의 표적으로 선정된 문제의 유형과 빈도

② 특정 사회복지사나 기관이 전체적으로 가장 많은 혹은 가장 적은 진전을 가져오는 문제의 유형

③ 특정 클라이언트 집단과 관련된 문제의 유형

(5) **서비스 계획 결과 체크리스트(Service Plan Outcome Checklist, SPOC)**

SPOC는 접수에서 종결까지 클라이언트가 수행한 진보의 자료를 수집하는 데 사용하기 위한 기록과 점검의 도구이다. 이는 TAS나 GAS에 비하여 시간이 적게 걸리고 사용이 용이하다는 점이 장점이다. 그러나 가능한 성과가 다소 넓고

모호한 개념으로 쓰여 있으며 기능수행의 기초선을 제공하지 못한다는 점을 단점으로 갖는다.

SPOC는 클라이언트의 경우, 자신의 문제가 완전히 자신만의 독특한 것이 아니며 기관이 여러 유형의 문제와 이슈를 제기해 왔음을 인식하게 돕는다. 또한 변화가 기대되고 가능하다는 합의와 함께 각각 선정된 결과들이 어떤 시점에서는 평가될 것이라는 점을 볼 수 있게 한다. 기관의 경우, 어떻게 그 프로그램과 서비스를 강화하고 직원훈련의 우선순위를 어떻게 설정한 것인지를 결정하기 위해 동일한 자료를 사용할 수 있다. 사회복지사의 경우, 모든 사례에 대한 자료의 요약이 컴퓨터나 손으로 빠르게 정리되고 도표화될 수 있어 제기된 문제의 유형과 목적이 달성된 정도에 관한 정보를 가지고 자신의 실천을 점검해 볼 수 있도록 한다.

(6) 개별화된 척도(Individualized Rating Scales, IRS)

IRS는 사회복지사와 클라이언트가 어떤 특정한 클라이언트의 문제나 관심사를 측정하기 위해 고안한 척도와 관련된다. 개별화된 척도에는 자기고정적인 척도와 관찰자 측정 척도 두 유형이 있다. 자기고정 척도는 내부의 갈등이나 감정의 강도를 측정하는 데 사용할 수 있어 유용하다. 관찰자에 의해 완성되는 척도는 보다 행동적인 속성을 갖는다.

(7) 차별적 영향의 점수화(Differential Impact Scoring, DIS)

DIS는 다른 요인 및 클라이언트에게 영향을 줄 수 있는 다른 개입으로부터 관심을 가지는 특정 개입의 영향을 구별하려는 기법이다. DIS는 자기보고된 자료에 의존한다는 점을 그 제한점으로 갖게 된다. 따라서 DIS는 다른 접근이 사용 불가능 할 때 유용한 것으로 입증된다.

※ 간접적인 평가

1) 동료 검토(Peer Review)

동료 검토란 기관의 클라이언트, 정책, 절차를 이해하고 있는 동료 사회복지사가 사회복지사의 수행을 정기적으로 검사하는 것을 말한다. 사회복지사들이 자신들의 세팅에서 좋은 실천은 어떤 것인가 하는 기준과 원칙에 동의하는 것을 그 시작점으로 한다. 또한 참여하는 사람들은 검토할 사례를 선정하는 절차에 동의할 필요가 있다.

한 사회복지사의 업무수행에서 반복되어 나타나는 문제는 치료나 개인적인 개선이 필요하며 모든 사회복지사에게서 반복되는 문제는 체계적 문제의 신호가 되고 현재의 정책이나 절차를 시험할 필요가 있다.

2) 사회복지사 수행 평가

기관의 직원들이 일정기간동안 그들의 일을 얼마나 잘 수행하고 있는가를 체계적으로 사정하는 것과 관련된다. 수행 평가의 결과는 승진이나 급여의 상승, 다른 보상 등의 긍정적 결과를 낳을 수도 있고 개방성과 자기 노출을 꺼려할 위험, 사회복지사의 전문성 개발을 위한 평가과정의 유용성 제한 등의 부정적 결과를 낳을 수도 있다.

유용하고 타당한 수행 평가를 위해서는 《① 사람 – 능력 있는 사람. ② 기준 – 클라이언트와 적절한 관계를 만들고 유지할 수 있는 능력, 원조과정에서의 지식과 기술, 기관 정책이나 절차, 목표에 대한 지식과 준수, 슈퍼비전과 학습기회의 활용, 업무량과 스트레스의 관리, 기관내의 관계, 기관과의 관계, 생산성. ③ 과정 – 행동 그 자체.》 의 3요소가 필요하다.

평가자료에 대한 토론으로부터 사회복지사와 슈퍼바이저는 목표를 설정할 수 있고 업무할당을 조절, 다음 평가에 앞서 그 사회복지사의 수행능력을 증진하는 활동을 계획할 수 있다.

3) 프로그램 평가

프로그램이 그 목적과 목표를 달성했는가, 얼마나 달성했는가를 결정하기 위한 체계적인 프로그램의 시험을 말한다. 프로그램 평가는 프로그램 노력, 프로그램 효과성, 프로그램 효율성 이 3가지 차원에 초점을 둔다.

▶ 단계

① 평가자료와 보고의 사용자를 명확히 한다. ② 평가가 가능한지 결정한다. ③ 프로그램의 목표와 목적을 진술한다. ④ 평가될 프로그램의 개입을 서술한다. ⑤ 변화에 대한 측정가능한 지표를 선정한다. ⑥ 적절하고 사용가능한 자료수집과 측정의 도구를 선정한다. ⑦ 자료를 어떻게 수집하고 도표화하고 분석할지 계획한다. ⑧ 평가결과를 해석한다.

4) 클라이언트 만족도 설문

받은 서비스에 대한 클라이언트의 의견을 구하는 기법이다. 클라이언트의 인지를 기록한다는 점에서 한계를 갖는다. 그 이유는 현실상 인지와는 다를 수 있으며 인지는 시간에 따라 달라질 수도 있기 때문이다. 또한 우편 발송의 경우, 긍정적인 경우 회수율이 높다.

짧은 CSQ는 완성하기 쉽다는 장점을 가지며 상세한 정보를 위해서 심층면접이 병행되기도 한다. CSQ는 보통 서비스 종료시점이나 그 직후에 이루어진다.

▶ 단계

① 어떤 클라이언트 집단을 표본으로 할 것인가를 결정한다.
② 설문지를 설계한다. ③ 설문을 수행한다.
④ 설문자료를 정리하고 분석한다.

5) 기관 평가

프로그램이 지역사회 욕구에 반응하는 정도, 제공되는 서비스의 질, 클라이언트의 만족노, 사원이용의 효율성 등을 사정한다.

기관 평가시, 반응성, 관련성, 사용가능성, 접근성, 질, 인식, 생산성 7가지 영역을 고려하여 이루어진다. 자료 수집 때는 응답되는 질문을 명확히 하면서 기관의 성공정도를 측정하도록 도울 있는, 그리고 적절하다면 그 기능수행을 개선할 변화를 이끌 수행지표를 선정하는 것이 가능하다. 기관 성공의 측정시, 인사관련요인, 접수과정, 서비스 관련 요인, 직원 생산성, 서비스 제공의 비용 등의 요소를 고려해야 한다.

기관내의 경향분석과 기관의 효율성, 효과성을 개선하기 위한 적응을 살펴볼 수 있는 도구가 되며 유사한 기관의 자료와 비교될 수 있고 기관 기능 수행의 상대적인 모습들을 알 수 있게 한다.

2. 사회복지실천의 종결 단계

종결은 개인, 집단, 가족과의 실천 모두에서 클라이언트의 문제해결을 위해 함께 노력해 와왔던 사회복지사와 클라이언트 간의 원조관계를 끝내는 것을 의미한다. 종결에는 계획된 종결과 계획되지 않은 종결이 있으며 둘 다 모두에서 다양한 감정이 출현할 수 있다. 특히, 계획된 종결에서보다 계획되지 않은 종결에서 더 많은 부정적인 감정들이 나타난다.

1. 종결의 적절성 여부 결정

종결의 결정할 때는 다음의 적절성 여부를 고려해야 한다.

① 개입목표가 달성되었는가?

② 서비스 제공에 대한 합의된 시간제한이 도래하였는가?

③ 클라이언트를 기관에 오게 한 문제나 상황이 충분히 해결, 클라이언트가 받아들여질 만한 수준으로 기능, 스스로나 타인에 의해 해를 입을 위험은 없는가?

④ 사회복지사나 기관이 측정할 만한 결과 없이 적절한 양의 시간, 에너지, 기술을 투여 했나?

⑤ 클라이언트나 사회복지사가 더 이상의 접촉으로 기대할 만한 이득이 없는 지점인가?

⑥ 클라이언트가 사회복지사나 기관에 부적절하게 의존해 왔나?

⑦ 클라이언트가 다른 기관이나 전문직에 의해 더 적절하게 서비스를 받을 수 있는가?

2. 유형

1) 상호 합의에 의한 종결

⑴ 종결시기가 미리 정해져 있는 경우

: 개입의 성과 여부에 관계없이 약속한 대로 개입이 종결되는 경우이다. 그 중, 가장 이상적인 종결은 미리 정한 원조관계의 종결 날짜와 함께 개입목적이 달성되는 것이다.

⑵ 종결 시기에 대해 나중에 합의하는 경우

사회복지사와 클라이언트가 사전에 회기의 횟수에 대해 명확한 합의를 해 두지 않았을 경우에 양자 간 상호 합의에 의해서 개입이 종결된다. 보통 클라이언트의 주요 문제의 해결 또는 사회복지사가 더 이상의 개입이 필요 없다고 판단할 때 이루어진다. 이 경우, 《① 개입과정에서 클라이언트가 달성한 것은 종결과정을 통해 강화시킨다. ② 클라이언트로 하여금 현재 당면한 문제 뿐 아니라 미래 자신의 문제에 대해 자신감을 갖도록 돕는다. ③ 클라이언트가 느낄 수 있는 감정을 다뤄줘야 한다.》 의 사항을 유의해야 한다. ①의 경우, 사회복지사와 클라이언트가 만나는 횟수를 점차 줄여 나감에 따라 클라이언트가 스스로 자신의 문제를 관리, 처리할 수 있다는 자신감을 갖도록 도와주는 것이며 ②의 경우는 사회복지사가 회기 종결 후 클라이언트의 호전된 상황에서 일시적인 퇴보가 가능하고 일시적 퇴보 현상이 2보 전진을 위한 1보 후퇴임을 알려주는 것을 말한다.

2) 중단으로 인한 종결

개입의 목적이 달성되지 못한 상태에서 사회복지사 또는 클라이언트의 사정에 의해 개입이 종결되는 경우를 말한다.

(1) 사회복지사에 의한 종결

① 사회복지사가 새로운 직장 또는 부서로 옮기는 경우
② 해당 사례가 자신이 다루기에 적합하지 않다고 판단하는 경우
③ 사회복지사의 개인적 사정에 의한 경우
④ 치료 목적을 달성할 수 없다고 판단되는 경우
⑤ 클라이언트가 변화할 준비가 되어 있지 않은 경우

cf. 사회복지사가 일방적으로 종결하게 되는 경우

① 클라이언트가 사회복지사에게 물리적 위험을 주거나 지속적으로 욕설을 퍼붓는 경우
② 클라이언트가 사회복지사에 대해 소송을 일으키거나 공식적인 불만을 표명하는 경우
③ 클라이언트가 적절한 이유 없이 서비스에 대한 요금 지급과 관련한 재정적 동의를 위반하는 경우

사회복지사에 의해서 종결이 이루어지는 경우, 클라이언트 종결에 대해 정서적으로 준비할 수 있도록 자신의 상황에 대해 최대한 미리 알려주어야 하며 또 자신의 상황을 충분히 알려서 사회복지사 결정을 수용할 수 있도록 노력한다.

클라이언트가 지속적인 개입을 필요로 하는 경우, 클라이언트를 다른 기관이나 같은 기관 내 다른 사회복지사에게 의뢰할 수 있다. 다른 기관에 의뢰하는

경우 2-3개 기관을 추천, 클라이언트가 선택하도록 함이 좋다. 동기관인 경우, 의뢰받은 사회복지사와 함께 협력해서 개입을 지속하다가 자신이 종결하는 시점에서 간단한 역할을 하면서 개입을 종결하도록 한다.

(2) **클라이언트에 의한 종결**

① 문제라고 생각했던 것이 사라져 더 이상 원조를 필요로 하지 않는 경우
② 직업의 전환과 거주지의 이동　　③ 질병으로 인한 경우
④ 원조 과정에 만족하지 않은 경우　⑤ 비용적인 문제로 인한 경우

클라이언트의 불만, 사회복지사의 개입에 대한 저항 또는 기타 드러내고 싶지 않은 이유들이 숨어 있는 경우도 있다. 따라서 이러한 이류들에 대한 충분한 탐색 이후 종결하도록 해야 한다. 즉, 클라이언트가 회기를 중단하고자 하는 이유를 파악한 후, 그에 대해 나름대로의 관심과 이해를 표현하면서 클라이언트의 결정을 존중하면서 원만한 종결을 유도한다.

3. 종결 과정시 유의할 사항

① 원조과정의 계획이나 계약국면 동안에 종결은 논의되어야 한다.
② 클라이언트가 종결을 원하고 사회복지사는 계속될 필요를 느끼는 경우, 종결로 인한 가능한 결과를 클라이언트에게 설명해야 한다. 그래도 종결은 원하며 그 의견은 존중해 주어야 한다.
③ 법원의 명령으로 제공되고 있는 서비스의 종결은 특별한 고려가 필요하다.
④ 사회복지사는 3부문 지불자(보험회사, 의료보험, 의료보호 등)가 클라이언트에게 필요한 서비스에 대한 재정적 지원을 중단하기로 결정할 때, 윤리적 딜레마를 겪으며 이 때 특별한 주의를 필요로 한다.
⑤ 사회복지사는 종결이 클라이언트 가족 내의 다른 성원이나 사회적 관계망에 어떤 영향을미칠지 예측해야 한다.
⑥ 사회복지사 자신의 심리적 욕구에 의해 종료가 어려울 수도 있으나 이는 비합리적인 것이며 비윤리적 행위이다.
⑦ 종결이 가까워지면서 점차적으로 접촉의 빈도를 줄이는 것이 바람직하다.
⑧ 중요한 관계의 종결에 수반되는 분노와 상실감은 클라이언트가 언급하지 않더라도 사회복지사가 다루어주어야 한다.

⑨ 의미 있는 전문적 관계의 종결은 전환을 기념하는 특정 형태의 의식을 활용해야 한다.

4. 종결과정에서 감정 다루기

정서적 반응은 사회복지사와 클라이언트의 전문적 관계의 질이나 면접의 횟수, 형태, 함께 해결하고자 했던 문제나 어려움, 고통의 내용이나 정도, 도움 혹은 목표성취의 정도에 대한 평가, 이전의 종결경험 등에 따라 차이가 있다. 사회복지사는 종결에 대한 자신의 정서적 반응과 함께 클라이언트가 보일 수 있는 다양한 정서적 반응을 파악, 이에 따른 적절한 개입을 도모할 필요가 있다.

1) 사회복지사 자신의 감정 다루기

(1) 긍정적 감정 다루기

사회복지사의 긍정적 감정은 만족감, 기쁨, 행복감, 성취감, 자신감 등이 있다. 또한 클라이언트와의 업무가 정리됨으로써 발생하는 여유시간으로 인한 기대감과 새로운 업무나 사례에 대한 기대감, 속 시원하고 후련한 감정, 사례관리에 대한 부남감의 감소 등도 있나. 이렇세 사회복지사가 긍정적 감정을 갖는 것이 좋기는 하지만, 이것이 지나쳐 과도한 자신감이나 오만으로 이어지지 않도록 해야 한다.

(2) 부정적 감정 다루기

사회복지사의 부정적 감정은 분노, 실망감, 실패감, 상실감, 비애감, 슬픔, 불안 등이 있다. 특히, 첫 면접 후 클라이언트가 일방적인 종결을 선언하고 다음 면접시간에 나타나지 않거나 연락하지 않는 조기종결의 경우 더욱 그러하다. 이러한 부정적인 감정으로 인하여 《① 종결에 대한 회의적이다. ② 종결을 차일피일 미루게 된다. ③ 종결을 서둘러 처리한다.》 와 같은 문제를 경험할 수 있다. 따라서 사회복지사는 자신의 종결에 대한 부정적 감정을 파악해 보고 이것이 전문적 관계에 주는 영향을 슈퍼비전이나 자기반영적 고찰을 통해 다룰 수 있도록 노력해야 한다.

2) 클라이언트의 감정 다루기

(1) 긍정적 감정 다루기

클라이언트는 만족감, 기쁨, 행복감, 성취감, 자신감 등과 같은 정서적 반응을 보인다. 사회복지사는 종결과정에서 클라이언트가 긍정적 감정을 파악, 이를 인정할 수 있도록 도와야 한다. 즉, 긍정적인 면을 지지해주고 문제 해결을 위해 노력한 클라이언트 자신에 대해 감사할 수 있도록 도와야 한다. 이는 클라이언트 스스로를 임파워먼트 시키는 것이기도 한다.

(2) 부정적 감정 다루기

종결시 《① 사회복지사에게 매달리는 경우 ② 이전 문제의 재발을 보고하는 경우 ③ 새로운 문제를 가져오는 경우 ④ 사회복지사를 대치할 대상을 찾는 경우》 등의 모습을 클라이언트가 보이기도 한다. 이는 사회복지사에 대한 의존감의 표현 및 종결 후 불확실한 미래에 대한 두려움, 자신이 성취한 문제해결능력이나 기술 활용에 대한 불안감 등의 혼재로 인한 현상이다.

클라이언트는 분노, 슬픔, 상실감, 실패감, 불안 등의 감정을 갖는다. 이러한 부정적 감정을 문제 해결 과정에 진전이 없거나 문제의 미해결 상태, 또는 사회복지사의 기관 이직 및 사회복지사 교체와 같은 상황에서 더욱 강하다. 사회복지사는 클라이언트의 부정적 감정을 적절히 표현할 수 있도록 도울 필요가 있다.

불안이나 상실감의 경우, 종결을 미리부터 준비하고 최종 면접시간에 이르기까지 종결과 관련된 다양한 감정을 탐색하고 점검하면서 감소될 수 있으며 원했던 목표가 성취되는 경우 더욱 상쇄 가능하다. 분노의 경우, 자연스러우며 당연히 느낄 수 있은 것이라고 지지해 줄 필요도 있다.

3) 집단의 종결

집단에서의 종결시, 공통적으로 《① 종결과 관련된 감정 다루기, ② 목표성취정도 및 남은 기간 동안 다루어져야 할 과제의 점검, ③ 앞으로의 계획 검토, ④ 원조 과정에 대한 전반적인 평가》 의 공통 과제를 갖는다.

종결단계에서 사회복지사는 집단전체와 목표성취정도를 점검해 보며, 개별성원과도 목표성취정도를 파악할 필요가 있다. 사회복지사는 집단전체와 개별성원의 종결에 대한 반응, 특히 감정을 동시에 살펴보아야 한다.

5. 종결 이후의 과업

종결이 이루어지면 사회복지사는 클라이언트의 의뢰 및 사후활동, 보고서 작성, 보완 등의 업무에 임해야 한다.

1) 사후활동(사후관리, follow-up)

사회복지실천의 궁극적 목적은 개인, 집단, 가족이 사회복지사와의 전문적 관계가 종결된 이후에도 만족스럽고 독립적인 삶을 영위할 수 있도록 원조하는 것이다. 따라서 사회복지사가 종결단계에서 핵심적으로 다루어야 할 과제가 사후활동이다. 사후활동은 종결 이후 사회복지사와 자원 참여자들이 클라이언트(체계)와 단절하지 않고 관심을 가지고 관계를 유지하면서 적절히 도움을 주는 일을 말한다.

▶ 목표

① 클라이언트(체계)가 시작한 변화 노력을 지속할 수 있도록 돕는다.
② 클라이언트(체계)의 변화가 지속될 수 있도록 돕는다.
③ 특별한 목표를 두지 않고 클라이언트의 친구가 되어 준다.

▶ 활동 기간

특정하게 정해진 것은 아니지만 사례활동을 시작한 지 1년이 되는 기간에서 실제 사례활동 기간을 뺀 나머지 기간 동안 사후활동에 임하는 것이 바람직하다. 이는 클라이언트가 사회복지사와 최소한 4계절을 함께 함으로써 자신의 변화에 보다 확신할 수 있을 것으로 생각해서이다.

▶ 활동 방법

① 보다 자유스러운 분위기에서 활동에 임한다.
② 비공식적인 관계를 유지하면서 활동하는 것이 좋다.
③ 활동 빈도(횟수)를 실제 사례활동에서보다는 줄이고 갈수록 이 빈도를 줄여 활동하는 것이 바람직하다.
④ 고정된 장소보다 더 자유스럽고 다양한 장소가 좋다.
⑤ 상황에 따라 수시로 전화와 같은 통신 매체를 사용하여 교류하는 것도 바람직하다.

▶ 과정에 대한 재검토

사회복지사와 클라이언트 사이의 전문적 관계가 시작되었을 때부터 지금까지의 과정을 재검토하는 시간을 갖도록 해야 한다. 이는 클라이언트가 사회복지사와의 전문적 관계를 통해서 배우고 느꼈던 것들을 정리할 수 있는 기회 제공, 자신의 삶 속에서 어떻게 적용할 수 있는가에 대해 생각해 볼 수 있는 시간을 제공한다.

▶ 변화유지 저해요인에 대한 대응

Rzepnicki는 클라이언트가 종결 이후, 변화를 유지하는 데 있어 이를 저해하는 요인을 다음과 같이 언급하였다.

① 음주 또는 약물사용, 공격적 행동과 같은 습관적 반응패턴으로 되돌아가려는 성향
② 개인적 또는 환경적 스트레스 요인
③ 사회활동과 여가생활을 위한 기회 부족
④ 긍정적 지지체계의 부재 ⑤ 부적절한 사회기술
⑥ 기능적 행동 대한 강화의 부족 ⑦ 환경변화에 대한 부적절한 준비
⑧ 또래압력을 거절할 수 있는 기회 부족
⑨ 역기능적인 가족환경으로 복귀 ⑩ 부적절하게 형성된 새로운 행동

사회복지사는 클라이언트가 자신을 문제해결 능력이 있는 존재로 인식할 수 있도록 원조하며 원조과정 동안 클라이언트가 경험한 문제해결 과정을 원조과정 이후에 직면하게 될 다양한 문제상황에도 적용될 수 있다는 점을 이해할 수 있도록 한다.

▶ 사후모임

이는 사회복지사에게는 개입결과를 평가할 수 있는 기회 제공, 클라이언트들에게는 사회복지사와 맺었던 전문적 관계가 자신과 동료 클라이언트에게 끼친 실질적인 영향을 느낄 수 있는 기회를 제공한다. 사후 모임을 이루는 경우, 《① 개입을 통해서 배운 것을 클라이언트 자신의 생활 속에서 적용한 경험, ② 클라이언트가 직면한 문제와 긍정적 경험, ③ 개입 당시에 대한 기억, ④ 개입 효과의 지속성에 대한 평가》 의 내용을 다루게 된다.

2) 의뢰

클라이언트의 문제 상황이 아직 호전되지 않았거나 문제나 욕구가 충분히 해

결되지 않았을 경우 사회복지사는 클라이언트를 다른 기관이나 외부의 자원들에 연결시켜 줄 필요가 있다. 따라서 사회복지사는 지역사회 내에 존재하는 다양한 복지 자원의 소재를 파악, 필요할 경우 클라이언트를 적절한 기관에 의뢰할 필요가 있다. 이 때, 클라이언트의 감정 처리, 적절한 지원과의 연결, 클라이언트의 선택권 존중 등을 살펴보아야 한다.

▶ 기관내 의뢰

① 사회복지사가 더 이상 그 클라이언트를 다룰 수 없게 된 경우
② 클라이언트가 기관의 다른 직원에서 서비스를 받는 것이 더 좋은 경우
③ 사회복지사와 클라이언트 사이의 갈등이 해결되지 않아 이것이 서비스 제공과 클라이언트 진보에 방해가 되는 경우
④ 사회복지사 어떤 이유로든 그 클라이언트를 싫어해서 필요한 감정이입이나 온화함을 개발하거나 보여줄 수 없는 경우
⑤ 가치, 종교적 신념, 언어, 문화적 배경 등의 차이로 심각하고 극복하기 어려운 상호 이해와 의사소통에서의 차이가 생기는 경우

3) 보고서 작성

4) 보완과 새로운 계획

: 사회복지사는 자신의 활동에 관한 정리를 통해 부족한 점을 보완하도록 하며 늘 새로운 계획을 세우는 데 노력할 필요가 있다.

▶참고문헌◀

김영종(1999), 사회복지조사방법론』, 학지사.
김융일·조흥식·김연옥(2000), 사회복지실천론, 나남출판.
김혜란 감수·서울대 사회복지실천연구회 역(2000), 사회복지실천기법과 지침, 나남출판.
엄명용·노충래·김용석(2005), 사회복지실천기술의 이해, 학지사.
최옥채(1999), 사회복지실천론, 인간과 복지.
최옥채(2001), 사회복지실천론, 양서원.
최일섭·김성한·정순둘(2001), 사회복지조사론, 동인.

부록

NASW 윤리강령(미국사회복지사 윤리강령)

전문

사회복지 전문직의 주요 임무는 취약하고 억압받으며 빈곤한 계층의 욕구 및 능력에 특별한 관심을 두면서, 인류의 복지를 증진하고 모든 사람들에 관한 인간의 기본적인 욕구를 충족시키는 데 도움을 주고자 하는 것이다. 사회복지에 대한 역사적이며 정의에 따른 특징은 사회복지 전문직의 초점이 사회환경에 따른 개인의 복지 및 사회복지에 있다는 데에 있다. 사회복지에 근본적인 것은 삶의 문제를 야기하는 환경의 원인에 관심을 두는 것이다.

사회복지사는 클라이언트를 위하여 그리고 클라이언트와 함께 사회정의와 사회변화를 촉진시킨다. '클라이언트'는 개인, 가족, 집단, 기관, 지역사회를 의미한다. 사회복지사는 문화적 다양성과 인종의 다양성에 민감하며, 차별 억압 빈곤 및 기타 유형의 사회적 불공평을 없애기 위해 노력한다. 이러한 활동은 직접 실천 지역사회조직 지도감독(supervision) 상담 관리 옹호 사회적 및 정치적 활동 정책 개발 및 시행 교육 연구조사 및 평가 따위의 형식을 띤다. 사회복지사는 사람들이 자신의 욕구를 다룰 수 있게끔 그들의 역량을 강화시키기 위해 노력한다. 또한 사회복지사는 개인적 욕구와 사회 문제에 대한 조직, 지역사회, 그리고 기타 사회단체의 반응을 증진시키고자 한다.

사회복지 전문직의 임무는 일련의 핵심 가치를 바탕으로 한다. 사회복지사들이 사회복지 전문직의 역사를 통틀어 받아들이게 된 이러한 핵심 가치는 사회복지만의 독특한 목적 및 관점을 이루는 바탕이 된다.

서비스
사회정의
인간의 존엄성 및 가치
대인관계의 중요성
성실(integrity)
능력

이러한 핵심 가치는 사회복지 전문직의 독특성을 반영한다. 핵심 가치와 이러한 가치로부터 나오는 원칙은 인간 경험의 복합성과 관계상황 안에서 균형을 이루어야 한다.

NASW 윤리강령의 목적

사회복지 전문직의 윤리는 사회복지의 핵심에 놓여있다. 사회복지 전문직은 그 기본 가치, 윤리원칙, 윤리기준을 명확히 해야 할 책무를 지닌다. NASW 윤리강령은 사회복지사의 행위를 지도하는 이러한 가치 원칙 기준을 설명한다. 이 강령은 직무, 업무환경 또는 대상 인구집단 따위와 상관없이 모든 사회복지사 및 모든 사회복지 학생들에게 적용된다.

NASW 윤리강령의 6가지 목적은 다음과 같다.

(1) 사회복지의 임무는 핵심 가치를 기반으로 한다.
(2) 사회복지 전문직의 핵심 가치를 반영하며, 사회복지실천을 이끄는데 사용되는 일련의 특정 윤리기준을 수립하는 총괄적인 윤리원칙을 요약한다.
(3) 전문직 의무에 갈등이나 윤리적 불확실성이 발생할 때 사회복지사가 적절한 고려 사항을 규정하는 것을 돕기 위한 목적으로 제정되었다.
(4) 일반대중이 사회복지 전문직의 책임으로 간주할 수 있는 윤리기준을 제공한다.
(5) 사회복지에 대한 임무 가치 윤리기준 윤리원칙에 생소한 사회복지사에게 지침을 제공한다.
(6) NASW 소송 절차

NASW 소송 절차에 관한 더욱 자세한 정보에 대해서는 NASW Procedures for the Ad-judication of Griev-ances를참조하도록 한다.

사회복지 전문직 자체에서 사회복지사가 비윤리적인 행위를 했는지에 대한 여부를 사정하는데 사용되는 기준을 규정한다. NASW는 NASW 구성원이 제기한 윤리적 불만을 평가하는 공식 절차를 두고 있다. 사회복지사는 이 강령을 실행할 때 서로 협조해야 하고, NASW 소송 절차에 참여해야 하며, NASW의 규율 상에 있는 모든 규제나 그에 수반된 제재를 준수해야 한다.

이 강령은 윤리적 쟁점이 빚어질 때 의사결정과 행위를 이끌어 줄 일련의 가치 원칙 기준을 제공한다. 그러나 모든 환경에서 사회복지사의 행위에 관한 일련의 규정이 제공되는 것은 아니다. 이 강령을 적용할 때에는 강령이 고려되는 환경과, 강령의 가치 원칙 기준 사이에 상충될 가능성을 함께 고려하여야 한다. 윤리적 책임은 개인 및 가족의 관계와 같은 모든 인간 관계로부터 사회 및 전문직으로 퍼져 나온다.

더욱이, NASW 윤리강령은 어떤 가치, 원칙, 기준이 상충할 때 이들 가운데 어떠한 것이 가장 중요하며 또한 다른 것에 우선하는지에 관해서는 규정하지 않는다. 상충되는 가치, 윤리기준, 윤리원칙을 순서매기는 방법에 대해서는 사회복지사들 간에 상당한 의견의 차이가 발생한다. 어떤 상황에서 윤리적 의사결정을 하는 데에는 사회복지사 각각의 타당한 결정이 반영되어야 하며, 전문직의 윤리기준을 적용하는 동료의 검토과정에서 이러한 쟁점이 어떻게 결정될 것인가 하는 것도 고려되어야 한다.

윤리적 의사결정은 하나의 과정이다. 단순한 해결책만으로는 복잡한 윤리적 쟁점을 해결할 수 없는 수많은 사회복지 사례가 존재한다. 사회복지사는 윤리적 판단이 보장되도록 모든 상황에 적합한 이 강령의 모든 가치, 원칙, 기준을 고려하여야 한다. 사회복지사의 판단과 조치는 이 강령의 규정뿐만 아니라 정신에도 일관되어야 한다.

이 강령에 덧붙여, 윤리적 사고를 위해 유용하게 사용될 수 있는 다른 많은 정보원이 존재한다. 사회복지사는 윤리적 이론과 원칙, 사회복지 이론 및 연구조사, 법률, 규제, 기관의 정책, 기타 관련 윤리강령을 포괄적으로 고려하여, NASW 윤리강령이 여러 윤리강령 가운데 주요한 기준이 됨을 인식해야 한다. 또한 사회복지사는 클라이언트의 윤리적 의사결정, 클라이언트의 개인적 가치, 문화적 종교적 믿음과 관례에 미치는 영향도 인식하고 있어야 한다. 사회복지사는 개인적 가치와 전문직의 가치 사이에서 발생하는 모든 갈등을 인식해야 하며, 이러한 갈등을 확실하게 해소해야 한다. 추가적인 지침으로, 사회복지사는 사회복지 전문직의 윤리 및 윤리적 의사결정에 관한 문헌을 조사하여, 윤리적 딜레마에 빠졌을 때 적절한 참고가 되도록 해야 한다. 여기에는 기관 중심의 윤리위원회 또는 사회복지 기관의 윤리위원회, 규제기관, 윤리적 문제에 정통한 동료, 지도감독자 또는 법률 자문을 통한 상담이 포함된다.

사회복지사의 윤리적 책무가 기관의 정책이나 관련 법률 또는 규제와 상충될 때 갈등이 발생하게 된다. 이러한 갈등이 발생하면 사회복지사는 강령에 명시된 가치, 원칙, 기준에 부합되는 선에서 이러한 문제를 해결하려는 책임 있는 노력을 기울여야 한다. 상충에 대한 적절한 해결책이 현실적으로 불가능한 것으로 보이는 경우, 사회복지사는 판단을 내리기에 앞서 적절한 상담을 이루기 위해 노력해야 한다.

NASW 윤리강령은 이를 채택하거나 적용하는 NASW, 개인, 기관, 조직, 단체에서 참조의 토대로 사용하도록 하기 위한 것이다. 이 강령에 명시된 기준을 위반하는 것이 자동적으로 법적 책임이나 법률 위반을 의미하는 것은 아니다. 이러한 것에 대한 판단은 법률 및 사법절차에 의해서만 이루어질 수 있다. 강령에 대한 위반이 제기되면 동료의 검토 과정을 거치게 된다. 대개 이러한 과정은 법률 또는 행정 절차와는 별개의 것이며, 법률적 검토나 소송 절차와도 분리되어, 사회복지사에 대한 상담 및 징계를 하게 된다.

윤리강령으로 윤리적 행위가 보장되는 것은 아니다. 더욱이, 윤리강령은 모든 윤리적 쟁점이나 논쟁을 해결할 수 없으며, 지역사회의 윤리 안에서 책임 있는 선택을 하려는 노력과 관련된 풍부함과 복합성을 파악할 수도 없다. 대신, 윤리강령은 사회복지 전문직이 열망하며 이들의 행위를 판단하는 가치 윤리기준 윤리원칙을 규정한다. 사회복지사의 윤리적 행위는 윤리적 실천을 약속하는 이들의 개인적 책임으로부터 나온다. NASW 윤리강령은 전문직의 가치를 지탱하며 윤리적인 행동을 하기 위한 모든 사회복지사의 책임을 반영한다. 윤리기준 및 원칙은, 선의로 도덕적인 질문들을 구별하고 신뢰할만한 윤리적 판단을 추구하는 정직한 인격자에 의해 적용되어야 한다.

윤리원칙

다음의 포괄적인 윤리원칙들은 사회복지서비스의 핵심 가치, 사회정의, 개인의 존엄성 및 가치, 인간관계의 중요성, 성실성, 능력을 바탕으로 한다. 이러한 원칙들은 모든 사회복지사가 열망하는 이상을 규정한다.

가치: 서비스
윤리원칙: 사회복지사의 주요 목표는 욕구에 처한 사람들을 도우며 사회 문제를 해결하고자 하는 것이다.

사회복지사는 개인적인 이익을 초월하여 다른 사람들에 대한 서비스를 고양시킨다. 어떠한 필요에 처해 있는 사람들을 돕고 사회문제를 해결하기 위해 사회복지사는 자신의 지식, 가치 및 기술을 활용한다. 사회복지사는 금전적 소득을 기대하지 않으면서 자신의 전문적 기술을 자발적으로 발휘하도록 권장된다.

가치: 사회정의
윤리기준: 사회복지사는 사회적 불공평에 도전한다.

사회복지사는 사회적 변화 특히, 유약하고 억압받는 사람 및 집단을 위한 사회적 변화를 추구한다. 사회복지사가 추구하는 사회변화를 위한 노력은 빈곤, 실업, 차별, 기타 유형의 사회적 불공평에 그 주된 초점을 맞춘다. 이러한 활동에서는 억압과 문화적, 인종적 다양성에 관한 지식의 민감성을 증진시켜야 한다. 사회복지사는 필요한 정보 서비스 자원에 대한 접근, 기회의 균등, 모든 사람들을 위한 의사결정에 의미 있는 참여를 보장하고자 노력한다.

가치: 개인의 존엄성 및 가치
윤리기준: 사회복지사는 개인의 타고난 존엄성과 가치를 존중한다.

사회복지사는 개인적인 차이와 문화적 및 인종적 다양성을 염두에 두고 이들을 보호하고 존중하는 마음으로 모든 사람을 대해야 한다. 사회복지사는 사회적으로 책임 있는 클라이언트의 자기결정권을 위해 노력한다. 사회복지사는 이들의 욕구를 변화시키고 해결하기 위해 클라이언트의 역량과 기회를 강화시키고자 한다. 사회복지사는 클라이언트 및 더 넓은 사회에 대한 이중적 책임을 인식한다. 이들은 사회복지전문직의 가치 윤리기준 윤리원칙에 일관되는 사회적인 책임을 의식하면서, 클라이언트의 이해관계와 더 넓은 사회의 이해관계 사이의 갈등을 해결하기 위해 노력한다.

가치: 인간관계의 중요성

윤리기준: 사회복지사는 인간관계의 본질적인 중요성을 인식한다.

사회복지사는 사람들 사이의 관계가 변화를 위한 중요한 매개체라는 것을 인식한다. 사회복지사는 클라이언트 지원 과정에서 이들을 파트너로서 대우한다. 사회복지사는 개인, 가족, 사회집단, 조직, 지역사회의 복지를 증진 회복 유지하기 위해 사람들 사이의 인간관계를 강화시키고자 한다.

가치: 성실성

윤리기준: 사회복지사는 신뢰성을 줄 수 있게끔 행동한다.

사회복지사는 사회복지전문직의 임무 가치 윤리기준 윤리원칙을 항상 염두에 두며, 이러한 것에 일관되게 실천에 임한다. 사회복지사는 정직하고 책임성 있게 행동하며, 자신이 속한 조직의 입장에서 윤리적인 실천을 증진한다.

가치: 능력

윤리기준: 사회복지사는 자신의 능력이 미치는 범위 안에서 실천을 하며, 자신의 전문기술을 발전 및 강화시킨다.

사회복지사는 자신의 전문지식과 기술을 확충하기 위해 끊임없이 노력하며, 이러한 지식과 기술을 실천에 적용한다. 사회복지사는 사회복지전문직의 지식기반에 이바지하고자 노력해야 한다.

윤리기준

다음의 윤리기준들은 모든 사회복지사의 사회복지전문직 활동과 관련된다. 이러한 기준들은

(1) 클라이언트에 대한 사회복지사의 윤리적 책임,

(2) 동료에 대한 사회복지사의 윤리적 책임,

(3) 실천장(practice setting)에 대한 사회복지사의 윤리적 책임,

(4) 전문직으로서의 사회복지사의 윤리적 책임,

(5) 사회복지전문직에 대한 사회복지사의 윤리적 책임,

(6) 더 넓은 사회에 대한 사회복지사의 윤리적 책임을 고려한다.

다음에 나오는 일부의 기준은 전문직의 수행에 대한 강제적인 지침이며, 또 다른 일부는 권장지침이다. 각각의 기준이 강제되는 정도는 제시된 윤리기준의 위반을 검토하는 책임 당사자에 의해 시행되는 전문직 판단에 관한 문제이다.

1. 클라이언트에 대한 사회복지사의 윤리적 책임

1.01 클라이언트에 대한 책임

사회복지사의 주요 책임은 클라이언트의 복지를 증진하는 것이다. 대개 클라이언트의 이해관계가 주요한 것이 된다. 그러나 몇몇의 경우, 더 넓은 사회에 대한 사회복지사의 책임 또는 특정 법적 책임이 클라이언트에 대한 성실성을 대신하며, 따라서 클라이언트는 상담을 받게 된다(예로써, 클라이언트가 아동을 학대하거나 자신 또는 다른 사람에게 해가 될 수 있는 위협을 한다는 것을 법률에 의해 사회복지사가 보고해야 하는 경우이다.)

1.02 자기결정권

사회복지사는 클라이언트의 자기결정권을 존중하고 증진하며, 클라이언트가 목표를 규정하고 명확화 하도록 지원한다. 사회복지사는 자신의 전문적 판단에 의해 클라이언트의 조치 또는 잠재적 조치가 그들 자신이나 다른 사람들에게 심각하고 예상 가능하며 임박한 위험을 야기할 때에는 클라이언트의 자기결정권을 제한할 수 있다.

1.03 동의

(a) 사회복지사는 적절한 때, 타당한 동의에 근거한 전문직의 관계에 의해서만 클라이언트에 대한 서비스를 제공할 수 있다. 사회복지사는 서비스의 목적, 서비스와 관련된 위험, 제3자 지불요건으로 인한 서비스의 제한, 관련 비용, 적절한 대안, 동의를 거절 또는 철회할 수 있는 클라이언트의 권리, 동의로 인해 보장되는 시간적 토대를 클라이언트에게 통지할 때 명확하고, 이해할 수 있는 용어를 사용해야 한다. 사회복지사는 클라이언트에게 질문할 수 있는 기회를 제공해야 한다.

(b) 클라이언트가 문맹이거나 실천 장에 사용된 주요 용어를 이해할 수 없을 때, 사회복지사는 클라이언트가 이를 이해할 수 있도록 조치를 취해야 한다. 여

기에는 자세한 언어적 설명을 클라이언트에게 제공하는 것 또는, 가능한 경우에는 항상 자격 있는 통역가 또는 번역가를 준비하는 것이 포함된다.

(c) 클라이언트가 동의할 능력이 없는 경우, 사회복지사는 적절한 제3자로부터 허락을 구하는 것으로써, 클라이언트가 이해할 수 있는 적합한 수준에서 내용을 전달해줌으로써 클라이언트의 이익을 보호해야 한다. 이러한 경우, 사회복지사는 제3자가 클라이언트의 바램과 이익과 부합하는 행동을 하는 것을 확실히 해야 한다. 사회복지사는 동의를 하는 클라이언트의 이러한 능력을 강화하기 위한 합리적인 단계를 가져야 한다.

(d) 클라이언트가 강제적으로 서비스를 받게 되는 경우, 사회복지사는 서비스의 본질과 한도, 그리고 서비스를 거부할 수 있는 클라이언트의 권리의 한도에 관한 정보를 제공해야 한다.

(e) 전자매체(컴퓨터, 전화, 라디오, TV 따위)를 통해 서비스를 제공하는 사회복지사는 이러한 서비스와 관련된 제한사항과 위험사항을 클라이언트에게 알려주어야 한다.

(f) 사회복지사는 클라이언트에 대한 녹음 또는 녹화를 하거나, 제3자로 하여금 클라이언트에 대한 서비스를 관찰하도록 허용할 때는 사전에 클라이언트의 동의를 얻어야 한다.

1.04 능력

(a) 사회복지사는 자신이 받은 교육 훈련 면허 인가 상담 지도감독을 받은 경험 기타 관련 있는 전문 경험의 범위 내에서만 그들의 능력을 나타내고 서비스를 제공해야 한다.

(b) 사회복지사는 실제적인 영역에서 서비스를 제공해야 하며, 생소한 개입기술이나 접근방법은 이러한 개입이나 기술에 정통한 자로부터 적절한 연구, 훈련, 상담, 지도감독을 마친 후에만 사용하여야 한다.

(c) 새로운 실천영역과 관련하여 일반적으로 인식되는 기준이 존재하지 않을 경우, 사회복지사는 신중하게 판단하고 책임 있는 조치(적절한 교육, 연구조사, 훈련, 상담, 감독 따위 포함)를 취하여, 자신의 능력을 보장하며 클라이언트를 보호해야 한다.

1.05 문화적 능력과 사회적 다양성

(a) 사회복지사는 인간의 행동과 사회에 관한 문화 및 문화의 기능을 이해하

여, 모든 문화에 존재하는 강점을 인식해야 한다.

(b) 사회복지사는 클라이언트의 문화에 관한 지식의 기반을 마련해야 하며, 클라이언트의 문화에 민감하고, 사람들간, 그리고, 문화 집단 간의 차이에 민감한 서비스를 준비하는데 자신이 적합함을 증명할 수 있어야 한다.

(c) 사회복지사는 사회적 다양성의 특징, 인종 민족 국적 피부색 성별 성적 성향 연령 혼인 상태 정치적 믿음 종교 정신적 또는 신체적 장애에 따른 차별의 특징에 대한 교육을 수료해야 하며, 이를 이해하려는 노력을 기울여야 한다.

1.06 이해갈등

(a) 사회복지사는 직업적 재량을 펼치고 공정한 판단을 내리는데 방해가 되는 이해관계의 갈등에 유의하여 이를 방지하도록 해야 한다. 사회복지사는 실질적이거나 잠재적인 이해관계의 상충이 발생할 경우 이를 클라이언트에게 고지해야 하고, 클라이언트의 이해관계를 으뜸으로 놓고 문제를 해결하려는 책임있는 조치를 취해야 하며, 가능한 한 최대로 클라이언트의 이익을 보호하도록 해야 한다. 어떤 경우에 클라이언트의 이익을 보호하는 것은 클라이언트와의 전문적 관계를 종료하는 것이 요구될 수도 있다.

(b) 사회복지사는 어떠한 직업적 관계에 의해서도 불공정한 이득을 취해서는 안 되며, 더욱이 자신의 개인적 종교적 정치적 이익을 위해 타인을 이용해서도 안 된다.

(c) 사회복지사는 착취(이용)나 잠재적 해를 입을 수 있는 위험이 있는 클라이언트 또는 과거에 클라이언트였던 사람과 이중 또는 다중의 관계를 맺어서는 안 된다. 이중 또는 다중의 관계가 불가피한 경우, 사회복지사는 클라이언트를 보호하기 위한 조치를 취해야 하며, 명확하고 적절하며 문화적으로 민감한 영역을 설정하는데 대한 책임을 지게 된다(이중 또는 다중의 관계는 직업적이든 사회적이든 아니면 사업상이든 상관없이, 사회복지사가 클라이언트와 하나 이상의 관계를 맺고 있을 때 발생한다. 이중 또는 다중의 관계는 동시에 또는 연속적으로 발생할 수 있다).

(d) 서로간에 관계를 맺고 있는 한 명 이상의 사람들(예를 들면, 부부, 가족 구성원들)에 대하여 서비스를 제공할 때, 사회복지사는 클라이언트로 간주되는 모든 당사자와, 서비스를 제공받는 다양한 사람들에 대한 사회복지사의 직업적 책무의 본질을 명확히 하여야 한다. 사람들 사이의 이해관계가 상충될 것을 예

상하거나, 잠재적으로 상충의 구실이 될 것으로 예상하는 사회복지사는 관련된 모든 당사자에 대한 자신의 역할을 명확히 해야 하며, 모든 이해관계의 상충을 최소화하기 위한 적절한 조치를 취해야 한다.

1.07 사생활과 비밀보장

(a)사회복지사는 클라이언트가 지니는 사생활 보호의 권리를 존중해야 한다. 사회복지사는 서비스를 제공하거나 사회복지에 대한 평가 또는 연구조사를 수행하는데 필수적인 경우가 아니고서는 클라이언트에 대한 사적인 정보를 요청할 수 없다. 사적인 정보가 공개되면 비밀보장의 기준이 적용된다.

(b) 클라이언트나 클라이언트를 대신하여 동의를 표하는 법적으로 자격을 갖춘 요원으로부터 유효한 동의를 얻음으로써, 적절한 경우에는 사회복지사가 비밀정보를 공개할 수 있다.

(c) 사회복지사는 직업상의 이유로 강제된 경우를 제외하고는 전문직의 서비스 과정에서 얻게 된 모든 비밀정보를 보호해야 한다. 클라이언트나 클라이언트와 동일시되는 사람에 대하여 예상할 수 있는 심각하고 임박한 해를 방지하기 위해 정보의 공개가 불가피하거나, 클라이언트의 동의 없이 법이나 규제에 의해 공개가 요구되는 경우에는 사회복지사가 정보를 기밀로 유지할 것이라는 일반적인 기대가 적용되지 않는다. 항상 사회복지사는 바람직한 목적을 달성하는데 필요한 최소한으로 비밀정보를 공개해야 한다. 즉, 공개되어야 달성 가능한 목적과 직접적인 관련이 있는 정보만이 공개되어야 한다.

(d) 가능한 경우 사회복지사는 정보가 공개되기 전에, 비밀정보의 공개 및 잠재적인 결과에 관해 최대한으로 클라이언트에게 통지해야 한다. 이것은 사회복지사가 법적 요건에 근거하거나 클라이언트의 동의에 근거하여 정보를 공개할 때 적용된다.

(e) 사회복지사는 비밀의 본질과 비밀보장에 대한 클라이언트의 권리 제한에 관하여 클라이언트 및 기타 이해 당사자와 논의를 하여야 한다. 사회복지사는 비밀정보의 공개가 법적으로 요구되는 상황에 대하여 클라이언트와 논의하여야 한다. 이러한 논의는 사회복지사와 클라이언트의 관계에서 즉시, 그리고 관계의 과정을 통틀어 필요한 경우에 발생한다.

(f) 사회복지사가 가족, 부부, 집단에 대하여 상담서비스를 제공할 때는 기밀을 보장하는 각 개인의 권리, 그리고 다른 사람들이 공유하고 있는 정보를 보호

하기 위한 책무와 관련하여 당사자들 사이의 동의를 구해야 한다. 사회복지사는 가족, 부부, 집단상담에 참여한 사람들에게 모든 참여자가 이러한 동의를 인정한다는 것을 사회복지사가 보장할 수 없음을 통지해야 한다.

(g)사회복지사는 자신이 상담에 관련된 당사자들 사이의 비밀정보를 공개하는 것과 관련 있는 사회복지사 고용주 기관의 정책을 가족 부부 집단상담과 관련된 클라이언트에게 통지해야 한다.

(h) 사회복지사는 클라이언트가 동의하지 않는 한 제3의 지불자에게 비밀정보를 공개할 수 없다.

(i) 사회복지사는 사생활이 보장되지 않는 한 어떤 상황에서도 비밀정보에 관한 논의를 할 수 없다. 사회복지사는 복도, 대합실, 엘리베이터, 레스토랑과 같이 공개적 또는 반(半) 공개적인 장소에서 비밀정보에 관한 논의를 할 수 없다.

(j) 사회복지사는 법에 의해 허용되는 한도 내에서 법적 절차가 진행되는 동안 클라이언트의 비밀을 보호해야 한다. 법원이나 기타 법적으로 자격을 가진 단체가 사회복지사로 하여금 클라이언트의 동의 없이 비밀 또는 특권적인 정보를 공개하도록 명령을 내리고 이러한 공개로 인하여 클라이언트에게 해가 가해졌을 경우, 사회복지사는 법원으로 하여금 그 명령을 철회하거나 가능한 한 최소한으로 이러한 명령에 제한을 가하도록 요청해야 하며, 공공이 접근할 수 없도록 봉인된 기록으로 이를 유지하도록 요청해야 한다.

(k) 매체로부터 공개 요청을 받은 사회복지사는 클라이언트의 비밀을 보호해야 한다.

(l) 사회복지사는 클라이언트에 대한 서면, 전자기록 및 기타 민감한 정보를 보호해야 한다. 사회복지사는 클라이언트에 대한 기록이 안전한 장소에 보관되어 있으며 자격을 갖추지 않은 사람이 접근할 수 없음을 보장하기 위한 타당한 조치를 취해야 한다.

(m) 사회복지사는 컴퓨터, 전자우편, 팩스, 전화, 전화 자동응답기, 기타의 전자 또는 컴퓨터 기술을 사용하여 다른 당사자에게 전파된 비밀정보를 유지하고 보장하기 위한 예방 조치를 취해야 한다. 가능한 경우에는 언제든지 신원을 공개하는 것은 피해야 한다.

(n) 사회복지사는 클라이언트의 비밀이 보호될 수 있도록, 그리고 기록 및 사회복지 허가를 관장하는 주(州)의 법령에 일관되도록, 클라이언트의 기록을 이전 또는 배치해야 한다.

(o) 사회복지사의 실천의 종료 자격상실 사망의 경우, 사회복지사는 클라이언트의 비밀을 보호하기 위한 타당한 예방 조치를 취해야 한다.

(p) 클라이언트의 학습이나 훈련에 관하여 논의할 때, 클라이언트가 비밀정보의 공개에 동의하지 않는 한 사회복지사는 신원을 공개할 수 없다.

(q) 클라이언트에 대해 자문을 구할 때, 클라이언트가 비밀정보의 공개에 동의하지 않거나 이러한 공개에 대한 강제적 필요가 없는 한 사회복지사는 신원을 공개할 수 없다.

(r) 앞에서 언급된 기준에 따라 사회복지사는 사망한 클라이언트의 비밀을 보호해야 한다.

1.08 기록에의 접근

(a) 사회복지사는 클라이언트가 클라이언트와 관련된 기록에 대한 합당한 접근을 할 수 있도록 해야 한다. 클라이언트의 기록에 대한 접근이 클라이언트에게 심각한 오해나 해(害)를 야기하게 되는 경우, 사회복지사는 기록에 대해 설명을 하고 기록과 관련하여 클라이언트와 상담을 해야 한다. 사회복지사는 이러한 접근이 클라이언트에게 심각한 해를 입힐 수 있는 불가피한 증거가 있는 예외적인 상황에 한해서만 클라이언트의 기록에 대한 접근 또는 이러한 기록의 공개를 제한할 수 있다. 클라이언트의 요청과, 일부 또는 모든 기록을 보유하는 이론적 근거, 이 두 가지 모두는 클라이언트의 파일에 문서화되어야 한다.

(b) 클라이언트로 하여금 클라이언트의 기록에 접근하도록 할 때, 사회복지사는 이러한 기록에 포함되어 있는, 확인되거나 논의된 다른 사람의 비밀을 보호하는 조치를 취해야 한다.

1.09 성관계

(a) 사회복지사는 이러한 접촉이 합의된 것이든 강제된 것이든 이와 상관없이, 결코 현재의 클라이언트와 성적 행위 또는 성적 접촉을 하는 일이 있어서는 안 된다.

(b) 사회복지사는 클라이언트를 이용하거나 클라이언트에게 잠재적 해가 될 수 있는 환경에서, 클라이언트의 친척 또는 클라이언트와 친밀한 대인관계를 맺고 있는 기타 당사자와 성적 행위 또는 성적 접촉을 하는 일이 있어서는 안 된다. 클라이언트의 친척 또는 클라이언트와 친밀한 대인관계를 맺고 있는 기타 당사자와 성적 행위 또는 성적 접촉을 하는 것은, 클라이언트에게 잠재적인 해

를 입힐 수 있으며, 사회복지사와 클라이언트가 적절한 직업적 경계를 유지하기 어렵게 만든다. 명확하고 적절하며 문화적으로 민감한 경계를 설정하는데 대한 책임은 클라이언트나 클라이언트의 친척 또는 클라이언트와 친밀한 대인 관계를 맺고 있는 기타 당사자가 아닌, 사회복지사가 전적으로 지게 된다.

(c) 클라이언트에 대하여 잠재적으로 해를 입힐 우려가 있기 때문에 사회복지사는 이전에 클라이언트였던 사람과도 성적 행위나 성적 접촉을 할 수 없다. 사회복지사가 이러한 금지 사항을 어기는 행동을 하거나 특수한 상황임을 내세워 이러한 금지 사항의 예외를 주장하게 되면, 이전에 클라이언트였던 사람이 고의에 의하든 고의가 아니든 이용 강제 기만당하지 않았음을 증명할 전적인 책임을 지게 되는 사람은 클라이언트가 아닌 사회복지사이다.

(d) 사회복지사는 이전에 자신과 성적 관계를 가진 바 있는 사람에 대한 임상 서비스를 제공할 수 없다. 이전의 성적 파트너였던 사람에게 임상 서비스를 제공하는 것은 그 사람에게 잠재적 해를 입힐 가능성을 야기하며, 사회복지사와 그 파트너가 적절한 직업적 경계를 긋기 어렵게 만든다.

1.10 신체적 접촉

접촉(클라이언트를 침대에 눕히거나 쓰다듬는 것과 같은)으로 인해 클라이언트가 심리적인 해를 입을 가능성이 있는 경우, 사회복지사는 클라이언트와 신체적 접촉을 하여서는 안 된다. 클라이언트와 적절한 신체적 접촉을 한 사회복지사는 이러한 신체적 접촉을 통제하는, 명확하고 적절하며 문화적으로 민감한 경계를 설정하는데 대한 책임을 진다.

1.11 성희롱

사회복지사는 클라이언트에게 성희롱을 해서는 안 된다. 성희롱에는 성적 접근(구애), 성적 유혹, 성교의 요구, 기타 성적인 본성에 관한 언어적 또는 신체적 행위가 포함된다.

1.12 경멸의 용어(욕설)

사회복지사는 클라이언트에 대한 또는 클라이언트에 관한 서면 또는 구두의 의사소통을 하는데 있어서 경멸의 용어를 사용해서는 안 된다. 사회복지사는 클라이언트에 대한 또는 클라이언트에 관한 모든 의사소통을 할 때, 정확하고 공손한 용어를 사용해야 한다.

1.13 서비스 비용의 지불

(a) 사회복지사는 요금을 책정할 때 제공되는 서비스에 비추어 요금이 공정하고 합리적이며 적절함을 보장해야 한다. 클라이언트의 지불 능력에 대한 고려도 되어야 한다.

(b) 사회복지사는 전문직 서비스에 대한 대가로 재화나 용역을 받아서는 안 된다. 서비스 준비 특히, 서비스가 포함된 것을 교환하는 것은 이해의 상충, 착취, 사회복지사와 클라이언트의 부적절한 경계 설정을 야기할 가능성이 있다. 사회복지사는 다음과 같은 매우 제한된 경우에 한해서만 물질의 교환에 참여하거나 이것을 밝혀야 한다. 즉, 지역사회 사회복지사들 사이에서 허용된 관례라는 것이 증명되고, 서비스의 준비에 필수적인 것으로 간주될 때, 그리고 강제력 없이 협상될 때, 클라이언트의 동의로 클라이언트가 시작할 때이다. 전문직 서비스에 대한 대가로 재화나 용역을 받게 되는 사회복지사는 이러한 교환이 클라이언트에 대해서나 직업적 관계에 해롭지 않음을 증명하는데 대한 전적인 책임을 진다.

(c) 사회복지사는 자신의 고용주나 기관을 통해서 이러한 유용한 서비스를 받을 자격을 갖춘 클라이언트에게 그 서비스를 제공한 대가로 사적인 수수료나 기타의 보답을 요구할 수 없다.

1.14 의사결정 능력이 없는 클라이언트

사회복지사가 분별력 있는 의사결정을 내릴 능력이 없는 클라이언트를 대신할 때는 이러한 클라이언트의 권리와 이익을 보호할 수 있는 적절한 조치를 취해야 한다.

1.15 서비스의 중단

무용성(unavailability), 재배치, 질병, 장애 또는 사망과 같은 요인에 의해 서비스가 중단된 경우, 사회복지사는 서비스의 지속성을 보장하기 위한 적절한 노력을 기울여야 한다.

1.16 서비스의 종료

(a) 이러한 서비스 및 관계가 더 이상 필요하지 않거나 클라이언트의 욕구나 이익에 더 이상 효과가 없는 경우, 사회복지사는 클라이언트에 대한 서비스 및 클라이언트에 대한 직업적 관계를 종료해야 한다.

(b) 사회복지사는 여전히 서비스 욕구에 처해 있는 클라이언트가 방치되지 않도록 적절한 조치를 취해야 한다. 사회복지사는 비정상적인 상황에서만은 즉시 서비스를 취소하고, 이 상황의 모든 요인에 대한 주의 깊은 고려를 하여, 이에 따른 역효과를 최소화하기 위한 노력을 기울여야 한다. 필요한 경우, 사회복지사는 서비스가 지속되도록 적절한 조치를 취하는데 지원을 하여야 한다.

(c) 클라이언트에 대한 계약상의 서비스가 금전적으로 명확하게 제공되었거나, 클라이언트가 자신 또는 다른 사람에게 급박한 위험을 야기하지 않는 경우 그리고 현재 지불되지 않은 임상적 그리고 기타의 결과가 초래되어 클라이언트와 논의가 이루어진 경우, 서비스를 제공할 때마다 비용을 청구하는 세팅의 사회복지사는 지불을 연체한 클라이언트에 대한 서비스를 종료할 수 있다.

(d) 사회복지사가 클라이언트와 사회적 금전적 또는 성적 관계를 추구하고자 서비스를 종료할 수는 없다.

(e) 클라이언트에 대한 서비스를 종료 또는 중단하고자 하는 사회복지사는 즉시 이를 클라이언트에게 통지해야 하며, 클라이언트의 욕구 및 특권에 따라 서비스의 이전, 다른 전문직 종사자에 대한 서비스 의뢰, 또는 서비스가 지속되도록 하는 방법을 강구해야 한다.

(f) 이직을 하고자 하는 사회복지사는 서비스의 지속에 대한 클라이언트의 적절한 선택 사항 및 이러한 선택으로 인한 이익 및 위험 사항을 클라이언트에게 통지해야 한다.

저자약력

■ 고명수

동국대학교 국어교육과 및 같은 학교 대학원에서 국어국문학과 석·박사과정 졸업하고 문학박사 학위를 받았다. 동원대 미디어문예창작과에 재직하던 중, 뜻한 바 있어 성균관대학교 사회복지대학원에 다시 들어가 졸업, 사회복지학 석사학위를 취득하고, 서울시립대학교에서 사회복지학 박사과정을 수료하였다. 현역 시인이며 비평가로 문학과 임상사회사업을 연결시켜 21세기 '문화복지'의 시대에 필요하게 될 문학치료 및 예술치료, 나아가 인문치료의 프로그램을 개발하기 위해 연구하고 있다. 현재 동원대 복지학부 아동보육복지전공에 재직하면서, 아동문학, 문학치료, 인간행동과 사회 환경, 사회복지실천론, 사회복지실천기술론, 정신건강론 등을 강의하고 있다. 『시란 무엇인가』, 『나의 꽃밭에 님의 꽃이 피었습니다-민족의 청년 한용운』, 『시 창작 강의』, 『문학의 이해』, 『21세기의 교양』, 『어린이글쓰기치료』(공저), 『사회복지개론』(공저), 『청소년복지론』(공저) 등과 시집 『마스터 키』, 『금시조를 찾아서』, 『내 생의 이파리는 브리스틀 콘 소나무 가지 끝에 걸려 있다』, 그리고 "아동 성폭력 가해자의 특성 연구"외 다수의 논문이 있다. 현재 한국문학치료연구소 소장, 계간지 『문학과 창작』, 『노는 사람들』의 편집위원으로 활동하고 있다.

■ 신경희

내외문화신문사에서 취재기자를 역임하였고, 사회교육시설인 강동여성학교를 운영하였다. 서강대학교 공공정책대학원에서 사회복지정책 을 전공하고, 사회복지학 석사학위를 받았으며, 이어서 미국의 South Carolina 사회복지대학원에서 사회복지 임상을 전공하고 사회복지학 석사학위를 받았다. 현재 세종대학교 대학원 행정학과 박사과정을 수료하였으며, 사회복지행정에 관한 논문을 준비 중이다.경민대학과 동원대학에서 독서와 논술, 사회복지정책론, 지역사회복지론, 사회복지행정론, 사회복지실천론, 다문화복지정책, 사회복지조사방법론, 사회복지법제론 등을 강의하고 있다. 『알기 쉬운 독서논술』, 『어린이 글쓰기치료』(공저)등과 "결혼이민자 교육프로그램의 문제점과 해결방안" 외 다수의 논문이 있다. 한국문예상담센터장을 지냈고, 한국 복지행정연구소 소장으로 있으면서 독서를 통한 자존감 증진 프로그램과 글쓰기 치료 프로그램을 지속적으로 운영하고 있다.

저자협의
인지생략

사회복지실천기술론 - 개정판

초 판 1쇄 발행 — 2010년 8월 30일
개정판 1쇄 발행 — 2015년 2월 28일
지은이 — 고 명 수 · 신 경 희
펴낸이 — 전 두 표
펴낸데 — 도서출판 **두남**
서울시 강동구 성내로6길 34-16 두남빌딩
신고 : 제25100-1988-9호
TEL : (02) 478-2065~7, 478-2311
FAX : (02) 478-2068
E-mail : dunam1@unitel.co.kr
http://www.dunam.co.kr

정가 26,000원

ISBN 978-89-6414-596-8 93330